| 수정판 |

● 야사野史로 엮어가는

조선왕조,
그 역사 이야기

정민호 엮음

明文堂

● 야사野史로 엮어가는

조선왕조,
그 역사 이야기

역사는 그 시대의 현실적 사실의 기록이다. 그러나 야사野史는 역사적 사실 속에 묻혀있는 또 다른 사실의 기록이다. 그렇기 때문에 정사正史는 정사대로의 기록이지만, 야사는 야사대로 '숨겨진 사실의 기록' 이라는데 그 가치를 부여하고 있다. 그래서 사람들은 묻혀있는 사실을 찾아 읽기를 좋아한다.

이번에 엮어진 그것이 바로 야사로 읽는 「조선왕조, 그 역사 이야기」를 만들게 된 원인이기도 하다. 이 책은 전해 내려오는 조선 역대 야사野史를 새로운 문장으로 엮어낸 것이다. 그때마다 일어나는 흥미진진한 야사적野史的 내용으로 묶어졌기 때문에 한번 이 책을 들기만 하면 좀처럼 놓기 어려운 흥미진진한 내용들이다.

이 책이 세상에 빛을 보게 되기를 기대하면서 많은 사람들의 관심과 호응 있으시길 기대하여 마지않는 바이다.

2017년 5월, '선도산仙桃山' 노을을 바라보며

목차

● 책머리에 • 3

제1편 태조 이성계

1. 이성계와 이지란李芝蘭 • 17

2. 조선 개국의 먼동이 트다 • 22

3. 이성계, 동녕부를 공격함 • 30

4. 요승 신돈과 모니노 • 34

5. 고려 왕실의 문란한 기강 • 37

6. 고려의 마지막 임금 우왕 • 40

7. 왜구를 소탕하다 — 이성계 • 42

8. 조선 개국의 여명이… • 47

9. 역사적 요동 정벌 • 50

10. 이성계의 위화도 회군 • 54

11. 최영 장군, 그리고 우왕 • 57

12. 임 향한 일편단심 — 정몽주 선생 • 62

13. '무학' 대사와 이성계의 만남 • 70

14. 조선왕조와 한양漢陽 땅 • 73

15. 십 리를 더 가라 — 「왕십리」 • 76

16. 이성계와 두 왕후 — 한씨, 강씨 • 79

17. 태종 이방원 — 정도전 — 왕자의 난 • 82

18. 가서는 돌아오지 않는 '함흥차사' • 86

제2편 정종에서 세조까지

1. 태종과 세종대왕 • **93**

2. 어린 세손 단종 • **98**

3. 너무도 문약한 문종 • **101**

4. 단종의 등극과 수양대군의 음모 • **106**

5. 김종서, 철퇴 맞고 쓰러지다 • **110**

6. 수양의 야심과 죽어가는 대신들 • **113**

7. 수양대군과 그 일당들 • **117**

8. 비극적인 일이 벌어지다 • **123**

9. 세조의 등극과 사육신들 • **128**

10. 불굴의 충절, 그 사육신들 • **132**

11. 충절을 노래한 사육신의 시조 • **143**

12. 단종, 노산군이 되어 영월로… • **147**

13. 어린 왕 단종, 드디어 죽다 • **153**

14. 한 서린 영혼과 엄홍도 • **156**

15. 꿈속에서 세조를 꾸짖는 단종 어머니 권씨 • **161**

16. 살아있는 충절, 생육신들 • **166**

17. 김종서의 손자와 세조의 딸 • **170**

18. 단종이 꿈속에 나타나 정효준鄭孝俊을 중매하다 • **176**

제3편 예종에서 성종까지

1. 세조의 아들 덕종과 예종 • 183
2. 슬기로운 임금, 성종 • 185
3. 회초리로 다스리는 임금 • 188
4. 성종 때에 있었던 이런 일 저런 일 • 190
5. 글 잘 읽어 벼슬한 구종직丘從直 • 196
6. 사랑받는 신하, 유호인 • 199
7. 손순효가 하사받은 은 술잔 • 202
8. 임금을 첨지僉知로 안 홍해 땅의 김희동 • 207
9. 벼슬도 팔자에 있어야 • 213
10. 쾌락함이 백성만 못한 임금님 • 217
11. 조위曺偉와 신종확申從濩과 두 여인 • 219
12. 폐비 윤씨, 사약을 받다 • 230
13. 화를 면한 허종과 그 형제 • 232

제4편 연산군에서 명종까지

1. 거대한 폭군, 연산 • 237
2. 연산군이 생각하는 「소인과 성인」 • 240
3. 김종직, 고향으로 떠나다 • 242
4. 입은 「화를 부르는 문」, 혀는 「몸을 죽이는 도끼」 • 243
5. 무오사화는 일어나고… • 245
6. 두 번째의 대학살 – 갑자사화 • 247
7. 연산군의 음란한 행위 • 249

8. 연산에게 정조 잃은 아내를 때려서 죽인 교리 이장곤 • 251

9. 연산이 시기한 「돼지 대가리, 장저두張猪頭」 • 255

10. 박원종朴元宗의 중종반정 • 259

11. 중종과 장동에 있는 치마바위 • 264

12. 남곤南袞의 참소와 주초위왕走肖爲王 • 267

13. 효성 지극한 임금 — 인종 • 270

14. 당파싸움의 시작 • 273

15. 효를 위해서는 목숨도 바쳤다 • 274

16. 6월에 익은 풋밤 • 277

17. 명종, 등극하다 • 279

18. 간사한 신하들 — 을사사화 • 280

19. 대비 윤씨의 행패 • 282

20. 시와 술과 가사문학의 거장 • 285

제5편 임진왜란의 주역, 선조

1. 선조宣祖 임금의 등극 • 291

2. 국방 소홀과 당파싸움 • 293

3. 선조 임금의 꿈 • 295

4. 일본의 도요토미[豊臣秀吉] • 296

5. 조선 정벌을 말렸던 도요토미의 아내 • 298

6. 전쟁의 징후들 • 301

7. 일본과 통신사의 왕래 • 304

8. 사신들이 본 도요토미[豊臣秀吉] • 307

9. 도요토미[豊臣秀吉], 국서를 보내 조선을 협박함 • 309

10. 도요토미, 드디어 군사를 일으킴 • 311

11. 왜군의 침략 • 313

12. 우리 군사, 가는 곳마다 패배 • 316

13. 새재[鳥嶺]를 버린 신립 장군 • 318

14. 임금님도 피난길에 • 320

15. 서울은 함락되고… • 323

16. 임진강 전선의 무너짐 • 325

17. 충무공과 거북선 • 327

18. 이덕형과 이항복의 역할 • 330

19. 이항복의 해학적인 시 한 수 • 333

20. 명나라, 구원병을 보내다 • 336

21. 이여송李如松과 평양 싸움 • 338

22. 의병들의 일어남 • 342

23. 홍의장군 곽재우 • 345

24. 사명당 유정維政의 도술 • 347

25. 이충무공의 남해대첩 • 350

26. 벽제역碧蹄驛의 싸움 • 351

27. 권율의 행주대첩 • 353

28. 왜병들이 경상도 해안으로 물러감 • 355

29. 진주성에서의 논개論介의 죽음 • 357

30. 정유재란과 이순신 장군 • 359

31. 원균元均의 잘못으로 우리 수군 대파 • 363

32. 정유재란 때 육지에서의 싸움 • 366

33. 이순신 장군, 다시 남해에 • 368

34. 왜군들의 만행 • 372

35. 진린陳璘과 이순신 장군 • 374

36. 도요토미[豊臣秀吉]의 죽음 • 377

37. 도요토미[豊臣秀吉]의 일생 • 379

38. 모화당慕華堂 김충선金忠善 • 381

39. 노량해전에서 충무공의 전사 • 383

40. 이순신 장군의 일생 • 387

41. 전운이 걷히고 • 390

42. 이 시대의 명필 한석봉 • 392

제6편 광해군에서 인조까지

1. 광해군의 등극 • 397

2. 광해군과 이이첨과 정인홍 • 400

3. 임해군과 영창대군의 죽음 • 403

4. 경운궁慶運宮에 갇힌 대비 • 406

5. 정사는 어지러워지고 • 410

6. 대비를 죽이려는 음모와 궁녀가 대신 죽음 • 412

7. 중종의 꿈과 원종, 그리고 인조 임금 • 414

8. 반정이 이루어지기까지 • 417

9. 이시백李時白과 오성鰲城 • 419

10. 사주를 잘 보는 김치金緻 • 422

11. 이기축李起築과 그의 부인 • 425

12. 반정의 숨은 공로자 이귀의 딸 • 431

13. 슬기로 위기를 모면한 이흥립李興立 • 434

14. 인조반정의 밤 • 436

15. 능양군, 대비에게서 어보를… • 439

16. 쫓겨난 광해군 • 441

17. 박엽朴燁과 이위경李偉卿 • 444

18. 인조 왕위에 오르다 • 446

19. 이괄李适이 난을 일으킴 • 448

20. 이괄李适의 난이 평정됨 • 455

21. 평정공신들, 그 방자한 행동들 • 457

22. 청나라의 일어남 • 459

23. 병자호란은 일어나고… • 463

24. 청나라 땅에 뿌린 눈물 • 468

25. 병자호란 이후 • 470

26. 용연석 벼루와 소현세자의 죽음 • 473

제7편 **효종에서 현종까지**

1. 효종이 왕위에 오르다 • 479

2. 효종의 북벌계획과 그의 죽음 • 482

3. 전해오는 비결, [松下止]와 [家下止] • 488

4. 순절한 신하와 그 아들 • 490

5. 스스로 벌어지는 가을 밤송이 • 492

6. 충신과 간신 • 496

7. 이완李浣 대장 • 498

8. 그 시대의 재상 송시열宋時烈 • 504

9. 송우암과 허미수 • 508

10. 박지원의 소설 「허생전」 • 511

11.『북악산이 무너졌답니다』• 519

12. 효종의 죽음과 현종의 요절 • 522

제8편 **숙종에서 경종까지**

1. 숙종 임금의 등극 • 527

2. 숙종 임금이 글 읽을 무렵 • 530

3. 현숙한 인현왕후 민씨 • 532

4. 취선당 장희빈 • 544

5. 단종을 복위함 • 547

6. 고유高庾라는 사람 • 549

7. 기생 덕으로 출세한 김우항金宇杭 • 558

8. 숙종의 시 한 구절과 약밥 한 그릇 • 563

9. 숙종 임금의 몇 가지 기행奇行 • 566

10. 나는 개구리가 없어서… • 571

11. 숙종의 죽음과 경종景宗의 즉위 • 574

제9편 **영조에서 정조까지**

1. 영조 임금의 등극 • 579

2. 검소한 생활기풍 • 581

3. 밥을 짓는 중전 • 583

4. 영조의 어머니 숙빈 최씨 • 585

5. 건공탕 이야기 • 587

6. 왕이 누각에 올라서 • 591

7. 영조 임금의 힘 자랑 • 594

8. 임금과 사주가 꼭 같은 백성 • 596

9. 이지광李趾光과 노승 • 598

10. 노망 들린 임금님 • 600

11. 정순왕후 김씨 • 603

12. 뒤주 속에서 죽은 사도세자思悼世子❶ • 606

13. 뒤주 속에서 죽은 사도세자思悼世子❷ • 621

14. 오천 이종성李宗城, 그는 누구인가? • 624

15. 영조, 돌아가시다 • 632

16. 정조의 등극과 그 효심 • 634

17. 점쟁이 덕으로 목숨 건진 현륭원顯隆園 참봉 • 638

18. 홍국영洪國榮과 정조 대왕 • 641

19. 홍국영洪國榮과 최선기崔善基의 바둑 내기 • 645

20. 화도화花桃花 이야기 • 650

21. 사람이 까치소리를 내다 • 652

22. 임금이 대신 꾼 용꿈 • 654

23. 말을 조련하는 김만일 • 657

24. 문벌과 지역차별의 정서 • 660

25. 장난꾸러기 이문원 • 662

26. 남인의 거장 번암 채제공 • 672

27. 이주국李柱國의 살생, 그리고 은혜와 원수 • 675

28. 우복동牛腹洞 이야기 • 680

29. 부채와 백성들 • 683

30. 용주사와 조심태趙心泰 • 686

31. 정조 임금의 죽음 • 690

제10편 순조에서 철종까지

1. 순조純祖가 왕위에 오르다 • 693

2. 천주교와 실학사상이 들어옴 • 695

3. 다산 정약용의 시와 일화 • 697

4. 이서구李書九의 사람됨 • 702

5. 헌종憲宗 임금의 등극 • 706

6. 깨끗한 빚과 더러운 빚 • 709

7. 도둑을 회개시킨 홍기섭 • 711

8. 부원군의 중매로 소실 얻은 홍기섭 • 714

9. 거상 임치종林致宗의 일생 • 719

10. 이원조李源祚의 신선 꿈 • 723

11. 헌종憲宗의 죽음과 철종哲宗의 등극 • 726

12. 정승 정원용 • 731

13. 명필 김추사秋史 • 735

14. 철종이 승하하다 • 737

15. 홍경래의 난 ❶ • 739

16. 홍경래의 난 ❷ • 747

17. 방랑 시인 김삿갓〔金笠〕 • 758

18. 순조 임금의 죽음 • 763

제11편 고종(高宗)에서 순종(純宗)까지

1. 고종황제의 등극 • 767

2. 대원군의 개혁과 경복궁 중건 • 770

3. 천주교 박해와 대학살 • 774

4. 대원군의 야유, 농담, 그 인간성 • 778

5. 민비와 대원군의 암투 • 785

6. 궁중의 해괴망측한 이야기 • 789

7. 민초들이 일으킨 동학란 • 792

8. 을미사변과 민비의 학살 • 795

9. 명성황후와 조선왕조의 끝남 • 797

제1편 태조 이성계

태조, 이성계의 가계도

조부(춘) [부] 자춘

    [모] 의혜왕후–태조 이성계(1335~1408, 재위 기간 : 6년 2개월. 부인
    : 3명, 자녀 : 8남 5녀)

이성계와 이지란李芝蘭

태조 이성계의 관향은 전주이며, 초명은 성계요, 자는 중결. 호는 송헌이다. 왕위에 올라서 계명하여 이름을 단旦, 자는 군진으로 했다. 이성계는 고려 말에 동북면 신흥군벌인 이자춘의 둘째 아들로 어머니는 최씨이니 최한기의 딸이었다.

이성계는 요동정벌을 위해 군사를 출동하여 나갔다가 압록강 위화도에서 회군하여 최영을 죽이고 우왕을 폐위한 후에 창왕을 옹립했다. 이듬해 창왕을 폐하고 공양왕을 옹립한 후에 스스로 수문하시중이 되었다. 1391년 삼군도통사가 된 후, 1392년 7월, 공양왕을 강압으로 왕위를 물려받고 조선왕조를 세워 태조로 즉위하여 1408년 5월 24일 창덕궁에서 서거하여 시호를 강헌이라 하고, 묘호를 태조라 하니 건원릉(구리시 인창동 동구릉)이 이성계의 능이다. 1335~1408.

이성계

조선태조어진(朝鮮太祖御眞), 국보 제317호,
어진박물관 소장, 출처 : 문화재청

이성계의 비장 이지란李芝蘭은 활 잘 쏘기로 이름이 높아 거의
이성계와 같은 수준이었다. 이성계와 이지란이 마주 서서 활을
쏘면 화살촉이 맞부딪쳐서 땅에 떨어진다는 말이 있었다. 그것은
믿을 수 없는 말이라 하더라도 아낙네가 물을 길어서 이고 가는
물동이를 이지란이 쏘아서 뚫어놓으면 이성계가 살촉에 솜을 끼
워 쏘아서 그 구멍을 막아 물이 새지 않게 하였다는 일화는 동국
야사에만 있는 것이 아니라 정사에도 있는 말이다.

이지란은 원래 중국 송나라 대장인 악비岳飛의 후손인데, 그의
조상이 역적 진회의 난을 피하여 고려의 흑룡강 기슭에 나와 살

면서 외가의 성을 따라서 퉁가佟哥 행세를 하였으므로 이지란은 본래 '퉁지란'이라 불렀다. 뒤에 이성계가 이름을 고쳐주어서 이지란으로 바꾸게 되었다고 한다.

이지란은 기질이 웅장하고 맹렬하여 말타기와 활쏘기에 능숙한 장수였다. 고려 공민왕 시절에 자기의 부하 군졸을 데리고 강을 건너와서 북청 땅에 살았는데, 지란이 이성계의 자질이 특이함을 듣고 사귀어 따르고자 했다. 그리하여 그 담력과 재능이 어떤가를 시험해볼 생각으로 활을 갖추어 가지고 이성계를 찾아갔었다. 이성계는 그때 처소를 함흥으로 옮긴 때였다. 이지란은 이성계를 찾아가서 인사를 하고 청하기를,

『들은즉, 당신이 활을 잘 쏜다고 하니 나로 더불어 한번 견주어 보시겠습니까?』한다.

이성계는 그의 말을 듣고 그의 기상을 보아 비상한 인물인 줄 알겠는데, 그가 와서 재주를 겨루어보자는 바에야 스스로 굴할 까닭이 없기에 이성계가 회심의 미소를 지으며,

『아무려나, 그렇게 한번 해 보자꾸나』

하고 허락을 하였다. 그러고는 뜰에 내려 나와 쭈그리고 앉아서 이지란에게 100보 밖에 나가서 활로 자기에게 '쏘아 보라' 했다.

지란은 이성계가 이 위기 상황을 어떻게 피할 것인지 볼 양으로 백 걸음 밖에 물러서서 바로 이성계의 면상을 향해 화살 한 대를 쏘았는데, 그는 쭈그리고 앉아있는 자세로 날아오는 화살을 손으로 받아 땅바닥에 내던진다. 지란이 또 한 대를 쏘자 이성계

는 납작 주저앉으면서 화살이 등골로 넘어가게 하였다. 지란이 다시 더 한 개를 뽑아 쏘아대니 그는 벌떡 일어서서 화살이 바짓가랑이 밑으로 지나가게 했다. 지란은 화살 세 개를 모두 그의 면상에 대고 쏘았음에도 이성계가 맞지 아니함을 보고 크게 놀라게 되었다. 곧 활을 땅에 던지고 앞으로 나와 무릎을 꿇고 엎드려,

『오늘에야 장군의 재주와 용맹을 알았습니다. 소장은 장군의 말채찍을 들고 따라다니기 소원하오니 용납하여 주십시오.』한다.

장군은 그에게 재주를 보이려고 함이 아니라 그가 복종하도록 하였던 것인데 그가 복종하겠다고 하니 어련히 좋아했겠는가? 영웅을 거둬들이는 수단과 도량으로 그가 걸어가서 지란을 붙들어 일으키고 그의 손을 잡고 하는 말이,

『우리 둘이 형제간이라 몸과 마음을 같이하여 큰일을 이룩할 터이니 어찌 즐겁지 아니하랴!』하고,

이렇게 말하면서 평생의 뜻을 함께 하자는 말에 지란도 크게 기뻐하여 그 후부터 이성계의 곁을 떠나지 아니하였고, 정의가 과연 형제간 같았으므로 그때 사람들이 옛날 삼국지에 나오는 유비, 관우, 장비에 비유하였으니, 이성계와 지란의 기상을 이로 미루어 짐작할 만도 하다.

이지란에 관한 이야기는 그 외에도 많이 있다. 고려 공민왕이 재상을 불러 모아 활쏘기 시합을 열었는데 이성계가 세 번을 모두 우승하였으므로 이지란이 조용히 그에게 말했다.

『기이한 재주를 모두 내어 남에게 보이면 칭찬보다는 시기를 더 받는 법인데, 어찌하여 조심하지 아니하고 그처럼 하십니까?』 하였다. 이에 대해 이성계는 그제야 실수하였음을 깨닫고 깊이 후회했다고 한다.

또 이성계가 매양 싸움터에 나가 싸울 때면 이지란이 의례 선봉장으로 앞에 나섰다. 태조가 혹 화살과 돌의 위험을 무릅쓰고 먼저 나아가는 때는 지란이 그 앞을 막고 말했다.

『이는 한갓 싸우는 장수의 일이요. 어찌하여 천금 같은 목숨을 아끼지 않으십니까?』

그가 또 사과하였다.

지란은 위풍이 당당하고 늠름한 호반장수였으며 행실 또한 높은 학자와도 같았다. 부모의 삼년상에다가 시묘를 하며 살았고, 이성계에게는 인의와 도덕으로 보좌하였고, 자녀들에게는 충효예절을 교육하였다. 직책이 상장군까지 이르렀으되 음식과 의복에 항상 담박함을 잃지 않았고 글 읽는 선비의 기상과 같았다. 말년에는 부귀공명을 하직하고 산중에 들어가서 중이 되었다. 도를 닦다가 72세에 병 없이 앉아 세상을 떠나니 제자들은 그의 시체를 내어 화장을 하여 사리를 취해 나누어 가졌다. 그러므로 자손들이 그 의관으로만 장사를 지냈지만 행인들이 그 묘소 앞으로 소와 말을 타고는 감히 지나가지 못했다. 영험이 있어서 죄와 벌을 받았기 때문이었다. 아들 형제를 두었는데 대대로 이름 있는 후손의 집안으로 전해지고 있다.

2

조선 개국의 먼동이 트다

이성계의 부친은 지략이 있는 장수였으므로 북도병마사로 있으면서 여진족과 몽고를 방비하였다.

이성계는 이지란을 데리고 그의 부친 휘하에서 아버지를 도와서 전쟁에 이기지 못하는 싸움이 없었고 뜻을 이루지 못하는 때가 없었다. 속에 큰 뜻을 품은 영웅이었으므로 그때 중국 중원의 나라인 원나라가 차차 쇠약하고 명나라가 강남에서 일어나 점차 중원을 도모한다는 소식을 듣고 명 태조인 주원장의 기상이 어떤가를 한번 보고 싶어 천리 준마 두 필을 얻어 이지란과 나누어 타고 고국을 떠났다. 중국 낙양에 도달하여 명나라 복장으로 변장하여 입고, 명나라 진중에 들어가서 명 태조를 멀리서 엿보니 용과 봉의 기상과 같았으며 하늘의 해와 같은 거동이 참으로 천자

의 기상이 됨 즉하였다. 이성계는 그 진중 밖으로 나오면서,

『내가 이제야 천자의 자격을 알았구나.』하고는 감동하였다고
한다.

본국에 돌아와서 이지란과 더불어 부친 휘하에서 군무를 도왔
는데, 흑룡강 건너에 있는 여진과 싸워서 이기고는 위엄을 보인
뒤에 그들을 불러 어루만지고 은혜를 베풀었으므로 그 무도하던
오랑캐의 풍속까지 변화시켰다. 그래서 의관을 갖추고 예법을 배
워서 고려국에 복종하는 자가 태반이 넘었다고 한다. 그런 공로
가 있었으므로 그 부친이 죽은 뒤에도 그 벼슬을 습작하여 북도
병마사가 되었다.

원나라 말년에 유복통劉福通이란 사람이 있었다. 요술로 속여
서 도당을 모아 수만 민중을 거느리고 산동지방에 웅거하여 그
형세가 매우 강성하였다. 군사는 모두 붉은 수건을 둘렀으므로
세상에서 홍건적이라 불렀다. 고려 공민왕 8년에 모거경毛居敬이
군졸 4만을 거느리고 몰래 진군해 와서 압록강을 건너 의주를 침
공했다. 고려 조정에서는 부원수 안유, 도지휘사 김득배, 서경유
수 이춘부, 서북안무사 이인재 등 여러 장수들로 하여금 군사를
거느리고 나아가서 평양성 아래에서 싸워 적병을 깨트렸으므로
적장은 나머지 군사를 이끌고 패배하여 도망갔었다.

그러나 공민왕 10년(1361)에 다시 적장 주원사朱元師 등이 군
사 5만을 거느리고 들어왔다. 평안도 연변 각 읍이 침범을 당하
자 여러 장수들이 나아가 싸웠으나 모두 패하였다. 국난이 위기

에 있음을 공민왕이 알고 이성계가 용맹 있음을 듣고 곧 그로 하여금 금오상장군 겸 서북 방면 병마사로 삼아 급히 가서 도적을 치게 하였다. 그는 이지란을 선봉장으로 삼아 휘하에 군사 2천을 거느리고 곧 평안도로 향하였다. 창성, 삭주 등지에서 싸워 도적의 대장 왕원수를 베고 그 이하 장수 10명을 쏘아 죽였으며 적병 2천여 명이 도살되었다.

적장 주원수는 이성계와 싸울 수 없음을 헤아려 헛된 진을 여러 곳에 베풀어 두고 전군을 이끌고 다른 길을 취하여 가만히 행군하여 바로 개경을 침범하였다. 장수는 모두 밖에 나가 있었으니 서울이 비어있는 틈을 탄 것이었다. 조정 상하가 부지불식간에 변란을 당하여 어쩔 줄을 모르다가 공민왕을 모시고 복주로 피난을 하였다. 복주는 현재의 안동이다. 적병은 무인지경 같은 도성에 들어가 활 한번 쏘지 않고 점령한 후에 국가 소유물인 창고를 약탈하고 궁녀를 겁탈할 뿐만 아니라 백성의 재물과 부녀자까지 노략질하여 궁중에 두고, 민간에 있는 소와 말을 모두 거두어들여서는 잡아먹었다. 고기는 먹고 가죽은 겹겹이 이어서 휘장처럼 둘러쳐서 성을 싼 모양처럼 만들어놓았다. 때는 겨울이었으므로 물을 끼얹어 얼게 하여 얼음 성이 되게 하고 그 속에서 술을 마시고 풍악을 지피며 놀고 있었다. 그러고는 날마다 잉태한 여자를 잡아다가 젖통을 베어 불에 구워서는 술안주로 먹었으며, 젊은 여자를 발가벗겨놓고 음란하고 망측한 행위를 자행하였으니 도적들은 실로 인간의 행위가 아니었다.

황주, 평양, 안주 등에 주둔하고 있던 장수로 안우, 김득배, 정세운, 이방실 등이 서울이 함락되었음을 듣고 나머지 군사를 이끌고 도성을 향하여 올라왔다. 그러나 도적의 흉포한 형세를 두려워 감히 입성하지 못하고 이성계가 거느린 군사가 올라오기를 기다리고 있었다.

이성계는 평안도 연변에서 적병을 물리친 후, 지방 백성을 안무하던 중에 홀연 이 소문을 듣고 딴 길로 서울을 향하여 올라갔다. 놀라 급히 군사를 몰아 주야로 달려 10여 일 만에 개성 부근에 도착하였다. 형편을 살피니 성중은 도적의 소굴이 되었고, 제장들은 서울의 수십 리 밖에서 주둔하고 있었다. 그들이 금오상장군의 깃발을 바라보고 모두 나아가 영접하면서 도적이 강성하여 쉽사리 격파할 수 없었다고 말하고 있었다.

이성계는 개연히 일어서면서,

『두려울 것 같았으면 오지 않는 것이 옳았을 것이다. 그러나 왔으니 싸우는 것이 당연하거늘, 오기는 왔는데 싸우지는 아니하니 도둑이 저절로 죽기를 바라는가! 하늘에서 벼락이라도 내려 도적이 저절로 죽기라도 기다리는가! 군왕이 고생을 무릅쓰고 밖에 계시는 터인데 신하가 되어서 어찌 이처럼 겁을 먹고 무서워만 하는가? 무서워 감히 싸우지 못하면 이는 도적에게 약함을 보임이니 어찌 부끄럽지 아니한가?』

그러고는 군대와 깃발을 정리하게 하여 앞으로 나아갔다. 도적의 정예가 동문 안에서 잔치로 허술함을 틈타 장검을 휘두르고 동문으로 뛰어들어 가면서 제장들로 하여금 남문과 북문을 나누어 치게 하였다. 자기의 죄과를 스스로 뉘우친 장수들은 이성계의 지휘대로 각기 군사를 정돈하여 성을 에워쌌다. 적장들은 고려 장수들이 수십 리 밖에 주둔하여 감히 돌아오지 못할 줄 알고 별로 방비함이 없었다가 별안간 사방에서 에워싸 쳐들어옴을 보고 그제야 군사를 나누어 그들은 대적하였다.

이성계의 선봉 이지란은 용맹을 뽐내며 사다리를 놓고 성 위에 먼저 올라가서 성첩을 지키는 적장을 한 칼에 베고 자기의 군사를 불러 일제히 성에 오르게 하여 성문을 깨트렸으므로 이성계가 이끄는 군사들이 물밀 듯 들어갔다. 앞을 막는 자가 있으면 화살이 날아갔다. 화살 하나에 장수 하나씩이 죽었다. 이성계의 군사들은 용기백배하여 창과 칼, 철편, 도리깨로 바람같이 몰아 번개같이 쳐들어갔다. 한 사람이 백을 당하는 형세를 타서 성문을 깨트리고 들어갔다. 맹렬하고 살벌한 전쟁이었다. 적병이 얼마나 많이 죽었는지 시체가 산같이 쌓였고 피가 강물처럼 흘렀다. 십여만 명이 전사하였고 적장 주원수, 부장 사유와 관선생 등이 모두 이성계의 화살에 맞아 죽었다. 그 밖의 두목들도 장군의 손에 죽었으므로 장수도 없이 남아있는 적병들은 혼비백산하여 달아날 길만 찾고 있을 뿐이었다. 이성계는 각 진영에 군령을 내려,

『하늘이 다 죽이라는 이치는 없으니 도적이 달아날 길을 열어 주어라!』하였으므로 적이 도망갈 길을 열어 주었다. 그리하여 남은 적병들은 목숨을 보존하여 달아나기 시작했다. 도망하다가

도중에서 죽은 자도 많았다. 산 자는 간신히 압록강을 건너갔는데, 처음 도성을 침범한 적은 십오만 명이었으나 살아서 돌아간 자는 만 명밖에 되지 않았다.

난리가 평정된 후에 공민왕은 개성으로 돌아왔다. 그러나 그는 본래 남의 간사한 말을 잘 듣는 성품인 데다가, 평장사 김용金用은 권력과 아울러 간사함을 가진 자로써 정세운과 안우 등을 미워하여 오다가 그들이 난리를 평정한 공이 있으므로 공민왕에게 등용될까 시기하여 헛된 말로 죄목을 얽어 왕에게 참소하였으니 그 말에,

『정세운, 김득배, 안우, 이방실 등 네 신하들은 공은 많은데 상이 보잘것없다 하여 나쁜 마음을 품고 폐하를 원망합니다.』하였다.

그의 말을 믿은 공민왕은 그들의 죄상을 자세히 조사하여 보지도 않고 김용에게 맡겨 다스리게 하여 공신을 모두 죽였다. 이성계는 더욱 공이 컸지만 다행히 김용의 미움을 받지 않아서 화를 면하게 되었다. 그러나 한편 돌이켜 생각하면 원래 임금이 될 신분은 죽지 않는 법이니 천운으로 무사했다고 할 수도 있을 것이다.

이때 원나라 장수 누르하치는 용맹이 무쌍하였던 것이니 원나라를 배반하고 심양에 웅거하여 세력이 강성하게 되었다. 기회를 보아 고려를 탈취하려는 생각이 있었으나 이성계의 위협을 두려워하여 출동하지 못하고 스파이를 고려에 보내어 알아보고 있었

다. 그에 의하면 이성계가 병권을 내어놓고 사택에 한가히 박혀 있다고 말하기에 이에 군사 45만을 거느리고 북도에 들어와 주변 각 읍을 엄습하였다. 그 형세가 맹렬하여 관군이 여러 번 패하였다. 이 보고에 접한 공민왕은 크게 놀라 여러 신하에게 문의한 후에 이성계로 하여금 동쪽 변방의 병마사를 삼아 나아가서 막게 하였다.

이성계는 북도 각 읍에 전령을 보내어 군졸과 기계, 양식을 준비하고 단속하라 명령하고 휘하 정병 수천만 명을 거느려 적진에 나아갔다. 적병을 부딪치는 대로 무찔렀다. 세 번째의 싸움에서 앞의 적진에 있는 적장 십여 명을 쏘아 죽이고 적병 만여 명을 무찔렀던 것이다. 누르하치는 그제야 이성계가 온 줄 알고 크게 겁을 먹고 군마를 거두어 도망쳐 가버렸다.

이때 중국에는 명나라가 새로 일어나고 있었다. 따라서 원나라는 점점 쇠약하고 있었다. 그러나 고려에서는 오히려 원나라만 섬기기에 바빴다. 공민왕의 서삼촌에 덕흥군이라는 자가 있었다. 공민왕에게 죄를 짓고 원나라에 도망하여 갔는데, 최유라는 신하가 있어 그 또한 죄를 범하고 도망하여 들어갔다. 그는 덕흥군과 모의하여 비밀히 간신 김용과 연락하고 덕흥군을 세워 임금을 삼아 자기들이 나라의 권력을 차지하기로 약속하였다. 그리하여 원나라 황제에게 일러 공민왕을 참소하라 하였다. 원나라 황제는 그 말을 정말인 줄 알고 조서를 내려 공민왕을 폐하고 덕흥군을 세워 임금이라 부르게 했다. 또 최유와 다른 장수 몇 사람으로 하여금 군사 2만을 거느리고 덕흥군을 앞세워 고려로 내려오고 있었다. 이 사실을 들은 공민왕은 노발대발하여 장수들에게 명령하여 나아가 대적하라 하였다. 도원수에 최영을 비롯한 장수들이 모두 원나라 장졸들의 기세를 두려워하여 감히 나아가지 못함을 보고 이성계는 개연히 일어나 부르짖었다.

『전쟁터에 임하여 용맹이 없으면 효도가 아니요, 임금을 섬기기에 몸을 아끼면 충성이 아니다. 공들은 어찌 충효를 돌아보지 않는가?』

라고 하면서 앞으로 나아가 맹렬히 공격하여 원나라 장수 넷을 쏘아 죽이고 군사를 거의 다 무찔렀다.

최유와 덕흥군은 겨우 목숨만 붙은 채로 도망하여 원나라로 돌아갔다. 그러나 원나라에서는 뒤늦게 그의 잘못을 알고 최유를 잡아 보냈다. 고려에서는 김용과 함께 그를 저잣거리에서 목을 베어 죽였다.

이성계, 동녕부를 공격함

원나라의 무리한 행위를 끝내 분하게 여기는 공민왕은 원나라를 배반하고 명나라에 복종하면서 이성계에게 명하여 동녕부를 공격하게 하였다. 이성계가 군사를 거느리고 강을 건너는 날 밤에 홀연히 붉은 기운이 하늘에 뻗쳐올랐다. 왕은 그 기운을 바라보고 좌우에게 말하기를,

『저 기운은 장수의 기운이다. 내가 이 원수를 동녕부로 보냈으니 이 원수는 명장이므로 저 기운이 나타나느니라.』했었다.

공민왕도 이성계가 명장인 줄은 알았지만, 임금이 될 줄은 알수가 없었던 모양이었다.

이성계가 행군하여 동녕부에 이르니 올로첩목아兀魯帖木兒란 장수가 나와서 싸우는데, 그 용맹이 비상하였다. 이성계는 그 용

기를 아깝게 생각하여 죽이지 아니하려고 화살의 촉을 뽑아서 그를 향해 쏘았다. 일곱 대의 화살이 모두 그의 투구에 맞았다. 올로첩목아는 살촉 없는 화살이 일곱 번이나 투구를 마치고 땅에 떨어짐을 보더니 이성계가 귀신같은 재주가 있음을 알고서 하는 수 없이 말에서 내렸다. 그리고 무릎을 꿇고 하는 말이,

『오늘에야 장군의 하늘 같은 위엄을 알았습니다. 소장도 본래는 고구려 사람입니다. 장군님에게 복종하오니 목숨만 살려주십시오!』한다.

이성계는 활을 멈추고 그의 항복함을 허락하였다. 그리하여 그는 그 후부터 이성계의 휘하에 따라다니며 공을 많이 세웠고, 끝내 '북면병마만호'란 벼슬까지 얻게 되었다. 올로첩목아가 이성계에게 항복한 뒤에도 동녕부 성안에 있는 장수 고안례는 오히려 두려움 없이 성문에 올라앉아 군졸을 거느리고 항거한다. 이성계는 그의 진중에 숨어서 화살 세 개를 뽑아 그에게 쏘았다. 화살은 모두 그 면상을 맞추었다. 성안의 장졸들이 그 광경을 보자 기운이 빠져 모두 전의를 상실하게 되었다. 그래서 적은 성문을 열고 나와 항복하게 되었던 것이다. 한편 고안례는 영특한 장수였으므로 화살 세 개를 맞고도 목숨이 살아 걸어서 도망을 쳤다. 그래서 이성계는 동녕부를 점령하였고 그 부근에서 모두 이성계의 위엄이 두려워 그곳의 적군이 죄다 투항해 왔다. 그리하여 이 싸움으로 인해 동은 여진에서부터 북은 동녕부까지, 남쪽은 압록강에서 서쪽에는 바다 끝까지, 모두 고려의 영토에 귀속하게 되었다.

이때 명나라가 강성하고 원나라는 미약해갔다. 원나라 장수 김백안, 좌불화 등은 그들이 지키던 지방을 명나라에 잃어버리고 기댈 곳이 없어서 나머지 무리를 이끌고 고려를 침범하기 시작했다. 북도의 여러 고을을 함락하기 위해 이성계는 공민왕 19년 7월에 왕명을 받들고 군사를 몰아 다시 북도로 내려갔다.

적병과 접전하기에 앞서 사람을 보내어 항복하라는 권유를 하였다. 그러나 적진에서는 냉소로 답하고는 처명이란 장수를 시켜 싸움을 걸어왔었다. 이성계의 선봉장인 이지란은 마주 나아가 싸워 수십 번에 걸쳐서도 승부를 결정치 못하기에 이성계가 몸소 진지에 나아가서 처명을 보고 권유했다.

『내가 너를 죽이려면 어렵지는 않다만 특별히 용서를 하니 그대는 어서 항복하라!』했다. 그러나 처명은 용맹만 믿고 항거할 뿐이었다. 이성계는 화살 한 개를 쏘아 그의 투구를 맞추고 또 '항복하라!' 권유한다. 그러나 처명은 들은 척도 않고 여전히 칼을 휘두르며 말을 달려서 들어온다. 이성계는 또 한 개를 그의 다리를 쏘아 맞추고, 다시 화살 한 개를 활 사위에 얹어서 들고는 다시 한번 권유했다.

『그래도 네가 항복하지 않으면 이 한 대로 너의 눈을 쏘아 맞추겠다.』하니,

처명은 그제야 이성계의 재주를 알고 하는 수 없이 말에서 내려 꿇어 엎드렸다.

원래 처명은 그 진중에서 제일의 명장이기에 성안에 있는 군과

공민왕(오른쪽)과 왕비 노국공주(왼쪽)의 영정
공민왕 신당(恭愍王神堂) 소장, 출처 : 문화재청

백성들이 처명의 항복함을 보고 크게 놀라 일제히 아우성을 치며 문을 열고 이성계의 군사를 맞아들였다. 이성계의 휘하 장수들은 무슨 간계가 있는지를 염려하였다. 그러나 이성계는 서슴없이 장졸들을 지휘하여 물밀 듯이 성안으로 들여보내 좌불화를 죽이고 김백안을 사로잡았다. 그리고 그곳 백성들을 위로하고 안심시켜 난을 평정한 후에 개선가를 부르며 돌아왔으므로 관원들까지 마음을 기울여 이성계를 따랐다.

공민왕은 본래 시기가 많은 위인이었으므로 이성계의 위엄과 물망이 높아짐을 매우 걱정했다. 그러나 자주 일어나는 난리를 그가 아니고는 당할 사람이 없는 까닭에 할 수 없이 병권을 맡긴 것이었다.

4

요승 신돈과 모니노

후세 사람들이 말하기를 태조 이성계가 왕씨의 사직을 빼앗았다고들 한다. 그러나 사실은 그런 것도 아니었다. 그것이 왜 그런가 하면 고려 공민왕 때 신돈辛旽이라는 중이 있었다. 위인이 음란하고 간교하여 사람을 잘 유혹할 줄 알았으므로 공민왕의 주위에 그와 가까운 친척을 두어 궐내를 마음대로 드나들었다. 왕을 어떻게 쥐어 삶았는지 왕이 깜짝 현혹되어 그를 왕사로 섬기고 신돈의 말이라면 모두 귀 기울여 믿을 뿐 아니라 권리를 모두 그에게 맡기듯 하였다.

신돈이 처음에는 도가 높은 도승인척 하고 왕을 후렸는데, 권력을 잡은 후에는 음탕하고 간교한 술법을 사용하여 어진 사람을 모함하여 죽이고 주위에 미인을 무수히 불러들여 향락을 즐길 뿐 아니라 조정의 대신과 관리들의 가정에 젊은 부녀들까지 닥치는 대로 간통했다. 그 간통하는 방법으로는 그 지위를 악용하는 것이었다. 즉, 그가 세력이 있기 때문에 청탁이 끊이지 않았는데, 누구든지 무엇을 청탁하려 할 때에는 그 처첩 중에서 젊은 부녀를 보내야만 했다. 어느 여자든지 혼자 그의 침소에 들어가 신돈과 단둘이 앉아 청탁한 후에야 무슨 일이든지 이루어졌다고 하니 그 중간에 일어나는 음탕한 짓이야 무슨 말을 덧붙이랴!

한편 고려 왕씨는 오랑캐의 풍속을 쫓았다. 동족끼리 혼인하는 악습도 있었다. 동족끼리의 혼인은 자손의 번성에 해롭다고 한다. 그러나 왕실의 혈통은 끊이지 않더니 공민왕에 이르러 세자가 생기지 않았다. 왕은 원나라 종실 여자를 데려다 결혼을 하였고 다른 왕비들도 많았는데 아들이 없음은 그가 성적으로 불구자였기 때문이 아닌가 싶었다. 공민왕은 자주 신돈의 집에 갔었는데 신돈에게는 반야般若라는 잘 생기고 예쁜 계집이 하나 있었다. 신돈은 그 반야가 수태하자 조용히 반야와 의논하기를,

『네가 지금 수태를 하였으니 이럴 때 너의 몸을 임금에게 바치면 아들을 낳겠고, 아들을 낳는 날에는 왕자가 될 것이다. 아들이 귀하게 되면 너도 귀하게 되고, 나도 평생 권리를 손에 잡을 수가 있다. 너는 나의 말대로 하여라.』 하였다.

반야는 약간 사양하는 체하다가 여러 번 꼬이니 그렇게 하자고 허락하였다.

그리하여 두 남녀의 비밀 약속은 왕과 신돈이 노는 때를 기다

려 진행되었다. 신돈은 공민왕을 자기 집에 초대하여 반야를 자기 집 하녀라 일컫고 음식을 받들어 나오게 하였다. 그런 줄도 모르고 왕은 그 아름다운 얼굴에 현혹되어 거기서 하룻밤을 지내게 되었다. 이런 일이 있은 후에 때가 되어 아들을 낳았다. 그 아들의 이름이 모니노牟尼奴라 짓고 신돈의 집에서 기르더니 세 살 적에 왕궁으로 데려갔다. 그리고 왕비가 낳았다고 소문을 퍼뜨려 왕비를 시켜 기르면서 왕은 대신 이인임에게 부탁하였다.

『이 아이는 내가 신돈의 집에 가서 놀 때, 그 집 하녀와 상관하여 낳은 것이니 경만이 혼자 그런 줄 알고 잘 보호하여 왕씨의 후사를 잇게 하여 주시오.』하였다.

그러나 공민왕이 성적 불구자로서 아들을 낳을 수 없음은 세상이 다 아는 바이라 이 무슨 해괴한 소리냐? 이 말도 안 되는 아들에 대하여 달리 전하는 말이 왕비가 신돈과 통간하여 낳았다고들 한다. 그러나 그 실은 반야의 소생이요, 왕비의 소생이 아니었다. 실제의 어미인 반야를 숨겨두고 어머니 아닌 어머니인 왕비가 나셨기 때문에 그가 애매한 누명을 왕비가 쓰게 된 것이었다. 이인임은 공민왕의 부탁을 들었으므로 공민왕이 죽은 후에 모니노를 세웠다. 그가 곧 우왕이요 우왕을 폐하였으니, 이는 곧 신씨를 폐한 것이다. 그러므로 이성계가 신씨의 나라를 빼앗았다고 하면 몰라도 왕씨의 나라를 빼앗았다는 것은 경우에 맞지 않다는 논리이다.

5

고려 왕실의 문란한 기강

또한 공민왕은 앞서도 말한 바 있거니와 시기하는 마음이 많아서 신임하는 신하라도 별안간 의심하여 죽이기를 잘하였다. 그러므로 신돈도 화를 당할까 두려워하여 역적모의를 하다가 탄로되어 죽음의 화를 당하였다. 음흉한 계교로 자식을 바꾸어 남의 집을 망쳐놓는 자의 말로를 잘 보여주고 있다 할 것이다. 이것은 옛날 진시황의 아버지인 여불위呂不韋가 그 좋은 예가 된다.

모니노牟尼奴를 빌어다가 자기의 아들로 삼아 왕위를 계승하게 하였던 공민왕은 또 하나의 가소로운 일을 생각하고 있었다. 그는 또 꽃미남인 한안, 홍륜, 권진, 홍관, 노의 등 다섯 사람을 극히 총애하였다. 자기의 생각에도 자기는 생산 능력이 없는 몸이니까 다시 거짓 자식이라도 얻어 볼 생각으로 그 다섯 소년을 시켜 여러 비빈을 몰래 간통하게 하였다. 그 비빈 중에도 정비, 혜비, 신비는 엄정히 거절하여 듣지 않았으나, 익비는 위협에 못 이겨 하는 수 없이 순종하고 말았다. 그리하여 잉태한 지 다섯 달 만에 내시 최만생이 그 눈치를 알아차리고 비밀히 왕에게 고하였다. 왕은 아들을 얻게 될 것이니 기뻐하면서 최만생을 보고,

『그러면 다섯 꽃미남을 죽여 없애버려서 입을 막아야 되겠구나.』했다.

그 말을 들은 만생이 생각하여 보니 자기마저도 함구의 대상 안에 있음을 알아차리고 자기 목숨을 건져야겠다고 생각했을 것이다. 그는 크게 겁을 내어 그 이유를 다섯 소년에게 통지했다. 그리고 함께 모의하였다. 결과로는 약밥 한 그릇으로 왕을 시살하게 되었다. 대개 말하자면, 자기가 자식이 없으면 그 가까운 혈족 가운데서 골라내어 대를 잇게 해야만 할 것이었다. 그러나 당치도 않는 씨를 빌려다가 자기 씨를 만들려고 하였으니, 그것은 망하지 않을 것을 망하게 하는 것과 같았다. 또 사람을 죽이려 하면서 그 뜻을 누설하였으니 자기의 무덤을 스스로 판 것이나 다름없다. 공민왕과 같이 우매한 인물이 어디에 있으랴? 이는 이성계에게 나라를 빼앗길 기초를 만들어가고 있었는지도 모른다. 그 당시의 모든 대신들도 한결같이 요망한 중인 신돈을 미워하고 임금을 어둡게 하는 간신이라 생각하고 그를 미워했다. 그 대표적인 시조 한 수가 있으니,

구름이 무심탄 말이 아마도 허랑하다

중천에 떠있어 임의 다니면서

구태여 광명한 날빛을 따라가며 덮나니

—이존오(李存吾)

이 글만 보아도 이 당시의 신돈이 어떤 인물이며, 고려 왕조에 어떤 해독을 끼친 인물인가 하는 것을 짐작하여 알 수가 있다. 여기서 광명한 날빛은 임금이요, 구름은 신돈이란 인물을 지칭하는 것을 짐작하여 알 수 있다.

이존오의 석탄집(石灘集)
연세대학교 도서관 소장

6

고려의 마지막 임금 우왕

　공민왕이 죽은 뒤에 이인임의 주장으로 우왕이 왕위에 올랐다. 왕의 실제 어머니인 반야般若는 신돈이 죽은 후, 어느 틈에 끼어 있다가 자기 아들이 임금이 되었음을 보고 궐내로 들어갔다. 그리고 내가 임금을 낳은 사람이라고 부르짖었다. 그러나 이인임은 반야를 요망한 계집이라 하여 잡아 가두었다가 목을 베어 죽였던 것이다. 이인임은 우왕이 분명 신돈의 아들인 줄 아는 바 만일에 반야를 살려두었다가는 모든 일이 탄로 날까 염려한 끝에 반야를 죽인 것이었다. 반야가 죽을 때 말하기를,

　『내가 임금의 생모이면서도 원통히 죽으니 내 억울함을 저 하늘이 알 것이니 반드시 성문이 무너지리라.』하였다 한다. 반야가 죽던 날 과연 송도 북문루가 무너졌다.

왜구들의 약탈을 그린 회화(14세기)
출처 : 위키백과

    우왕은 초년에는 글 배우기를 힘쓰고 재주도 있다는 칭찬이 있었는데 나이가 들어감에 따라 방탕하고 음란한 행위만이 늘어갔다. 신하들의 충간하는 말을 듣지 않고 남의 부녀를 빼앗아다가 음란한 짓을 일삼으며, 뱃놀이와 사냥하기를 즐기며 놀았다. 여러 해 흉년이 들고, 대마도에 중심을 둔 왜구의 침략이 빈번하였으며, 백성들은 고통 속에 빠져들어 말할 수 없는 고통스러운 지경에 이르렀다. 그러나 왕은 조금도 염려하는 기색 없이 밤낮으로 잔치를 베풀며 궁중의 미녀들과 놀기만을 즐겼으므로 나라의 창고는 고갈되고 백성은 도탄에 빠지게 되었다.

    백성들이 생산한 공물을 먼저 거두어들였으나 오히려 부족하여 따로 원납전을 징수하게 했다. 그리하여 민심은 날로 흉흉하고 조정은 어지럽고 시끄럽기만 하였다.

7

왜구를 소탕하다 – 이성계

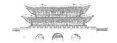

　우왕 4년(1378)에는 대마도에 왜구가 해주까지 북상하여 노략
질을 하고 있었다. 그리고 그 형세가 날로 더하여 갔다. 이성계가
나가서 싸울 수밖에 없었다. 그는 스무 개의 화살을 전통에 넣어
차고 적진 앞에 섰다. 그리하여 적진에서 두목이 나오는 대로 활
을 쏘아 죽였다. 열일곱 개의 화살에 열일곱 명의 도적을 모두 쏘
아 쓰러뜨렸다. 나머지 적장은 형세가 매우 위급함을 알자 모두
를 이끌고 일제히 달려들어 죽기로 싸운다. 화살과 돌이 비 오듯
날아왔다. 그러나 이성계는 조금도 겁내지 않고 높은 곳에 올라
앉아 군사들을 지휘했다. 한나절 동안의 큰 싸움 뒤에 왜구를 모
두 무찔렀기에 돌아간 자는 몇 사람이 되지 않았다고 한다. 싸움
을 끝낸 뒤에 이성계 장군은 부하 장졸들에게 말했다.

『내가 아까 열일곱 개의 화살로써 모두 적의 왼쪽 눈을 쏘아 맞추었다.』하기에, 장졸들이 나아가서 죽은 적장의 시체를 조사하여보니 과연 모두 왼쪽 눈이 맞아 뒤통수까지 뚫려서 죽어 있었다. 대마도의 해적은 공민왕 때부터 고려 연변 고을을 노략질함이 빈번하였던 터였다. 그때 일본은 남북 조정이 마주 서서 전쟁이 쉬지 않았으므로 그 틈을 타서 진서군鎭西郡 일대에 있는 떠돌이들과 대마도 왜적들과 연락하여 고려 해안 지방과 원나라 연해를 자주 침범하였던 것이다. 실제로 일본 정부에서는 그들과는 별다른 관계가 없었다. 그러므로 고려에서 일본에 사신을 보내어 화친을 도모하고 해적을 금지하여 달라고 요구하였으나 일본 정부에서는 금지할 아무런 능력이 없었다. 그들이 하는 대로 내버려 두었으므로 우왕 때에 이르러 더욱 침범이 빈번하였던 것이다. 왜구들의 선박이 인천과 강화까지 들어와 서울이 흔들릴 정도까지에 이르렀다. 이성계와 최영이 여러 번 쳐서 격파하였으나 오히려 화가 그치지 않았으며, 삼남 해안지방 여러 고을에서는 노략질이 더욱 심하였고 곳곳에 점령하여 주둔하는 소굴이 되다시피 하였다. 우왕 6년(1380)에는 애기바루[阿只拔都]라는 왜장이 5천 병졸을 거느리고 전라도에 들어와 각 읍을 소란하게 했다. 애기바루는 나이 십오 세쯤 되었고 얼굴이 아름다워서 고운 여자 같았으며, 창과 칼 쓰는 법이 신출귀몰하여 빠르기가 날아다니는 제비와 같아서 능히 대적할 사람이 없었다. 그리하여 그 지방을 맡은 장수들이 싸울 때마다 패하여 위급함을 고하는 상소문이 개경에 빗발치듯 날아왔다. 우왕은 크게 놀라 이성계를 '삼남병마도통사'로 삼고 포은圃隱 정몽주鄭夢周를 조전원수로 삼아 내려가서 대적하라 했다. 이성계는 삼남 각 읍에 군졸과 무기를 단속하여 대기하라 하고 그 아래 군졸 수천 명을 거느리고 그곳으로 내려갔다.

운봉雲峰 땅에 이르러 적병과 부딪혀 적과 대적하여 싸움을 시작했다. 적진 장수 애기바루가 갑옷을 입고 창을 들고 나서는 모양이 마치 하늘의 선녀와 같은 미소년이었다. 선봉 이지란은 적장이 너무 어리고 용모가 소년다움을 보고 업신여겼다. 말을 몰아 싸움이 시작되었다. 그러나 애기바루는 비상한 용맹이 있어 당할 수가 없었다. 지란이 패하여 돌아오고 다른 비장들이 또 나아가 싸웠으나 모두 그의 창에 찔리어 말 아래 떨어져 죽었다. 이성계는 그 상황을 보자 분을 이기지 못하여 활을 당겨 애기바루를 향해 쏜다. 그러나 애기바루는 들어가는 화살을 창으로 쳐서 땅에 떨어뜨리는 것이 아닌가. 다시 한 대를 쏘니 손으로 받아 꺾어버리고 또 한 대를 쏘니 몸을 옆으로 날려 맞지 않는다. 화살과 돌멩이가 하늘에 벌 나비 날 듯 날아와도 모두 창으로 받아 버리고, 더러는 그의 몸에 맞는 화살이 있어도 갑옷이 견고하여 뚫리지가 않았다. 오히려 그는 비호같이 달려들어 이성계의 군사를 풀을 베어내듯 한다. 이성계는 하는 수 없이 징을 쳐서 군사를 거두었다. 그리고 진중의 문을 굳게 닫은 후 이지란을 보고 말하기를,

『그 소년은 비상한 인물이다. 그러므로 죽이기는 참 아깝지만 항복하지도 않을 것이니 꾀를 내는 수밖에 없다. 내일 싸움에는 특단의 계획을 세워보자.』하였다.

그리고 하룻밤을 계엄 상태에서 군사를 쉬게 했다.

이튿날 싸움이 다시 시작되었다. 이성계는 활 잘 쏘는 사수 3, 4명을 시켜 (모두 바루를 향하여 쏘라!) 하고는 이성계 장군은 이지란과 진지 뒤에 숨어 서서 싸움을 보고 있다가 애기바루가 무수히 날아가는 화살을 창으로 치고 손으로 받기에 골몰하는 틈을 타서 이지란을 시켜 그의 투구를 쏘게 하였다. 바루는 '딱' 하는 소리에 잠시 놀랐다. 그리하여 입을 벌리는 사이에 이성계의 화살은 날아서 그의 목구멍을 꿰뚫었다. 그가 비록 장사壯士이기는 하지만 화살을 목구멍에 맞고야 어찌할 수가 있으랴! 아름다운 미소년 바루는 가엽게도 그만 말 아래로 떨어져 죽고 말았다.

처음에 왜구의 장졸들이 애기바루를 선봉장으로 내세울 때에 애기바루는 사양하여 말하기를 『나는 어린아이인데 어찌 사람 죽이기를 일삼을 수 있으랴.』하였다. 그러나 여러 장졸들이 앞에 엎드려 간청을 하였고, 그를 옹위하여 앞에 내세웠으므로 마지못하여 나왔던 것이다. 그러던 그가 드디어 목숨을 잃고 진중에서 죽었다. 이것만 보아도 이성계의 무궁한 전술을 알만도 하거니와, 지금에 우리말에 어린애를 '애기' 라 함은 바로 어린애 같으면서 용감 무상하였던 애기바루가 이성계에게 죽음을 당하면서 '애기기' 하는 신음소리에서 유래된 것이 아닌가 생각하기도 한다.

한편 왜진 장졸들은 두목이 쓰러지자 감히 다시 싸울 생각도 못 하고 그의 시체를 거두어 메고는 도망가기 바빴고, 그의 각 진 지에서도 애기바루의 죽음을 듣자 모두 겁을 먹고 군사를 거두어 돌아가려 했다. 이때를 놓치지 않고 이성계는 병졸을 몰아 추격하니 그 형세가 바람처럼 빨랐다. 그리하여 지금까지 골머리를 앓던 도둑의 소굴이 모두 소탕되어 삼남 일대가 비로소 조용하게 안정을 되찾아 가게 되었다.

황산대첩비(荒山大捷碑)
이성계가 왜구를 무찌른 승전비, 전라북도 남원시
운봉읍 화수리에 위치, 출처 : 문화재청

8

조선 개국의 여명이…

고려 말년에는 임금마다 혼미하였다. 그리하여 왕실은 기강이 무너지고 안으로는 백성들의 원망 소리가 높아가고 밖으로는 외적의 침범이 끊어지지 않았다.

이성계를 내려보내 여진족을 평정케 하고 홍건적을 다스리게 하였으며 누르하치를 물리쳐서 덕원군으로 몰아내고 다시 동녕부를 쳐서 옛 고구려 땅을 회복하였고, 대마도 왜구를 소탕하여 남해지방을 편안하게 하였으니, 이는 하늘이 쓰러져 가는 고려를 위하여 이성계를 보낸 것이 아닌가 싶다. 그러니 이것은 이성계로 하여금 새 나라를 이루게 하라는 하늘의 계시인지도 모른다. 이렇게 하여 이성계는 많은 공덕으로 한 나라의 병권을 손에 쥘 수 있게 되었고, 팔도 백성들의 민심을 모아 결국에는 천명을 받아 조선왕조의 개국이 실현되게 된 것이다. 그런데 공민왕 때에는 국권을 최영이 잡고 있었던 것이다. 이인임이 우왕을 세운 후에는 국권을 그가 독차지하여 최영과는 의논함이 없이 정사를 처리할 뿐 아니라 그들의 일당 및 그 주위에서 모두 요직을 움켜쥐고 옳지 못한 행위만을 일삼아왔다. 최영은 그것을 분하게 여겨 그를 제어하고자 하는 생각이 없지 않았으나 혼자의 힘으로는 모자랐다. 그리하여 이성계와 상의하여 하는 말이,

『이인임은 지금 권력을 독차지하여 자기의 공이라 우기며 조정을 한 손에 쥐고 흔들고 있습니다. 뿐만 아니라 우리 두 사람 대하기를 예의 없이 하니 그럴 수가 있습니까? 우리는 선왕의 옛 신하요 국가에 큰 공이 있는 터인데, 우리가 어찌 그렇게 오만한 대접을 받을 수 있겠습니까? 공은 지략이 많으니 좋은 생각을 마련하여 주십시오. 그리하여 조정을 바로잡읍시다.』한다.

이성계는 본래 무관으로서 외환을 막는 일에만 힘써왔고 조정의 모든 일은 문관들의 주장대로 맡겨둔 터였다. 그러나 이인임의 방자한 태도는 그냥 두고 볼 수 없을 정도로 괘씸하게 여기던 터였다. 그리하여 최영의 말을 듣고 대답하기를,

『그가 정사를 바르게 하고 임금을 도와드릴 것 같으면 우리가 복종할 수밖에 없겠어요. 그러나 그가 나라 법도를 어지럽히고 백성들의 원망이 쌓이고 나라를 쇠약하게 하여 국가에 의롭지 못하게 한다면 우리가 임금께 아뢰십시다. 그렇게 한 다음 나를 시켜 그를 거두라 하면 손바닥 뒤집기보다 쉽겠습니다.』했다.

최영이 크게 기뻐하여 그 뜻을 우왕께 알렸던 바 임금도 이인임의 세력이 너무 커짐을 꺼리던 터이라 최영의 말을 듣고 기뻐하며 좋도록 처리하라고 명령하였다. 다시 최영은 이성계에게 위임하였으므로 이성계는 그를 거두어 귀양을 보냈다가 후에 사자를 시켜 귀양지에서 죽이고 그 도당들을 모두 추방하였다. 고려 우왕이 이인임의 힘을 빌려 왕이 되었음에도 불구하고 귀양 보내어 죽인 것은 배은망덕이라 하겠다. 그러나 한편 이인임은 화를 받을 만한 죄를 지었으니 반야가 왕의 친모인 줄을 알면서도 함구하기 위하여 억울하게 반야를 죽였으므로 그 모친을 죽인 원수를 아들인 왕이 원수를 갚았다고 볼 수 있다.

9

역사적 요동 정벌

　이인임을 죽인 다음 최영은 수문하시중이 되어 정치적 권력을 차지하였고 이성계는 병권을 차지하였다. 그러나 이성계의 공덕과 위엄이 날로 높아져서 민심이 떠나가기는 고사하고 조정관원들이 모두 그를 따르는 판이었다. 그리하여 최영은 다시 이성계를 꺼려하고 의심하게 되었다. 그는 다시 비밀히 우왕께 아뢰기를,

　『이성계는 자질이 비상하고 겸하여 큰 권력을 손에 쥐었으니 실로 국가에 큰 화근이 됩니다. 기회를 보아서 제거하여 버림이 마땅합니다.』하였다.

　우왕 또한 시기가 많은 인물이라 최영의 말을 믿고 좋은 계교를 강구하고 있었다. 때마침 명나라 태조가 '철령위'라는 군문軍

최영장군묘(崔瑩將軍墓)
시도기념물 제23호, 경기 고양시 덕양구 대자동에 위치, 출처 : 문화재청

門을 세우고 요동 땅을 경략하려는 그때였다. 최영은 드디어 계략 하나를 생각하여 왕에게 아뢰었다.

『요동은 본래 고려 땅이 온데, 지금 명나라가 점령하오니 이는 전일에 체결해놓은 형제지국의 언약을 배반함입니다. 일이 이렇게 된 바에야 가만히 있어서는 안 되옵니다. 부득이 한번 싸워 볼 수밖에 없사오니 이성계로 하여금 대군을 거느리고 나아가게 하여 요동을 쳐서 회복함이 마땅합니다.』하였다.

그러나 그 말에 우왕은 찬성하지 않았다. 그도 명나라를 적대시할 수 없는 줄은 잘 아는 까닭이었다. 그러자 최영은 우왕 곁으로 가까이 가서 아뢰기를,

『이 계교가 실상은 명나라를 대적하는 데만 있는 것이 아니옵니다. 명나라 힘을 빌려 이성계를 제어하는 것도 되겠습니다. 이성계가 나아가서 싸워 이기면 다행이고, 패하거든 군율로 이성계를 베어서 그 머리를 명나라에 보내어 이것은 전적으로 이성계의 주장이었다고 하며 사과하면 무사할 터이니 의심치 마시고 이성계를 보낸 후에 폐하께서는 나머지 군사를 거느리시고 평양에 나아가 머무르시며 앞에 먼저 간 군사들을 재촉하시고 동시에 명나라와 국교를 끊고 원나라와 교류함이 마땅합니다. 그렇게 하면 이 계교를 아무리 반대하는 신하가 있다 하더라도 반드시 시행하십시오.』 하는 말로 우왕의 귀를 흔들어 놓고 마음을 혼탁하게 만들었다. 우왕은 갑자기 이성계에게 명령하여 명나라를 치러 가고 했다. 뜻밖의 명을 받은 이성계는 크게 놀라 우왕께 간하기를,

『명나라 태조는 시운을 타고난 영웅이요, 중원을 구원하는 제왕이옵니다. 이제 중국을 거의 통일하여 원나라가 미구에 망할 것이오니 우리 고려에서도 하늘의 이치를 알아야 하겠습니다. 이미 한 민족과 오랑캐의 분별을 알아서 명나라에 사신을 보낸 바 있으시고, 형제의 나라로 맹세한 지가 오래인데, 이제 요동을 정벌하는 것은 강국을 범하려 하는 것이니 불가합니다. 요동이 고구려 영토임은 사실이오나 지금은 명나라 영토이오니 어찌 우리가 출병할 바이겠습니까. 명령을 거두심이 마땅합니다.』 하고 사리를 논하여 간곡히 말하였다. 옆에 있던 정몽주 역시 불가함을 논하였다. 그는 고려 왕조를 위하여 이성계를 꺼리는 터였지만

그는 현명한 재상이었으므로 사리를 분별할 줄 알았고 그릇된 일을 옳다고 하지는 않았던 것이다. 그러나 우왕은 최영의 말에 귀가 솔깃하여 이성계와 정몽주의 간함을 듣지 않고 조서를 내려 이성계를 우군도통사로 삼고 조민수를 좌군도통사를 삼아 곧 행군하라 하였다. 이성계가 크게 걱정을 하고 있을 때, 그의 다섯째 아들 방원은 20세의 소년이었던 바 그 아버지의 걱정함을 보고 조용히 여쭈었다.

『이 일은 최영이 대인을 꺼려하여 명나라의 힘으로 대인을 제어하고자 함인가 생각하는 것입니다. 그러므로 억지로 사면코자 하시면 최영이 필연코 대인이 왕명을 거역한다 하여 죄목을 얽고 오해할 것입니다. 어찌 대인께서 최영에게 잡히셔야 되겠습니까. 차라리 군사를 이끌고 밖으로 나가 계시다가 형편을 보아 조치함이 상책입니다.』했다.

그 말을 듣고 이성계는 크게 깨닫고 그 이튿날부터 각처의 군마를 거두어 거느리고 떠났다. 그때 좌우 진영의 군사가 이만 명이요, 말이 사만 필, 군량미가 이만 석이었다. 또한 군이 좌우 영으로 나누었다고 하여도 이성계가 총관으로 의기양양하게 서쪽을 향해 내려갔다. 군영의 깃발이 하늘의 해를 가리고 창검은 서릿발이 되어 햇볕에 빛났다. 우왕 또한 이성계를 독려하기 위하여 임금의 호위군 수천을 거느리고 최영과 함께 그 뒤를 따라 대군을 요동으로 보내고 그들은 평양에 머물러 있었다.

10

이성계의 위화도 회군

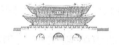

이성계가 대군을 지휘하여 압록강을 건너 위화도란 섬에 머물러 있었다. 때마침 유월이라 장마를 맞아 여러 장졸들의 고통이 말이 아니었다. 그리하여 이 출정이 이성계의 뜻이 아닌 줄을 아는 장졸들은 모두 왕과 최영을 원망하여 그 소리가 온 산천을 뒤흔들었다. 비장 이지란은 좌군도통사 조민수와 의논하였다. 그리고 함께 이성계의 군막으로 들어갔다.

『지금 수만 명의 군사와 무수한 군마가 위태로운 지경에 있습니다. 이국의 싸움터에서 피로한 군대로 전진하여 싸우기는 힘들 것 같으니 급히 회군하여 돌아감으로써 수만의 생명을 죽음에서 구하게 하십시오. 또한 임금의 곁에서 참소하는 인물을 제거하시고 조정을 바로잡아 인심을 어루만져 주십시오.』하였다.

조용한 말이었으나 매우 간곡하였고, 깊은 뜻이 그의 말에 숨어있는 듯했다. 말이 끝나자 앞뒤에 호위하였던 장졸들이 일제히 찬동하며 '살려 주십시오' 하고 내닫는다. 사태가 여기에 이르자 이성계는 하는 수가 없었다. 드디어 군마를 돌이키려고 이성계는 활을 높이 들고 백마를 되돌려 탔다. 그가 강변에 서서 군사가 돌아가기를 기다리며 섰다가 이성계의 회군 의지를 알고서야 군사들은 일제히 환호와 동의의 함성을 울려 보냈다.

『참 영웅이시다. 저런 인물은 예전에도 없었고 후세에도 없을 것이다.』

이런 말로 미루어 이성계의 기상을 가히 짐작할 수 있을 것이다.

군사를 간신히 육지에 내리고 강물을 바라보니 수십일 내린 장맛비에 넘실거리는 강물이 위화도마저 덮어버릴 것 같은 기세였다. 아닌 게 아니라 위화도가 완전히 물속에 파묻혀 버렸다. 만일 한 시간만 더 지체하였더라도 몇만 명의 생명이 모두 물속에 떠내려가서 서해바다의 고기밥이 되어 물속에 장사 지낼 뻔하였다. 이때의 상황을 후세에 지은 용비어천가에는 이렇게 기록하고 있다.

섬 안에 계실 때는 큰비 사흘이나 내리되
섬을 비우고서야 (위화도가) 물속에 잠기었습니다.
― 용비어천가 67장

위화도에 있던 군사를 완전히 철수하고 나니 주둔하고 있었던 위화도는 완전히 물속에 잠기게 되었다.

위화도가 물속으로 들어간 것을 보게 된 장졸들은 한편 놀라고, 한편 기뻐하면서 수만 명의 생명을 구해준 이성계에 대해서 모두 그를 향해 머리를 조아리고 마음속으로 복종을 다짐했다. 이성계는 먼저 글을 최영에게 보내어 군사를 불러들이라 간청하였다. 최영은 듣지 않았다. 다시 이성계는 우왕에게 글을 올렸다.

『오랜 장마에 군졸은 지치고 활줄은 아교가 풀리고 칼은 녹이 슬어 쓸 수가 없고 또 군량미가 결핍하여 더 나아갈 수 없사오니 회군을 통촉하십시오.』

하고 임금께 보내는 장계가 평양에 있는 임금에게 올라갔다. 그리고 장졸을 데리고 행군하여 올라온다. 여러 장군들이 빨리 행군하기를 청하자 이성계는 말하기를,

『급히 올라가면 최영의 군사와 부딪치기 쉽다. 부딪치면 싸우기 쉬울 것이요, 싸우면 사람이 죽고 상하는 참상이 있을 것이니 사람 살리기를 위하여 회군하는 터에 어찌 그런 위험한 짓을 하리요.』

하고 서서히 행군하였다.

하루 수십 리씩의 행군을 하여 연로의 각 읍 백성들을 만나니 이성계가 회군한다는 소식을 듣고 모두가 다투어 주먹밥과 병에 장과 물을 담아 가지고 나와서 백성을 살려준 덕을 칭송하였다.

11

최영 장군, 그리고 우왕

우왕과 최영은 평양에 머물러 있다가 별안간 회군한다는 급보를 듣고 대경실색하여 어쩔 줄을 몰랐다. 그리하여 하는 수 없이 그들도 개경으로 회군을 하였다. 당초에 나올 때 거느린 수천 명 군사와 수백 관원이 모두 중도에서 뿔뿔이 흩어져 이성계의 진중으로 가버렸다. 우왕을 모시고 개경까지 돌아온 관리들은 최영 외에 4~5명뿐이었고 군사도 4~50여 명뿐이었다. 그러나 최영은 이미 기울어진 대세를 모르고 끝까지 겨루어 보려는 생각으로 상금을 후히 주마 하고 군사를 모집하였다. 그러나 사람마다 형편을 아는 까닭에 응모하는 자가 없었다. 십여 일에 불과 이십여 명이 모였을 뿐이었다고 한다. 최영은 무장으로서 마지막 넘어가려는 고려를 버티고 있었던 인물이다. 그가 남긴 시조를 보아도 그가 어떤 무장인가를 짐작을 할 수 있을 것이다.

　　녹이상제綠耳霜蹄 살찌게 먹여 시냇물이 씻겨 타고
　　용천설악을 들게 갈아 둘러메고
　　장부의 위국충절爲國忠節을 세워볼까 하노라.

— 최영

　최영은 겁이 덜컥 났다. 포은 정몽주 선생을 보고 좋은 생각을 물었으나 그도 깊이 탄식을 할 뿐이었다. 포은선생은
　『당초에 명나라와 같은 대국을 치려함이 크게 잘못된 일이요, 위엄이 호랑이 같고 변화가 용과 같은 이성계에게 모든 군사의 권한을 내맡겼음이 또한 잘못이었다. 이는 호랑이에게 날개를 달아주고 용에게 물을 대어준 격이라, 이제 사세가 여기에 이르렀으니 무엇으로 그를 제어하리오. 차라리 그가 하는 대로 맡겨두고 왕씨의 사직이나 보전케 함이 옳은가 생각합니다.』 하였다.
　포은은 천명과 인심을 참작할 줄 아는 명철한 사람이었던 것이다. 최영은 그 말을 듣고 더욱 마음이 두려워서 침식을 전폐하고 우왕 곁에서 눈물만 흘릴 뿐이었다. 이성계는 최영의 군사가 서울로 들어갔음을 듣고 조금 빨리 행군하여 황주에 이르니 아들 이방원이 나와서 맞이했다. 이성계는 아들 방원을 보고,
　『내가 지금 사세가 어쩔 수 없어 회군을 하였거니와 병권을 놓는 날에는 내가 죽을 것이니 너의 소견에는 어떻게 하면 좋겠느

냐?』하고 물었다. 물론 그에게 예견이 없어서 물은 것은 아닐 것이다. 참고로 아들 방원의 의향을 물었을 뿐이었다. 방원이 대답하기를,

『대인께서 몸소 날아오는 화살과 돌멩이를 무릅쓰고 십여 차례 싸움터에서 큰 공을 이루었으니 대인이 아니면 이 나라는 어떻게 되었을 것인지 알 수 없었습니다. 대인께서 이 같은 공덕이 있음에도 최영은 공연히 대인을 시기하여 여러 가지 술책으로 대인을 모해코자 하오니, 이는 온 백성이 모두 분개하는 바이올시다. 오늘의 형세는 내가 저들을 제어하지 아니하면 저들이 나를 제어할 터이니 대인의 공덕으로 어찌 남의 제어를 받아야 하겠습니까? 대인을 따르는 장정을 거느리고 서울에 입성하시와 최영을 잡아 죽인 후에 어두운 임금을 폐하고 다른 임금으로 갈아치우시면 대인의 공덕은 더욱 융성할 것이오니 곧 실행하십시오. 일은 신속한 것이 상책입니다.』하고 아버지 이성계에게 아뢰었다.

이성계도 별다른 생각이 없었던 터이라 곧 대오를 정리하여 진군하였다. 그리하여 개경 십 리 밖에 머물러 사람을 우왕에게 보내어 최영을 내어보내라고 하였다. 그러나 우왕은 최영을 붙들고 앉아서 내어놓지 않고 사람을 시켜서 사방의 성문을 닫았다. 일이 여기에 이르니 휘하 장수들은 호랑이를 탄 형세였다. 군사들은 성을 에워쌌다. 성 밖에 있는 백성들은 군사들의 위엄을 돕기 위하여 아우성을 치고 성 안에 있는 백성들은 그들의 목숨을 살

려달라고 아우성을 치니 그 소리가 천지를 진동시켰다.

　이성계는 원래 행군할 때에 진두에서 소라小鑼라는 악기를 불었는데, 동문 밖에서 소라 소리가 나니 성 안에 있는 백성들이 이성계의 군사가 이르렀음을 알고 성 안의 백성들이 무리를 지어 문 지키는 군졸을 내어 쫓고 성문을 열어 밖의 군사들을 환영하였다. 이성계의 친위병은 백성들에게 밀려서 급히 나아갈 수가 없었다. 그러나 휘하의 장군이나 군사들은 형세를 타고 벌떼같이 들어가 대궐문을 깨트려 부수고 최영을 수색하였다. 최영은 일이 급함을 보고 도망하여 후원 꽃밭에 숨었다. 그러나 장수 곽충보가 샅샅이 뒤지자 견디지 못하여 모두 우왕 곁에 붙들려와서 앉았다. 그리고 우왕은 최영의 손을 붙들고 울면서 차마 그를 내어 놓지 못한다. 그러나 최영은 스스로 면하지 못할 줄 알고 우왕에게 하직 인사를 한 다음 순순히 곽충보를 따라 나섰다.

　그가 붙들려 나오다가 이성계를 문에서 만났다. 이성계는 최영을 보자 가여운 빛을 보이며 최영에게 일렀다.

　『내가 이 일을 이렇게 함은 부득이한 처사요. 나는 공을 보호하고자 하지만 여러 관료들의 공론이 비등하고 백성들의 원망이 들끓고 있으니 어찌하겠소? 내 홀로 반대할 길이 없으니 공은 나를 너무 야속하다 생각지 말고 보내는 곳으로 가서 편안히 있기나 하시오.』했다.

　그 말에 최영은 눈물을 흘리며 이성계를 바라보면서도 말이 없었다. 여러 장수들은 최영을 곧 죽이자고 했으나 듣지 않았다. 그리하여 그는 봉직 현으로 유배되었다. 뒤에 여러 사람들의 공론에 의해 수원부로 옮겨놓았다가 죽였다. 봉직현은 지금의 시흥군이다.

이때 여러 장수들이 다시 공론하여 우왕의 중궁 영비가 정사에 간섭하여 국가를 문란하게 하였으니 그냥 둘 수가 없다 하여 영비마저 내쫓음이 마땅하다고 우왕께 청하였다. 우왕은 울면서,

『영비를 내쫓으면 나도 따라가겠다.』하고 듣지 않았다.

여러 장수들은 그 말을 듣자 크게 분노하여 모두 우왕 앞으로 나가서 강화부로 나가라고 독촉하였다. 무력한 우왕은 성화에 이기지 못하여 할 수 없이 뜰에 내려와서 말에 올랐다. 말채찍은 들었으나 눈물이 앞을 가린다.

『오늘은 해가 이미 저물었으니 하룻밤만 참고 내일 떠나는 것이 어떻겠소?』

떨리는 소리로 묻는다. 그러나 좌우 여러 신하들은 묵묵부답이다. 우왕은 하는 수 없이 아내 영비와 첩 쌍비와 더불어 강화도로 내려갔다. 뜬구름 같은 부귀와 영화, 왕관도 빼앗기고 쓸쓸히 떠나가는 폐왕의 뒤편에는 저녁놀만 붉게 타고 있었다.

12

임 향한 일편단심 – 정몽주 선생

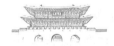

우왕이 떠난 후에 여러 장수들은 전국보傳國寶를 받들어 정비에게 바쳤으니 정비는 공민왕의 아내다. 이성계는 왕씨 중에서 한 사람을 골라 왕위를 계승하려 하였으나 장군 조민수가 반대하여 우왕의 아들 창왕을 세웠으니, 이는 이성계의 혁명에 용이하게 하기 위한 고의적인 책립이었다고 한다.

우왕은 자기의 잘못으로 추방되었고, 자기의 아들이 임금이 되었으니 누구를 원망할 바도 아니요 오히려 다행히 여겨야 하겠는데, 사뭇 원통하고 애절한 생각이 있어서 곽충보에게 사람을 보내어 비밀리에 이르기를,

『그대가 무슨 수단으로든 이성계를 없애고 나로 하여금 개경에 들어가기만 하면 고려 천하는 그대와 함께 하리라.』하였다.

곽충보는 공민왕과 인척이었다. 그러나 곽충보는 이미 이성계의 심복일 뿐만 아니라 우왕이 왕씨가 아닌 줄 알고 있었기 때문에 그 청이 들어 먹힐 리가 없었다. 청을 듣지 않았을 뿐 아니라 도리어 그 사연을 이성계에게 알림으로써 그가 크게 노하게 되어 우왕을 강릉으로 옮겨 더 굳게 가두고 또 창왕을 폐하여 서민으로 만들어 강화로 내쫓았다. 그리고 왕씨의 일족을 구하여 임금을 세우니, 그가 곧 공양왕이다. 공양왕이 즉위하니 명령을 내려 우왕과 창왕을 죽였으니 대개 이성계의 의향을 좇은 것이었다.

이성계가 창왕을 폐하던 날에 여러 장수들과 신하들이 모여 임금 되기를 권하였다. 그러나 이성계는 자기는 덕이 없노라 사양하였고 공양왕을 세웠던 것이다. 정몽주는 스승이 되어 정사를 보좌하였는데 그는 당시 제일의 명현이었다. 그리고 일편단심 왕씨 조정만을 위하는 터였다. 이성계가 정정당당하게 최영을 잘못된 죄목을 들어 죽이고, 우왕과 창왕을 내쳤는바, 포은은 그로서도 구태여 어찌할 바가 없었고, 다시 왕씨를 가려 지성으로 섬기는 바에야 포은인들 무슨 힘으로 이성계를 반대하랴. 다만 그의 기상과 권력을 보아 필경 나라가 옮겨갈듯 함으로 꺼려했던 것이다. 그러나 그는 스승의 자리에 앉아서 아름답고 좋은 제도를 많이 준비하였다. 그리하여 머잖아 곧 망할 나라에도 태평한 기상이 있었고 뒤에 일어날 이씨 조선의 법도까지도 그것을 따르게 했던 것이다. 그는 고려를 위하여 만고의 충신이요 어진 재상이었다. 그러나 결코 이조를 위해서는 이로운 존재가 아니다. 그는 왕씨를 위하여 마음이 철석같았고 물망 높은 재상으로 정사를 베풀었으므로 이성계의 강적이 되었던 것은 당연한 일이다. 이성계는 다른 명현을 기다렸으나 배극렴裵克廉, 조준趙浚, 정도전鄭道傳, 하륜河崙 등이 이성계를 추대하려고 성화같이 일을 추진하였다. 그러나 무엇보다 거리끼는 것은 포은이었으므로 그들은 이방원에게 가만히 말하였다.

『포은을 살려두고는 일이 되지 않겠으니 그를 없애 버립시다.』

이방원이 그 점을 모르는 바 아니었지만 그가 일대의 명현이요 백성의 신망을 한 몸에 받고 있음을 아는지라 선불리 살해하기 어려웠다. 한 번은 포은의 의향을 떠볼 양으로 잔치를 베풀고 포은을 초청하였다. 이성계와 한자리에 앉게 한 다음에 방원이 친히 술을 부어 권하면서 노래를 읊으면서 그의 뜻을 떠보았다.

> 이런들 어떠하며 저런들 어떠하료
> 만수산 드렁칡이 얽히인들 그 어떠하료
> 우리도 이같이 얽히어 백년토록 누리리라.
>
> — 이방원, 하여가(何如歌)

노래가 끝난 이방원은 '何如歌'를 읊으며 술을 부어 포은에게 권한다. 술잔을 받아 든 포은은 저 유명한 '丹心歌'로써 화답하였다.

정몽주(鄭夢周) 초상

이한철 作, 가로 35cm, 세로 61.5cm, 국립중앙박물관 소장

此身이 死了死了 一百番 更死了
차 신　사 료 사 료　일 백 번 갱 사 료

白骨이 爲塵土하여 魂魄이 有也無라도
백 골　위 진 토　　혼 백　　유 야 무

向主 一片丹心이야 寧有改理也歟아!
향 주 일 편 단 심　　영 유 개 리 야 여

이 몸이 죽고 죽어 일백 번 고쳐 죽어

백골이 진토 되어 넋이라도 있고 없고

임 향한 일편단심이야 가실 줄이 있으랴.

― 정몽주의 '단심가'

이방원은 그 노래를 듣자 그의 뜻을 돌이킬 수 없음을 알고 최후의 수단을 쓰기로 결심하였다. 그리하여 이지란에게 그 뜻을 물었다. 그는 개연히 탄식하며 말하였다.

『천명이 있을 것 같으면 그 사람으로 하여 성사치 못할 이가 없겠는데, 어찌 참아 도덕군자요 어질기만 한 그를 살해하려 하십니까? 이 사람은 비록 무식한 인물이오나 그 일에는 참여치 못하겠소이다.』 한다.

이방원도 그 말이 지당한 줄 알았다. 그러나 포은을 그냥 두고 기다릴 수도 없는 상태라 비장한 마음으로 심복의 장사 조영규를 불러 분부하되,

『그대는 무기 창고에 가서 쇠도리깨를 가지고 선지교(당시의 선죽교) 근처에 가서 은신하고 있다가 내일 아침 포은이 조회에 갔다가 돌아가는 길에 그곳을 지날 터이니 곧 내달아서 때려죽이고 와서 내게 보고하렷다.』라고 말을 마치고는 그도 탄식하여 마지않았다.

이때 포은은 이성계의 기세와 이방원의 동정을 살펴보아 필경 무사하지는 못할 것이라고 생각하였다. 임금을 위하는 그의 마음에는 검은 구름이 가리어졌다. 그러나 제어할 능력이 그에게는 없었다. 다만 한숨과 탄식이 흘러나올 뿐이었다.

그날 조복을 입고 조회에 들어가려는 때였다. 멀리 바라보니 어떤 장대한 사람이 쇠도리깨를 땅에 질질 끌고 간다. 포은은 선뜻 오는 예감이 있었다. 곧 녹사綠事를 보고 말하였다. 녹사는 고려시대 상급 서리의 총칭이었다.

『오늘은 공기가 매우 험악하다. 나는 이미 정한 마음이 있으니

구태여 피하고자 하지는 않겠거니와 너는 공연히 화를 당할 까닭이 없으니 피하여라.』한다.

일이 있을 줄 알고 당신은 명을 마쳐도 하는 수 없지만 녹사가 잘못 죽을까 염려함이었다. 녹사 김경조는 공민왕 때에 시중 벼슬을 한 김구주의 아들이었다. 성질이 충직하고 비분강개한 사람으로 평일에 포은의 충성을 우러러 받들었던 터였으므로 이제 포은의 마지막 말을 듣고 눈물을 흘리면서 따라나섰다.

『상공께서 변을 당하실 바에야 소인이 어찌 혼자 살기를 도모하겠습니까? 모시고 가겠습니다.』한다.

아무리 말려도 기어코 따랐다. 포은은 마지못하여 다른 하인들만 떼어 보내고 김 녹사만은 데리고 말을 손수 끌고 갔다. 도중에 성여완의 집에 들어갔으나 그는 없었다. 그는 전에 정승을 지낸 일이 있는 사람으로 포은과는 다정한 친구였다. 그 집에는 늘 술맛이 좋았다. 그리하여 술도 얻어 마실 겸 작별을 하러 들어간 것인데, 그는 출타 중이었다. 녹사를 시켜 하인을 불러내어 안에 들어가서 술을 많이 가져오라 했으므로 안에서는 평일에 흔히 와서 술을 드시는 포은인 줄 알았다. 술을 많이 드렸는데 포은은 몇 잔이고 거듭 마시고 김 녹사도 서너 잔을 먹인 다음 술상을 들여보내고 문밖에 나왔다. 말을 타는데 말머리가 뒤로 가도록 하여 타는 것이 아닌가. 김 녹사가 정포은에게 술에 취하여 말을 거꾸로 타는 까닭을 묻자 대답하기를,

『부모에게 물려받은 피와 살이라 맑은 정신으로 죽기가 싫어

서 술을 많이 마셨고, 앞으로 달려들어 때리는 것이 보기가 싫어서 말을 돌려 타는 것이다.』했다.

이 말을 들은 녹사는 또 눈물을 흘렸다. 자기가 죽기 원통해서 우는 것이 아니라는 포은의 충절에 감동하여서였다.

말을 몰아 선지교에 도착하니 별안간 어디서 장사 한 사람이 뛰어나왔다. 포은을 향하여 휘두르는 쇠도리깨, 녹사가 얼른 달려들어 포은을 안았다. 그리하여 녹사가 먼저 죽었다. 그다음에 포은이 도리깨를 맞고 목숨을 거두었다. 도리깨로 내리친 장사는 물을 것도 없이 바로 조영규였다.

포은 선생께서 운명한 그 '선지교'에 홀연히 대나무 하나가 솟아올랐다. 그리하여 선지란 이름이 선죽교善竹橋로 고쳐졌고, 또 그 다리 위에 붉은 피 흔적이 지금까지 없어지지 않고 완연하다 한다. 충절의 단심을 그것으로도 짐작할 수 있다 하겠다. 이방원은 포은을 살해한 후에야 비로소 이 사실과 연유를 그의 아버지께 아뢰었으므로 이성계는 천만 뜻밖의 일이라 대경하고 대로하여 아들을 꾸짖었다고 한다.

『포은과 나는 막역한 친구요 국가에 이름 있는 대신인데 너희들이 마음대로 살해하다니, 나라의 어진 재상을 죽였으니 이는 불충이요, 아비의 좋은 친구를 죽였으니 이는 불효라 우리 집은 고래로 충효를 근본으로 하였는데 네가 어찌 불충불효한 짓을 저질러 나로 하여금 무단히 죄명을 듣게 하느냐?』하니, 방원이 대답하기를,

『정몽주가 죄인들과 도모하여 착한 사람을 모해코자 하므로 죽였습니다.』하였다. 그리고 또 그 외에 그와 같은 무리들을 모두 내쳐야 한다고 주장했다. 나라에서 공양왕은 그들이 아뢰는 말대로 그냥 말없이 듣고 긍정할 뿐이었다. 포은을 죄인으로 몰았으므로 그 시체가 그냥 버려진 채로 있더니 송악산 여러 절의 중들이 내려와 염습한 다음 풍덕 땅에 장사지냈다. 그 뒤 태종 때에 용인 땅으로 이장하여 증직하고 제사까지 지내주었다. 다음 세종, 효종, 숙종 때의 각 시대마다 모두 포은의 충절을 포상하였다. 그가 죽은 지 넉 달 만에 정도전, 조준, 배극렴 등이 공양왕을 권하여 이성계에게 선위하게 하였으니 임신년(1392) 7월 16일 개경의 수창궁에서 등극하였다. 이성계의 그때 춘추가 58세였다.

태조 이성계는 무인으로서의 기개 또한 높았지만 그의 시 한 수를 보면 그 높은 뜻을 이미 내포하고 있었음을 알 수 있겠다.

引手攀蘿上碧峯하니 一庵高臥白雲中이라.
인 수 반 라 상 벽 봉　　　　일 암 고 와 백 운 중

若將眼界爲吾土면 吳越江南豈不容고?
약 장 안 계 위 오 토　　　　오 월 강 남 기 불 용

손을 당겨 댕댕이 넝쿨 휘어잡고 푸른 봉우리에 오르니,
한 암자 흰 구름 속에 높이 누워 있었네.
만약 눈에 들어오는 세상을 내 땅으로 만든다면
오나라 월나라 강남인들 어찌 받아들이지 않으랴?

13

'무학' 대사와 이성계의 만남

태조가 소년 시절에 안변 땅을 지나게 되었는데 지금에 석왕사가 있는 곳에 작은 암자가 하나 있었다. 그곳에서 잠을 자다가 이상한 꿈을 하나 꾸었다. 즉, 등에 석가래 셋을 짊어져 보였고, 또 꽃이 떨어지고 거울이 깨어져 보이는 것이었다. 마침 그 절에 파자점과 해몽을 잘하는 스님이 하나 있다는 말을 듣고 그 암자를 찾아갔는데 보다 먼저 온 손님이 하나 있었다. 그 사람이 평생 신수를 파자점을 보는데 물을 문[問] 자를 짚었다. 그 중은 그 사람을 물끄러미 바라보면서 하는 말이,

『바른대로 말하렷다. 물을 '문[問]' 자의 형상은 입이 문 앞에 붙었으니 걸인의 신수구나!』하였다. 그 사람은 멍하니 앉았다가 한마디 탄식하며 하는 말이 『팔자 도둑은 못하겠군!』하고 나간

다. 그 사람은 과연 걸인이었다. 그 중이 신통하게 점치는 술법이 있음을 듣고 잠깐 좋은 의복을 빌어 입고 나와서는 신분을 숨기고 점을 쳐 본 것이었는데, 그 중이 대번에 알아맞히자 탄식하며 돌아간 것이다. 그 광경을 본 이성계는 이상히 여겨 자신도 파자로 신수점을 쳐 달라 하고는 그 사람처럼 물을 문[問] 자를 짚었다. 다시 그 중은 이성계를 물끄러미 바라보더니 일어나 합장 재배를 하면서『'문[問]' 자의 형상이 좌편으로 보아도 임금 군자君字요, 우편으로 보아도 임금 군자君字이오니 임금이 되실 신분입니다.』한다. 이성계가 웃으며『아까 그 사람이 짚은 글자와 동일한 물을 문[問] 자인데 해석하는 법이 어찌하여 다른가요?』하였다. 그 중은 다시 대답하기를『글자에만 있는 것이 아니요, 묻는 사람의 기상에도 달렸습니다.』한다.

태조 이성계가 다시 묻기를,

『파자는 대사의 마음대로 말할 수 있는 것이거니와 꿈은 나의 마음으로 꾸는 것이니 마음대로 못할 것이요. 내가 지난밤 꿈에 '석가래 세 개를 짊어져 보았고, 꽃이 떨어지고 거울이 깨어져 보이는 꿈'을 꾸었으니 그 길흉이 어떤지 꿈 풀이를 좀 잘하여 의심을 없게 하여 주시오!』하였다. 중은 고개를 숙이고 잠시 생각하다가 대답하기를,

『대몽大夢입니다. 등에 석가래 세 개를 지고 보면 임금 왕 '王' 자 형상이옵고, 꽃이 떨어지면 능히 열매가 열릴 터이요, 거울이 깨어지면 어찌 소리가 없겠습니까? 조만간에 임금이 될 징조이

오니 대몽입니다.』 하였다.

　태조가 당신의 신분을 스스로 생각해보니 그 중의 말이 십중팔
구는 근사한 말이라 마음속으로 은근히 기뻐하면서도 사뭇 믿을
수는 없거니 하였다. 그러려니 하고도 스스로는 부인하니, 그 중
은 다시 공손히 절을 하며,

　『소승의 법명은 '무학無學' 이옵니다. 소승이 어리석기는 하오
나 약간 술법이 있사와 오늘 귀인께서 왕림하실 줄을 알았습니
다. 귀인께서 물으시는 일에 대하여는 속임 없이 아뢰었사오니
의심하지 마시고 큰일을 성취하신 후에 이곳에 절 하나를 이룩해
주시어 만세를 축수하는 원당을 삼게 하여 주십시오.』 한다. 태
조는 그제야 무학이 범상한 중이 아님을 알고 끝내 사양할 필요
가 없음을 깨닫자 엄숙하게 말하였다.

　『대사의 말 같이 어찌 바라겠소. 만약 그렇게 된다면 '원당願
堂' 하나쯤이야 문제 되겠소!』 하였다. 과연 그 뒤에 태조가 '조
선왕조'를 창업하였으니 그의 파자와 해몽은 참으로 신통하게 들
어맞았던 것이다. 그러므로 이성계가 임금이 되자 관원을 안변에
보내어 무학과 만나던 곳에 절을 짓고 절 이름을 석왕사釋王寺라
하였다. '석왕사' 란 뜻은 이성계가 임금이 될 것을 미리 알아맞
히는 꿈을 해석했다는 것이 '그 절의 이름이라' 는 의미를 내포하
고 있었던 것이었다.

14

조선왕조와 한양漢陽 땅

　조선 5백 년의 도읍지인 서울은 고려 때에도 '한양'이라고 하는 고을이었다. 공민왕 말년에 지금 경복궁, 창덕궁 터에 홀연히 오얏나무[李]가 자라나서 아주 무성하기만 하였다. 그때에 어떤 예언가가 있어 말하기를,

　『오얏나무가 무성한 터에 이씨李氏가 크게 왕성할 징조』라고 하였다. 공민왕은 그 말이 매우 꺼림칙하여 해마다 한양에 오얏나무를 쳐낸다는 뜻으로 '벌리사伐李使'를 보내어 그 나무를 베어냈다. 그러나 천지의 기운으로 스스로 솟아올라 번성한 나무이기 때문에 인력으로 어찌 막을 수 있었으랴? 헛수고만 했을 뿐이었다.

　또 태조가 등극하기 전에 꿈을 꾸니 키가 일반 사람의 두어 배

나 되고, 눈이 등불 같았으며, 입이 귀까지 찢어져서 모양이 흉측하게 생긴 짐승같이 생긴 사람이 웃통을 벗어젖히고 머리를 산발하여 헐레벌떡 달려 나오더니 이성계를 향하여 읍을 한 다음 말하기를,

『나는 송악산 신령인데, 삼각산 신령이 나의 세력을 빼앗고자 하기에 더불어 싸우다가 힘이 부족하기에 피하여 쫓겨 오는 길이외다. 나 목마르니 물을 좀 먹어야겠다.』하고 계경에 있는 강물을 들이마시는데 강물이 다 없어진다. 태조는 그 꿈을 깨고도 이상히 여겼는데, 그 후부터 강물이 차차 줄어들어 얼마 안 가서 아주 말라버렸으니, 그 또한 이상한 일이 아닌가! 태조가 등극한 뒤에 그 이야기를 여러 신하들에게 하였으므로 세상 사람들이 모두 그것을 알게 되었다.

태조가 등극한 후에 그 다섯째 아드님 정안군(:나중의 태종)으로 사신을 삼아 명나라에 들여보냈다. 그때 신하들의 추대로 나라를 대신 맡은 사실을 통고하고 일등 화가를 시켜 태조의 초상화를 그려 보냈는데, 명 태조는 이 사실을 잘 통촉하여 매우 기뻐하였다. 그리하여 정안군을 보며 하는 말이,

『고려국은 오랫동안 원나라의 오랑캐 풍속을 벗어나지 못하더니 이제야 문명한 나라가 되었구려. 짐이 경의 아버지를 보았소. 그때 임금이 될 만한 인물인 줄 짐작이 갔던 것이요.』하고 태조의 초상화 위에다 쓰기를,

[탁탁진중濯擢陣中, 일견인一見人시이라 하였다. 그 뜻은 탁탁한

진중에서 한번 본 사람이라는 뜻인데, 태조가 초년에 중국 낙양
洛陽에 들어가 명 태조를 엿보았던 그 진陣의 이름이 탁탁진濯濯
陣이었던 것이다.

몰래 다녀간 태조를 명 태조는 이미 알아보았던 것이니, 영웅
의 안목을 미루어 알 수 있었다. 정안군을 보고도 군왕의 기상이
있다는 말을 했으며, 나라 이름을 '조선朝鮮'이라고 한다는 데 대
해서도 매우 좋다고 하였다.

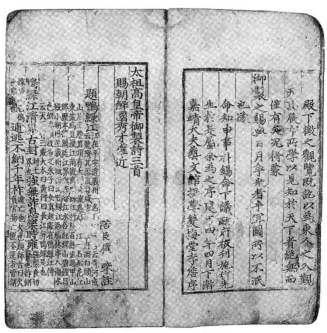

권근 응제시주(權近 應制詩註)

명(明) 태조가 권근(權近)에게 친제하여 하사한 「태조고황제어제시삼수(太祖高皇帝御
製詩三首)」와 명 태조의 명(命)에 의해 지은 응제시 24수를 모아 세조 8년에 간행된 목
판본. 보물 제1090-1호, 출처 : 문화재청

15

십 리를 더 가라 - 「왕십리」

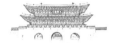

　이성계가 등극한 후에 안변에 있는 무학대사를 불러 국사로 삼았다. 그리하여 새로 도읍할 터를 잡으라고 하였으므로 먼저 공주 계룡산을 택하여 그곳을 신도라 이름 짓고 일을 시작하려 하였다. 그러자 태조의 꿈에 신선이 나타나서 『계룡산은 터가 아니다.』고 하기에 그곳을 포기하기로 하였다. 다시 경기도로 올라와서 왕십리에 터를 잡고 거기에 궁궐을 짓기 위해 일을 시작하였는데, 땅을 파자 「往十里」라고 돌에 새긴 도선의 비기가 나왔다. 도선은 고려 초엽의 유명한 도사였다. 몇백 년 후에는 무학이라는 중이 그곳에 와서 도읍 터를 잡을 줄 알고 「往十里」란 비기秘記를 만들어 묻었으니, 그 뜻인즉 여기서 「십 리를 더 가라」는 뜻이다. 무학은 그 비기를 보고 십 리를 더 가서 한양에 터를 잡았다. 그때 무학재에 올라서서 도성을 쌓을 터전을 측량하였다. 왕십리와 무학재는 그때부터 생겨난 이름이었다.

한양에 종묘사직과 백 가지 사당을 지은 다음 도읍을 옮기고 역부 꾼 오만 명을 풀어 그 성을 쌓으니 5년 만에 역사를 마쳤다. 하륜과 정도전을 시켜 제도를 고치게 하여 문명한 나라의 기초를 만들었으며 일본과 화친하였고, 여진과 유구국(琉球國 : 일본 오키나와 근처에 있던 나라)이 조공하여 왔다.

밖으로 왜구의 침입이 없고, 안으로는 해마다 농사가 풍년을 이루었으며 조선 팔도가 조용하고 평화로워 백성이 안락하였다.

덧붙여 말하거니와 조선을 창건한 것은 비록 태조의 주장이었지만 거기에는 태종의 묘계가 크나큰 역할을 하였다. 태종이 탄생할 때 청룡이 구름을 타고 내려와 집 위를 호위하였고 이상한 향기가 산실에 가득하여 여러 날을 그치지 않았다고 한다.

차차 자라자 지모와 경륜이 출중하였고 용봉의 자격과 일월의 기상을 겸하였던바, 당시 호걸들이 모두 마음을 기울이고 몸을 바쳤으므로 끝내 큰 사업을 이루어내었다. 원래 국가는 일반 가정과는 달라 공덕이 있는 아들을 택하여 대를 잇게 하게 하는 법이다.

태종이 비록 태조의 다섯째 아들이기는 하였으나 그와 같은 커다란 공덕이 있었으므로 임금의 자리는 의심할 것도 없이 그의 차지였다. 신하들과 백성의 마음이 모두 그에게로 모였으며 태조도 별다른 이의가 없었던 것이다. 그러나 사람의 일에는 흔히 어

려움이 따르기 마련이라 뒤에 나오는 것과 같이 그의 등극에는
적지 않은 파란과 곡절이 많았던 것이다.

무학대사(無學大師) 초상
필자 미상, 세로 111.2cm, 가로 78.5cm, 국립중앙박물관 소장

16

이성계와 두 왕후 – 한씨, 강씨

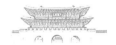

　태조의 첫째 부인인 왕후 한씨는 한경의 따님으로 신의왕후다. 성품이 단정한 요조숙녀였고, 아들 육 형제를 두었으니, 첫째가 진안대군 방우요, 둘째가 정종대왕이요, 셋째는 익안대군 방의요, 넷째는 회안대군 방간이요, 다섯째가 태종 대왕이요, 여섯째가 덕안대군 방연이었다. 왕후는 태조가 등극하기 전에 세상을 떠났으므로 그 뒤에 왕비로 추존하였다. 제2 부인인 왕후 강씨는, 부원군 강윤성의 따님으로 행동거지가 매우 민첩하였다. 그가 태조의 부인으로 오게 된 연유가 또한 재미있다. 태조가 아직 북도에 있을 때였다. 그 부친 생신을 맞아 공양에 쓰기로 그의 백씨 원계와 함께 백운산에 들어가서 사냥을 한 적이 있었다. 사흘을 다녀도 짐승은 한 마리도 보이지 않았으므로 태조는 그 맏형을

보고,

『이런 큰 산중에 짐승이 한 마리도 없으니 필연코 이 산중에 범이 있는 까닭입니다. 급히 내려갑시다.』하고, 돌아가려는데 별안간 황소 두 배나 되고 빛깔이 검은 호랑이 한 마리가 벽력같이 소리를 지르며 숲속에서 내려오는 것이 아닌가. 원계가 활을 당기어 쏘려고 하자 태조가 소매를 잡아당기며 만류하였다.

『그 범은 예사 범이 아니오니 쏘지 마십시오.』했다. 그러나 원계는 그 말을 듣지 않고 화살 한 대를 날렸다. 범은 맞지를 않고 소리를 크게 지르며 달려들었다. 그 사나운 이빨에 원계는 두 동강이 났다. 태조는 이 광경을 보자 크게 놀라 걸음아 날 살려라 하고 십 리를 단숨에 달음박질하였다. 그제야 조금 마음이 놓여 목이 심하게 마려움을 느꼈다. 마침 여인 한 사람이 시냇가에서 빨래를 하고 있었는데 태조는 그 여인 곁으로 가서 물을 좀 달라고 하였다. 그러자 여인은 바가지에 물을 가득 담아 버들잎을 한 줌 띄워주지 않는가? 이성계는 노하여 이르기를,

『목마른 사람이 물을 달라는데 먹지도 못하는 버들잎을 넣어주는 것은 무슨 짓이요?』

그러나 여인은 천천히 대답하였다.

『더위에 목마른 사람이 냉수를 급히 마시오면 병이 되는 법이옵니다. 버들잎을 띄워드린 까닭은 당신께서 그 물을 마시기 위하여 훅, 훅 부시어 천천히 자시도록 하기 위함이옵니다.』했다.

이성계는 속으로 감탄하면서 그 여인을 다시 자세히 보았다.

그녀는 참으로 아름다운 미색을 지닌 여자였다. 한마디로 미인이었던 것이다. 머리를 땋아 내린 것이 아직 처녀임을 알겠고 그 애띤 얼굴이 18, 9세쯤 되어 보였다. 이성계는 그 길로 그 처녀의 집을 물어 주인을 찾았고 그 처녀의 부친 강윤성을 보자 다짜고짜로 그의 따님을 자기의 둘째 부인으로 달라고 하였다. 강윤성은 태조의 기골이 비범함을 보자 주저하지 않고 승낙하였으므로 곧 결혼식을 올리고, 그리하여 아내로 맞이하게 되었다. 처음 왕비 한씨가 죽자 그로서 왕비로 책봉하였으니, 그가 곧 신덕왕후다. 아드님 형제를 두었는데, 무안대군 방번과 의안대군 방석이 그였다. 태조는 신덕왕후를 극히 총애하였으므로 왕후가 낳은 아드님까지 사랑했다. 그는 태조 5년에 승하였는데 태조의 비통함은 이루 말할 수가 없을 정도였다. 묘지라도 자주 바라보기 위하여 도성 안에 장사를 지낼 정도였다. 태종 때에 문밖으로 이장하였으나, 능침이란 이름은 현종 때에 비로소 정하여졌으니 정릉이 그것이다.

17

태종 이방원 – 정도전 – 왕자의 난

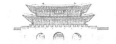

세상만사는 순리대로 해야 한다. 제 분수를 지켜서 그것에 충실해야 한다. 욕심을 참지 못하여 불손한 마음을 품고 있다가는 끝없는 어둠 속에 떨어져 버린 사람들도 많다. 이러한 사실을 우리에게 교훈처럼 가르치고 있는 사람이 있다. 개국공신 정도전과 남은, 유만수가 그런 교훈을 우리에게 가르쳐주는 인물들이다. 그들은 태조를 도와 새 왕조를 창건한 공으로부터 부귀가 극치에 달하였지만 그것도 오히려 부족하였든지 온 나라의 권리를 한 손에 넣어 볼 생각으로 당치 못한 모의를 했다. 태조가 왕비인 강비를 사랑하는 나머지 그의 소생인 방번, 방석을 지극히 귀해하는 것을 본 그들은 두 왕자에게 왕통을 잇게 함으로써 목적을 이루려 했다. 그리하여 태종을 살해하고자 비밀리에 모의하고 날짜까지 정하였던 것이었다. 태종은 그런 줄을 까맣게 몰랐다. 그러나 하늘의 뜻을 간사한 사람의 힘으로 어찌 막을 수 있었으랴!

태종 때 정승 벼슬에 오른 하륜은 지략이 출중하고 여력이 뛰어난 인물이었다. 또한 관상 보는 법이 신통하여 사람을 한 번 보고 능히 그 장래를 판단할 수 있었다. 태종이 장가들 때 그 잔치 좌석에 참여하였다가 태종의 상을 한 번 보고 반색하여 태종의 장인 되는 여성부원군 민제를 보고 조용히 말하였다.

『당신의 사위는 이 세상에서 제일의 귀인이다.』라고 말하고 민제를 통하여 가까이한 다음, 여러 일들에 힘껏 찬양하였으므로 태종도 그를 믿었다. 태조 7년 때다. 하륜이 충청 감사로 임지에 떠나는 날이었으므로 태종도 작별 인사차 남대문 밖을 찾았다.

그때 하륜은 어느 사람으로부터 정도전, 남은, 유만수 등이 모의를 한다는 소문을 얻어들었다. 마음에 크게 놀라 태종에게 알리고자 하였으니 좌석이 번거로워 마음만 안절부절못하였다. 그러자 태종이 술 한 잔을 따르며 권하였는데,

정도전 표준영정
권오창 화백 그림

『이 술은 작별술이니 자시고 부디 괄목할 치적을 이루고 태평성대를 이루어 주오.』하는 말과 함께 하륜은 술잔을 받았다. 그러나 다음 순간 그는 술잔을 입에 대었다가 자리에 엎어버린다. 태종은 그의 불경함을 크게 괘씸하게 여기고 노한 기색으로 곧 일어나 돌아갔다. 그러자 하륜은 좌우에 앉은 손님들에게,

『내가 우연히 수전증이 나서 술잔을 엎질렀으므로 왕자께서 매우 노하신 모양입니다. 이렇게 편안히 앉아 있을 바 못되니 내가 사죄하고 오는 동안 여러분은 기다려 주시오!』하는 말로 변명을 하고는 말도 타지 않고 걸어서 뒤를 쫓아 태종의 대문까지 이르렀다. 태종은 그의 행동을 이상하게 여겨 돌아보며『무슨 연고요!』하고 물었다. 하륜은 손짓하여 모시고 방 안으로 들어가서 좌우를 물리친 다음 나직이 말하였다.

『위급한 일이 있사온데, 이목이 많았기로 술잔을 둘러엎었습니다. 즉 그 술잔처럼 둘러엎어지는 환난입니다. 또한 노하게 하였음에 그렇게 해서라도 가시는 뒤를 따라 여쭙고자 하였던 까닭이었습니다.』

그리고는 정도전, 남은, 유만수 등이 그와 같이 모의하여 아무 날 거사하기로 계획하고 있다는 거사 일의 전후사를 자세히 알려 주었다. 말을 다 들은 태종은 놀라움보다 분노가 앞섰다. 한참 후에 조치할 계획을 묻는다. 하륜은 다시 말하되,

『안산 군수 이숙번은 지략이 있는 사람입니다. 그로 하여금 안산 별초군 삼백 명을 거느리고 올라오게 하여 간사한 무리들을

붙들어 죽이심이 옳지 않을까 생각합니다. 두 분 대군(방번, 방석)의 조치는 처분대로 하시오. 그에 대해서는 저는 말할 바가 아닌가 합니다.』하였다.

그는 계획을 베풀어 말한 다음 몸을 일으켜 남문 밖으로 나왔다. 그리하여 아무 일도 없었던 듯이 여러 빈객들과 작별하고 충청감사로 내려갔다. 그리고 태종은 그의 계획대로 안산군수 이숙번을 비밀리에 불러 올려 벌초군을 거느리고 정도전, 남은, 유만수 등을 잡으라 하여 그의 군막 앞에 끌어내어 곧 목을 베어 죽였다. 뿐만 아니라 방번, 방석 두 왕자도 함께 칼 아래 죽이게 되었다. 조선 5백 년 동안 끊일 사이가 없었던 왕위를 둘러싸고 살육은 여기에서 그 서막을 열었던 것이다. 이 변란을 듣고 태조는 천만 뜻밖의 일이었으므로 그 놀라움이란 여간이 아니었다. 태조는 정도전의 죽음이 그로서도 놀라운 일이지만, 강비의 소생 왕자 방번과 방석의 살해에 대해서는 크게 분노하여 형제의 정분과 골육의 정을 모른다고 태종을 불러 호되게 질책하였다.

『너는 임금 자리 하나를 차지하려는 생각뿐, 의리와 천륜은 도무지 모르는 놈이다. 네가 아무리 임금 노릇을 하고 싶어도 내가 자리를 내어놓지 않을 터이다.』그리고 그 날로 곧 둘째 아들 정종에게 전위하여 버렸다. 또한 전국보(:옥새)는 당신이 갖고 이지란과 시위하는 신하 몇몇과 수백 명의 군졸을 거느리고 함흥에 지어놓은 별궁으로 떠나버렸다.

18

가서는 돌아오지 않는 '함흥차사'

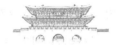

정종대왕은 당신 백씨인 진안대군도 감히 바라지 못하는 임금의 자리를 차지하였다. 그러므로 늘 마음이 편안하지 않았는데 왕비 김씨도 대왕에게 말하기를,

『이 자리는 전하의 자리가 아니오! 다섯째 아우님의 자리옵니다. 다섯째 아우님의 눈을 보세요. 기가 눌리지 않으십니까? 어서 내놓으세요.』 하였다.

태종은 눈빛이 매섭게 빛나서 보통 사람은 쳐다볼 수조차 없었던 것이다. 정종은 당신의 의향도 그렇고, 중궁의 권고도 있고 하여, 곧 태종을 세제世弟로 책봉하여 백성들의 마음을 안정시키고 등극한 지 일 년 만에 태종에게 양위하였다. 그리고 당신은 태상왕이 되시어 평생을 안락하게 지내시다가 춘추 63세에 승하하였고 왕비는 58세에 승하하였다. 태종은 등극하신 후에 태조를 모셔오기 위하여 여러 번 사신을 보냈다. 그러나 태조는 빈번히 그들을 죽였으므로 그 죽은 자가 모두 십여 명에 달하였다. 그러므로 속담에 「가고 오지 않는 것」을 '함흥차사咸興差使'라고 했다.

함흥에 내려가는 사신은 이승을 하직하고 저승길로

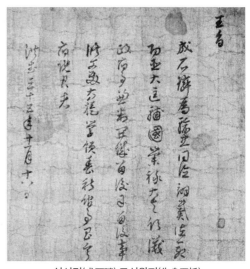

성석린(成石璘) 고신왕지(告身王旨)
태종 2년(1402) 성석린을 영의정부사로 임명하면서
내린 사령장, 보물 제746호, 출처 : 문화재청

가는 것과 같았으므로 두려워 아무도 가려고 하는 사람이 없었다. 마침 태종 때의 정승 성석린은 고려조의 정승 성여완의 아들이었다. 태조가 그를 친구의 아들이라 하여 매우 사랑하였으므로 석린은 자기가 능히 모셔 오겠다고 스스로 원하여 내려갔다. 그는 태조의 행궁 근처를 지나가는 척하면서 길옆에 멈추어 쉬는 체하고 있다가 때마침 누각에 오른 태조가 그를 보자 성석린인 것을 알고 반갑게 불러 들어오게 하여 오래 보지 못한 정회를 주고받았다. 이야기가 무르익어 가자 석린은 조용히 입을 열어 인륜의 정과 자애를 말하였다. 태조는 단번에 안색이 변했다.

『네가 필연 너의 임금의 부탁으로 나를 달래어 보려고 온 것이로구나!』하고 서릿발이 휘도는 태조의 말을 듣자 성석린은 버럭

겁이 났다. 얼떨떨하여 급하게 아뢰기를,

『아닙니다. 신은 전하께 사사로 뵈옵고자 왔을 뿐입니다. 신이 만일에 임금의 심부름으로 와서 전하를 속이는 것이라면 신의 자손이 모두 눈이 멀겠습니다.』했다. 맹세를 믿고 태조는 용서를 했는데, 그 후에 성석린의 아들과 손자가 모두 눈이 멀어버렸다고 한다.

다음에는 판중추로 있는 박순이 태조와의 옛 정의를 믿고 태조를 모셔 오겠다고 자청하여 나섰다. 그는 마음에 한 가지 꾀를 생각하여내고 행궁 근방에 이르러 젖을 떼지 않는 새끼와 암말 한 필을 얻어 타고 가서 행궁에 이르러 새끼와 어미를 따로 떼어 매어두고 들어갔다. 그 또한 태조에게 사사로운 만남으로 왔다고 했다. 태조는 매우 기뻐하시며 술과 안주를 내어 함께 마시고 장기를 둔다. 그때 홀연히 문밖에 암말이 흥흥거리는 소리가 난다. 태조가 어인 연고냐고 좌우에게 묻자 어미 말이 새끼를 부르는 것이라고 아뢴다. 말을 듣자 태조의 낯빛이 순식간에 변하여,

『너 또한 사사로이 온 것이 아니로구나! 너의 임금의 심부름을 와서는 나에게 계교를 쓰는구나! 너의 입으로 나를 달래다가는 죽기가 쉬우니까 말의 입을 빌리는 것이지?』하였다. 태조의 예지는 짐승의 자애를 빌어서 환궁의 뜻을 이루려는 박순의 계획을 손쉽게 간파하였던 것이다.

박순이 미처 대답을 하지 못하였는데, 마침 천장에서 쥐 한 마리가 떨어지자 그 어미가 따라 떨어진다. 그러고는 새끼를 움켜 안고 기어코 같이 가려고 하며 사람도 두려워하지 않는다. 그것

을 보며 박순이 태조의 앞에 꿇어 엎드려 아뢰기를,

『말과 쥐는 미물임에도 전하의 마음을 감동하게 하옵니다. 통촉하시기 바라옵니다.』했다. 태조는 그제야 천륜의 마음에 감동하여 얼굴빛을 고치며 돌아가기로 허락한다. 박순은 성덕을 축하하며 수일을 더 모시고 있다가 하직하고 귀로에 올랐다. 그러나 그가 물러가자 태조의 사신들은 쫓아가서 죽이기를 청하매 이를 말리지 않았다. 그리하여 그가 용흥강을 건넜으리라고 여겨지는 동안을 만류케 하였다. 그가 이제는 넉넉히 용흥강을 건넜으리라고 짐작이 가는 날 태조는 칼을 주며 사자에게 일렀다.

『만일에 박순이 용흥강을 건넜거든 쫓지 말고, 건너지 않았거든 베어 죽여라!』

그러나 일이 공교롭게 되었다. 박순이 중도에서 병이 들어 수일을 더 머물렀으므로 배를 타려는 즈음에 사자가 당도하였다. 그는 그의 칼 아래 외로운 넋이 되었다. 사자가 돌아가 그 사실을 고하자 태조는 슬픈 빛으로, 『친구와의 약속을 저버릴 길이 없다.』하여 돌아가기로 하였고, 태종은 박순이 죽었음을 듣고 그의 상반신의 상을 벽에 그려 붙이고 볼 때마다 눈물을 흘렸다고 한다. 태종은 박순이 죽은 후에 다시 보낼만한 사람이 없으므로 무학 대사를 불렀다. 그에게 무슨 계교를 쓰든지 태조를 모셔와 달라고 간곡히 부탁했다. 무학은 석왕사에 있다가 뵈러 온 것처럼 태조에게 아뢰었다. 태조는 의심치 않고 머물게 하였다. 그리고 파자점으로 나라 운수를 묻고자 [順] 자를 짚었다. 무학은 그

글자를 해석하기를,

『[順] 자는, 여섯 육(六)자와 백(百)자와 석 삼(三)자를 합한 글
자이온즉, 나라 운명의 정해진 햇수는 630년 이온데, 여섯 육(六)
자가 한 획이 부족한 바 오백삼십(530) 년이 될 것이옵고, 다시
석 삼(三)자가 뒤집혔사온데, 오백십삼(513) 년인 듯하옵니다.』
하고, 이어서 태종의 단점을 무수히 말하여 태조의 비위를 맞추
어 드리다가 며칠이 지난 뒤에 드디어 입을 열었다.

『다섯째 분께서 과실이 많으십니다. 그러나 폐하의 사랑하는
아드님이 아니 옵니까? 폐하께서 만약에 인륜을 끊어버리시면
임금께서는 그 자리에 온전히 앉아 있을 수가 없습니다. 옥위玉位
가 불안정하오면 신하와 백성들의 마음이 소란하옵고 나라가 위
태롭게 될 것인 줄 믿습니다. 부디 폐하께서 이 점을 생각하시어
하늘이 맡기신 왕업을 길게 보존하도록 하여 주옵소서.』 진실이
넘쳐흐르는 노승의 말에 태조의 마음도 돌려지고 있었다. 드디어
태조는 함흥을 떠나서 서울로 환궁 행차에 들어섰다. 태종이 동
대문 밖까지 마중을 나왔다. 태조는 태종을 보자 전국보(옥새)를
땅에 던져주며,

『너의 욕심내는 것이 이것이지? 옜다, 가져가거라!』했다.

태종은 세 번 사양하다가 받았다. 태조는 시운을 타고 이조 창
건이라는 대업을 이루었고, 그의 탁월한 지도력으로서 새 나라의
기초를 튼튼하게 하였다. 왕위에 7년을 있었고, 상왕의 자리에
있기 십 년, 춘추 74세로 승하하였다.

제2편 정종에서 세조까지

제2대 정종의 가계도

[부] 태조 이성계
[모] 신의왕후 한씨-제2대 정종(방과, 영안대군. 재위 기간 : 2년 2개월. 부인 : 8명,
자녀 : 15남 8녀) *정안왕후 김씨는 자식 없음.

제3대 태종의 가계도

[부] 태조 이성계
[모] 신의왕후 한씨(5남)-제3대 태종(정안대군, 방원. 재위 기간 : 17년 10개월,
부인 : 12명, 자녀 : 12남 17녀)

제4대 세종의 가계도

[부] 태종
[모] 원경왕후 민씨-제4대 세종(충녕대군, 1397~1450, 재위 기간 : 31년 6개월,
부인 : 6명, 자녀 : 18남 4녀)

제5대 문종의 가계도

[부] 세종
[모] 소헌왕후 심씨-제5대 문종(재위 기간 : 2년 3개월, 부인 : 3명, 자녀 : 1남 2녀)

제6대 단종의 가계도

[부] 문종
[모] 현덕왕후 권씨-제6대 단종(재위 기간 : 3년 2개월, 부인 : 1명, 자녀 : 없음)

제7대 세조의 가계도

[부] 세종
[모] 소헌왕후 심씨-제7대 세조(수양대군, 재위 기간 : 13년 3개월, 부인 : 2명, 자녀
: 4남 1녀)

태종과 세종대왕

〔 **태종의 약사** 〕

제3대 임금 태종의 이름은 방원. 자는 유덕이며, 아버지는 태조 이성계이며, 어머니는 신덕왕후 한씨이다. 왕비는 원경왕후로 민제의 딸이다. 태조의 아들들이 모두 무인으로 성장했으나 이방원은 무술보다는 학문을 더 좋아했다. 성균관에서 수학하고 1383년(우왕 9년) 문과에 병과로 급제했다. 정종을 즉위시키고 정사공신 1등이 되었으며, 개국공신록에도 수록되었다. 1400년 정종 2년에 2차 왕자의 난을 진압하고 세제世弟로 책봉되었다. 그해 11월 정종이 양위형식으로 물러나자 왕위에 올랐다. 세종 4년인 1422년 5월, 56세 나이로 세상을 떠났다. 시호는 공경이며, 묘는 서울 서초구 내곡동 헌릉에 있다. 1367~1422.

〖세종의 약사〗

제4대 임금 세종은 태종의 셋째 아드님으로 조선 제4대 임금이 되었
다. 휘가 도, 자는 원정이다. 1397년(태조 6년) 4월 10일 한양에서
출생했다. 태종 8년 충녕군으로, 임신년에 대군으로 봉해졌다가 무
술년에 왕세자로 책봉되었다. 그해 8월 8일에 경복궁 근정전에서 즉
위한 뒤 경오년 2월 17일 별궁에서 54세의 나이로 세상을 떠났다.
세종의 시호를 장헌, 묘호는 세종이며 능호는 영릉으로 경기도 여주
군 능서면 왕대리에 있다. 1397~1450.

태종은 재위기간 중 선정을 베푼 명군이다. 백성이 마음대로
억울한 일을 호소할 수 있도록 신문고申聞鼓를 설치한 사람도 태
종이다. 어느 때는 메뚜기를 잡아서, 『네가 곡식을 먹고 백성을

영릉(英陵, 세종대왕)
사적 제195호, 경기도 여주시 능서면에 위치, 출처 : 여주시청

괴롭히니 차라리 내 오장을 갉아먹어라.』하고 집어삼킨 일도 있다. 좌우의 신하들이 그것을 보고 대경실색하였지만 마침내 무사하였고, 팔도에 들끓던 메뚜기가 그 후부터 일시에 없어졌다고 한다. 또 사원의 중들이 부패하였음을 개탄하여 무위도식을 일삼는 여러 중을 환속시키고 흉년에는 술을 빚지 말라 하였고, 스스로 술을 끊었으므로 감히 국법을 범하는 자가 없었다. 18년을 왕위에 있었고 세종대왕께 위를 물려준 다음 상왕 자리에 있기 삼년, 춘추 56세로 승하하였다. 죽을 때도 날이 가물어 백성들이 애타게 비를 기다린다는 말을 듣고는,

『내가 죽거든 상제께 아뢰어 비를 얻어 보내리라.』하고 승하하였는데, 과연 그날 밤에 비가 내렸다. 그리고 그 후 해마다 그날에는 비가 왔으므로 사람들이 그 비를 '태종우太宗雨'라고 이름 지어 불렀다. 지금도 음력으로 오월 초열흘이면 태종우가 내린다. 태종의 왕비 민씨가 아들 사 형제를 두었는데, 맏이가 양녕대군이요, 둘째가 효령대군이요, 셋째가 세종대왕이요, 넷째가 성실대군이다. 처음에는 맏아드님인 양녕이 책봉되었는데, 태종은 세종이 진실로 명왕의 자질을 갖추었음을 알고 노상 그에게 전위하였으면 하였다. 그러나 맏아드님을 무단히 폐할 수도 없었으므로 한 번은 왕비 민씨를 향하여 조용히 탄식하였다.

『맏아이와 셋째 아이가 바꾸어 되었으면 백성이 요순의 세상을 만나련만…』했다. 그 말을 들은 왕비 또한 현명한 성품이었으므로, 가만히 맏아드님인 세자에게 그 뜻을 전하였다. 그는 효성

이 지극하여 그 말을 듣자 부왕의 뜻을 이루어 드리고자 거짓 실성한 척하고 술 먹고 사냥하기를 일을 삼았다. 그런 내막을 모르는 신하들이 아뢰기를,

『세자께서 행실이 아름답지 못하오니 중대한 종사를 가히 맡기실 수 없소이다.』 하며 물의가 일어났다.

태종은 못 이기는 체 세자 양녕을 폐위하였다. 그러자 두 번째 효령대군도 눈치를 차리고 과천 관악산으로 들어가 '염불암' 이라는 암자에 숨어버렸다. 그는 거기서 불경을 외우고 북을 두드리며 세월을 보냈다. 그리고 왕궁의 지난날이 그리우면 망경대에

효령대군영정(孝寧大君影幀)
시도유형문화재 제81호, 출처 : 문화재청

올라 서울을 바라보았으므로 지금도 그 봉우리를 망경대望京臺라고 한다. 또한 '효령대군의 북 늘어지듯' 한다는 속담도 거기서 생겨났다고 한다.

양녕과 효령 두 분의 양보로 임금 자리는 자연적으로 세종에게로 돌아갔다. 그리하여 그는 열세 살의 어린 나이로 등극하였고, 조선 제일의 성군이란 칭호를 받을 만큼 좋은 정사를 많이 베풀었다.

첫째 효도와 우애가 지극하시어 부왕과 모후의 거상에는 그 슬퍼함이 사람의 마음을 감동케 하였고, 임금이 되어서도 두 형님과 아우님을 날마다 모시고 기침과 식사를 같이 하였다고 한다.

신하를 부리되 예법으로 하고 백성을 은혜로 다스렸으며, 화창한 바람과 상서로운 기운이 온 나라에 가득하여 해마다 풍년이요 격양가 소리가 그칠 줄을 몰랐다 한다. 밖으로 대마도의 왜구를 정벌하여 해적의 화근을 뽑아버리고, 북녘 변방을 개척하여 육진을 설치하고 여진과 몽고를 방비하게 하였으며, 안으로 집현전을 설립하여 길이 이 겨레의 문화재가 될 훈민정음을 창제하였고, 법을 바르게 하고 고을마다 학교를 세워 예와 덕을 숭상케 하는 등, 실로 동국의 요순이라고 할 만큼 많은 치적을 남겼다. 아들이 18형제, 따님이 4형제, 춘추가 54세에 승하하였다.

2

어린 세손 단종

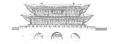

세종의 뒤를 이은 문종은 효우孝友와 인자仁慈를 갖춘 슬기로운 임금으로 동궁으로 있을 때부터 세종의 위업을 도운 바 많았다. 지나칠 정도로 착하여 문약함을 면치 못하였다. 한편 둘째 아들 수양대군(나중에 세조가 됨)은 뜻이 장대하고 기질이 사나웠다. 그가 여남은 살 될 때 여러 왕자와 대군들이 삼각산과 백운대에 오른 적이 있었다. 봉우리 위에 올라가서 아래를 내려다보다가 여러 다른 왕자 대군들은 그 아슬아슬한 높이에 그만 질리어 내려오지를 못하였으므로 명주 여러 필로 동아리를 만들어 매달아서 내려왔는데, 오직 수양은 아무렇지도 않다는 듯이 혼자 내려왔다.

세종이 그 말을 듣고 얼굴에 근심하는 빛을 띠웠다고 한다. 문

약한 문종과 사나운 수양대군을 아울러 생각하고 뒤에 일어날 풍
파를 미리 예견하여서였다.

문종은 또한 글 읽기를 좋아하여 항상 스승 앞에 있었으며 용
모가 단정하고 거동이 신중하였다. 장가들어 빈궁으로 김씨와 봉
씨가 있었으나 허물이 있었으므로 폐위당하고 화산부원군 권전
權專의 따님을 맞아 빈궁으로 삼았다. 권씨는 요조하고 단아하며,
총혜하고 명달하여 효성과 부덕을 아울러 갖추어서 미흡함이 없
었다. 그러나 몸이 매우 연약하여 25세에야 비로소 단종을 잉태
하였는데, 그분만이 대단한 난산으로 간신히 출산을 마쳤으나 병
세가 위중하였다. 스스로 못 일어날 줄 알자 궁녀를 시켜 자전慈
殿마마와 세종의 후궁인 혜빈 양씨를 오게 하여 간곡히 아드님을
부탁한 다음 얼마 안 있다가 숨을 거두었다.

세상에 난 지 이틀 만에 어머니를 여윈 원손 단종은 서조모 혜
빈의 젖을 먹고 자라났다. 혜빈 양씨이란 분이 퍽 훌륭하여 자기
의 둘째 아들이 아직 어려서 품속에 있는 것을 떼어서 유모에게
맡기고 한마음으로 원손인 단종을 키웠다. 그가 차차 크자 조부
와 부모님의 슬기와 덕을 한데 모은 듯 꽃과 같고 옥과 같았다.
다섯 살부터 글을 배우는데 한 번 들으면 잊어버리지 않을 뿐만
아니라, 그 뜻을 능히 통하기로 세종이 지극히 사랑하였다. 당시
에 제일 문장인 정인지로 하여금 세손의 사부로 삼아 글을 가르
치게 하고 그 옆에 앉아 낭랑한 글 읽는 소리를 들으실 적에 얼굴
에 웃음이 걷히지 않았다 한다. 그러면서도 문약한 맏아들 문종

이 오래 살지 못할 것과 손자(단종)가 비록 총명하나 어린 데다가 수양대군의 호방한 성품이 심상치 않아 세종은 매양 근심하였다. 단종이 다섯 살 되던 어느 날 세종은 어린 세손을 안고 집현전 마당을 거닐다가 마침 거기에 있는 학사 성삼문, 신숙주를 보자,

『이 아이는 골격이 맑게 뛰어나고 의사가 총명하여 쓸만한 자품을 가진 아이로, 내가 사랑하는 손자이기에 경들에게 부탁하는 터이니 경들은 후세에 나의 오늘 이 부탁을 저버리지 말게 하여 주오.』하였다. 당당한 적손인데 이처럼 특별히 부탁하였던 것은 분명히 수양대군을 경계한 것이다. 학사들은 부복하여,

『신등은 마음과 힘을 다하여 폐하의 은덕을 만분의 일이라도 갚으오리다.』하였다. 그 뒤부터 세종은 여러 학사들을 은연중에 한층 더 대우하였고, 또 임금은 세손으로 하여금 그들을 스승의 예우로 대접하게 했던 것이다. 세종 같은 성군이 오래 수를 누리지 못하였음은 실로 나라의 운수이기도 했다. 세종께서 승하하시던 날에 문종을 보고,

『저 세손은 밝은 자질이라 임금의 위를 이을 만하거니와 그래도 나이가 어리니 보필하는 신하가 필요할 것이다. 김종서, 성삼문에게 잘 부탁하여라.』하고, 옆에 앉은 세손을 어루만지며 길게 한숨을 지었다 한다. 그 조부가 승하하자 세손은 11세의 어린 나이이면서도 망극의 애통함이 부왕과 다름없이 하니 보는 사람으로 하여금 감동케 하였다.

너무도 문약한 문종

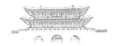

〔 **문종의 약사** 〕

제5대 임금 문종은 세종과 소헌왕후 심씨 사이에서 큰아들로 출생하여 이름은 향, 자는 휘지이다. 세종 3년, 1421년에 왕세자로 책봉되었고, 1450년 2월에 세종의 뒤를 이어 37세로 왕위에 올랐다. 그러나 왕위에 오른 지 2년 4개월 만에 승하했다. 그의 능은 현릉(구리시 인창동 동구릉)으로 현덕왕후와 함께 묻혔다. 1414~1452.

문종은 선왕 세종의 법도를 그대로 따랐으므로 나라가 태평하고 백성이 안락하였으나 등극하자, 곧 일어난 중병으로 수를 누리지 못하였다. 그는 병석에 누워서도 뒤를 이을 세자를 생각하고 매우 근심을 했던 모양으로 하루는 당신이 거처하는 편전에 잔치를 베풀고 나중에 사육신이 된 성삼문, 박팽년, 하위지, 유성원, 이 개와 유응부를 불러 한 자리에서 대작하면서 그들에게 세자를 부탁하였다.

『경들은 선왕께서 신임하시는 신하요, 나의 미더운 사람들이라 이제 내 목숨이 오래지 못할 것 같아 세자를 경들에게 부탁하는 바이니 경들은 선왕의 명과 나의 부탁을 잊지 말고 어린 세자를 잘 보호하여주오.』했다.

친히 용상 앞에 내려와 앉아서 내시와 궁녀들이 가져온 음식상을 앞에 놓고 12세 된 세자의 등을 어루만지며 하는 비장한 말에 여러 신하들은 송구하여 몸 둘 곳이 바이없었다. 그중에서 성삼문이 아뢰되,

『폐하께서 춘추 아직 왕성하신 터에 이 같은 분부를 내리심은 옳지 못한 듯하오이다. 또한 세자 전하께옵서 총명과 예지가 아울러 계시와 신들의 보좌가 없을지라도 성덕의 미흡함이 없으실 줄 믿사옵니다. 그러나 신들의 힘으로 이루어질 수 있는 일일 것 같으면 장차 몸과 마음을 다하여 죽음으로써 지키겠나이다.』하였다.

그의 '죽음'이라는 말에 문종은 순간 섬뜩한 그 무엇을 느꼈다. 그러나 애써 아무렇지도 않은 척하면서 세자를 시켜 팔을 들게 하였다. 그리하여 세자로 하여금 여러 신하에게 공경의 뜻을 표하게 한 다음, 여러 신하들에게 손수 차례대로 술을 따라 주었다.

『이 술은 세자를 잘 보호하여 달라는 나의 부탁에 답해준 상급

의 술이니 사양하지 마시오!』했다.

　모두가 감히 사양치 못하고 주량이 적은 사람도 주시는 대로 받아마셨다. 본래 좋은 술은 많이 취하는 법이라 수십 잔씩을 마셨으므로 여섯 신하는 모두 대취하였다. 어전임에도 불구하고 그만 서로 머리를 맞대고 누워서 정신을 잃었던바 얼마 후에 깨어 보니 어느새 당직으로 나왔던 집현전에 모두 눕혀져 있었는데, 저마다 호피虎皮와 어의御衣가 덮여져 있었다. 방 안에 향기가 가득하고 아까 어전에서 심부름을 하던 내시가 차를 따라놓고 마시기를 청하기에 어찌 된 사연을 몰라 모두가 어리둥절하였다. 이는 다름이 아니라, 여러 신하가 심히 취한 것을 본 문종이 시킨 일이다. 문종은 그들이 전후를 알지 못할 만큼 취했음을 보시자 내시를 시켜 그의 침실 문짝을 떼게 하였다. 거기에 신하들을 태워 숙직 처소에 내려보낸 다음 사모와 관복을 벗겨 눕히고 당신이 입으신 옷으로 덮어주게 한 것이다. 해갈을 풀어 드리라는 분부를 받아서 차를 달여 기다리는 내시의 말을 듣자 여섯 신하는 술이 일시에 깨었다. 모두가 사모와 관복을 입고 임금 계시는 곳을 향하여 두 번 절하며 황감해 했다. 성삼문이 눈물을 흘리며 말을 잇는다.

　『우리가 이같이 망극한 성은을 만분의 일이라도 훗날에 갚아 드리기로 맹세합시다. 나라님을 위해서는 목숨이라도 바치기로 작정함이 어떻소?』

　나머지 다섯 사람도 눈물이 흐르는 눈으로 일제히 응답하고 맹세하였다. 그 뒤 문종은 병환이 차츰 더하여져 갔다. 그리하여 문종께서는 당신이 살아 있을 때 내각이나 튼튼하게 해놓을 양으로 새롭게 편제를 하였으니 다음과 같았다.

영의정-황보인(皇甫仁)

우의정-정분(鄭笨)

좌의정-김종서(金宗瑞)

병조판서-민신(閔伸)

예조판서-권자신(權自愼)

이조판서-조극관(趙克寬)

우찬성-이직(李稷)

그 밖에 성삼문, 신숙주, 정인지 등도 모두 직급을 돋우었다. 그리고는 세자의 지극한 성심과 약 바라지의 효과도 없이 마지막 숨을 거두게 되었다. 스스로에 대한 운명의 시간이 닥쳐왔음을 알자 삼 대신과 육조판서, 집현전 여러 학자들을 모두 오라 하여 집현전으로 모이게 하고, 문종은 부축을 받아 간신히 탁자에 의지하여 앉았다. 그리고 세자를 앞에 세운 다음 여러 신하에게 고명을 한다.

『경들이여, 내 덕이 부족하여 선왕께서 맡기신 이 자리를 오래 지키지 못하고 오늘이 당도하여 경들을 영결하게 되어 슬프오. 그러나 경들이여! 해놓은 일 없이 나는 가거니와 잊지 못할 것은 이 어린 세자요. 나는 세자를 경들에게 맡기오. 경들이여! 부디 힘써 보호하여 하늘에 있는 선왕과 나의 신령을 위로하여 주오!』 말을 마치자 눈물을 지우며 다시 세자의 손을 잡고,

『세자야, 부디 건강에 조심하고 정신을 가다듬어 여러 신하들의 말을 잘 들어라.』 했다. 또 혜빈 양씨와 경혜공주를 불러오게 하여 거듭 세자를 부탁하였다. 매우 처량한 광경이었다. 모두가 치밀어 오르는 슬픔을 이기지 못하면서

『옥체를 보중하소서』 하고 아뢰었지만 하늘이 하는 일을 사람이 어찌 막으랴. 얼마 뒤에 승하하니 춘추가 39세, 세자 남매의 망극함이야 어찌 말로 다 이르리오.

현릉(문종의 묘)
구리 동구릉(九里 東九陵), 사적 제193호, 경기 구리시 인창동에 위치, 문화재청 소유

단종의 등극과 수양대군의 음모

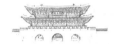

【단종의 약사】

제6대 임금인 단종은 문종과 현덕왕후 권씨 사이에서 태어났다. 비는 정순왕후 송씨이다. 1448년 8세에 세종 때 왕세손으로 책봉되었고, 1450년 문종이 즉위하자 왕세자로 책봉되었었다. 1452년 5월에 12세의 나이로 왕위에 올랐다. 그러나 숙부에게 왕위를 찬탈당한 뒤에 1457년 상왕에서 노산군으로 강등되어 강원도 영월로 유배되었다가 그해 10월에 죽음을 당했다.

단종은 숙종 24년, 1698년 11월 8일에 노산군에게 '순정안장경순돈효' 라는 시호와 단종이라는 묘호, 장릉이라는 능호를 받았다. 단종의 능은 장릉으로 강원도 영월읍 영흥리에 있다. 1441~1457.

문종이 승하한 다음에 열두 살의 어린 나이로 세자가 등극하였다. 그가 곧 단종이다. 그는 세상에 태어난 그 다음날에 모친을 여의었고, 여섯 살에 조모님을, 열 살에 조부님을 여의었으며, 열두 살에 부왕마저 여의었으니 참으로 혈혈단신으로 무척 외로운 분이었다. 그러나 그는 어리면서도 그 할아버지와 아버지를 닮아 매우 슬기로웠다. 말과 행동이 정중하고 신하를 대하되 예의에 어긋남이 없었다. 백성을 은덕으로 보호하였으니, 고명 받은 대신들과 학사들이 보좌를 게을리하지 않았고, 백성들이 모두 기쁜 마음으로 복종하여 마지 아니하였다. 그러나 그런데도 일찍부터 딴마음을 품고 있는 숙부 수양대군의 거사모의는 날로 무르익어 가고 있었다.

수양은 앞서도 말한 바와 같이 그 성품이 호방하고 웅대하여 능히 평생을 신하로 마칠 사람이 아니었다. 오랜 세월을 불평불만으로 지내오고 있었다. 그러자 천만다행으로 친형인 문종이 일찍 승하하였고 어린 단종이 등극하였다. 그는 비로소 때를 만난 것이었다. 그러나 그는 섣불리 움직일 수 있는 상황이 아니었다.

임금은 비록 어리지만 선왕의 고명을 받은 황보인, 김종서 등 원로대신과 그 밑에 쟁쟁한 선비와 무신들이 그를 보필하였으며, 어떤 일이 있을 때에는 목숨이라도 아끼지 않겠노라고 기다리고 있었기 때문이었다. 그리하여 그는 비밀리에 일을 추진하고 밤낮을 가리지 않고 활동하였다. 일에 필요한 모사꾼을 얻기 위하여 돈과 수고를 아끼지 않았다. 권람은 그런 수양대군의 모의에 제일 먼저 참가하여 끝까지 수족처럼 일한 인물이었다. 하루는 그에게 기골이 장대한 과객 한 사람이 찾아왔다. 그가 나중에 '생살부'를 한 손에 들고 염라대왕처럼 원로대신과 쟁쟁한 선비들을 때려눕힌 한명회였다.

한명회는 잉태한 지 7개월 만에 태어났다고 한다. 칠삭둥이였다. 어려서 사지가 완전하지 못하더니 차차 자라나자 몸이 여느 사람보다 갑절이나 커지고 지모가 또한 출중하였다. 서른 살이 넘도록 총각으로 돌아다니다가 한 번은 영통사란 절에 머문 일이 있었다. 그때 늙은 중 한 사람이 그를 보고 조용히 말하기를, 『당신의 머리 위에 혁혁한 기운이 있소. 반드시 뒷날에 귀하게 될 것이요. 그리고 명년에는 지기知己를 얻을 것이요.』했다. 그 말을 듣고 그는 크게 기뻐하였다. 곧 서울로 들어와서 누구로부터 권람이 수양대군과 비밀리에 모의를 하며, 장수와 모사꾼을 구하여 막지 않는다는 소식을 얻어듣고 권람을 찾은 것이었다. 그는 권람을 향하여 말을 하였다.

『지금 임금은 어리고 여러 대군들은 혈기가 방장하여 있는 때라, 백성들의 소문이 자못 어지러운데 어찌 이같이 안일하게만 지내시오. 들은즉, 수양대군이 총명 영걸하다 하지 않소? 우리가 그를 추대하고 대사를 모의하여 후세에 명성을 남겨봅시다.』한다.

권람은 섬뜩하기도 하였으나 모른 척 말을 주고받으며 그의 속마음을 떠보았다. 지모가 가히 쓸만한 인물임을 알 수 있었다. 곧 수양대군에게 천거하였더니, 수양대군이 다시 한명회를 불러

시험하여 보니 과연 꾀가 많은 사람이었다. 대군은 크게 기뻐하며,

『나의 자방子房이로다!』하였다. 자방이란 천고에 유명한 모사로서, 한나라 고조인 유방을 도와 중원을 통일케 한 사람이었다.

그리하여 한명회는 대군의 심복이 되었던 것이다. 홍달손 이하 삼십여 명의 장사를 대군에게 추천한 자가 바로 그였으며, 백가지 일을 모의하고 끝내는 대사를 이루어 일등공신이 되었다. 그의 두 따님은 예종과 성종의 왕후가 되었고, 삼십여 년간의 권력을 휘둘러 가히 그와 맞설 사람이 없었다. 거기다 지나치게 탐욕이 있었고 색을 좋아하여 첩을 많이 두고 호사한 생활을 했으므로 후세 사람들의 비평을 면치 못하였다.

홍윤성도 그의 체력과 지모로 세조에게 뽑힌 한 사람이다. 그는 본래 한적한 시골 농가에서 자라났다. 과거를 보고자 서울에 올라왔다가 강정에서 노니는 수양대군의 눈에 띄어 불리어 갔다. 대군이 홍윤성에게 음식을 대접하자 한 말 술과 열 근의 고기를 먹고 오히려 예사로웠다. 그가 사람을 구하는 수양의 기대에 만족했던 것이다. 그 밖에 세종과 문종의 고명을 받았음에도 변절하여 새 임금을 섬긴 정인지, 신숙주, 김질 등이 그의 힘이 되었다.

5

김종서, 철퇴 맞고 쓰러지다

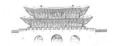

여러 모사꾼과 장사를 모은 수양대군은 크게 그 야심의 날개를 폈으니, 우선 기선을 제압하기 위하여 문종의 고명을 받은 세 대신에게로 눈을 돌렸다. 세 사람 중, 황보인과 정분 둘은 문제 될 것이 없었지만 김종서는 쉬운 인물이 아니었다. 일찍 세종의 명을 받아 북방을 개척하고 육진六鎭을 만들어 변방을 어지럽히는 여진족을 멀리 두만강 밖으로 물리쳤고, 돌아와서는 그 강경한 기질로 국사를 보아 정의의 이름 아래 강철처럼 굽힐 줄 몰랐다. 그리하여 세상에서는 그를 '호랑대신'이라 일컫는 터였다. 그를 없애지 않고서는 대사를 도모한다는 것이 불가능한 줄로 믿은 수양대군은 친히 양정, 유숙 두 사람과 추종하는 사람 몇을 거느리고 막 해가 저문 후에 희미한 달빛을 타고 말을 몰아 새문 밖 김종서의 자택으로 향했다.

문밖에 이르러 큰기침을 두어 번 하고 하인을 불렀다. 수양대군이 왔다는 말을 듣고 김종서는 어느 정도 의심은 갔었다. 그래도 자기 집까지 와서 찾는 터이라 영접하지 아니할 수도 없어 대문 밖으로 나간다. 『성격이 지나치게 활달하고 음흉한 수양대군이 어린 임금을 두고 아무래도 무슨 음모를 획책하는 듯 보이는 그가 평시에는 인사도 변변히 없는 터에 내 집에까지 찾아왔다?』 그런 생각을 하며 김종서는 대문에 이르렀다. 수양은 짐짓 중문 밖에서 기다렸다가 집 안에서 나오는 김종서를 장사들의 철퇴로 단번에 내리치자는 것이었다. 그러나 그를 맞으러 나온 사람은 김종서뿐이 아니라 역사의 이름이 있는 그의 아들 승규도 함께 나왔다. 그가 곁에 있어서는 일을 그르치기가 쉽다. 수양은 계교를 생각해내고 얼른 사모 뿔 하나를 빼어버렸다. 그러고는 종서를 보고 어디 가는 길에 사모 뿔 하나를 잃어버렸는데, 마침 지나가는 길에 대감의 집이 여기란 것이 생각나서 좀 빌리려고 들어왔노라 했다. 김종서는 의아하게 여기면서도 아들 승규를 시켜 가져오라 하였는데 안에 있는 종서의 별실 야화(김종서의 애첩)가 중문 앞에 엿듣고 있다가, 사모뿔을 달라는 대군의 말을 듣고는 얼른 내어다가 승규가 중문 안에 들어서기 전에 내주었다. 승규가 급히 사모뿔을 들고 밖으로 돌아올 때다. 수양이 미리 숨겨두었던 장사 양정, 유숙이 철퇴로 종서를 내리치려 한다. 너무나 별안간의 일이었으므로 미처 승규가 대적할 겨를이 없었다. 그는

떨어지는 철퇴 아래 달려가 그의 아버지를 안았다. 이리하여 양
정의 철퇴에 승규가 먼저 맞고, 쓰러지고 유숙의 철퇴가 용맹과
의기로 오랑캐들까지 떨게 한 김종서를 쓰러트렸다.

김종서는 당시 능력 있고 용맹이 있는 인물로서 함경도의 국경
을 지키던 용맹한 장수였었다. 6진을 개척하고 여진을 두만강 밖
으로 몰아내고 우리 한반도의 영토를 초석 위에 올려놓으려는 기
초를 닦은 인물이다. 이것은 그의 시 한 수를 보아도 능히 짐작하
여 알 수 있을 것이다.

> 삭풍은 나무 끝에 불고 명월은 눈 속에 찬데
> 만리변성에 일장검 짚고 서서
> 긴파람 큰 한 소리에 거칠 것이 없어라.
>
> — 김종서

장군의 기상이 용솟음치는 시조다. 이 한 수의 시조만 보아도
그가 얼마나 애국하고, 무장으로서 해야 할 일이 무엇인지를 알
고 있었다. 이런 인물을 두고서는 수양의 야심이 이루어지지 않
을 것이라는 사실도 수양은 이미 알고도 남음이 있었던 것이다.

6

수양의 야심과 죽어가는 대신들

수양대군은 김종서의 부자를 때려눕힌 다음 그의 수하를 데리고 말머리를 돌렸다. 미리 수문장과의 약속이 있었으므로 쉽사리 돈의문을 열고 대궐 문밖에 이르렀다. 밤이 깊었으므로 물론 대궐문도 닫혀있었다.

그리하여 당직인 승지를 불러 이르기를, 『김종서가 황보인, 정분 등과 부동하여 안평대군을 추대하고 역적질을 모의하기로, 미처 상감께 아뢸 겨를이 없어 김종서를 먼저 죽였다. 그 무리들마저 체포하려 하니 그런 이유를 소상하게 상감께 아뢰려고 하니 대궐 문을 열게 하라.』했다.

이때 대궐에서 당직을 하던 최항은 이미 수양과 내통이 있었던 터였으므로 상감께 청해보지도 않고 마음대로 대궐 문을 열어 주었다. 최항이 수양의 손을 이끌고 들어가자 궐내는 갑자기 술렁이기 시작했다. 곧 내시를 시켜 김종서 사건을 아뢰고 뒤이어 수양이 어전에 들어섰다.

수양의 눈빛은 날카롭게 빛났다. 그는 그의 눈빛으로 사람을 위압하는 힘이 있었다. 상감의 눈초리에는 비록 총명하고 슬기로웠지만 이미 기가 질려있었다. 밤중에 별안간의 소란이므로 왕은 마음을 가다듬어 겨우 앳된 목소리로 입을 열어 말을 하였다.

『작은아버지 나를 살려주어요.』

그는 뜻있는 대신을 모두 죽이겠다니 나도 죽을지도 모른다고 생각하여 '나를 살려 달라'는 애절한 목소리로 애걸했는지도 모른다. 수양은 서슴없이,

『신이 무사하도록 조치하겠사오니, 염려 마십시오..』했다. 그리고는 그의 심복인 여러 장사들을 요소에 배치하고 상감의 명령이라 하여 대궐의 군대를 풀어서 삼 대문을 지키게 했다. 그러고 난 다음 다시 왕명이라 일컫고 영의정 이하 여러 신하들을 급하게 불러들였다. 불시에 왕명이라 여러 신하들이 모두 황황히 도착하였고, 또 그런 내막을 짐작을 했다 하더라도 상감의 명령이라는 이름으로 불릴 때는 죽음의 땅에라도 가지 않으면 안 되는 것이었다. 둘째 문에서 한명회가 '생살부'를 가지고 기다린다. 생부에 오른 사람들은 셋째 대문을 무사히 통과할 수 있었다. 그러나 살부에 적힌 사람들은 첫째 대문에서 암시를 주면 둘째 문에서 철퇴가 내려졌다. 그리하여 황보인, 조극관이 죽고, 안평대

군과 정분을 귀양을 보냈다가 다시 사약을 보내어 죽였다. 황보인은 궐내로 불려 들어갈 때 종묘 앞을 지나면서 말에서 내리지 않고 허리만 굽히며,

『이 신의 마음을 통촉하옵소서.』하였으니, 이미 죽을 줄을 알았던 모양이었다.

안평대군은 강화로 유배되었다가 교동으로 옮겨져 사약을 받았다. 그는 왕명이라고 하는 약사발을 받자 자리를 바르게 하고 북향 사배한 뒤 약을 마셨다.

정분은 적소에 가 있다가 하루는 조상 신위를 베풀고 밥과 국을 갖추어 제사를 지냈다. 그리고 난 뒤에 신주를 모두 불사르고 있었는데, 얼마 안 있어 사신이 사약을 가지고 왔다고 한다.

김종서의 집에서 돌아와 얼마 뒤에 수양은 혹시 그가 회생하지나 않았을까 의심을 하여 다시 장사를 보내어 확인을 했다. 아니나 다를까 과연 그는 회생하여 그 아들의 시체가 있는 방에 숨어 있었다. 대궐로 들어가기를 재촉하다가 뒤이어 찾아온 사신이 칼을 가지고 와서 왕명이라면서 베었고, 그 둘째 아들과 어린 손자를 모두 죽였다. 수양대군이 여러 재상을 죽인 다음 역적의 무리들을 평정하였다고 잔치를 베풀고 공을 의논할 때였다. 철퇴를 면한 신하들 틈에 우찬성 허후도 참석하고 있었다. 정인지, 권람, 한확 등은 모두 흥겨워 웃고 이야기를 지껄이는데 그는 숙연한 안색으로 앉아 고기를 먹지 않다가 이야기가 김종서와 황보인을 효수하자는 의논이 나오자 맹렬히 반대했다.

『두 사람이 무슨 죄이옵니까? 저는 이 두 사람 모두 무죄한 줄 압니다.』수양대군이 불같이 성이 나서, 『네가 고기를 먹지 않을 때부터 뜻이 있었구나!』하자, 허후는 대들면서 대항하였다.

『조정 대신들이 모두 죽는데 이 허후가 살았음도 뜻밖이올시다. 어찌 고기를 먹으리까?』수양은 대노하였다. 그러나 그의 재주 있음을 아깝게 여겨 차마 죽이기는 싫은 모양이었는지 처음에는 거제로 귀양을 보냈다. 그는 나중에 이계전의 참소로 역시 사약을 받고 죽었다. 사육신의 옥사를 치른 후에 수양대군이 말하기를,

『허후가 만일 살았더라면 '사육신'이 아니라 '사칠신死七臣'이 될 뻔하였다.』했다고 한다.

사육신의 사당
사육신묘(死六臣墓), 시도유형문화재 제8호, 서울시 동작구 노량진동에 위치, 출처 : 문화재청

7

수양대군과 그 일당들

　단종의 충성스런 여러 관료들을 이렇게 모두 역적으로 몰아 죽인 다음, 수양대군은 스스로 영의정과 내외병마도통사가 되어 정권과 병권을 한 손에 넣고 그의 심복들로서 내각을 매웠다.

　옛날 중국에 주라는 나라가 있었다. 그 주나라에 주공이라면 문왕의 아드님이요 무왕의 아우로서 그 형인 무왕이 죽은 뒤, 무왕의 아들이요 그의 조카인 성왕을 도와 선정을 베풀게 한 분으로 만고에 귀감이 되는 분이다. 주공은 어린 성왕을 업고 앉아서 천하 제후의 조회를 받게 하였고, 끝까지 그는 진심으로 보좌한 것으로 너무나 유명한 바 있었다.

　*文王(문왕)—武王(무왕)—成王(성왕)—康王(강왕)
　　　—周公(주공)
　　　—康叔(강숙)

정인지, 권람 등은 김종서, 황보인 등을 죽인 수양대군의 공덕을 주나라의 주공周公과 같다고 하여 의논하기를 그런 수양대군을 사적의 기록에 남겨야 한다고 했다. 그리하여 좌의정 정인지가 백관을 거느리고 아뢰기를, 『수양대군의 공덕은 일월과 같사오니 주공에게 비하는 글을 지어 책으로 만드심이 마땅합니다.』 하였다. 상감은 속으로 웃음이 나왔으나 빈자리뿐, 아무런 힘이 없는 상감인지라 하는 수 없이,

『그렇게 하라』 하고 집현전 학사들에게 명령을 내려 책을 짓게 하였다. 그러나 눈치를 차린 학사들은 그런 글을 쓰기를 꺼려하여 모두 나가버렸다. 한 분 유성원이 모르고 혼자 있다가 협박에 견디지 못하여 마음에도 없는 글을 짓고 집에 돌아가 통곡함을 마지않았다 한다.

수양은 또 상감께서 곤전이 없으실 수 없다고 하여 여양부원군 송현수의 따님을 간택하고 가례를 치르기로 아뢰었다.

그러나 단종으로서는 탐탁하지 않았다. 그의 한 몸도 어떻게 될지 모르는 터인데 중궁까지 맞아서 걱정 한 가지를 더할 것이 무어냐고 생각한 것이다.

『나는 아직 연소하니 장가들 것이 무어 그리 급하리까?』 하고 사양하였으나 수양대군의 압력을 벗어날 수는 없어 끝내 가례를 행하였다. 단종의 춘추 그때에 열넷, 중궁은 열여섯이었다.

수양대군의 위엄과 권세는 더욱 팽창하여 그를 따르는 사람은 살고, 그를 거스르는 사람은 모두 죽어야 했다. 그런 환경 속에서

왕위를 지키는 단종은 마치 바늘방석에 앉은 것과 다름이 없었다. 그리하여 항상 부자유한 몸이 시름겨워 산을 바라보며 말이 없을 때가 많았다. 상감의 기색을 바라보는 혜빈 양씨는 마음이 아파서 자주 위로의 말을 했다.

『상감마마, 마음을 넓게 하시어 옥체를 보중하소서. 당당하신 적자이시며 현명한 상감이시니 누가 감히 움직일 수 있겠나이까? 몇 해만 더 지내옵소서. 춘추가 젊으시고 뒤에는 충성스런 신하들을 거느리고 계시옵고, 왕명을 바르게 잡으시면 권세가 곧 회복되실 것이옵니다.』하였다.

그리고 들지 않는 수저도 들게 권하여 들게 하시고 주무시지 않는 잠도 주무시도록 하였다. 그 서조모의 성의에 감격하여 말과 웃음을 억지로 할 때도 있었다. 그러나 그것도 잠깐이요 수심이 가득한 것을 어찌 참아볼 수 있었으랴. 다시 혜빈은 경혜 공주를 청하여 좋은 말로 상감을 위로하게 하고, 집현전 학사들을 청하여 글 읽는 자리를 열게 하였다. 상감을 모시고 글을 읽어 상감의 수심을 잊도록 하고자 함이었다. 집현전 학사 중에서도 성삼문 이하 다섯 사람은 김종직, 황보인 등의 죽음을 심히 울분의 눈으로 보는 이들이었다. 긴 한숨과 탄식으로 나날을 보내던 중, 강연에 참여하여 임금의 얼굴에 수심이 가득 찼음을 보자, 살이 끓고 피가 뛰었다. 임금의 마음도 그들 충성스런 분노를 알았다. 그러나 가시를 짊어진 듯 몸의 움직임이 불안하고 부자유한 자리에서 울분을 머금은들 무엇 하랴.

단종이 매일 강연을 베풀고 여러 학자들과 글을 읽자 모사 한 명회는 정인지를 보고 말하였다.

『왕은 총명하신 자품인데 글을 날마다 읽으시는 것이 불리하지 않겠소. 뜻이 넓어져서 무슨 계획을 내기도 쉬울 터이요, 물망 높은 학자와 상대하시면 무슨 일이 있기도 쉬우리라 믿소. 그러니 좌상께서 날마다 민간에 시끄러운 이야기와 나라 안의 한해, 수재, 충재, 풍재 등 여러 가지 재앙을 아뢰어 왕의 마음을 송구하게 하고 글 읽으실 겨를이 없도록 하여봅시다.』

정인지도 그럴 생각이 있었던 터라 좋은 계획이라고 찬성하고는 그날부터 날마다 입궐하여 좌상이 국내 사정을 아뢴다. 정인지는 그때를 빙자하여 여러 가지 횡설수설을 늘어놓았다. 그는 단종이 세손 적부터 그를 가르치는 스승으로 세종과 문종의 은혜

정인지(鄭麟趾) 묘소
시도기념물 제33호, 충북 괴산군 불정면에 위치, 출처 : 문화재청

를 받은 터이건만, 하루아침에 절개를 바꾸고 수양을 따른 것이
었다. 단종은 정인지의 장황한 말을 들을 때마다 괘씸하게 여기
고 분한 생각마저 들었다. 그러나 힘없는 왕의 자리를 지킬 뿐,
그로서 무엇을 할 수 있었으랴. 다만 손을 꽂고 대답하지 않으면
안 되었다.

『세상이 시끄러워지고 재앙이 내리는 것은, 모두 나의 밝지 못
한 까닭이니 좌상은 나를 잘 이끌어 주오!』하였으니,

그런 말 중에는 또 설사 임금이 잘못한다 해도 대신은 임금의
그릇된 점을 바로잡는 소임이 아니겠소? 하는 뜻이 포함되어 있
었다. 그러나 정인지는 그런 뜻을 알아들었는지 모르는지 언제나
틈만 있으면 임금께 안 좋은 말만 지껄이고 있었다.

늙은 내시에 김충이라는 사람이 있었다. 그는 세종 때부터 정
성껏 임금을 섬기는 사람으로 인품이 충성스럽고 강직했으며, 세
종과 문종의 전교를 받들어 잠시도 단종의 곁은 떠나지 않고 몸
과 마음을 다하여 상감을 섬기기에 게으름이 없었다. 불충한 수
양대군의 거동을 보고 비분강개하는 중인데, 정인지가 또한 별별
소리로 임금의 마음을 괴롭히는 것을 보자 어찌 그의 충성된 마
음이 가만히 있을 수 있었으랴. 하루는 또 정인지가 들어와서 재
앙이 났느니, 흉년이 들었느니 하고 있는 판인데 그는 용상 뒤에
섰다가 두어 걸음 앞으로 나서며 부르짖었다.

『여보시오! 좌상께서는 날마다 들어와서 수재 충재로 흉년이
든다는 말들을 어전에서 아뢰니, 정승의 직분으로 함직도 하외다

만, 음양으로 다스려 사시를 순화하게 하고 재앙이 없도록 하는 것은 누구의 직분이오. 정승이 잘못하여 재앙이 나는 것을 상감께서 잘못하신 탓으로 미루니 그 무슨 억설이요. 상감마마께서 무엇을 잘못했어요?』

그리고 눈을 사납게 떠서 정인지를 보았다. 그러나 당당한 세력으로 눈앞의 상감도 대수롭지 않게 여기는 터라 그가 내시쯤을 대수롭게 여길 리가 없었다. 단번에 그는 얼굴빛이 변하며,

『조정 대사를 내시 같은 것이 어찌 방자히 논란하는고?』하고 한 말로 눌러버린다. 그러나 김충은 냉소로 일관하면서 다시 무슨 말을 하려고 입을 열려고 했다. 그러나 단종은 그 내시의 목숨이라도 보전하기 위할 생각으로,

『그만 있어라!』하고 분부했다.

정인지, 권람, 한명회 등은 날마다 번갈아가며 어전에 들어가 일을 아뢴다면서 횡설수설을 늘어놓아 단종을 괴롭히는 것으로 일을 삼았다. 그들의 협박이 날로 심하여 한 시각도 편할 수가 없는 단종은, 기왕 빼앗아 갈려거든 빨리 임금의 자리나 빼앗아 가 주었으면 몸이나 편하리라 하고 바랄 뿐이었다.

8

비극적인 일이 벌어지다

　단종은 많은 곤란을 겪으면서도 그럭저럭 삼 년이란 세월 동안 왕위에 있었다. 지루한 나날이었다. 그동안 단종을 불안케 함으로써 그들의 일을 유리하게 이끌어 나가려는 정인지 등은 드디어 만반의 의논이 이루어져서 일제히 임금님 앞으로 나왔다.

　『황송하오나 하늘과 땅과 백성의 마음이 돌아가는 곳이 있사오니, 사람의 힘으로는 막을 길이 없사옵니다. 전하께서는 하늘의 큰 뜻에 부응하시고 백성의 마음을 좇으시어 수양대군께 선위하옵소서. 그리하여 태상왕의 위를 누리심이 옳을까 하옵나이다.』

　필경은 나올 줄 알았다. 단종은 기쁘게 대답했다.

　『이 나라는 선조 태조 대왕께서 창업하신 나라이니 그 자손 되는 사람이라면 누가 차지하든 무슨 상관이겠소. 나는 이 자리를 내어놓기가 오래전부터의 소원이었던 것이요. 경들은 나를 편안히 지내도록 하여나 주오.』

정말 구구한 슬픔이었다. 그러나 강박으로 선위를 요구한 정인지 등은 일이 순하게 된 것만 다행히 여겨 엎드려 아뢴다.

『신등은 전하의 용체를 편히 보호하기 위하여 이 일을 행함이옵니다. 대군께서는 크신 도량으로 전하를 잘 보호할 터이요, 신등도 분골쇄신 정성을 다하여 모시도록 하오리다. 통촉하시고 아무 염려 마시옵소서.』 했다.

단종의 입에서는 긴 한숨이 나왔다. 드디어 내어놓으시지 않으면 안 되는 왕위, 그는 끝없이 비통하면서도 한편 오래 짊어진 무거운 짐을 벗어놓는 가벼움을 느꼈으리라. 정인지 등을 시켜 선위한다는 조서를 써서 수양대군에게 전하라 하고는 내전으로 들어갔다.

거기에는 혜빈과 경혜공주가 있었다.

『잔약한 몸에 무거운 짐이 감당키 어렵더니, 벗겨주는 사람이 있기에 벗어 놓았지요.』

정인지 등에게 졸리어 선위하는 조서를 지으라고 한 사실을 그들에게 말하였다. 천만 뜻밖의 말을 들은 혜빈과 공주는 대경실색하였다. 눈물이 넘쳐 막지 못하는 흐느낌 가운데 혜빈이 아뢴다.

『이것이 무슨 일이오이까? 그들이 아무리 무엄한 행동을 하더라도 상감마마께옵서 굳이 버티시고 허락하지 아니하시면 그들이 임의로 조서를 만들지는 못할 터인데 선대왕께서 맡기신 자리를 어찌 차마 그렇게도 쉽게 내어놓으셨습니까?』

상감도 눈에서는 눈물이 주르르 흘렀다.

『삼강이 없어지고 오륜이 허물어진 바에 무엇을 더 바라며 헛된 자리를 지키리까. 하자는 대로 해 주고 선왕이 끼쳐주신 몸이나 잘 보존할까 함이요. 그것조차 어떻게 될지?』

그런 말에 혜빈과 공주는 그만 크게 통곡하였다. 선위하는 조서를 받은 수양대군은 조서를 들고서 대궐 안에 들어와 흐느껴 울며 사양하였다. 외면치레도 치레이거니와 욕심으로 인정과 천륜을 짓밟는 그에게도 역시 한 인간으로서의 양심이 있었던 모양이다. 수양대군이 울며 사양함을 보자 왕은 권람을 보고 물었다.

『어찌하여야 옳겠는고?』

권람이 아뢰기를 『전하께서 친히 전국보(:옥새)를 받들어 대군께로 전하심이 마땅하십니다.』했다.

그리하여 단종은 전국보를 친히 받들어 대군께 전한다.

『내 어리고 우매하여 이 자리를 감당할 수 없으니, 작은아버지께서 받으시오.』

말과 함께 어린 왕의 옷깃에 눈물이 흘러내렸다. 그 할아버지와 아버지를 생각했으리라. 대군은 세 번 사양하다가 마지못하여 받았다. 그러자 누군가 크게 통곡하며 내전으로부터 뛰어나온다. 혜빈 양씨였다. 엎어지고 자빠지며 전국보를 내리는 자리에 이르러 피를 토하는 목소리로 대군을 향해 책망을 한다.

『여보시오 수양대군, 이런 법이 어디 있습니까. 당신은 아버님도 형님도 모르시고 임금도 모르시오. 아는 것이 임금 자리 빼앗는 것뿐이란 말입니까? 아스시오! 말으시오!』

그리고 어전에서 몸부림을 치고 통곡을 하자 뒤이어 경혜공주가 나오며 통곡한다.

『작은아버지, 이게 무슨 일이십니까? 천하의 공론이 이렇게 밝은데, 작은아버지는 인륜도 모르세요. 우리 할아버지께 효성도 없으시고요. 우리 아버지께 우애도 없으시고요…』

수양대군으로서도 아무런 대답이 생각나지 않아 잠자코 있을 수밖에 없었다. 그러나 곧 그의 빛나는 눈이 한 번 '꿈뻑'하자 무수한 궁녀가 와르르 달려들어 혜빈과 공주를 에워쌌다. 그리하여 본궁에 모셔다 두고는 군졸을 풀어 지키게 하여 꼼짝도 못하게 하였다. 단종은 사랑하는 서조모와 누님으로부터도 멀리 격리되어버린 것이다. 그날 내시 김충은 상감을 모시고 있다가 그 광경을 보고는 분함을 이기지 못하여 앞으로 나섰다.

『이 반열에 있는 사람은 모두 상감마마의 신하인가요? 신하로서 임금을 이렇게 위협하는 법이 어디 있습니까? 당신네들 하는 일이 나라를 위함인가요, 제 욕심을 위하는 일인가요. 이다음에 사기가 써놓으리라. 이 늙은 놈이 이 말을 하고 나면 죽을 줄을 잘 압니다. 그러나 당신네들처럼 더러운 이익만 탐하고 살기만을 도모하는 놈은 아니올시다.』

그의 말이 막 끝나자 금부도사가 달려들어 그를 금부에 가두었다. 정인지, 한명회가 시킨 것이다. 그는 며칠 뒤에 귀양을 떠나는 도중에 정인지가 보낸 자객의 칼을 맞고 도중에서 쓰러져 죽었다.

한명회(韓明澮) 신도비(神道碑)
문화재자료 제332호, 충청남도 천안시 수신면 장산리에 위치, 출처 : 문화재청

9

세조의 등극과 사육신들

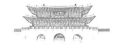

〖세조의 약사〗

조선 제7대 임금 세조는 세종의 둘째 아들로 휘가 유, 자는 수지이다. 1417년 9월 29일 본궁에서 출생, 세종 12년에 진평대군에 책봉되었다가 후에 함평대군, 진양대군, 또는 수양대군으로 고쳤다. 슬하에 3남 1녀로, 죽은 후의 묘호는 세조, 그의 능호는 광릉으로 남양주에 있다. 1417~1468.

전국보(:옥새)를 받은 수양대군은 을해년(1455)에 경복궁에서 등극하였으니, 그가 곧 세조다. 그는 단종을 높여 태상왕이라 부르게 하고 왕비 송씨와 함께 대궐 안 수강궁에 거처하게 하는 한편, 파수를 엄중히 하여 사람들이 왕래하지 못하게 하였다. 그는 또한 공신들의 벼슬을 돋우고 죄인을 대사면하였으며, 상왕께서

군이 선위하시기로 부득이 받은 양, 글을 내려 팔도에 포고하였다. 사신을 명나라에 보낼 때에도 그렇게 왜곡되게 보고했다.

나라의 민심이 매우 고조하여지고 많은 사람들 마음속에는 한명회, 정인지, 권람 등을 역적이라 지탄하는 소리가 높아가고 있었다.

성삼문 등은 날로 수양대군의 위세가 등등해 가는 것을 보고 조만간 탈이 날 줄을 알았다. 그러나 무력한 그들로서 다만 가슴을 쥐어뜯고 있을 뿐이었는데, 드디어 단종은 왕위를 빼앗기고 말았다. 성삼문은 그날 마침 예방승지로 당직으로 있다가 그 장면을 당하였다. 그는 기가 막혀 어보를 움켜쥐고 통곡하다가 빼앗겼던 것이다. 세조도 그것을 보았지만, 첫 정사에 명사를 살해할 수가 없어서 모르는 체 덮어두었다. 박팽년도 그날 마침 당직이었는데 그 광경을 보고 분함을 이기지 못하여 경회루 앞 연못에 빠져 죽으려고 하였다. 그걸 성삼문이 붙잡고 만류했다.

『공연히 죽으면 어떡하오. 목숨을 보전하였다가 틈을 보아 일을 도모하여야 하지 않겠소?』 그 말에 박팽년은 눈물을 거두고 사례했다. 그들은 그 길로 하위지, 유성원, 이개, 유응부 네 사람을 찾아서 상의하기를,

『우리가 지금 죽는다는 것은 개죽음일 뿐일 것이요, 물러앉아도 안 될 것이니, 벼슬을 내놓지 말고 가까이 있으면서 틈을 보아 거사를 합시다.』 하였다.

그들은 그 후부터 아무런 기색도 없이 벼슬자리에서 일을 하며 틈틈이 모여서 계획을 의논하였다.

권람은 꾀가 많은 사람이다. 그는 성삼문 등이 그들 패거리에 들지 않음을 알자 은근히 의심을 했다. 그는 몰래 김질을 시켜 성삼문의 마음을 떠보려 하였다. 그리하여 김질은 성삼문을 방문하고 조용히 말한다.

『온통 조정이 모두 권력에 아부하고 이익을 탐하여 선왕의 은혜를 배반하니 어찌 한심하지 않겠소. 나는 피가 끓어 벌써 죽었을 것이나 구구한 목숨을 붙여서 사는 까닭은 후일을 도모할까 함이요. 그러나 동심 협력할 사람이 없소이다 그려! 공명은 선조의 총신들이요 당시의 명현이라, 내 마음을 터놓고 이야기하는 터이니 조금도 의심하지 말고 같이 일하여 봅시다.』

김질이 그 말을 하고도 비분강개하여 눈물이 비 오듯 흐른다. 성삼문은 김질의 말을 듣고 그 비분의 눈물을 보는 순간 삼문은 조금도 그를 의심하지 않았다. 생각하면 그는 세종과 문종에게 깊이 사랑받은 신하가 아니었던가. 그리하여 그들이 하는 일을 모두 털어 이야기하고 그를 동지로 맞았던 것이다. 후세에 성삼문이 경솔했다는 비난이 있지만, 어찌 그를 허물할 수 있으랴. 모두가 운수이기도 했다.

이때에 여섯 신하들이 비밀리에 모인 자리에서 유응부가 곧 일을 결판 짓기로 발설했지만 성삼문이 대사를 소홀히 해서는 못쓴다는 만류에 중지되었다. 그러나 마침 명나라의 사신이 왔다가 돌아가는데 세조가 상왕과 같이 어전에 앉아서 사신을 전별하는 의식이 있었다. 여섯 신하는 그 기회를 이용하여 거사하기로 했다. 그리하여 그들은 김질을 시켜 한명회를 움직였다. 그가 세조에게 말하여 성삼문의 부친 성승과 도총관 유응부로 하여금 보검을 잡기로 하자는 것이었다. '보검寶劍잡이'란 임금의 어전에서 큰 칼을 들고 서 있는 2품 관원인바 성승과 유응부로 칼을 잡게 하여 틈을 보아 세조를 무찌르고 권람, 정인지, 한명회 등을 그와 함께 일제히 베인 다음 상왕을 회복하자는 계획이었다.

그러나 그런 모의가 무슨 소용이랴. 김질은 그들의 비밀을 모두 외어 바쳤던 것이다. 그날이 닥쳐왔다. 세조는 용상에 앉았다. 그러나 별안간 뜻밖의 분부가 내린다.

『날씨가 덥고 처소가 좁으니 보검 잡이는 들이지 말라!』 했다.

권람을 통하여 밀고를 들은 까닭이었다. 여섯 신하는 한자리에 모여 앉아 서로 돌아보며 탄식하였다. 또 유응부가 이 주먹 하나로라도 일을 처리할 수 있으니 일제히 들어가서 일을 일으키자고 팔을 휘둘렀지만 성삼문이 반대하여 중지되었다.

10

불굴의 충절, 그 사육신들

명나라 사신을 작별한 이튿날 세조는 성삼문을 불러 물었다.

『네가 너의 도당 여섯 사람과 모의하고 어제 나를 죽이려 하였다는 것이 사실이냐?』

삼문은 그제야 김질의 고발임을 알았다. 그는 조금도 두려워함이 없이 대답하였다.

『그런 일이 있었지요!』

세조는 곧 금부도사를 시켜 성삼문을 잡아 가두라 하는 한편, 김질을 제외한 다섯 사람을 모두 잡아들이라 하였다.

금부, 형조, 포청에 명하여 각색 형구를 갖추게 한 다음, 한명회로 형관을 정하고 그가 친히 국문하였다.

먼저 성삼문에게 묻는다.

『네가 나의 녹을 먹으면서 어찌 나를 배반하여 역적모의를 하느냐?』

성삼문은 목소리를 가다듬어 대답하였다.

『나는 상왕의 신하요. 상왕의 신하로서 임금인 상왕을 회복하려 하였소. 내가 나으리의 신하가 아닌 바에야 배반이니 역적이니 다 무엇이요? 내가 상왕을 멀리 떠나서는 일을 도모할 수 없겠기로 벼슬은 내어놓지 않았거니와 나으리의 녹은 한 톨도 먹지 않았으니 집을 수색하여 보면 알 것이요. 나으리가 평일에 스스로 일컫기를 나으리는 옛적 주공이 되겠노라 하였고, 글까지 짓게 하였음을 나는 아오. 어느 주공이 나으리 같은 행위를 하였소? 나는 상왕을 위하여 죽을 뿐이니 어서 죽여주시오!』

세조는 삼문의 말에 크게 노했다. 형리로 하여금 쇠를 불에 달구어 단근질을 하니 살이 튀고 힘줄이 탔다. 그러나 성삼문은 조금도 얼굴빛이 변하지 않고 말하였다.

『나으리의 형벌이 너무 참혹하외다. 아무리 하여도 나으리에게 굴복하지 않을 것이니 빨리 죽이는 것이 어떻소?』

그리고는 세조를 쏘아보는데, 신숙주가 세조의 곁에 앉아 있다. 성삼문은 소리를 높여 질타했다.

『이놈 숙주야. 너는 세종의 옛 분부와 문종의 고명을 잊었느냐? 너의 비겁함이 여기에 이럴 줄은 몰랐다. 너는 죽어서 무슨 면목으로 세종과 문종을 뵈려 하느냐?』

숙주는 무안하여 붉어진 얼굴을 가리고 돌아앉아 있을 수조차 없었다. 그날 숙주가 자기 집에 돌아가자, 필경 그의 남편이 성삼문 등과 함께 국문당한 끝에 죽어 돌아오리라 생각한 부인 윤씨가 뜻밖이라는 얼굴로 물었다고 한다.

『들으니, 오늘 성삼문 등을 국문한다 하기로 첩은 생각건대 당신도 그와 같은 죄목으로 필연 그들과 함께 순절하시려니 생각하였소. 소식이 들리는 대로 첩도 당신을 따라 죽으려고 이렇게 배를 대들보에 걸고 기다리는 터인데, 당신이 아무 일 없이 그냥 나오심은 어찌 된 일이요?』

숙주는 풀이 하나도 없이 투덜투덜 설명을 했다. 부인은 돌아앉으며 침을 뱉고, 그날 밤 안마루 대들보에 목을 매어 싸늘한 시체가 되었다.

강희안도 그날 어느 누구의 입에 의하여 죄목으로 걸려들었다. 그는 불복했다. 세조가 삼문에게 그와의 모의 여부를 물었으므로 삼문은 대답하기로,

『한꺼번에 명사를 모두 다 죽이면 나으리는 누구를 데리고 나라를 다스릴 터이요. 희안은 우리와 모의한 일이 없으니 놓아주시오.』

그리하여 그는 석방되었고 뒤에 세조에게 벼슬까지 하였다. 삼문은 온몸이 한 곳도 성한 곳이 없을 만치 단근질을 당하다가 수레에 실려 형장으로 나갔다. 그는 헝클어진 기색으로 좌우의 사람들을 보며,

『그대들은 새 임금을 도와 천하를 태평하게 하여라. 나는 옛

임금을 뵈러 지하로 간다!』라고 했다 한다. 그 비장한 말을 듣는 사람 치고 누가 눈물을 흘리지 않겠는가.

형장에 이르러 목이 잘리고도 굴하지 않는 그 의기는 의로움으로 승화되어 갔다. 그 부친과 다섯 아들, 동생과 사촌까지 모두 연좌되어 죽고 부인은 관노가 되었다. 죽은 뒤에 그의 집을 뒤져 보니 남은 쌀 한 톨 없고 방은 오래 불기운이 없는 냉랭한 방이었으며, 대자리 한 잎이 깔리어 있을 뿐이었다고 한다. 또한 곡간에는 세조에게 녹으로 받은 쌀이 고스란히 쌓여 있었다고 한다.

그는 홍주군 적동리에서 났다. 그가 출생할 때에는 공중에서 귀신이 세 번 소리를 질러 '순산하였느냐?' 하고 물었기로, 이름을 삼문三問이라 지었다 한다. 성질이 신중하였고 재주가 남보다 뛰어나 밖으로 보기에는 경솔한 듯 보였으나 속마음은 바위처럼 무거워 황소가 끌어도 움직이지 않을 듯했다. 세종이 특별히 그를 사랑하여 저 훈민정음을 창제할 때는 요동에 있는 황찬에게 열세 번이나 내왕하게 하여 음운에 관한 것을 밝혀오게 하였고, 각 도에 흉년이 들면 언제나 그를 시켜 어사로서 백성을 구제하기도 했다.

그는 세종과 문종에게 입은 큰 은혜를 갚기 위해 일을 일으켰고 운수가 사나워 뜻을 이루지 못하고 충성된 피를 형장에 뿌렸던 것이다.

그가 젊었을 적에 어사로 남쪽에 갔다가 태백산에 들어가 한 도인을 만난 적이 있었다. 세상사를 의논하여 본즉 미래까지 알지 못하는 것이 없어 극히 공경하였는데, 을해년 거사를 앞두고 사람을 보내어 일의 성패를 물어 오게 하였다. 하인이 도인의 집에 이르러보니 그는 간 곳이 없고 벽 위에 한 구절의 글이 적혀 있었다.

『천추를 혈식血食할 것이요 이름은 만고에 전할 것이니, 나에게 다시 물을 것이 무엇이오?』

갔던 사람이 그 글을 떼어 가지고 왔으므로 삼문은 『운명의 수가 정해져 있도다.』하고 거사를 일으켜 기꺼이 사지로 들어갔던 것이다.

박팽년, 그도 문장과 재주와 덕이 일세를 비추는 유명한 선비였다. 이미 말한 바와 같이 세조가 등극하던 날 경회루 연못에 빠져 죽으려다가 삼문의 만류로 죽지 못하였고 목숨을 이어 때를 기다렸던 충신이다. 그는 충청감사와 형조참판의 벼슬까지 올랐던 사람으로, 형조참판으로 있다가 병자년 가을에 그와 만났는데 그 또한 삼문과 같이 세조를 '나으리' 라고 불렀다.

『네가 나의 녹을 먹었고 기왕에 나에게 신臣이라 일컬었으니 너는 나의 신하다. 어찌 새로이 배반하느냐?』하고 질타하자, 박팽년은 소리를 겨루어 대답했다.

『나는 상왕의 신하요 나으리 신하가 아니니 어찌 상감마마라 일컬으리요.』

세조는 증거를 댈 양으로 그가 충청감사로 있을 때 올린 장계축狀啓軸을 들이라 하였다. 그러나 열람해 보니 신臣자를 쓸 자리에 모두 거ㅌ자가 쓰여 있었다 한다. 장계에는 원래 신ㅌ자를 작게 쓰는 것이므로 지나쳐 보았던 것이다. 세조는 그의 명성과 재주를 아껴 가만히,

『네가 마음을 돌리고 나를 쫓으면 부귀를 영원히 누리리라.』 하였으나 끝내 박차고 악형을 당하다가 형장으로 나갔다. 금부도사가 그를 보며,

『당신은 참 고집도 세십니다. 고집을 잠시만 거두면 온 집안이 모두 살게 되고 평생 부귀를 누리실 터인데 무슨 고집을 그렇게도 쓰십니까?』 하자,

『더럽게 사느니보다 대의명분을 위하여 죽는 것이다.』라고 하였다.

그도 역시 웃으며 형장의 이슬로 사라졌고 박팽년의 아우 대년과 아들 헌이 모두 연좌되어 죽었다. 부인도 관비가 되었다가 절사하였다. 둘째 아들 진사 순의 아내가 잉태한 중에 옥에 가두었는데 남아를 낳았는바 그 집에 여종이 자기 딸과 바꾸어 이름을 박부朴婦라 하고 길렀으므로 그의 혈맥이 이어졌다. 성종 때 이르러 세상에 나타났으며 특별히 사함을 받아 일산壹珊이란 이름을 하사받았다. 손자 계창 때에 이르러 비로소 참봉 벼슬을 했으며, 그가 선생의 기일을 당하여 제사를 지냈는데 그때 신위에 여섯 분이 보였으므로 그 뒤부터 육신을 합설合設하여 제사를 올렸다고 한다.

성삼문과 박팽년을 국문한 뒤에 잠시 옥에 가두었는데 세조는

끝내 그들을 달래어 보고자 사람을 시켜 노래를 부르게 하였더니, 박팽년이 먼저 답하였다.

금생여수라 하니 물마다 금이 나며
옥출곤강이라 한들 뫼마다 옥이 나랴
아무리 여필종부라 한들, 임마다 쫓을 소냐.

— 박팽년

다음은 성삼문이 불렀다.

이 몸이 죽어가서 무엇이 될꼬 하니
봉래산 제일봉에 낙락장송 되었다가
백설이 만건곤할 제 독야청청하리라.

— 성삼문

세조도 이 노래를 듣고 길게 탄식하며,
『지금엔 난신에 불과하지만 후세에는 충신의 이름을 들으리라!』했다 한다.
후세에 전해지는 성삼문의 임사부臨死賦는 더욱 사람의 가슴과 간담을 서늘하게 하여 사람의 입에 널리 회자되고 있다.

擊鼓催人命하니 西風日欲斜라.
격 고 최 인 명   서 풍 일 욕 사

黃泉無一店하니 今夜宿誰家오.
황 천 무 일 점　　금 야 숙 수 가

― 成三問

북을 쳐서 사람의 목숨을 재촉하는데
머리를 돌리니 날이 저물었구나.
황천에는 주막이 없다는데
오늘 밤을 뉘네 집에서 잘꼬?

이 시를 어떤 이는 절명시라고도 하는데, 그가 형장에 이슬이
되기 직전에 읊은 시라고 전해지고 있다.

하위지는 침묵 정대하여 흠잡을 말이 없고 그릇된 행실이 없었
다. 문종 때 허다한 인재 중에서 그를 제일로 쳤다. 세조가 왕위
를 대신하고는 그를 예조참판을 삼았음에도 부득이 벼슬은 하였
으나 역시 녹미는 한 톨도 먹지 않았고 쌓아 두었다. 그도 단근질
을 당하면서 조금도 괴로워하는 기색이 없이 세조를 쳐다보며 말
했다.
『나으리, 무슨 의리를 못 지켰기로 나에게 역적이라 하시오.
역적이면 죽일 뿐이지 악형을 베풀어 더 물을 것은 무엇이오?』
그리고는 입을 다물고는 한 마디도 말을 하지 않고 죽었다. 그
때 그에게는 두 아들이 있었는데 맏이는 열여섯 살이요, 둘째가
열네 살이었다. 금부도사가 나와서 그들을 얽자, 그들은 모친 앞

에 꿇어 엎드려 여쭈었다.

『아버지께서 극형을 당하시는데, 어찌 자식이 살 수 있겠습니까? 어머님 앞을 이제 영결하옵니다. 어머님께서는 슬픔을 억제하시어 출가치 못한 누이가 어머님과 함께 관비가 될 것이오나 부덕을 지켜 의롭게 살아주시기 바라옵니다.』

그리고 두 번 절한 다음, 형리를 따라 조용히 형틀에 올랐다.

유성원은 세조를 주공에 비유하는 글을 강박에 못 이겨 짓고 통곡한 분이다. 그들의 모의가 탄로되어 국문이 시작되던 날 대사성大司成으로 성균관에 있다가 그 소식을 들었다. 그는 급히 집으로 돌아와 부인과 자리를 같이하여 술을 들고 영결한 다음, 사당에 들어갔는데 오래도록 나오지 않았으므로 집안사람들이 들어가 보니 관복을 입은 채 칼로 배를 갈라 엎어져 있었다. 금부도사는 그의 시체를 갖다가 집행을 했다 한다.

이개는 고려의 유명한 목은의 증손이다. 세상에 난 지 두 달 만에 글을 읽을 줄 알았고 나중에는 그 증조부와 비교할 만한 큰 문장이 되었다. 몸이 잔약하여 옷을 이기지 못할 정도였으나 형장에서 단근질을 당하면서도 안색이 변치 않고 조용한 목소리로 말했다.

『이것이 무슨 형벌이오니까? 어진 사람은 이런 형벌을 쓰지 않습니다.』

죽은 뒤에 딸이 관비가 되었는데, 이문학관吏文學官 임수호林垂胡의 부친이 그의 자색姿色 있음을 보고 맞아들였으며, 아들 수호를 낳아 문장으로 세상을 울리게 한 것이다.

유응부는 호반장수였으므로 매우 용감하면서 활과 칼을 잘 다루었다. 일이 탄로되어 국문을 당할 때,

『너는 벼슬이 2품인데 무엇이 부족하여 역적질을 모의하느냐?』라고 세조가 묻자, 그는 눈을 부릅뜨고 소리를 높였다.

『내 임금을 위하는 것이 역적이면 임금을 몰라보는 것이 충신인가? 나는 내 임금을 위하여 당신을 없애려다가 간사한 놈의 밀고로 이렇게 되었다. 빨리 나를 죽여라. 묻기는 무엇을 묻느냐?』

세조가 대노하여 형리로 하여금 그의 가죽을 벗기게 하라 하고는 함께 모의를 했느냐고 묻자, 유응부는 대답하지 않고 삼문 등을 돌아보며 부르짖었다.

『썩은 유생들과 더불어 일을 할 것이 아니라고 사람들이 말하더니 과연 그렇구나! 그때 내가 칼을 시험코자 하였는데 너희들이 붙잡고 만류하기에 못한 것이 못내 원통하다!』했으며,

그리고 세조를 보고

『여보, 당신은 물어볼 말이 있거든 저 썩은 유생들에게나 물어보오.』하고는 입을 다물었다.

세조의 노기는 극에 달하여 형리에게 부쇠로 그 배와 불두덩을 지지라 하니 기름이 지글지글 끓고 살이 떨어져 나갔다. 그러나 응부는 조금도 굴하지 않았다. 지지는 쇠가 식으면 집어서 땅에 던지며, 다시 달구어 오라고 하면서 형벌을 받았다. 그리하여 그는 그 자리에서 목숨을 바친 것이다. 또한 그의 집안도 연좌로 모

두 죽었다.

그는 지극히 효성스러운 사람이었다. 어머님의 마음을 기쁘게 하기 위하여서는 무엇이든 싫어하지 않았고 거적문에 죽을 먹되 그 어머니에게는 진수성찬을 해드렸다 한다. 충신은 효자의 문에 서 난다는 말은 진정 옳은 말이었다. 이렇게 여섯 신하는 의를 위 하여 굴하지 않고 끝까지 항거하며 죽었다. 대나무같이 푸른 절 개였다. 이들이 사육신死六臣이었다. 연좌되어 죽은 사람 또한 칠 십여 명 – 육신의 집은 적몰되었고, 그들의 두개골은 무등산에 버 렸다. 그러나 그들이 지킨 절개만은 오늘도 높이 솟아 있다.

누가 신하되지 않으리오 마는 지극하다 여섯 사람의 충성이여,
누가 죽지 않으리오 마는 장하다 여섯 사람의 죽음이여.
살아서는 임금을 받들어 신하 된 도리를 다하였고,
죽어서 신하 된 절개를 다 하였으니 높았도다!
그 정성 일월日月을 꿰이리.
빛나도다! 그 의기 눈서리와 같으리라.

후세의 사가史家들은 이렇게 쓰고 있다.

11

충절을 노래한 사육신의 시조

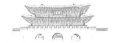

　수양대군이 어린 조카 단종의 왕위를 찬탈하기에 급급하여 많은 충신들을 도륙하기 시작했다. 황보인을 죽이고 김종서 장군을 죽였는가 하면, 단종의 옥좌를 찬탈하는 수양에 대항하다가 죽은 사육신들의 충절은 역대에 길이 표상으로 남아 있을 것이다. 특히 사육신들의 시조 작품은 한국시조단에서만 이름이 있을 뿐 아니라, 역사가들이 아쉬워하고 애탄 하는 시조도 전해지고 있으니 벌써 앞에서 소개된 성삼문의 또 다른 작품이 남아 지금도 사람들의 입에 회자되고 있다.

　　수양산 바라보며 이제夷齊를 한하노라
　　주려 죽을 진들 채미採薇도 하는 것가

비록에 푸새엣 것인들 긔 뉘 땅에 났더니

- 성삼문

중국 은나라에 벼슬을 하다가 은나라가 망하니 '주나라의 곡식을 먹지 않는다.'고 하여 수양산에 들어가서 고사리를 캐어 먹고 연명하다가 죽은 〈백이와 숙제〉는 형제로서 널리 충신으로 알려져 있다. 이런 충신이 주나라 땅에서 나는 고사리는 왜 먹느냐는 것이다. 충절을 지키려면 그대로 굶어 죽어야 마땅한 일이 아니냐? 라는 교훈을 읊고 있는 작품이다. 낭설인지는 몰라도 성삼문의 이 시조를 백이숙제의 비석 앞에서 읊었더니 빗돌이 부끄러워 진땀을 흘리며 돌아앉았다고 한다.

방 안에 혓는 촛불 누와 이별하였관데
겉으로 눈물지고 속 타는 줄 모르는고?
저 촛불 나와 같아서 속 타는 줄 모르도다.

- 이개

이 시조는 단종과 이별을 한 뒤에 남몰래 임금을 그리워하는 마음을 노래한 작품이다. 이 작품은 작자가 옥중에서 쓴 것으로 알려져 있다. 그가 벼슬이 직제학에 이르렀을 때 단종 복위를 꾀하다가 처형되었던 것이다.

간밤에 불던 바람 눈서리 치단말가
낙락장송이 다 기울어 가노매라
하물며 못다 핀 꽃이야 일러 무삼 하리요.

— 유응부

수양대군의 야심찬 행동에 의하여 많은 충신과 인재가 그대로 무참히 도륙됨을 표현하고 있다. 눈서리는 세조의 포악함을 비유하고 있으며, 낙락장송은 사육신을 비롯한 충신들을 비유하고 있다. 당시의 유능한 인재들이 희생됨을 개탄하여 우국충정을 노래한 작품이다.

까마귀 눈비 맞아 희는 듯 검노매라
야광명월이야 밤인들 어두우랴.
임 향한 일편단심이야 고칠 줄이 있으랴.

— 박팽년

이것은 박팽년이 지은 '단심가'다. 세조의 명을 받고 김질이 옥중으로 가서 '하여가'를 불러 마음을 떠보자 했는데, 그에 대한 화답으로 지어 부른 노래라고 전한다. 까마귀가 눈을 맞아 희게 보일지 몰라도 곧 검은색으로 드러나듯 나의 이 일편단심은 야광명월처럼 밝다는 사실을 읊어서 그의 일편단심이 변함없음을 노래하고 있다.

그 외에 사육신의 시조가 있으나 이 충절과 관계가 없는 작품은 여기에서는 생략한다.

박팽년(朴彭年) 사당
시도기념물 제27호, 충청북도 충주시 참샘길에 위치, 출처 : 문화재청

12

단종, 노산군이 되어 영월로…

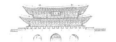

육신의 옥사가 끝나자 세조는 양녕대군을 협박하여 종친회의라는 것을 열게 하는 한편, 백관을 충동하여 상소케 하였다.

『상왕은 성삼문 등의 모의와 관계가 있습니다. 종사를 범한 죄는 비록 상왕이라 할지라도 면해질 수 없습니다.』하고,

단종을 노산군魯山君으로 봉하여 영월로 내몰았다.

그 당시 단종을 영월까지 호송한 책임자는 의금부도사 왕방연이었다. 그는 이 산 설고 물이 선 이 영월까지 단종을 모시고 왔다가 돌아가는 길에 지금의 서강에서 다음과 같은 시조 한 수를 지어 읊었다고 한다.

천만리 머나먼 길에 고온 님 여의옵고

내 마음 둘 데 없어 냇가에 앉았으니
저 물도 내 안 같아야 울어 밤길 예놋다.

- 왕방연

처음으로 단종이 영월에 가서 머물렀던 곳은 영월읍에서 30리를 더 들어가는 깊은 산중에 있는 한 마을의 조그만 초가집이었다. 한 나라의 임금으로 구중궁궐 깊숙이 만조백관을 거느리던 몸이 그와 같은 적막 산중에 들어가 흙담집에 솔 울타리 집에서 거처를 하게 되었던 것이다. 시위 한 사람, 내시와 궁녀 두셋, 의복 음식도 때를 가릴 수가 없었다.

嶺樹參天路하고 溪流得石喧이라.
영 수 참 천 로　　계 류 득 석 훤

山深多虎豹하여 不夕掩柴門이라.
산 심 다 호 표　　불 석 엄 시 문

나무는 하늘길에 뻗어 있었고,
시냇물은 돌에 닿아 재잘거리네.
산이 깊어 범과 표범이 많아서
저녁이 오기 전에 사립문을 닫았네.

이런 시를 지으면서 스스로 허무한 인생을 위로하고 있었다. 모든 것을 초극하여 현실의 테두리 안에서 현실을 살펴보는 그런 삶이었다. 그러자 한 번은 큰 장마가 있어 산골짜기로 쏟아져 내리는 물이 집을 쓸어 밀어버릴 듯하였다. 영월부사가 강원감사에게, 또 감사가 정부에 그런 사실을 보고했으므로 비로소 읍내로 옮기라는 명령이 내려왔었다.

그리하여 그래도 좀 사람 구경을 할 수가 있는 영월읍으로 나갔다. 지루한 세월을 보내기 위하여 때때로 관사 앞에 있는 작은 죽루竹樓에 올라 먼 산들을 바라보았고, 밤이면 내시를 시켜 피리를 불게도 했다. 그 소리가 참으로 애절하여 듣는 이가 눈물을 흘렸다고 한다. 또한 달 밝은 밤 외로이 앉아서 두견의 울음소리를 들으면서 그 마디마다 구슬픈 메아리에 못 이겨 자규사子規詞란 글과 자규시子規詩라는 노래를 지어 불렀다.

자규라는 새는 옛날 촉나라 임금이 다른 나라에 잡혀가서 돌아오지 못하고 그곳에서 죽은 원혼의 화신化身이라 한다. 그리하여 촉혼蜀魂은 한 마리의 새가 되었으니 이 새가 자규요, '두견새' 라고도 하는 새이다.

月白夜에 蜀魂啾라 含愁情하고 倚樓頭하니 爾聲苦하여 我
월 백 야   촉 혼 추   함 수 정   의 루 두   이 성 고   아

心憂라. 無爾聲이면 無我愁하리. 寄話世上勞苦人하니 愼
심 우   무 이 성   무 아 수   기 화 세 상 노 고 인   신

莫登春三月子規樓하라.
막 등 춘 삼 월 자 규 루

― 子規詞

달 밝은 밤에 두견새가 우는구나. 시름을 머금고 다락머리에 기대었으니, 네 소리가 슬퍼 내 마음 근심스럽구나. 네 소리 없으

면 내 수심 없으리, 온 세상 괴로워하는 사람들에게 붙이나니,
삼가 춘삼월 자규루子規樓에 오르지 말지어다.

-자규사

一自冤禽出帝宮하니　孤身雙影碧山中이라.
일 자 원 금 출 제 궁　　고 신 쌍 영 벽 산 중

暇眼夜夜眠無暇하고　窮恨年年恨無窮이라.
가 안 야 야 면 무 가　　궁 한 년 년 한 무 궁

聲斷曉岑殘月白하고　血流春谷落花紅이라.
성 단 효 령 잔 월 백　　혈 류 춘 곡 낙 화 홍

天聾尙不聞哀訴하니　何乃愁人耳獨聰고.
천 농 상 불 문 애 소　　하 내 수 인 이 독 총

-子規詩

한 번 원통한 새가 궁궐을 나오자,
외로운 몸의 짝 그림자는 푸른 산중에 있네.
잠자고자 틈을 찾으나 잠들 겨를이 없고,
한 많음을 끝내고자 하나 해마다 한은 끝이 없네.
소리가 새벽 뫼에 그쳐버리니 쇠잔한 달이 하얗고,
피가 봄 골짜기에 흘러가니 떨어진 꽃들만 붉어라.
하늘은 귀가 멀어 슬픈 노래를 듣지 못하는데
어찌타 시름겨운 사람은 홀로 귀가 밝았는고.

-자규사

　두견이 우는 밤 가버린 옛 왕의 그때 그 심경을 생각하고 후인
은 이 누각을 자규루子規樓라 이름 지어 불렀다. 단종께서는 흔히

이 자규루에서 긴 낮과 밤을 보냈다. 슬픈 임금이 서 있는 누각 앞에 꿇어 엎드리는 인근 백성들도 있었고 더러는 먹을 것을 바치는 농부도 있었다. 그중에도 차성복이라는 농부는 날마다 음식을 만들어 가지고 와서 앞에 엎드려 다 먹기를 기다렸다. 단종께서는 그 정성에 감동하여 조금씩 먹었다. 그리고 죽어서라도 혼이 남아 있으면 너의 집에 가겠노라고 한 적도 있었다.

그러나 이런 슬픔과 향수의 생활도 오래가지는 못하였다. 그것은 또 한 가지 변이 일어났기 때문이다. 세종의 여섯째 아들에 금성대군錦城大君이란 분이 있었다. 참소를 입고 삭녕朔寧으로 귀양 가서 있었는데, 그는 거기서 단종이 영월로 쫓겨났다는 이야기를 듣고 크게 놀라고 울분을 못 이겨 울부짖었다. 단종에 대한 충의의 일념으로 가슴 타는 그는, 순흥부사 이보흠李甫欽을 보고,

『윤리와 기강이 무너졌으니 이는 충신과 의사가 목숨을 아끼지 못할 때인가 하오. 우리 힘을 다하여 국왕의 은혜에 보답함이 어떻소?』했었고, 이보흠 또한 충성스러운 사람이므로 쾌히 응하여 그의 명에 쫓을 것을 맹세하였다.

그리하여 금성대군은 격문을 삼남의 유생들과 무사에게 보내어 일제히 일어나 단종을 복위하기로 호소하였다. 그러나 어디까지나 하늘은 야속하기만 하였다. 모의가 사전에 탄로된 것이다. 한명회가 거느리는 홍달손洪達孫 이하 여러 장사와 경영군京營軍과 경상감영군慶尙監營軍이 별안간 들이닥쳐 금성대군과 이보흠을 포박하여 갔었다.

그리하여 금성대군은 안동부安東府에 갇히고 이보흠은 박천博川으로 귀양 가게 되었다.

금성대군은 둔갑법을 행하는 술법이 있었다. 사신이 내려와 그를 죽이려 하는 날 그는 간 곳이 없었다. 부중府中 상하가 발칵 뒤집혀 찾기 시작하자 금성대군은 태연한 걸음으로 걸어 들어오며,

『무엇들을 이렇게 야단이냐? 나는 도망하지 않겠다. 임금이 영월에 계시니 하직이나 하련다.』하고 북향 통곡한 후에 교수대에 올랐다. 그와 전후하여 이보흠 또한 박천에서 처형되었고, 같이 모의한 사람들이 무수히 죽계천가에서 처형되어 강물이 핏빛으로 붉었다 한다.

13

어린 왕 단종, 드디어 죽다

세조가 등극한 지 두 해가 지났음에도 오히려 사람들 마음은 단종에게 기울어져 있고, 그를 회복하려는 운동이 이렇게 일어남을 보자 드디어 세조는 정인지, 한명회의 획책에 따라 아주 단종을 없애버리려고 금부도사에게 한 그릇 약사발을 들리어 영월부로 내려가게 했다. 그날 단종은 매우 심기가 좋지 못하여 쓸쓸한 안색으로,

『내가 며칠 전부터 꿈자리가 어지럽더니 어젯밤 선왕과 선비께서 강림하와 나를 어루만지며 슬피 우심을 보았다. 아무래도 오늘은 무슨 일이 일어날 것만 같구나!』했다.

내시와 궁녀들이 넘치는 슬픔에 차마 단종의 얼굴을 쳐다보지 못하고 낯을 가리며 흐느껴 울었다.

청령포(清泠浦, 단종의 유배지) 사당
명승 제50호, 강원 영월군 남면에 위치, 출처 : 문화재청

『모두가 운명이요 팔자니 어찌할 수 있느냐? 임금의 집안에 태어난 것이 불행이지.』했다. 그러나 시간을 어기지 못하는 금부도사가 드디어 그 장소에 이르러『어명이요!』하고 소리를 지른다. 내시와 궁녀들은 방성대곡을 한다. 그러나 단종은 울지도 않고 앉아서 서릿발 같은 꾸중을 내린다.

『너는 이 나라의 신하가 아니냐? 나는 이 나라의 임금이다. 임금을 죽이는 신하가 어디에 있다더냐?』

금부도사도 감히 움직일 수가 없었다. 그리하여 시간이 넘을 지경이었다. 시간이 지나면 금부도사는 목숨이 달아나는 것이다. 어쩔 수 없이 통곡하는 내시와 궁녀들을 내어 쫓고 약그릇을 받들고 들어왔다.

그러나 다시 일어나는 단종의 호령에 손이 떨려 멈추어졌는데, 본 읍에 사는 통인 한 놈이 큰상이나 탈 줄 알고 어디서 활시위 줄을 하나 얻어 와서 올무를 만들어 단종의 목에 걸어 문틈으로 잡고 당겼다. 이렇게 하여 어린 임금 단종은 무지한 통인 놈의 손에 의하여 죽었다.

그는 열두 살에 등극하여 삼 년을 왕위에 있다가 영월로 내몰려 삼 년 뒤에 죽었으니 그때 나이 열일곱이었다. 사육신의 충절이 오히려 그에게는 해가 되었고, 금성대군의 충의가 오히려 그에게는 약사발이 되어 돌아왔다. 그러나 모두가 운명이었다. 그들은 어디까지나 충성스러운 신하였을 뿐이었다.

단종의 목에 올무를 걸어 잡아당겨 죽인 통인은 돌아서 몇 걸음을 걷지 못하고 입과 코에서 피를 토하며 쓰러져 죽었고, 끝까지 모시고 있던 궁녀들은 모두 강물에 빠져 죽었다.

14

한 서린 영혼과 엄홍도

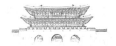

　지나치게 비참한 광경에 금부도사는 왕의 시신을 치울 겨를도
없이 서울로 올라 가버렸다. 왕의 시체는 그대로 며칠을 방에 버
려져 있었다. 화를 입을까 아무도 찾아보려는 사람이 없었다.

　영월 호장에 엄홍도嚴興道라는 사람이 있었다. 의기가 있고 충
직한 성품이었으므로 평일에도 단종의 손위를 매우 통탄으로 여
기고 있었더니, 그런 변을 당하니 시체까지 거둘 사람이 없다는
말을 듣고 가만히 있을 수가 없었다. 그는 집안 살림을 모두 팔아
서 수의와 널을 준비하여 그의 아들 호현과 함께 밤의 어둠을 틈
타 시체를 거두러 들어갔었다. 그의 친척과 이웃은 후환이 두려
워 심히 만류하였지만 그는 듣지 않고 부자가 함께 염습하고 입
관을 하여 근처 어느 깨끗한 터전을 찾아 장사를 지내주었다. 그

리고 그들은 몸을 감추었다. 세조도 구태여 그를 찾으려고 애쓰지는 않았다.

그런데 단종은 어리고 인자한 임금으로 억울하게 죽었으므로 영혼이 흩어지지 않고 밤은 말할 것도 없이 밝은 대낮에도 나타났다.

영월부사가 부임하기만 하면 죽었다. 잇달아 일곱 사람이나 부임 첫날밤에 시체로 변하였으므로 아무도 영월부사로 가려고 하는 사람이 없었다. 그리하여 아주 폐읍이 되었는데 어떤 관리 한 사람이 자원하여 내려왔다. 그날 밤 그는 관속들을 물리친 다음 관복을 갖추어 입고 촛불을 대낮같이 밝히고 앉아 있었다. 그러자 밤이 삼경쯤에 이르러 어디서 시위소리가 나며 대문이 크게 열리더니 한 소년 대왕이 곤룡포에 익선관 차림으로 여러 관속을 거느리고 들어와 대청에 정좌한다. 단종이 나타난 줄 깨닫고 황황히 뜰 아래로 내려가 부복하였다. 혼령은 부사를 보고 말하기를,

『내가 통인 놈의 활시위에 목숨이 끊어진 단종이다. 너는 내 목을 보라. 내가 죽을 때 목에 졸린 활시위가 아직 매어져 있다. 이걸 좀 풀어다오. 본관에게 그것을 말하려고 여러 번 왔었는데 본관들은 겁쟁이들이라 놀라서 번번이 죽었다. 못생긴 놈들 같으니.』한다. 부사는 그 말을 듣고 온몸이 오싹하였으나 마음을 도사려 먹고 용기를 내어 물었다.

『신이 폐하의 분부를 모시겠사오니 애통함을 이기지 못하겠사오이다. 그러하오나 폐하의 육체가 어디에 계신지 알지 못하오니 어떻게 하오리까?』그러자 혼령은

『네가 나의 시체 있는 곳을 알려거든 이 고을에 엄흥도라는 사람을 찾아서 물어보아라.』한다. 부사는 분부대로 거행하오리다 했다. 그리고 돌아가는 것을 바래다 드린 다음 잠이 들었다. 그 이튿날 식전에 관속들은 또 부사가 죽었으려니 하고 동헌 앞에 모여 숙덕거리며 서로 먼저 들어가라고 떠민다. 염습을 하러온 모양이었다.

부사는 창문을 드르릉 열었다.

『너희들 거기서 무슨 공론이냐?』

모두 죽어 있으려니 하는 부사가 살아 있었으므로 놀라고 기뻐 하며 엎드려 죄를 빌었다. 부사는 그들을 용서하고,

『이 고을에 엄흥도란 사람이 있느냐?』하고 물었다. 서로 숨겨온 터이므로 한동안 아무도 발설을 하려고 하지 않았다가 아무래도 부사의 묻는 말에 무슨 곡절이 있는 것 같아서 그중의 하나가 대답하였다.

『예, 호장이던 엄흥도가 있습니다.』

부사는 곧 그를 불러오게 하였다. 얼마 뒤에 대령하는 엄흥도를 몸소 영접한 다음 간밤의 일과 목에 활시위가 매어 있으니 끌러야겠다는 말을 하고 옥체가 있는 곳을 알려달라고 청하였다. 부사의 말을 듣고 엄흥도는 관속들과 함께 대단히 신기하게 여기며 과연 그가 상왕의 시체를 거두어 어떤 곳에 묻었노라고 한다. 부사는 곧 수의와 관을 마련한 다음 엄흥도를 앞세우고 단종의 시체가 묻힌 곳으로 갔다. 땅을 파고 관을 돋우어 열고 보니 땅에

충절사(忠節祠)

조선 전기의 문신 엄홍도의 사당, 문화재자료 제302호,
경북 문경시 산양면에 위치, 출처 : 문화재청

묻힌 지 여러 날이건만 용안의 핏기가 생시와 다름이 없었다. 다시 가만히 살피니 과연 목에 활시위가 매인 채 있었다. 곧 시위를 푼 다음 슬피 호곡하며 염습 입관하고 다시 장사를 지내고 제물까지 차려 올렸다.

그 축문에 쓰되,

王室之冒, 幼沖之僻, 適丁否運, 遜于僻邑,
왕 실 지 모 유 충 지 벽 적 정 부 운 손 우 벽 읍

一片靑山, 萬古冤魂, 庶幾降臨, 式欽芯芬.
일 편 청 산 만 고 원 혼 서 기 강 림 식 흠 필 분

왕실의 맏 아드님이요, 어린 임금이로다.

사나운 운수를 만나 궁벽한 고을에 나가심이여.

한 조각 푸른 산에 만고에 억울한 원혼이 서렸으리.

가까이 강림하시어 향기로운 술을 들어 보옵소서.

하였다. 그 후로부터 해마다 이 글로 제문을 하여 제사를 지냈다. 제사를 파하고 부사가 동헌에 돌아와 잠이 들자 그제는 생시가 아니고 꿈으로 또 단종이 나타났다. 그리고

『너희들이 나의 목에 매었던 활시위를 끌러주어서 이제는 시원하구나. 너희들의 은혜는 잊지 않으마.』하였다.

이튿날 두 사람이 꿈 이야기를 하는데 모두 똑같은 꿈을 꾼 것이었다.

그 뒤 부사와 엄홍도는 단종의 음덕을 입어하는 일마다 뜻대로 잘 되었다 한다. 부사는 바로 중종조 명신 박충원朴忠元의 조부가 되는 분이었다. 또 단종에게 날마다 음식을 갖다 바치던 차성복은 변고가 나던 날 읍내에 들어갔다가 그 소식을 듣자 대성통곡하고 슬피 울었다. 필경 자기가 단종의 시신을 거두어야 할 줄 믿고 집으로 내려왔는데 그날 밤 단종이 나타나서,

『내가 이제 이 세상을 떠나서 저세상으로 갔으나 혼신이 의탁할 곳이 없어서 전에 약속한 대로 너의 집에 왔다. 나의 몸을 거둬 줄 사람이 있으니 너는 그만두어라.』했다. 차성복은 놀라 깨어 슬피 울며 신위를 베풀고 상복을 입었다. 그리고 아침저녁 상식을 지냈는데 그 후부터 길흉 간에 단종이 꿈속에 나타나 가르쳐 주었으므로 만사가 뜻대로 잘되었다. 후세에 문장과 덕행으로 일세를 풍미한 차천로, 차운로는 모두 그의 자손들이다.

15

꿈속에서 세조를 꾸짖는
단종 어머니 권씨

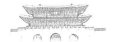

세조가 이미 단종을 없애려고 마음을 정한 어느 날 밤이었다. 날마다 꿈자리가 어지럽더니 그날 밤에는 단종의 어머니 현덕왕후 권씨가 나타나서 얼굴에 끓어오르는 노기를 띠고 세조를 향해 꾸짖었다.

『너는 흉악한 성질과 악독한 심술로 내 아들의 왕위를 빼앗았다. 그것만으로도 날도둑이요 역적질인데, 오히려 부족하여 시골로 내쫓고 이제 또 목숨까지 끊으려고 작정하니 무슨 원수가 그렇게도 깊더냐? 너는 나의 자식을 죽이니, 나는 너의 자식을 죽이겠다.』

그리고는 세조의 얼굴에 침을 뱉고는 바람처럼 사라졌다. 세조는 마음이 섬뜩하여 일어나 앉았다. 그러자 미처 꿈이 깨기도

전에 동궁 내시가 와서 급히 아뢴다.

『동궁마마께서 잠을 주무 시면서 꿈을 꾸다가 가위에 눌려 병환이 매우 위중하십 니다.』했다. 세조가 급히 동 궁에 행차하여 보니 동궁은 이미 숨이 끊어졌다. 약 한 사발을 쓸 겨를도 없이 죽은 것이다. 이런 기가 찬 변이 모두 단종의 어머니 현덕왕 후 때문임을 아는 세조는 크 게 성을 내어 노발대발했다. 곧 중전 윤씨에게 꿈 이야기 를 하고 의논하여 현덕왕후 가 묻힌 소릉을 파헤치라고 명령하였다.

세조 존영도
1970년대까지 서울시 마포구 신수동에 있던 복개당, 출처 : 국립민속박물관

수많은 사람들이 붙어서 왕후의 능을 파헤치기 시작했다. 그 전날 밤 능에서 여자의 울음소리가 나는 것을 근처의 백성들이 송구하게 여겼는데, 과연 능을 파헤치는 변이 일어나니 사람들은 모두들 이상하게 여기며 땅을 파는 작업을 보고 있었다. 괭이가 관에 닿게 되자 별안간 악한 냄새가 진동을 한다. 관이 또한 육중

하여 움직여지지 않았다. 관원이 세조에게 이 사실을 보고하자 세조는 머리끝까지 화가 치밀어 올라 큰 도끼로 쪼개라고 분부한다. 관속들이 도끼를 들고 관을 패려고 하자 그 관이 저절로 열렸다. 사람들이 신기하게 여기고 있을 때, 시체를 다시 불에 사르라는 명령을 내리자 홀연히 천둥이 치고 비가 쏟아져 불을 사용할 수가 없게 되었다. 세조도 하는 수가 없어 그것을 강물에 던지라 하였다. 강물에 들어간 관은 가라앉지 않고 빈 배처럼 둥둥 떠다닌다. 그렇게 며칠을 떠다니다가 양화 나루에 머물러 있었다. 세조의 몰지각한 행위를 개탄하던 어떤 농부가 이 일을 알고 우주만상이 조용히 잠든 밤을 틈타서 관을 옮겨 강기슭에 묻어 주었다. 그 뒤 그 백성은 왕후가 자주 꿈속에 나타나 그 사람에게 길흉을 하나하나 일러주었으므로 그는 가세가 점점 번창하여 갔다고 한다.

그 후 60년 뒤, 중종 임금 때에 이르러 조광조 선생이 소릉을 회복하기로 건의하여 허락을 얻었으나 관의 행방을 알 수가 없었다. 그리하여 관원을 보내어 강변을 수색하게 하였는데, 관원의 꿈속에 현덕왕후가 나타나 말하기를,

『너희들이 수고를 하는구나. 그러나 애쓰지 않아도 내일은 내 있는 곳을 알리라.』 한다. 관원은 황공하여 말할 바를 모르다가 꿈을 깨었는데, 그날 밤 왕후는 관을 지키고 있는 백성에게도 나타나서,

『네가 내일 관원에게 나아가 내 있는 곳을 말하라.』 했다. 그

백성은 관원에게 관이 있는 곳을 가르켜 주어서 드디어 왕후의 무덤을 찾게 되었다. 황후의 관을 파내니 옻칠 냄새가 오히려 새롭고 조금도 썩은 곳이 없었다. 예를 갖추어 성대하게 문종의 능 동편에 장례를 지냈는데, 왕후의 능을 쓴 뒤에 그 숲의 나무가 저절로 말라서 두 능은 서로 마주 바라보게 되었다고 한다.

단종의 왕비 송씨는 단종이 영월로 내몰린 뒤 궁녀 두어 명을 데리고 동대문 밖 정업원淨業院에 의탁하여 주지승이 되었다. 단종이 승하하자 밤낮으로 슬피 울었다. 항상 앞산에 올라 영월 땅을 바라보았으므로 그 산을 망원봉望遠峰이라고 했다. 뒤에 나라에서 노산군의 후사를 세우고 제사를 받들고자 왕후를 맞으러 왔으나 왕후는 듣지 않았다. 만년에는 경혜공주의 아들 정미수 집에 의탁하면서 상왕의 신주를 이룩하고 아침저녁으로 제사를 받들다가 춘추가 팔십여 세로 돌아가시니 정씨 집에서 자기 집 뒤에 장사 지냈다.

혜빈 양씨는 단종이 어릴 때 젖을 먹여 키워준 분으로 단종의 서조모였다. 단종이 임금 자리를 빼앗기고 감금된 생활을 하게 되자 몇 번이고 그가 갇힌 창덕궁에서 단종을 보려고 빠져나오려다 무지막지한 파수병에게 붙들려 뜻을 이루지 못한 혜빈 양씨는 그로서 병이 되었다. 그러다가 단종이 영월로 내몰릴 때 그도 같이 모의했다 하여 청풍으로 귀양 보냈다. 그는 거기에서 단종을 생각하며 밤낮으로 눈물로 세월을 보내다가 단종이 승하하기 전에 병이 더하여 죽었다. 그의 세 아들 한남군, 영풍군, 화의군 또

한 이곳저곳으로 귀양 다니다가 거기서 명을 거두었다.

경혜공주 또한 남편 정종과 함께 광주로 귀양 갔었다. 정종은 목이 베어지고 공주는 병으로 죽었다. 다행히 죽기 전에 귀양 처소에서 아들을 낳았다. 그가 나중에 정미수로 벼슬이 찬성에 올랐다.

이렇게 죽은 사람은 역사에 뚜렷이 나타나 있는 사람만 하여도 백이 넘었다. 김종서, 황보인, 정분은 문종의 고명을 받은 삼 대신으로 벽두에 철퇴를 맞았고, 이른바 오의척五懿戚이라 하여 여양부원군 송현수(단종의 장인임), 예조판서 권자신(단종의 외숙부), 영양위 정종(단종의 매부), 일성위 정효전鄭孝全(태종의 사위), 돈영판관 권완(딸이 문종의 후궁임) 등이 죽었으며 민신, 조극관, 김문기 또한 문종의 고명을 들은 재상으로 역적으로 몰려 죽었으니 이들은 사육신 버금가는 충절이며, 이 밖에 사육신과 같이 순절한 신하로 박중림, 성승, 박정 등이 있었다. 그들을 삼운검三雲劍이라 한다.

16

살아있는 충절, 생육신들

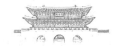

피를 뿌리고 형장의 이슬이 되어 순절한 사육신같이 비록 칼 아래 쓰러지지는 않았으나 평생을 한마음 한 절개로 살다가 죽은 사람이 또한 여섯 사람이 있다. 후세에 그들을 사육신에 비해 생육신이라고 하는데 김시습, 남효온, 이맹전, 성담수, 원호, 조려 등이 그들이었다.

김시습은 별호를 매월당이라 했다. 난 지 칠일 만에 글 뜻을 알아 세상 사람들이 모두가 신동이라 했다. 다섯 살 때 세종이 불러보고 '삼각산' 으로 시제를 주어 글을 지으라고 하니 그는 대번에 다음과 같은 시 한 수를 지었고 한다.

三角高峰貫太青하니 登臨可摘北斗星이라.
삼 각 고 봉 관 태 청   등 림 가 적 북 두 성

非徒嶽出興雲霧하니 能使王都萬歲寧이라.
비 도 악 출 흥 운 무　　能 사 왕 도 만 세 녕

삼각산 높은 봉이 하늘을 꿰뚫었으니,

올라가서 북두성을 따오리로다.

구름과 안개만이 뫼 뿌리에서 일어나니

능히 왕도로 하여금 만세토록 강녕케 하는구나.

－ 김시습

세종이 글을 보고 크게 기특히 여겨 비단 50필을 하사하면서 그의 슬기를 시험해 보려고 '남의 힘을 빌리지 말고 네가 가져가거라.' 하였다. 김시습은 조금도 주저함이 없이 비단을 풀어 끝과 끝을 매어서 50필을 한끝에 이어 끌고 나갔다. 그때부터 명성이 한 나라를 흔들었고, 모두 이름을 부르지 않고 '오세' 라고 하였다.

김시습(金時習) 초상
보물 제1497호, 출처 : 문화재청

다섯 살에 그런 재주가 있었다는 뜻이다. 그가 스물한 살 때 삼각산 절에서 단종의 손위를 들었다. 읽던 책을 덮고 사흘을 통곡하다가 책을 모두 불에 태우고 중이 되었다. 비분강개한 세월을 보내더니 무량사란 절에서 숨을 거두었다.

그가 죽은 지 삼 년 만에 관을 열고 보니 그 얼굴이 생시와 같았다고 한다. 그는 문장과 필치로서 이름이 높았을 뿐만 아니라 천문, 지리, 의약, 음양, 술수에 이르기까지 큰 재주에 미치지 않는 곳이 없었다. 특히 그는 경주 금오산(金鰲山 : 남산)에 은거하면서 쓴 그의 한문 소설 '금오신화'는 우리나라 한문 소설의 효시로서 유명하다

남효온은 별호를 추강秋江이라 했다. 김종직의 제자로 기상이 높고 맑았으며 김굉필, 정여창, 김시습, 안응세 등 당대의 쟁쟁한

금오산
사적 제311호, 경상북도 경주시 남산의 한 봉우리

선비들과 교우했다. 열여덟 살 때 소릉昭陵을 회복하자는 상소를 올렸다. 그의 대의명분을 위한 주장이 꺾이자 그는 벼슬에 뜻을 버리고 초야에 묻혀 살면서 일생을 마쳤다. 김종직의 제자였던 까닭으로 그 후 연산군 때 이르러 묘를 파내어 시체를 잘리는 소위 부관참시의 형을 당하기도 하였다.

조려의 별호는 어계이다. 단종이 왕위를 빼앗기던 날 명륜당에 올라 여러 유생들과 읍하여 작별하고 고향으로 돌아갔다. 낙동강 기슭에 숨어 살면서 평생을 보냈다.

이맹전의 별호는 경은이다. 산형곡촌 사람으로 그 또한 세상의 그릇됨을 한숨지으며 낙향하였다. 스스로 귀먹고 청맹과니인 채 목숨을 마칠 때까지 사람을 상대하지 않았다.

성담수의 별호는 문두이다. 교리 벼슬을 내놓고 서울을 떠나 내려갔다.

원호의 별호는 관란이다. 벼슬이 직제학에 이르렀다가 관직을 사퇴하고 낙향하였다. 단종이 위를 빼앗기자 아침저녁 울면서 거적자리 위에서 지냈고, 승하한 뒤에는 영월에 들어가 삼 년을 시묘하였다. 항상 동편을 향하여 앉았다 한다.

이 밖에 이중옥이 단종의 손위를 듣고 반란을 일으켜 세조를 없애려 하였으나 경성절도사 정종의 배반으로 살해되었다.

그는 김종서의 뒤를 이어 함길도절도사로 있었다. 그곳 야인들과 결합하여 거사하려 하였던 것이나 안타깝게도 뜻을 이루지 못하였다.

17

김종서의 손자와 세조의 딸

이것은 그야말로 야사에 있는 이야기다. 물론 믿을 만한 이야기는 못 된다. 김종서의 억울한 죽음을 동정한 나머지 이루어진 것으로 어디까지나 이야기일 뿐이다. 세조에게 딸이 하나 있었다. 어려서부터 매우 슬기로워서 세조가 김종서 등의 여러 대신을 죽이자 마음이 놀랍고 답답하여,

『아버지 왜 어진 재상들을 죽이십니까?』하며 못하게 간청하였다. 그러나 어린애의 말 하나로 마음을 돌리는 세조는 아니었다. 잇달아 여러 사람을 죽였고, 성삼문 등 육신을 죽이고 그 집안을 몰락시켰다. 공주는 그때마다 안타까운 마음을 이기지 못하여 세조를 나무랐다.

『아버지, 충신을 모두 역적으로 몰아 죽이다니, 후세에 아버지

를 무엇이라 하겠습니까? 마십시오!』말이 점점 거칠게 나갔다. 사람의 목숨을 파리 목숨처럼 여기는 세조는 크게 노하였다. 그에게는 딸 하나가 그리 대단한 것도 아니었다. 곧 약을 먹여 죽이려는 기색이다. 왕후 윤씨가 그 눈치를 차렸다. 어머니의 사랑이 공주를 구하고자 하였으나 한 번 먹은 세조의 마음을 돌이킨다는 것은 불가능한 일이었다. 그래서 생각다 못해 금은보화를 한 보퉁이를 싸서 유모에게 맡기고, 이대로 있다가는 목숨이 없어질 터이니 어디든지 가서 숨어 살도록 하라고 했다. 그리하여 공주는 눈물을 흘리며 몰래 궁중을 빠져나갔다. 그리고 왕후는 세조에게 그 애가 그만 급한 병으로 죽어버렸다고 했다. 세조는 그렇지 않아도 자기 손으로 죽이려던 것이 오히려 잘되었다고 생각하고 별로 의심하지도 않았다.

한번 대궐을 빠져나간 공주와 유모는 낮에는 머물고 밤이면 길을 걸어 며칠 만에야 충청도 보은 땅에 이르렀으나, 생전 처음으로 많이 걷는 걸음걸이였으므로 발이 부르트고 다리가 아팠다. 그래서 길가 어느 곳에 앉아서 쉬노라니 나이 십오 세 가량의 준수한 총각이 지나가다가 그도 피곤한 듯 짐을 내려놓고 쉬는 것이 아닌가. 그는 유모와 공주를 한참 유심히 보았다. 그리고는 유모를 보고, 아무래도 보통의 촌민은 아닌 듯싶은데 무슨 까닭으로 이런 산길을 가는 것이냐고 묻는다. 유모는 그렇지 않아도 겁이 나는 판에 몹시 답변하기가 어려웠다. 그저 서울에 사는 사람인데 큰 환란으로 피난 가는 길이라고 말하였다. 총각은 그 말을 들더니 얼굴빛이 변하고 눈에 눈물이 글썽거렸다. 그도 역시 화를 피하는 길이라고 하며 기왕 정처 없는 발길이니 앞으로 같이 지내는 것이 어떠냐고 한다. 유모가 생각해보니 연약한 여자의 두 몸이 정처 없이 떠돌아다니다가 욕을 보기도 쉽겠고 총각이 보기에도 매우 믿음직하여 그렇게 하기로 하였다. 유모가 허락하자 총각은 그들을 안내하여 산중으로 들어갔다. 깊숙한 숲속 바위 밑에 움집 하나가 이미 마련되어 있었고 밥을 끓일 솥, 식기 등과 옷 이불 등속이 마련되어 있었다. 유모와 공주는 총각이 지고 온 쌀로 밥을 지어 나누어 먹었다. 그리고 오랜만에 마음을 놓고 몸을 쉴 수 있었다. 비록 어렵기는 하나 흐뭇한 곳이라고 생각이 든 유모는 보따리에 싸온 보물을 총각에게 보이고 팔아서 쓰자고 했다. 총각은 보물을 보더니 놀라면서,

『이 물건은 어디서 가져왔습니까? 이런 보물은 대궐에나 왕자와 대군들이 계시는 궁궐에 간혹 있는 물건인데… 지금 이런 것을 팔러 나갔다가는 탄로가 나기 쉽습니다. 감추어 두십시다. 나도 몇 해를 먹을 밑천도 있습니다.』했다.

그럭저럭 세월은 흘렀다. 하루 이틀 지나는 동안 총각과 공주는 정이 들었다. 장성한 남녀가 매일 한 솥에 밥을 먹고 한방에서 잠을 자자니 무사할 수 없는 것은 당연한 일이었다. 그들의 나이 열여덟과 열여섯에 이르러 드디어 부부가 되었다. 부부가 되자 총각이 먼저 물었다.

『우리가 기왕 부부가 되었으니 무엇을 숨기리까. 당신은 대체

어느 집 따님인가요?』 공주는 수줍어 말을 못 하고 유모가 대신 그들의 숨겨온 일들을 모두 이야기했다. 말을 다 듣자 총각은 일어나 두 번 공주에게 절하며 눈물에 젖은 목소리로 그의 신분을 밝혔다.

『당초 귀인인 줄 짐작은 했습니다만 이럴 줄은 천만 뜻밖입니다. 이 사람은 절재 김종서의 둘째 손자올시다. 조부와 부친, 형님까지 화를 당할 때에 도망하여 이곳에 숨었던 것입니다.』 했다.

공주도 그가 김종서의 손자인 줄을 알자 더욱 정이 샘솟았다. 꿈같은 세월이 흘러갔다. 차차 단종 사건을 둘러싼 경계가 누그러지자 그들은 가진 보물을 팔아서 들로 나갔다. 집과 땅을 사고 따뜻하게 살림을 차렸고 귀여운 아들까지 낳았다.

그때 세조는 온몸에 부스럼이 일어나 온갖 약이 효험이 없었다. 그것은 현덕왕후가 꿈에 세조의 얼굴에 침을 뱉어서 부스럼이 났었다. 그래서 명산과 대찰을 찾아다니며 기도를 드렸는데 속리산에 행차한다는 소문이 돌았다. 그들의 지은 집이 바로 속리산 가는 길가에 있었다. 오래 그리던 아버지가 지나간다는 말을 얻어들은 공주는 여섯 살 된 아들을 불러 이르기를,

『오늘 네가 나가 놀다가 사인교 타신 어른이 오시거든 할아버지라고 불러라.』 아들은 매우 똑똑했으므로 그대로 했다.

세조가 가마 위에 앉아서 보니 조그만 아이가 가까이 와서 자기를 보고 할아버지라고 한다. 이상히 여겨 아이를 보는데, 또 그

옆집에서 울음소리가 요란스럽게 들려왔다. 그러자 아이는

『우리 어머니가 울어요.』라고 한다.

세조는 행차를 멈추고 그 아이를 따라 그 집에 들어가 보았다. 이십여 세 되어 보이는 여인 하나가 슬피 울고 있다가 앞으로 나와 절을 한다. 세조는 영문을 몰라 어리둥절하여 네가 누구냐고 묻자,

『저를 몰라보십니까? 그때 죽은 목숨이 어머님의 힘으로 대궐 밖으로 빠져나와 여태껏 구차하게 사는 소녀올시다.』하고 공주가 대답을 하였다.

세조는 그제야 모든 것을 알아차렸다. 그와 함께 따뜻한 피가 통하는 것이었다.

『나는 너의 모친 말만 듣고 네가 이 세상에 없는 줄로만 알았구나. 그저 그렇게 세상에 살아 있었단 말이냐? 내가 너무 과격했나 보구나. 그런데 너의 남편은 누구며 어디를 가고 없느냐?』

세조의 묻는 말에 공주는 옷깃을 여미며 그가 김종서의 손자와 만나서 같이 지내다가 결혼하여 이곳까지 와서 살게 된 경로를 모두 이야기하였다. 이야기를 듣고 세조는 공주의 아들 머리를 쓰다듬으며,

『실상 말이지, 김종서가 무슨 죄냐. 그의 손자가 너의 남편이 되었다니 오히려 다행이다. 지나간 일은 잊어버리자. 그리고 네가 내 딸인 이상 여기에 그냥 있을 수 있나? 내가 서울로 돌아가서 부마궁을 마련한 다음 너를 부를 터이니 내외가 다 올라오너

라.』하였다.

　그러나 며칠 뒤에 지방관이 이 말을 듣고 말과 사람을 보내어 서울로 모시고자 가보니 이미 집은 비어 있고 그들은 어디로 갔는지 행적을 알 수가 없었다. 자기 집안의 원수인 세조 밑에서 신하가 되어 살 수 없었음은 너무나 분명한 이유였다.

김종서(金宗瑞)의 묘
시도기념물 제16호, 충남 공주시 장기면에 위치, 출처 : 문화재청

18

단종이 꿈속에 나타나
정효준鄭孝俊을 중매하다

이것 또한 야사에 있는 이야기다. 단종의 영혼이 처음 의탁한 곳이 차성복의 집이었다 함은 이미 앞에서 말한 바 있다. 성복은 날마다 상식을 지어 올렸는데 하루는 꿈에 단종이 나타나서, 『나는 나의 매가로 간다. 그리 알아라.』하였다. 그것은 다름 아닌 왕비 송씨가 정미수의 집에 의탁하고 지내면서 단종의 신주를 만들어 초혼했기 때문이다. 뒤에 송비가 승하하자 정미수는 두 분을 합반하여 불천위로 모셨다. 불천위란 대대손손 제사를 지내고 받드는 위를 말한다. 정미수의 증손 정효준 대에 이르러 가세가 매우 구차하여졌다. 나이 사십에 이르도록 벼슬을 못할 뿐 아니라 어쩐지 아내를 얻기만 하면 죽었다. 세 번이나 장가를 들어도 모두 죽고 아내가 없었다. 이와 같은 동네에 이진향이라는 사람이 있었다. 효준과는 나이가 비슷하고 말도 서로 통하여 날마다 마주 앉아 노는 막역한 친구였다. 하루는 여전히 장기를 두고 놀다가 효준이 별안간,

『여보게, 내가 자네 사위 되면 어떻겠나?』하였다. 마침 이씨에게는 나이든 딸이 하나 있었던 것이다. 이씨는 그 말을 듣고 매우 노여워,

『여보게, 자네가 미친 사람이 아니거든 그게 무슨 말인가? 그래 아직 이십 미만의 처녀에게 사십이 넘은 자네가 장가를 들겠단 말인가. 자네가 그처럼 철이 없는 줄을 몰랐네!』하고, 매우 야하게 생각하였다. 효준은 매우 무안하여 얼굴을 붉히며 집으로 돌아갔다. 그날 밤이었다. 이씨가 사랑방에서 자다가 꿈을 꾸니 화살 날아가는 소리가 나더니 갑자기 한 소년 대왕이 곤룡포를 입고 옥대에 익선관 차림으로 여러 신하들을 거느리고 자기 집 대청에 들어오더니 좌우에 명하여 주인을 불러 오라 한다. 이씨가 황공하여 뜰 앞에 부복하고 대령하자, 왕은 하교하기를,

『어제 저 건넛마을 정효준이가 너의 사위가 되기를 청하였을 때, 너는 나이가 알맞지 않다고 듣지 않았지? 그 또한 괴이한 일은 아니니 혼인을 하면은 좋은 일이 있을 터이니 곧 허락하여라. 만일 좋지 않을 것 같으면 내가 이렇게 중매할 까닭이 있느냐?』라고 한다. 어느 누구 앞이라고 감히 거절하랴. 『예, 그렇게 하오리다.』하고 깨어보니 꿈이었다. 이씨가 생각하여보니 틀림없이 정씨 집에 모신 단종의 분부라 부인을 불러서 꿈 이야기를 하고

혼인을 허락할 수밖에 없겠다고 하였다. 그러나 그의 부인은 듣지 않았다. 허무한 꿈 하나로 꽃 같은 딸을 사십이 넘은 홀아비에게 줄 수가 없다는 것이다. 이씨가 그의 부인 말을 듣고 보니 또한 그럴듯하여 그만 마음을 돌려먹고 그 일을 덮어두었다. 그러자 그날 밤 다시 꿈에 단종이 나타났다. 그 전날 밤과 같이 대청에 앉으시더니 무슨 분부를 내린다. 그러자 선전관의 순령수 부르는 소리가 무예청의 긴 대답 소리가 들리더니 금부 나졸들이 달려들어 그를 묶어 단종 앞에 꿇어 엎디게 하였다. 단종은 그를 보자 노한 안색으로,

『네가 어제 내 중매에 허락을 하더니 별안간 마음을 돌이켜 시행하지 않는 것은 무슨 까닭이냐?』 했다.

이씨는 황공하여 몸 둘 곳을 모르며 사실대로 아뢴다.

『황공하오나 아내가 싫다 하여 그렇게 되었습니다.』 한다.

그 말에 단종은 더욱 화를 내어 그의 부인을 잡아들이라고 분부를 한다. 말이 떨어지자 난데없이 궁녀 수십 여인이 나타나더니 주인의 부인을 잡아 뜰 앞에 꿇게 했다. 단종은 그를 보고,

『네가 요사스럽게 내가 중매한 혼인을 못 하게 했다지? 그런 무엄한 짓이 어디 있느냐? 벌을 좀 받아 보아라.』 하며 꾸짖는다. 그리고 좌우를 돌아보며 형벌을 거행하라 하자 궁녀들이 부인에게 달려들어 형틀에 올려놓고 금부 나졸들이 달려들었다. 그리고 형장 세 개로 눈에 불이 나도록 때린다. 부인이 겁이 나서

『분부대로 거행하오리다.』 하며 애걸복걸하였다. 단종은 그제

야 조금 노여움이 풀리는 모양으로,

『네가 죄를 비니 용서하거니와 만약 내가 명하는 혼인을 지내지 않으면 네 집에 큰 화가 일어나리라.』한 다음에 물러갔다.

이씨가 꿈을 깨어 생각하니 혼인을 지내지 않았다가는 큰일이 생길 모양이라 밤중임에도 안방으로 들어갔다. 아내와 상의하기 위함이다. 들어가 보니 부인 역시 불을 켜고 앉아 있었다. 꿈 이야기를 하니 부인도 꼭 같은 그런 꿈을 꾸었다고 하면서 나졸들에게 맞은 무릎이 자꾸 아프다고만 한다. 그 이튿날 이씨는 사람을 보내어 효준을 청한 다음 혼인을 허락하였다. 처음 서로 꿈 이야기를 숨겨 두었으므로 ─정효준이 청혼한 것도 단종이 꿈에 나타나서 그렇게 지시했음으로써이다.─ 효준은 사양하였으나 이씨가 진정이라고 솔직하게 말하였기에 효준도 못 이기는 체 사주, 택일을 하였다. 그 받은 날이 바로 하루를 격한 내일이라, 내외가 신부에게 사실을 이야기할 겨를이 없었는데, 아무것도 모르는 신부가 건넌방에서 자다가 나오며 어머니에게 꿈 이야기를 한다.

『어머니, 간밤에 내가 꿈을 꾸니 건넛마을에 사는 효준 아저씨가 오색이 영롱한 고기 새끼 다섯 마리를 용의 새끼라 하며 나보고 치마에 받으라고 하겠지요. 내가 받다가 한 마리는 땅에 떨어져 목이 부러져 죽고 네 마리는 온전하게 싸 들고 돌아왔어요. 그게 무슨 꿈이에요.』한다.

이씨의 부인은 속셈이 있으므로 그저, 『매우 좋은 꿈이다.』하고 얼버무려 두었다. 그 뒤 이씨의 따님은 효준에게 출가하여 아들 오 형제를 낳았다. 그리고 그들이 모두 요직에 올랐다. 다만 넷째 아들이 서장관으로 중국 북경에 사신을 따라 명나라로 가다가 요동 벌에서 차에서 떨어져 목이 부러져 죽었다. 효준은 오십에 벼슬을 하여 벼슬이 일품 돈녕부에 이르렀고, 부인은 평생을 부귀영화에 싸여 지내다가 육십구 세에 그 남편보다 먼저 죽었다. 뒤에 정경부인의 일컬음까지 받았다고 한다.

제3편 예종에서 성종까지

제8대 예종의 가계도

[부] 세조

[모] 정희왕후 윤씨－제8대 예종(해양대군, 재위 기간 : 1년 2개월, 부인 : 2명, 자녀 : 2남 1녀)

제9대 성종의 가계도

[부] 덕종

[모] 소혜왕후 한씨－제9대 성종(자을산군, 재위 기간 : 25년 1개월, 부인 : 12명, 자녀 : 16남 12녀)

세조의 아들 덕종과 예종

〖 예종의 약사 〗

조선 제8대 임금인 예종은 세조의 둘째 아들이다. 이름은 황, 자는 명조이며, 초자는 평보였다. 세조가 즉위한 뒤에 해양대군으로 책봉 되었다가 세조 3년, 1457년 9월에 형 의경세자(덕종)가 죽자 세자로 책봉되었다. 시호는 양도이고, 묘호는 예종이며, 능호는 창릉으로 경기도 고양시에 있다. 1450~1469.

덕종은 세조의 맏아들이다. 이십 세 때 동궁에서 낮잠을 자다 가 현덕왕후의 살殺을 맞아 비명으로 죽었다. 그러므로 덕종은 왕위에는 오르지 못하였고 후세에 추존되었다. 그는 일찍 승하했 지만 아드님 두 분과 딸 하나가 있어 혈통이 끊어지지 않았다. 맏

아드님이 월산대군, 둘째 아드님이 예종의 뒤를 이은 성종이요, 따님은 명숙공주明淑公主이다. 또한 그의 왕비는 소혜왕후 한씨인데 서원부원군 한확의 따님이다. 왕비는 단엄하고 자상하였을 뿐 아니라 대비 전으로서 성종의 정사를 도운 바 크다. 몸소 우리 글로 노래를 지어 팔도 백성을 본받게 한 일도 있다.

예종은 세조의 둘째 아드님이다. 덕종이 세자로 죽었으므로 마치 둘째가 승勝하다는 비결을 증명이나 하듯 등극하였다. 왕비 한씨는 상당부원군 한명회韓明澮의 따님이다. 그는 성종 왕비와 형제 간인 터이므로 형제이면서 고부 간이 되었다. 열일곱이라는 젊은 나이로 죽고, 다음으로 청주부원군 한백륜의 따님으로 왕비 한씨를 맞아 아들 둘과 딸 하나를 두었다. 그는 등극한 지 일 년 만에 승하하였다. 그때에 춘추가 이십 세였다.

2

슬기로운 임금, 성종

조선 제9대 임금인 성종은 세조의 손자로 의경세자와 소혜왕후 한
씨의 둘째 아들이다. 이름을 혈, 자산군에 봉해졌다가 후에 자을산
군으로 고쳤다. 1469년 11월에 예종이 죽자 할머니 정희왕후가 그
를 지명하여 왕위에 올랐다. 성종의 형인 월산대군이 있었지만 병약
했다. 그래서 성종이 지명을 받은 것이다. 묘호는 성종, 능호는 선릉
으로 서울 강남구 삼성동에 있다. 1457~1494.

성종은 덕종의 둘째 아드님이다. 그가 그의 형님과 예종의 두
아드님을 물리치고 왕위에 오른 것은 세조 비 정희왕후 윤씨가
특별히 그의 슬기로움을 사랑하여 등극게 하였음이라 한다. 그로
서 가히 그의 사람됨을 짐작할 수가 있겠다. 성종의 모후 한씨가

성종을 잉태할 때 둥근 해를 품은 꿈을 꾸었다. 그가 나자마자 관상쟁이가 보고 용봉의 자격이요, 일월의 기상이라 하였다. 어릴 때부터 말과 웃음이 출중하였던 모양으로 세조가 극히 사랑하여 왕비 윤씨를 보고 말하기를, 『이 아이는 선대왕 세종을 닮았는데, 재주가 두드러지고 호탕한 인품은 오히려 선대왕보다 뛰어난 듯하오.』하였다.

차차 자라나자 백 가지가 빼어났고 등극하여서는 실로 명군名君다운 면모가 있어 백성들이 모두 그 은덕을 칭송하였다. 땀 흘려 밭 가는 백성의 수고로움을 생각하여 궐내에 농토를 장만하고 몸소 쟁기를 들어 농사를 권장하였으며, 내전에 누에를 먹이게 하여 잠업과 길쌈을 장려하기도 하였다. 해마다 노인들을 모아 잔치를 베풀고 풍성히 먹인 다음에 쌀과 고기를 하사하였으며, 학문을 숭상하여 사서삼경과 그 밖의 여러 가지 책을 인쇄하여 널리 읽게 하였다. 그리하여 여러 인재가 배출되었고, 온 나라 안이 위에서는 밝고 아래에서는 아름다워 형벌은 있으나 쓸 곳이 없었다고 한다. 열세 살 어린 나이로 등극하였으므로 어린것을 염려하여 처음에는 왕대비가 수렴청정으로 도왔으나 곧 그럴 필요가 없음을 느끼게 할 만큼 월등하였다. 그가 백관百官에게 상의하여 그의 아버지가 세자(의경세자)로 비명에 돌아가신 것을 덕종으로 추존하였다 함은 이미 말한 바 있다.

성종이 얼마나 올바른 임금인가 하는 것을 알 수 있는 좋은 이야기가 하나 있다. 우리나라의 그 당시 법으로 임금이 조회를 받

는다든지 강연을 베풀 때 신하 된 사관은 꿇어 엎드려 있어야 한다. 성종이 등극하여 그것을 보고 말하기를,

『사관이 하는 일은 임금의 좌우에 앉아서 언행을 기록하여 사기에 올리는 것이 아니겠는가? 그런데 그처럼 부복하여 있기만 하면 어찌 그런 것을 알고 쓸 수 있소. 이제부터 사관은 허리를 펴고 일어서서 나의 행동거지를 자세히 살피도록 하시오. 그러고 다른 신하들도 어려워하지 말고 나의 과실을 말하도록 해 주시오.』하였다.

그 후부터는 사관이나 신하들이 몸과 허리를 펴고 나랏일을 잘하였고, 성종의 잘못을 찾아내려고 했지만 도무지 그런 것을 발견할 수가 없었다고 한다.

3

회초리로 다스리는 임금

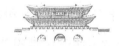

위에서 명군이 몸소 선정의 본을 보이므로 그 영향을 받아 고을마다 청백한 수령들이 착한 정사를 하였다.

어느 해의 일이다. 나라에서 해마다 감사를 보내어 그 고을의 업적을 보고하게 하였는데, 그해에는 두 고을 원이 고을을 잘못 다스려 '중등'으로 보고되어 올라왔다. 원래 감사의 보고에서 '하등'으로 적어 올라오면 그 관직을 빼앗고, '하등'이 없고 모두 '중등' 이상일 때는 '중등' 중에 못한 고을의 원이 벼슬을 내어놓지 않으면 안 되었다. 그러나 성종은 이조판서에게 명하여 그들의 벼슬을 그대로 두게 하고 그 두 원을 서울로 불러올렸다. 두 원은 상감의 부르심을 받고 크게 걱정하면서 밤을 낮 삼아 올라왔다. 그들이 대궐문에 대령하자 성종은 그들을 불러들였다. 그

리하여 탑전에 두 원을 꿇어 엎어놓은 다음,

『내가 너희들에게 한 고을을 맡겼음은 나 대신 가서 백성을 잘 다스리려 함이렷다? 그런데 너희들은 남과 같지 못하여 보고에 '중등'으로 올라왔으니 내가 부탁한 보람이 무엇이냐? 괘씸하니 벌을 좀 받아라!』하고, 내시를 시켜 가느다란 회초리를 꺾어 오게 하였다. 그리고 그것으로 종아리 세 대씩을 때리게 한 다음,

『당연히 너희들 죄를 엄히 다스리고 벼슬을 뗄 것이로되 한 번 용서한다. 너희들은 곧 내려가서 정사에 힘써라. 그리고 만약 다시 한번 보고에 안 좋게 올라오면, 그때는 이번까지 합하여 벌 받을 줄 알아라!』하고 내려보냈다.

이 두 고을원은 성종의 인자한 처분에 크게 감격했다. 스스로 그들의 지난날을 반성하고 마음속으로 크게 부끄러워했으며 그 후는 한마음으로 백성 다스리기에 노력하여 '상등'이 되었음은 물론이었다. 그 소식을 들은 다른 고을 수령들도 모두 제각기 조심하여 그다음 보고에는 모두 '상등'이 되었다고 한다.

4

성종 때에 있었던 이런 일 저런 일

성종 때는 정치를 잘하여 온 나라가 화평하고 백성들이 날마다 즐기며 춤을 추고 노래도 했다. 서울 장안만 하여도 집집마다 흥겨운 풍악소리가 들려와서 끊어질 줄을 몰랐다. 하루는 왕이 국기일을 당하여 몸소 종묘에 나아가서 제사를 드리고 돌아오는 길에 도성 안은 죽은 듯 고요하다. 왕은 괴이히 여겨 좌우에게 묻자, 국기일이므로 방자하게 노는 것을 삼가는 것이라고 대답하였다. 왕은 말하였다.

『옛사람은 풍악을 베풀며 제사를 지낸 적도 있다. 아무리 국기일이라 하여도 만백성이 즐기는 것도 잘못된 뜻은 아닐 것 같다. 옛날 성왕의 뜻도 그렇지 않았는데, 이후부터는 국기일이라 할지라도 풍악을 잡히고 기쁘게 놀도록 하라!』했다.

그리하여 그 후부터는 이런 날에도 풍악소리가 아름답게 도성에 흘러나왔다고 한다.

우리나라는 예부터 여자는 남편이 죽어도 재혼을 못 하게 했다. 세종 때 명재상 황희가 이 풍속을 북돋우기 위하여 개가한 여인의 아들은 벼슬을 시키지 않도록 하였는데, 성종 때에는 그것이 더욱 엄하여 선비 집안의 부녀는 말할 것도 없고 여염집 여인들의 개가도 금하여져 왔었다.

왕은 그 부당함을 지적하여,

『수절이란 마음속에서 우러나와야 할 것이지 나라에서 억지로 할 것은 아니다. 예법에만 구애되어 밖으로는 수절하는 척하면서, 안으로는 음란한 짓을 한다면 오히려 수치스러운 일이 아닌가. 선비 집안의 부녀자는 집안 체면상 부득이 한다고 하겠거니와 여염집 부녀들까지 그럴 것이 없으니 이제부터 수절하지 않고 마음대로 하게 하라.』하였다.

어느 때의 일이었다. 왕의 병이 대단하여 약을 써도 효험이 나지 않아 근심한 왕대비가 무당을 시켜서 굿을 하여 살을 풀도록 하게 하였다. 이 말을 들은 성균관과 오부五部학교 유생들이 들고 일어났다.

『지금 같이 밝은 세상에 요사스러운 무녀들의 살풀이가 무엇이며, 더욱이 존엄한 궐내에서 어찌 그런 것들로 어지럽게 하랴. 우리 유생들은 그런 일을 그냥 구경만 하고 있을 수 없다.』

그들은 성균관 하인을 거느리고 가서 무당들을 모조리 내쫓아버렸다. 왕대비가 크게 진노하였음은 물론이다.

『내가 시킨 일이요. 대감마마를 위해 하는 일인데 그렇게 무엄하게 행패를 부리다니…』

그리하여 그 일에 참가한 유생들을 모두 잡아 가두고 귀양이라도 보낼 기세였으므로 크게 걱정이 되었다. 그러나 성종이 그 일을 알자 오히려 그들을 비호하여 왕대비에게 말하였다.

『할머님께서 나를 지극히 사랑하시와 걱정하심은 참으로 고맙습니다. 그러하오나 나의 몸에서 일어난 병에 귀신이 무엇이오며, 설사 귀신이 있다손 치더라도 무당에게 쫓기는 귀신이 어찌 내 몸을 침범할 수 있겠습니까? 유생들의 이 일은 옳은 일인가 하옵니다. 바른 신하를 어찌 죄로 다스리오리까? 나는 그들의 올바른 행동의 덕으로 병세가 매우 좋아졌사오니 할머님도 노여움을 푸시기 바랍니다.』했다.

그리고는 유생들을 불러 바른 기운을 진작하였으니 매우 가상히 여겨 칭찬한 다음, 맛있는 음식을 내려주시고 그 사람들에게 비단 한 필씩을 상으로 하사하였다.

한 번은 어떤 자가 역적모의를 하다가 그 일당들이 모두가 잡혀들어왔다. 성종은 그 보고를 듣고,

『역적질을 한 사람을 문초 받노라면 공연히 애매한 사람까지 걸려들 우려가 있다. 또한 자연히 형벌에 못 이겨 거짓 진술도 있기가 쉽고, 모함도 일어나 세상이 시끄러울 터이니 결과는 좋지

못할 것은 뻔한 사실이다. 임금 노릇을 해보려는 사람은 한 사람 뿐이다. 다른 사람은 허욕에 끌려 일시 길을 잘못 잡은 것이니 모두 놓아주어라.』하며, 모두 내보내고 괴수 한 사람만 남겨 두었다. 왕은 그를 거처하는 방으로 들어오라고 한 다음, 내시 두어 사람을 남기고 모두 나가라 하고는 둘이 마주 앉았다. 그는 비록 기골이 장대한 편이었으나 범인의 몸으로 어전에 잡혀 와 서니 위엄에 눌려 잠시도 고개를 들지 못한다.

왕은 그를 보고 웃으며,

『그대는 내가 앉은 이 자리를 차지할 생각으로 일을 도모했다지? 왕후장상이 무슨 씨가 있겠는가? 그대가 한 일은 대장부로서 함직한 일이다. 나도 이 자리를 나만 지키겠다는 좁은 생각은 아니다. 그대의 자격이 이 자리에 알맞겠는가? 그대가 자격만 있다면 나는 서슴지 않고 이 자리를 그대에게 내주겠다. 그럼 이제부터 같이 지내면서 너의 자질을 알아보자꾸나. 죽일까 겁은 조금도 내지 말라. 그대가 만약 나보다 훌륭한 자질이 있다면 나는 이자리를 너에게 내어놓겠다.』하였다.

그리고 의복과 음식을 꼭 같이하고 한자리에서 같이 지나게 되었다. 괴수는 매 한번 얻어맞지는 않았으나 성종의 위엄과 기상에 눌려 불안하기가 바늘방석에 앉은 것 같았다. 그래서 그 반역을 도모한 괴수가 하는 소리가 『어서 죽여주십시오.』하는 수밖에 없었다.

그렇게 한 사나흘 지났다. 왕은 그를 보고,

『내가 너를 죽이지 않겠다고 하는 바에야 너는 무엇이 거리끼어 그렇게 두려워하느냐? 내가 너의 기상을 보니 임금의 자질이 못된다. 그런 기상으로 임금이 되고파 했으니 될 리가 있나. 이제 너를 놓아줄 테니 나가서 다시 한번 모의하여 이 자리를 빼앗아 보아라. 나는 기다리고 있다가 세력에 밀리거든 이 자리를 너에게 주겠다.』 하고는 여러 신하들의 맹렬한 반대를 무릅쓰고 그를 놓아주었다. 성종의 넓은 도량을 이런 방법으로 한번 보여준 것이다. 이를 보아도 성종 임금의 넓은 도량을 가히 짐작할 수 있겠다.

김종서를 비롯한 세 사람의 정승과 성삼문 등 여섯 신하는 단종을 위하여 죽었음에도 세조 이후 그 관직이 박탈된 채 회복되지 않았다. 점필재 김종직은 이 사실을 매우 분하게 여기고 성종에게 그들의 관직을 회복하고 제사를 지내줌이 옳다고 주장하여 왕에게 아뢰었다. 왕은 비록 현명하고 이해가 바른 분이었지만 그래도 세조는 바로 할아버지가 되는 터이라 그런 말을 듣는 것이 유쾌하지 않아 임금의 안색에도 자연히 안 좋은 기색이 나타났다. 그러나 김종직은 뒤에 연산군에게 부관참시의 난을 받도록 강직한 신하였으므로 조금도 굽히지 않고,

『신하는 임금께 충성스러워야 하옵고, 임금은 신하로 하여금 충절을 지키도록 만들어야 하옵니다. 세조께서 하신 일은 한때의 권도權道가 아니 옵니까? 신하의 도리를 말하오면 정인지나 신숙

주가 되어야 옳겠습니까. 사육신처럼 충성스런 신하가 되어야 옳겠습니까?』한다.

성종 임금도 김종직의 주장이 옳음을 인정하였다. 그러나 세조의 손자인 그로서 할아버지가 하신 일을 잘못으로 인정하고 싶지는 않았던 모양이었다. 그래서 임금께서는

『신하의 도리는 그렇지만 나는 자손 된 도리로서 못하겠노라.』하였다.

성종왕릉, 선릉(宣陵)

사적 제199호, 서울 강남구 선릉로에 위치, 출처 : 문화재청

5

글 잘 읽어 벼슬한 구종직丘從直

　구종직은 글을 좋아하고 글 읽기를 좋아했다. 그는 사서와 삼경을 통째로 외우는 사람으로 글을 읽고 외우지 못하는 것이 없었다고 한다.

　성종이 하루는 날씨가 매우 맑아 다락에 올랐더니 어디서 옥을 굴리는 듯한 글 읽는 소리가 들려왔다. 왕이 그 글소리 나는 곳을 찾아가니 바로 구종직의 방이었다. 왕은 매우 기쁘게 생각하여 문을 열고 들어가 다시 글을 읽어라 하니, 읽던 춘추좌전을 청산유수같이 왼다. 왕은 크게 기특히 여겨 그에게 승지벼슬을 제수하였는데, 조정의 벼슬아치들이 그것으로 크게 물의를 일으켰다. 아무 공도 없이 벼슬을 내리는 것은 관방官方을 어지럽게 한다는 것이다. 그들은 연명으로 간하는 상소를 올렸다. 왕은 그 상소를 받자 아무 말도 않고 구종직을 예조참판으로 임명했다. 벼슬아치들은 더욱 변이라고 떠들며 다시 상소를 해왔다. 왕은 다시 아무 말도 않고 그를 공조판서로 임명했다. 일이 이렇게 되니 그들도 의외였다. 그리하여 모여서 공론하고 이르는 말이 이대로 또 상소하였다가는 구종직이 정승도 될지 모르니 간하는 것을 하지 말기로 하였다. 그런 일이 있은 후 며칠 뒤에 왕은 여러 신하들을 모아놓고 춘추좌전을 내어놓고는 강講을 하라고 명했다. 원래 춘추좌전은 매우 어려운 책으로 웬만큼 공부한 사람이 아니면 유창하게 읽을 수조차 없는 글이다. 아무도 강하겠다는 사람이 나오지 않았다. 왕은 그들 모두가 고개를 숙이고 머리를 조아리는 것을 한 눈으로 보면서 구종직을 불러오게 하였다. 왕은 그에게 강하기를 명하자 종직은 그 어려운 좌전을 한 글자도 틀리지 않게 내리외어버린다.

왕은 보라는 듯이 여러 신하들에게 말하였다.

『무관은 활을 잘 쏘는 것이 본분이며, 문관은 글을 잘하는 것이 본분이다. 일전에 구종직이 글을 잘하기로 벼슬을 시켰더니 공연히 심통들을 내어서 나에게 그런

구종직(丘從直) 영정
충남 서천군 문산면 지원리 선생의
사당에 소장, 출처 : 시흥문화원

일이 있느니 없느니 하고 공박을 하더구나. 그래 아무리 재주가 있어도 명문 출신이 아닌 사람은 벼슬을 못해야 하고, 글을 할 줄 몰라도 문벌만 좋으면 고관에 올라야 한단 말이냐? 한 번 더 간하기만 하면 종직을 정승에 임명하려고 하였더니, 아직 그런 시기가 아닌지 너희들이 상소가 끊어졌더구나. 너희들은 사람을 시기만 하지 말고 글 좀 읽어라!』했다.

엎드린 여러 신하들은 황공무지 하여 몸 둘 곳을 몰라 했다. 구종직은 뒤에 벼슬이 우찬성에 이르렀다.

6

사랑받는 신하, 유호인

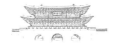

유호인兪好仁은 글과 글씨로 유명했다. 성종 역시 글과 글씨에 뛰어난 재주가 있었으므로 그를 매우 사랑하여 경회루 연못 위에서 선유할 때에는 불러서 함께 놀았고, 유호인이 숙직하는 처소에 행차하여 글을 이야기하다가 그의 이불이 떨어졌음을 보고 왕이 덮는 이불을 갖다 덮게 한 적도 있었다.

그는 경상도 밀양 사람이다. 그가 고향에 두고 온 어머니를 뵈러 가겠다고 몇 번을 청하기에 왕은 허락해 주었다. 그리고는 비밀리에 사람을 시켜 그의 뒤를 밟게 하였다. 그가 무엇을 하는지 살피게 함이었다. 호인은 그런 줄도 모르고 고향에 돌아가서는 영남루에 올라 글을 읊었다.

北望君臣隔하고 南來子母同이라.
북 망 군 신 격　　　남 래 자 모 동

북녘을 바라보니 군신이 멀고,
남쪽에 왔으니 모자가 한자리라.

　그 글을 보고 성종의 총애는 더욱 더했다. 그러나 그는 어디까
지나 음풍농월하는 문인에 지나지 않았다. 그러므로 그의 유창한
문장에 비하여 정사에는 극히 졸렬한 솜씨를 보였다. 그래서 항
상 책임이 중하지 않은 하직만을 맡겼는데, 효성이 지극한 그가
수령 한 자리 시켜주시면 어머니를 봉양하겠노라고 자주 간청하
기에 성종은 그에게 의성현령을 제수하였다. 그리고는 경상감사
에게 몰래 부탁하기를, [유호인은 나의 정다운 친구이니 약간 미
흡한 점이 있더라도 과히 책망치 말도록 하라!] 고 했다. 그러나
속담에 '곱다면 밉게 보인다.' 는 격으로 부탁한 보람도 없이 첫
보고에 하등으로 올라왔다.

　　不恤民隱哦詩不撒
　　불 휼 민 은 아 시 불 살

백성들의 곤란을 불쌍히 여기지 않고,
시만 읊으면서 그칠 줄을 모른다.

하는 것이 감사의 보고였다. 왕은 노여워하였다. 경상감사에게

그렇게 부탁했는데 이런 보고를 하는가 하고 글을 써서 감사를 책망했다. 그러자 감사의 답장이 왔다.

『수령은 백성을 위한 수령이 온대 백성은 생각지 않고 글 타령만 하는 것을 어찌 잘한다고만 쓸 수 있으리까? 신은 신의 직책에 충실했을 뿐이옵니다. 만약 그것이 무엄한 일이 오면 신에게 죄를 주옵소서.』

옳은 말이요, 충성스러운 말이었다. 그리하여 왕도 직분을 지키는 신하를 나무랄 수 없었고, 호인을 내직으로 불러들이는 수밖에 없었다.

성종은 유호인을 사랑했다는 말을 앞에서 말한 바 있다. 유호인이 벼슬을 버리고 고향으로 내려가겠다고 했다. 아무리 말려도 가려고 하기에 성종은 안타까워 다음과 같은 시조를 남겼다. 성종 임금이 그를 얼마나 사랑했는지 여기 이 시조 작품에 잘 나타나 있다.

있으렴 부디 갈따 아니 가든 못할소냐!
무단히 싫더냐 남의 말을 들었난다?
그려도 하 애닯고나 가는 뜻을 일러라.

— 성종

7

손순효가 하사받은 은 술잔

성종 때 이름난 신하로서 손순효孫舜孝라는 사람이 있었다. 문
장과 덕행으로 이름을 떨친 사람이다. 성종은 그를 별달리 사랑
하였다. 그러나 그의 한 가지 단점은 술을 좋아하는 것이었다. 왕
은 그것이 못마땅하여 항상 술을 삼가도록 하라고 타일렀다.

하루는 중국에 보낼 국서를 짓게 할 양으로 순효를 부르니 여
전히 술에 대취해 있었다. 왕은 노여운 언성을 감추지 못하고,

『나의 경계를 소홀히 하고 저렇게 취하는 법이 어디 있으며,
그렇게 흐릿한 마음으로 어찌 글을 짓겠느냐?』하고 꾸짖었다.
그리고 다른 학자를 부르도록 했는데, 순효는 황공하여 임금님
앞에 부복하여 있다가 아뢰기를,

『오늘은 신의 딸이 시집가는 날이기에 여러 사람의 권함에 이

기지 못하여 과음하였사옵니다. 그러하오나 글을 짓게 하시려거든 다른 신하를 부르실 것 없이 저에게 하명 하옵소서.』한다. 왕은 그가 어떻게 하는가를 보기나 할 생각으로 붓과 벼루를 주었다. 순효는 그것을 받아 별로 생각하는 빛도 없이 붓에 먹을 찍어 내리쓰니 순식간에 장문이 되었다. 왕이 그것을 받아보니 한 자 한 획이 틀림이 없었다. 왕은 그것이 매우 기뻤으나 술은 못 마시도록,

『너는 취한 정신이 깬 정신보다 낫구나. 그러나 술이라는 것은 너무 먹으면 못 쓰는 것이다.』라고 훈계하였다. 그리고 은으로 만든 잔 하나를 하사하면서,

『하루에 이 잔으로 하나씩만 먹어라.』했다.

순효는 좋아라고 물러 나왔다. 그러나 잔이 너무 작은 것이었으므로 그의 주량에는 먹는 둥 마는 둥 부족하여 견딜 수가 없었다. 그는 어떻게 왕명은 어기지 않고 술도 실컷 먹을까 궁리한 나머지 좋은 생각을 해냈던 것이다. 은 도장을 불러서 그 잔이 본래 매우 두꺼운 것을 이용하여 풀잎같이 엷게 두드려 다시 만든 것이었다. 그래서 한 주발이 넘게 들도록 만들어서 매일 독한 술을 가득 부어 먹었던 것이었다.

왕이 또 하루는 물어볼 말이 있어 순효를 불러드리니, 또 술이 거나하게 취해 있었다.

왕은 매우 괘씸하게 여겨,

『내가 너에게 잔까지 주며 술을 조금씩 먹으라고 했는데, 어찌

된 셈이냐? 하루 한 잔씩만 먹으라고 했더니 몇 잔을 먹었기에 그렇게 취했느냐?』했다.

순효는, 『분부대로 매일 그 잔으로 한 잔씩만을 먹었습니다. 어찌 감히 전하를 속이오리까.』라고 대답했다.

왕은 그가 속이는 것은 아닌 줄 믿었으나 그렇다면 술 취한 것이 아무래도 알 수 없는 일이라 잔을 도로 가져오라고 하였다. 그가 가져온 잔은 주발보다도 더 큰 잔이었다.

왕은 『이게 어디 그것이냐?』하고 물었다.

그제야 순효는 『상감께서 주신 그 잔으로는 아무래도 부족하여 은 장인에게 좀 크게 만들었을 뿐 은의 무게는 조금도 더하지 않았습니다.』하니,

왕은 크게 웃으며 『나의 이 속 좁은 것도 간하여 이처럼 넓게 만들어다오.』하고는 그를 나무라지는 않았다.

그런 손순효가 강원도 감사로 임명되어 임지인 강원도에 가 있을 때의 일이다. 임금님을 오래 뵙지 못하여 그리운 나머지 하인 몇을 데리고 밤의 어둠을 틈타 상경하여 잠시 성종을 보고 간 일이 있었다. 말썽 많은 신하들이 그 사실을 알고 물의를 일으켰다.

『도백이 처소를 떠나서 출입을 임의로 하오니 크게 법을 어기는 일이로소이다. 엄중한 벌을 내리소서.』하였다.

왕도 감사가 순력巡歷 중에 임지 감영을 떠나지 못하는 줄 잘 알았다. 그러나 임금이 보고 싶어 밤을 낮 삼아 올라와서 잠시 뵙고 다시 말을 돌려 떠나간 신하를 어찌 죄로 다스릴 수 있었으랴.

손순효 필적
1427(세종 9)~1497(연산군 3). 조선 전기의 문신. 글씨는 『명가필보』에서

그리하여 대답하기를,

『신하가 임금을 그리워함은 자식이 어버이를 그리워함과 같다. 오래 떠나 있었기에 보고 싶은 마음을 걷잡을 수 없어 잠시 다녀간 것이 무슨 죄가 되느냐? 너희는 멀리 떠나 있어도 아비도 보고 싶지 않고, 임금도 그립지 않겠느냐?』하였다.

그 따뜻한 정이 넘치는 말에 다른 신하들도 두말을 하지 못하였다.

왕이 춘추가 삼십에 이르러 연산군을 세자로 삼았다.

어느 날 대내에 큰 잔치를 베풀고, 왕이 여러 신하와 더불어 즐겁게 술잔을 돌리는데, 술이 반쯤 취해 순효가 왕에게 할 말이 있

다고 했다. 왕이 그를 돌아보자 그는 용상 밑으로 들어가 엎드린 채 용상을 어루만지며 『이 자리가 아깝소이다.』했다.

세자로 봉한 연산군이 임금다운 자질이 아니라는 뜻이었다. 성종은 그렇다고 그 말을 수긍하면 어떻게 되겠느냐? 또 어떻게 할 수 있는 일도 아니라고 했다. 그들이 주고받는 대화를 다른 신하는 듣지 못하였다. 그러나 그가 해괴망측하게 용상 밑에 들어간 것만을 보고,

『손순효는 신하의 몸으로 당돌하게 용상 밑에 들어가 남이 듣지 못할 말로서 무어라고 하며 용상을 만지는 등 무엄한 짓을 했으니 그 죄를 크게 다스리소서.』하고 아뢰었다.

그러나 성종은,

『내가 신하들의 말을 자주 듣지 않고 여색을 가까이한다고 몰래 간하는 것인데, 임금의 허물을 드러내지 않으려고 그렇게 한 것이 무슨 죄가 되느냐?』하며 그를 변호해 주었다.

8

임금을 첨지僉知로 안
홍해 땅의 김희동

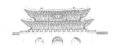

성종은 또한 분주한 국사로 조금도 한가한 때가 없었건만, 밤이면 이따금 평민 복장으로 장안을 미행하여 민정을 살폈다. 신하들과 왕대비께서 혹시나 불상사가 일어나지 않을까 몇 번이나 간하였으나 왕은 듣지 않았다.

『나는 내 눈으로 보고 나의 귀로 몸소 듣는 것만 같지 못하다.』
하고 가까운 신하에게 시켜도 될 터인데, 구태여 귀하신 임금님의 몸으로 밤중에, 그도 단신으로 걸어서 다님이 불가하다고 아뢰는 말에 왕은 언제나 그렇게 말하였다. 별감과 무인 몇 사람이 멀찌감치 따르게 할 뿐 거의 혼자서 야삼경의 거리를 두루 다니는 것이었다.

어느 날 밤이었다. 종로 광통교를 지나가려는데 다리 아래에

광통교(廣通橋)

사적 제461호, 서울 종로구 관철동에 위치, 출처 : 문화재청

어떤 사람 하나가 웅크리고 앉아 있었다. 춥지는 않을 때였으나 밤에 사람의 발자취도 끊어진 다리 아래에 사람이 있는 것이 수상하여 불러보니 등에 무슨 보퉁이를 짊어진 채, 나이 사십은 되어 보였다. 의관이 남루한 시골 사람이었다.

　왕이 그에게 『어떤 사람이냐?』고 물으니, 그는 반갑다는 듯이 바싹 달려들며 하는 말이,

　『나는 경상도 흥해 땅에 사는 김희동이라는 사람인데요, 사십이 넘도록 임금님이 계시는 서울 구경을 못하여 오래도록 벼르다가 간신히 노자를 변통하여 길을 떠났는데, 수십일 만에 겨우 올라와서 누구한테 물으니 여기가 서울이라 하더군요. 이제 막 밥

은 사 먹었지만 잠잘 만한 탄막(炭幕 : 그는 산골 사람으로 장안에도 숯 굽는 움막집이 있는 줄 알고 이렇게 말한 것이다)을 찾다 못해 할 수 없이 여기 앉아서 밤새기를 기다리는 중이지요. 그런데 당신은 누구인데 밤이 깊은 것도 모르고 다니시나요. 모양이 얌전하니 서울사람인 듯싶소그려! 내가 서울은 올라왔으니 어질고 착한 우리 임금님을 반드시 찾아뵙고 가야 하지 않겠습니까?』라고 했다. 왕은 그의 순박함이 매우 기특하였다. 그래서 시치미를 떼고 말하기를『나는 동관이라는 동리에 사는 이 첨지李僉知라는 사람이요. 임금 계신 곳을 알기는 하오만 가르쳐 주면 임금을 뵈옵고 무슨 말을 하려고 하오?』하고 물었다.

그는,『말이 났으니 하는 말이지만 우리 고을에서 사람마다 말하기를 임금이 어지셔서 백성을 사랑하는 까닭으로 백성이 아무 걱정 없이 산다는데요, 내가 기왕 서울에 올라왔으니 그렇게 어지신 임금님께 인사나 여쭙고 싶어요. 또 빈손으로 뵈올 길이 없어서 우리 곳에서 많이 나는 해삼과 전복을 좀 짊어지고 왔지요. 그것을 임금님께 드려서 한때 반찬이나 하게 하자는 겁니다. 당신이 임금님 계시는 집을 아신다고 하시니, 당신의 말씨를 듣거나 외모로 보기에 거짓말은 아닌 것 같구려. 좀 가르쳐 주시죠.』하고 말했다. 그러자 별감과 수행무사들이 가까이 왔다. 왕은 가만히 귓속말을 한 다음 그에게

『이 사람을 따라가 있으면 내가 어떻게 하든지 임금을 뵈옵도록 해주겠다.』고 하여 따라가게 하였다. 물론 그는 그런 요지경

속을 알 리가 없었다.

　그리하여 『서울 양반은 인심도 참 좋은가베…』 하면서 별감을 따라갔고, 별감은 왕의 분부가 있는 터이라 아무 기색도 보이지 않고 그의 집에 묵게 하였다. 그 이튿날 왕은 또 미행을 나왔다가 별감의 집으로 행차하였다.

　희동은 매우 반가워서 『이 첨지는 참으로 무던한 사람인가베. 처음 보는 시골 사람을 이처럼 후대하다니, 그런데 임금님을 뵙게 해 주실 수 있십니꺼.』라고 무엄하게 말을 했다. 곁에서 듣던 별감과 무예 청 사람은 당장 꾸짖고 싶었다. 그러나 엄한 왕의 분부가 계셨던 터이라 하는 수가 없었다. 왕은 웃으면서

　『그대의 정성은 무던하오. 벼슬을 못한 사람은 임금을 뵙지 못하는 법이요. 그러니 그대가 임금을 꼭 뵙고자 하거든 벼슬 하나를 원하구려. 내가 되도록 해볼 터이니. 그러해야만 임금을 뵈올 수 있소.』 하였다. 희동은 생각해보지도 못한 벼슬 이야기가 나오자 어리둥절할 수밖에 없었다. 그래서 반신반의와 사양을 섞어서,

　『아무것도 모르는 시골 사람이 무슨 벼슬을 한데요. 그러나 우리 동네에 박충의라는 사람이 있지요. 그 충의라는 벼슬이 매우 좋습니다만, 당신이 무슨 재주로 그렇게 좋은 벼슬을 시켜주실 수 있습니꺼. 아무래도 임금님을 뵈올 수 없다면 그냥 돌아갈 수밖에―. 당신 수고롭겠지만 누구와 다리를 놓아 이것이나 임금님께 갖다 바쳐주어요.』 하고 해삼과 전복 싼 것을 내어놓는다. 왕

은 솟아오르는 웃음을 가까스로 참으면서,

『내가 어떻게 주선하든지 충의 벼슬이 되도록 해볼 것이니 하루만 더 기다려 보시오. 그래서 혹시 벼슬이 되면 당신 손수 갖다 드리는 것이 옳지 않겠소.』라고 하였다.

그날 왕은 돌아가서 해당 부서에 말하여 김희동을 충의 초사에 임명하도록 조치하였다. 한편 김희동은 별감의 집에서 이 첨지의 회보를 은근히 기다렸다. 그러자 묵고 있는 집 주인이 아무 영문도 모르는 그에게 관복과 사모, 나막신까지 갖다 주면서,

『당신이 충의 벼슬이 되었으니 지금 곧 의관을 정제한 다음 대궐에 들어가서 사은의 예를 드리시오!』한다.

희동은 너무나 생각 밖의 일이라 미덥지가 않아서 『이 첨지는 어디 갔소?』하고 그 밖에 여러 가지 일을 물어보았지만 별감은 아무 대답도 않고 들어가기만 성화였다. 그래서 그는 궁금한 마음을 간직한 채, 여관 주인에 불과할 것이라는 생각으로 별감을 따라 대궐 안으로 들어갔다. 해삼과 전복을 끼고 갔음은 물론이다.

왕은 마침 조회를 마친 참이었다. 아주 쉽게 생각했던 임금 뵙는 일에 부닥치고 보니 무척 어렵다고 생각하면서 희동은 안내하는 관리가 시키는 대로 두 번 절하고 부복하였다. 위에서 우렁찬 소리가 들려왔다.

『네가 임금을 보고 싶어 한다니 내가 임금이다. 겁내지 말고 보아라!』한다.

희동이 간신히 머리를 들어보니 아아, 이 어찌 된 일인가. 해와 달을 그린 병풍 앞, 용틀임 한 붉은 용상에 높이 앉은 분은 다른 사람이 아닌 이첨지가 아닌가. 그는 놀라서 갑자기 한다는 말이 『이첨지가 여기에 어떻게 있소?』 했다. 그러자 내시와 주위 대신들이 엄숙한 얼굴로 『쉿』 한다. 모든 신하들의 서릿발 같은 눈초리가 그에게로 모였다. 그제야 김희동은 그저께 밤 마주 앉아 이야기를 주고받던 이첨지가 왕인 줄을 깨달았다. 그는 황공하여 몸 둘 바를 몰랐고, 여러 관료들은 왕에게 청하여 그를 중한 벌로 다스려야 한다고 의논이 분분하였다. 왕은 그들을 만류하면서 전말의 이야기를 하였다. 여러 대신들은 그 이야기를 듣고 임금에 대한 지극한 성은과 감동을 느끼고 있었다는 것이다. 희동은 하도 당황한 나머지 품에 품었던 해삼과 전복을 떨어트렸으므로 왕은 다시 한번 웃으면서,

『저 물건은 희동이 나를 위하여 육로 천 리를 지고 온 것이니 받아서 먹게 하여라.』 했다.

그리고 그에게 상을 많이 주어 금의환향하게 하였다. 희동이 임금님의 은혜로 물려받은 역마로 시골로 내려갔으니, 뒷날에까지 오래오래 영화롭게 살았다고 한다.

9

벼슬도 팔자에 있어야

　역시 성종이 미행 중에 일어난 이야기다. 때는 겨울 내리던 눈은 멈추고 추위가 살을 에는 듯하였다. 이런 날 가난한 백성들은 어떻게 사는지 얼마나 춥고 배고픈지 생각하고 임금은 선비 차림으로 대궐 밖을 나섰다. 눈은 하늘과 땅에 가득한데, 한번 북소리가 은은히 울리는 시간은 삼경을 알리고 사방은 고요하였다. 소리 없이 잠든 서울 장안을 임금은 홀로 걷는 것이었다. 서서히 남산골 막바지로 올라가니 어디에서 글 읽는 소리가 들려왔다. 성종은 본래 글을 좋아하는 성품이었으므로 자연 마음이 움직여 글소리 나는 곳으로 발길을 옮겼다. 글소리는 초라한 오막살이집에서 흘러나왔다. 담은 무너지고 기둥마저 썩어서 헐어진 집이다. 왕은 호기심을 일으켜 무너진 담 너머에서 가만히 귀를 기울였다. 읽고 있는 책은 춘추좌전이라는 책이었다. 물 흐르듯 막히는 곳은 없었으나 소리에 힘이 없고 겨우 입 밖에 나오는 것 같았다. 얼마를 있자니 방 안에서 누가 나오는 기척이 들려왔다.

그리고『이틀이나 굶으시고 냉방에서 글 읽을 기운이 나세요.』 하는 소리가 부인인 것 같았다.

그러자 글 읽던 사람이

『시장하니 차가운 방에서도 잠이 오지 않는구려. 그래도 글을 읽을 수밖에 더 있소? 우리도 언제나 가난을 면하려는지…』하는 말소리가 흘러나왔다. 이틀이나 굶고 글을 읽는 것을 보니 선비의 지조가 매우 높구나! 하고 생각한 임금은 담을 넘었다. 그리고 문 앞에 이르러 크게 기침을 하였다. 부인은 놀라 안으로 들어가고 주인이 방문을 열고 내다보았다.

『누구요?』하는 말에 임금은,

『길 가는 사람인데 등에 불이 꺼져버려서 불을 얻을까 하고 왔습니다.』했다. 그의 손에는 그럴 때를 대비해 마련한 등이 들려 있었던 것이다.

그 말을 듣자 주인은

『켜 가지고 가시오.』하고 천천히 대답하였다. 그러나 왕은 불을 얻으려는 것이 목적이 아니므로,

『기왕 들어왔으니 글 읽는 구경이나 하면서 좀 쉬어 갑시다.』 하고 앉았다. 방은 얼음장같이 차갑다. 두 사람은 서로 인사를 나누고 글 이야기를 꺼내보니, 주인의 지식은 퍽 풍부했다. 왕은 이

런 선비가 그렇게 구차한 살림을 하는 것이 가엽고 아주 부당하다고 생각했다.

『주인이 해박한 지식을 가진 분으로 여태까지 과거를 하지 못하였으니 시관試官들이 매우 불공평한가 보구려!』했다. 그러나 그는 그럴 리가 있겠느냐고 하면서 고개를 가로 흔들었다.

『제가 우매한 탓이지요. 또 과거는 팔자에 있어야 하는 것이니까요.』

왕은 어떻게 그를 도울 수가 없을까 하는 생각을 해보았다. 그리고는 무슨 생각이 떠올랐는지 그의 개인 문집을 좀 보여 달라고 청했다. 주인은 몇 번 사양하다가 왕이 심히 조르기에 마지못하여 한 권을 내놓았다. 왕은 그 책을 골고루 읽어본 다음 그중에 제일 잘 지은 것 하나를 골라내어 극구 칭찬하고,

『내가 누구에게 들었는데, 수일 내에 과거를 보이리라는데 소문을 들었느냐?』하고 물었다. 물론 그 말은 임금께서 지어낸 말이었기에 알 리가 없었다. 왕은 그러하다면 과거나 한번 보도록 하라 하면서『과거가 있다니 꼭 응시해 보시오.』하고 말한 다음 그 집을 나왔다. 그리고 밖에 나와서 별감을 시켜 돈 백 냥과 쌀 한 가마니, 고기 열 근을 그 집 문 앞에 갖다 두도록 명하였다.

한편 남산골 유생은 그날 밤에 왔다가 돌아간 손님의 언어와 기상이 매우 성스러워 이상히 여겼는데, 그 손님이 돌아간 뒤에 얼마 안 있어 방문 앞에 쿵 하는 소리가 나더니 난데없는 쌀과 돈이 떨어지기까지 하니 홀연 깨달은 바 있었다. 왕이 미행으로 다

녀간 것을 알아차린 것이다. 그는 대궐을 향해 절을 하고 감사한 마음으로 그 쌀과 고기로 밥을 짓고 찬을 만들어 배불리 먹었다.

왕은 또 대제학을 불러 의논하고 과거령을 내렸다. 남산골 유생의 귀에도 그 소문이 들렸음은 물론이다. 그러나 일은 어디까지나 공교롭게 되었다. 그는 오랫동안 굶주린 창자에 과하게 먹은 고기가 탈을 내고 만 것이었다. 그날을 당하여 별안간 배탈이 일어나서 몹시 아팠으므로 도저히 과장까지 갈 수가 없었다. 마침 그의 제자가 왔기에 사실을 이야기하고 그에게 과거를 보라고 그날 밤 왕에게 보여준 그 문집을 그에게 주었다.

왕은 그날 과거 시험의 제목을 그날 밤에 본 그 제목으로 내걸고 기다리자, 남산골 유생의 글이 보였으므로 장원을 시켰다. 그러나 봉투를 떼어보니 이름이 딴판이라 크게 의아하여 곧 장원을 불러보니 새파란 젊은이가 아닌가? 도무지 곡절을 알 수가 없었다.

『네가 과거 본 글이 너의 글이 맞는가?』

장원급제한 소년은 하는 수 없이 모든 것을 아뢰었다.

성종은 그 말을 듣고 과연 그 유생의 말대로 과거는 팔자에 있어야 하는구나 하며 탄식하였다 한다.

쾌락함이 백성만 못한 임금님

하룻밤에는 미행하다가 정동 골에 이르렀다.

마침 과천에 산다는 한 사람이 나무를 소에 싣고 장안에 들어
왔다가 밤이 늦도록 팔지 못하고 노상에서 그때까지 서성거리고
있었다. 왕은 곡절을 물어본 다음 그 나무를 사자고 하며 별감에
게 인도하라 하고 그의 뒤를 따라가면서 이야기를 주고받기 시작
하였다.

『아까 말이 과천에 사는 사람이라 하니 부모 처자는 다 있으며
가사는 어떤고? 농사를 짓는 듯 보이는데 저렇게 가난하니 그래
도 무슨 즐거움이 있는가. 우리네는 서울에 있는 벼슬아치로서
시골 사람들의 생활을 생각하니 매우 민망하더군.』

그러자 백성은

『예, 부모도 있고, 처자도 있어 한 집안에서 단란히 살고 있지요. 남자는 밭 갈아 씨를 뿌리고, 여자는 길쌈하고 먹을 것을 장만하고요. 그래서 배고픔과 추운 줄 모르고 지내면서 겨울이면 이렇게 나무를 싣고 서울에 와서 팔아 가용에 보태어 쓰지요. 그런 생활인데 무슨 걱정이 있겠어요. 걱정은 별로 없고 즐거움이 그 가운데 있지요. 내 보기에는 장안에서 벼슬하는 사람이 날마다 분주하고 조금만 잘못하면 견책을 당한다, 귀양을 간다 하는 것이 참 불안해 보입디다.』

그리고는 『당신은 도리어 아무 걱정 없는 시골 사람을 보고 불쌍하다 하니 참 우습군요. 그러나저러나 농사하는 우리네든지 벼슬하는 당신네든지 모두 요순 같은 임금을 만나서 저만 올바르면 밝고 극락같이 즐거운 세상에 있으니, 우리는 모두 임금의 덕에 사는 사람이외다. 임금님께서 신하와 백성을 그처럼 평안토록 마련하시려니 오죽 수고로우시겠어요. 당신네들은 우리 시골 백성을 염려해주실 것 없이 임금님이나 염려해 드리시지요.』라고 한다.

비록 나무장사였지만 말이 어긋나지 않았다. 임금은 무어라 대답할 말이 생각나지 않아 『그럴듯하군!』하며 얼버무리고 나뭇값을 후히 주어 재워 보내라고 별감에게 일렀다. 뒤에 왕이 한가한 때에 중궁에게 이르는 말이 『우리의 쾌락함이 그 백성만 못합디다.』했다 한다.

11

조위曹偉와 신종확申從濩과 두 여인

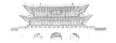

　조위와 신종확은 풍채와 문장으로 성종 때의 쌍벽을 이룬 신하였다.

　어느 날 일이었다. 왕은 궐내를 순시하다가 조위의 숙소 앞에 이르렀다. 밤이 이미 깊었음에도 불구하고 낭랑한 글 읽는 소리가 들려왔다. 왕은 곧 들어가지 않고 문밖에서 엿보았다. 밝은 촛불 아래 단정히 앉아서 글을 읽는 조위는 참으로 아름다워 보인다. 왕이 막 문을 열고 들어가려 하자 홀연히 앞문이 바스스 열리며 아름다운 옷으로 단장한 궁녀가 들어와 살며시 그의 책상머리에 앉지 않는가. 그러나 조위는 거들떠보지도 않고 글만 읽고 있었다. 여인은 언제까지라도 그렇게 있을 듯한 모양으로 꼭 인형처럼 앉아 있었다. 얼마를 지난 뒤 조위는 읽던 책을 덮으며,

『너는 어떤 여자인데 깊은 밤 남자가 있는 곳에 왔는가. 까닭을 말하라!』고 한다. 여인은 얼굴빛을 붉히고 아리땁게 고개를 숙이더니 고운 목소리로,

『이 사람은 내인 처소에서 심부름을 하는 계집이옵니다. 궐내에서 잔치가 베풀어질 때마다 당신의 늠름하신 풍채를 뵈옵고 연모의 정이 샘솟았으나 기회를 얻지 못하여 연연한 정을 풀길이 없었더니 이제는 사모의 정이 병으로 깊었나이다. 그리하여 부끄러움을 무릅쓰고 당돌히도 이 자리에 왔나이다.』한다.

말도 체 끝나기도 전에 옥 같은 얼굴이 부끄러움에 앵두 빛으로 붉어져 고개를 수그리고 있었다. 그 말을 듣고 조위가 점잖이 꾸짖자 여인은 길게 한숨을 지은 다음 새파란 은장도를 꺼내 들고,

『마음속 사모의 정으로 죽는 것보다 임이 보시는 앞에서…』하면서 가슴에 칼을 갖다 댄다. 왕은 문밖에서 손에 땀을 쥐었다. 그러자 조위는 놀라면서 손을 들어 칼을 빼앗아 던졌다.

『너의 뜻이 여기에 미친 줄은 몰랐다. 정히 그렇다면 내 너의 원을 들어줄 터이니 부질없는 짓을 삼가라.』

그렇게 말하고 그는 여인의 섬섬옥수를 이끌어 그의 옆에 가까이 앉힌 다음 따뜻한 말로 위로하고 이윽고 옷을 벗고 촛불을 끄고서 잠자리에 들었다.

왕은 그 아름다운 마음씨를 매우 즐겁게 여겼다. 곧 환궁하여 내시를 시켜 임금이 덮는 비단 이불을 그들이 잠든 사이에 몰래

김천 율수재(金泉 聿修齋)

조위(曺偉, 1454~1503)가 태어나 어린 시절을 보낸 유허지에 유업을 기리기 위하여 건립한 학문소, 문화재자료 제541호, 경상북도 김천시 봉산면에 위치, 출처 : 문화재청

덮어 주게 하였다. 조위가 한잠을 자고 깨어보니 방 안에 향기가 그윽하고 비단 이불이 덮여져 있지 않은가. 그는 크게 당황했다. 그리하여 이튿날 왕에게 죽을죄를 지었나이다 하고, 상소하여 임금님의 처벌만을 기다리고 있었다.

그러나 왕은 『내가 다 보았다. 사람이 사람의 힘으로 한목숨을 구한다는 것이 얼마나 아름다운 일이냐?』하고 도리어 칭찬해 주었다. 그런 일이 있었던 다음날의 일과인 강연이 끝나자 옥당의 한 소년 명사 하나가 임금의 탑전에 와서 아뢰었다.

『조위는 몰래 궁녀와 음란한 행위를 했사오니 무엄한 신하로 서이다. 그런 자에게는 중한 벌을 내려 귀양을 보냄이 가하옵니

다.』그가 바로 신종확이었다. 왕은 어떻게 그런 사실을 알았는
가 하고 궁금하여 물으니,

종확은『신도 그날 밤 입직入直하여 책을 읽다가 의심나는 구
절이 있기에 조위에게 물으려고 했더니, 달빛에 살피니 궁녀 같
은 여인이 조위의 처소에서 나와 뒷문으로 쫓아가는 것을 보았나
이다.』라고 한다.

왕은 자기도 몸소 보았노라고 하고,『사람의 목숨에 관계되는
일에는 그렇게 하는 것이 오히려 아름다우니라.』고 했다. 그러나
종확은 단호하게 그의 죄목을 주장해 굽히지 않았다. 그래서 왕
도 하는 수 없이『앞으로 상당하는 형벌을 내릴 터이니 그리 알
라.』하였다. 4~5일이 지난 뒤 왕은 신종확에게 평안도 어사를
제수하고 마패와 수의를 주며 각 읍을 순행하여 탐관오리를 숙청
하고 어진 백성들을 도우라 했다. 그리고 다시 가볍게 웃는 얼굴
로,

『평안도는 본래 색향이라 여간해서 탈선하지 않을 수가 없을
지니 각별히 조심하여라!』하였으므로 종확은 뜻을 받들어 일할
것을 아뢴 다음 임지로 떠났다. 한편 왕은 평안감사에게 비밀리
에 하교하기를,

『무슨 계책을 쓰든지 이번에 내려가는 어사에게 기생 하나를
수청 들게 하라. 만약 그만한 계책이 없을 것 같으면 한 도백으로
서 자격이 없다고 보아 벌을 주리라.』했다.

하교를 받은 감사는 매우 걱정이 되었다. 필연 어사가 여자와

는 담을 싼 사람이므로 왕이 그런 분부를 내린 줄은 알지만 '열 사람이 말 한 마리 물 먹일 수 없다' 는 속담처럼 그가 싫다는 것을 어떻게 한단 말인가? 감사가 근심하는 것을 보고 수청 기생 옥란이가,

『기생은 고을마다 있은즉, 감사께서는 각 읍 수령들에게 일러 주어 여러 사람의 힘으로 일을 도모케 하지요.』하고 꾀를 일러 주었다.

그리하여 감사는 비밀리에 각 읍에 통지하고, 만일 일을 성공 시키는 사람이 있으면 큰상을 내리리라 했다.

그때 성천成川에 있는 옥매향이라는 기생이 있었다. 부사의 이야기를 듣고 지원하여 '내가 어사를 꼬시어 보리라' 하였다. 그는 나이 이십 미만에 인물이 절색이며 또한 슬기가 뛰어났던 기생이었다. 신종확은 왕명을 받들어 평안도 어사로 내려갔다. 그는 그냥 암행어사가 아니고 출발하기 전에 먼저 어느 고을을 지정하여 통지를 하고 다니는 어사이므로 가는 곳마다 대접이 풍성하였지마는 여자 대접에 대해서는 일체 거부를 하고 가까이 오지도 못하게 했다.

언제나 기생은 처소에 들리지 말도록 했으므로 남자 관속들만이 시중을 들고 여자는 얼씬도 못하게 했다. 그래 각 읍 관속들은 뒤에서 그를 일러 내시 어사니, 부처님 어사니 하는 별명까지 짓고 웃었으나 기생 수청은 성공하지 못하였고 평양에서도 무사히 지나갔다.

어사는 평양을 떠나 여러 고을을 순회하다가 성천에 도착하였다. 본래 아름다운 고장으로 강선루와 부용당 등이 평안도 제일의 경치를 자랑하였지만 어사는 풍월을 즐길 뿐 여자에 대한 주의는 조금도 늦출 줄을 몰랐다. 그러나 매향은 무슨 계획을 생각하였는지, 관속들 중에 제일 영리한 자를 골라 몇 가지 술책을 일러주고 그가 어사를 모시게 되었다.

어사가 성천 어느 곳에 묵던 날이었다. 객창의 쓸쓸함을 덜기 위하여 책을 보는데 밤은 매우 깊어갔다. 얼마를 지났는지 밤은 삼경을 넘어서고 있었다. 그런데 어디서 들리는지 사람의 간장을 끊어내는 듯한 여인의 울음소리가 처량히 들려왔다. 울음소리는 점점 슬프게 들려 밤이 새려 하여도 그칠 줄을 몰랐다. 어사는 처음에는 심상히 듣고 있었는데, 조금 있다가 눈을 감고 마지막에는 무슨 생각을 하고 머뭇거리더니 보고 있던 책을 덮었다. 그리고 옆에 있는 통인에게,

『누가 무슨 까닭으로 저렇게 슬피 우느냐?』하고 물었다. 통인은『그 여인은 나이 열아홉에 남편을 여의고 의지할 부모나 친척도 없기에 외로움에 못 이겨 밤마다 저렇게 울고 지냅니다.』하고 대답했다. 측은한 마음이 생긴 어사는 좀체 잠이 오지 않았다. 그 이튿날 밤도 책을 들고 앉은 그의 귀에 슬픈 곡성은 여전히 들려왔다. 어사는 얼마를 있다가 차마 그 소리를 못 듣겠는지 통인을 보고,

『저렇게 날마다 울기만 하면 필경 울다가 쓰러져 죽을 것이 분

명하다. 인생이 가련하지 않은가? 내 사리를 타일러 조금이라도 위로해 주어야겠다. 네가 옆집에 가서 여자를 불러오너라!』한다. 그러나 통인은 허리를 굽혀 천연스럽게 그것은 안 된다고 한다.

『수절 과부로서 외간 남자의 부름에 응할 리가 없습니다. 어사님께서 저 여자를 불쌍히 여기시고 도우실 생각이오면 집이 여기서 가깝사오니 잠시 행차하심이 좋을까 하옵니다.』

어사가 생각해보니 친히 가서 타이른다는 것은 매우 어려운 듯 생각되었다. 그러나 어사라는 본분이 백성들의 어려움을 덜어주는 직책이 아닌가? 그래서 통인을 따라 울음소리 나는 그 집으로 갔다. 당도해보니 사오 칸 초가집이다. 먼저 통인을 들여보내 어사가 왔음을 알리라 하였다. 그러나 어사가 한참을 기다려도 여자의 울음소리는 그치지 않았다. 어사는 기다리다 못해 문을 열고 들어갔다.

방 안을 살펴보니 깨끗하게 도배가 된 천장이며 벽인데 밝은 등불이 조는 듯 켜져 있었고, 그 한가운데 소복한 여인이 새하얀 손목을 턱에 고이고 앉아서 울고 있었다. 통인은 앞에서 울음을 그치라고 타이르지만 그런 말은 듣지도 않는 모양이다. 어사는 울고 있는 애련한 여인을 보니 더욱 가엾은 생각이 들어 부드러운 말로 타일러 보았다.

『무슨 연고로 이렇게 슬피 우는고? 나는 왕명을 받고 내려온 어사로 이틀 밤이나 그대의 울음소리를 듣고 측은한 생각이 들어서 이렇게 찾아 왔으니 사정을 말하라. 내 힘이 닿는 데까지 도와 주리라.』했다. 여인은 어사의 말을 듣고 있더니 울음소리를 그치고 눈물을 닦은 다음 고운 입을 열어 또렷이 말을 한다.

『첩은 일찍 남편을 여의고 그를 쫓고자 하오나 부모가 물려주신 모진 목숨을 칼이나 수건으로 끊기는 차마 못 하옵고 이처럼 울다가 죽으려 하는 몸이옵니다. 왕명을 받드신 어사또께서 이런 누추한 자리에 왕림하셔서 고마우신 말씀을 내리심은 무엇이라 사려야 좋을지 모르는 바이옵니다. 벌써 두 달 동안 이렇게 우는 것이오니, 다시는 이 죽기를 작정한 목숨에 높으신 말씀을 마시옵기 바라옵니다.』라고 하고는 다시 울음을 시작한다.

어사는 그 말을 들으니 더욱 애틋한 정이 일어났다. 그리하여 순순히 타일러 부모가 물려준 목숨을 울어서 마치려 함이 무엇이며, 의탁할 몸이 없다면 적당한 자리를 골라 다시 금실을 좋게 살면 되는 것이지 무엇 때문에 목숨을 끊으려 하느냐 하였다. 여인은 다시 『말씀은 옳사오나 사람을 쫓자 하니 혹 용렬한 자를 만날까 두렵사옵고, 수절로 한평생을 마칠까 하여도 가냘픈 여자 몸으로 욕을 당하기 쉬워 아무래도 죽는 것이 상책인가 하옵니다.』 하고 대답한다. 어사는 그 여인의 아름다운 얼굴과 고운 마음씨가 아까워 아무래도 죽으라고 버려둘 수는 없을 것 같았다. 그래서 별로 생각 없이 한마디 말을 던졌다.

『내가 별로 용렬함을 벗어나지 못하였으나 길거리 부랑패는 아니니 나를 쫓아서 목숨을 보존함이 어떻겠는고?』하니,

여자는 좀 놀라운 표정으로 쳐다보다가 한참 생각하고 있더니 똑똑한 말씨로 대답하였다.

『저 같은 미천한 것에게 그런 말씀을 해주시니 너무나 기뻐 감히 믿을 수 없습니다. 그러나 한편 어사님과 같으신 분이 거짓말을 하시지는 않을 줄 믿사옵고 감사드리옵나이다.』하고는, 울음을 아주 거두어 버리고 일어나 절까지 하는 것이다. 어사는 물론 그런 결과가 닥칠 줄은 뜻밖이었다. 그래 목숨은 건져 주었으니 적당히 얼버무려 버릴 생각으로,

『오늘은 사무가 바쁘니 그냥 돌아가기로 하고 훗날 다시 와서 너를 데리고 갈 터이니 두어 달 동안만 기다려라.』하였다. 그러나 여인은 듣지 않았다. 온화하던 얼굴이 파르르 떨렸다.

『누구를 노리개로 아시나요. 감언이설로 과부를 꼬여놓고 별안간 딴소리를 하세요. 사람의 내일을 어떻게 믿고 두 달이나 기다려요. 이 몸은 이미 당신에게 바쳤는데 그런 거짓말로 속이려 하시다니, 아이 분해요. 이제 사람들이 알고 나를 더러운 년이라 할 거예요. 안돼요. 정 그렇다면 나는 거리에 나가서 어사가 나를 꾀었으나 나는 넘어가지 않았노라 하고 순결을 밝히고 죽을 테요. 여기에 있는 통인이 증인이지요!』

쌀쌀하기가 얼음장 같아서 당장에 일어나 나갈 것 같았다. 어사는 당황하였다. 그렇게 되면 큰일이다. 하는 수 없이 통인을 물러가라 하고 거기에서 그 여인과 어사는 하룻밤 인연을 맺게 되었다.

어사와 그 여인은 하룻밤을 즐겁게 보내고 날이 밝아 일어났다. 그리고 공사를 마치고 곧 데리러 오겠다고 하더니 어지간히 바빴던 모양이었다. 여인은 별로 섭섭한 기색도 없이 『하시는 대로 따르겠나이다.』하였다. 그 여인이란 물을 것도 없이 기생 옥매향玉梅香이었다.

옥매향은 어사가 떠난 뒤 그때 있었던 일을 본관에게 보고하였다. 본관은 매우 기뻐하면서 감사에게 보고하였고, 평양감사는 또한 크게 기뻐하면서 상품을 내렸다. 그리고 봉서封書로 왕께 아뢰었더니 회보에 명하기를, 그 기생을 잘 화장하여 서울로 보내라는 명령이었다. 그리하여 매향은 서울로 올라갔다. 한편 어사 또는 두루 순행을 마치고 돌아왔다.

왕은 그의 수고를 치하하고 민간 사정을 물은 다음 잔치를 베풀었다. 한참 모두 즐겁게 노는데 왕은 종학에게 물었다.

『평안도는 색향이라 거기에 내려간 소년 관원들이 색을 범하지 않는 자들이 없다고 들었는데, 경은 어떤고? 본래 색에는 초연한 사람이니까 다른 사람과 같지는 않았을 테지…』

종학은 저질러 놓은 일이 있었으므로 어쩔 수가 없이 아뢰었다.

『인명에 관계되는 일이 있어서 기생은 아닌 여염집 여자와 상관된 일이 있었습니다.』한다. 그리고 성천에서 일어난 이야기를 대충 말하였다. 그 자리에는 물론 조위도 있었다.

왕은 종학의 말을 끝까지 듣더니 웃으면서 어수를 들어 해와 달을 그린 병풍을 거두었다. 아아, 그러자 이 어찌 된 일이냐? 그 병풍 뒤에는 조위가 상관한 궁녀와 종학이 상관한 과부라는 여자가 곱게 차리고 있다가 사뿐사뿐 걸어 나오지 않는가! 종학은 어이 된 영문을 모르는 채 매향을 보니 부끄러워 고개를 들지 못하였다. 왕은 부복한 종학을 보며 말했다.

『네가 상관한 여자는 저 여자지? 너는 기생이 아니라고 하더라만 과부는 계집이 아니냐? 너도 인명을 버릴 수 없어 상관했다고 했지? 조위의 경우와 무엇이 다르냐?』하고, 자초지종을 모두 이야기 하니 좌우의 여러 신하들은 입을 가리고 웃음을 참지 못했다.

성종은 그 자리에서 『이 두 여자는 너희 주인에게 각기 맡길 터이니 서로 화목하게 삶으로써 중매한 나로 하여금 무색하지 않도록 하라!』하고 두 여자에게 상금을 많이 주어 궁녀는 조위에게로, 매향은 신종학에게 각각 짝을 지어주었다.

12

폐비 윤씨, 사약을 받다

　성종의 처음 중궁은 공혜왕후 한씨인데 19세의 나이로 세상을 떠났다. 그다음으로 맞은 이가 좌의정 윤기무의 따님인 윤씨였다. 그는 아름답고 재주가 뛰어났으나 지나치게 질투가 심하여 성종이 후궁을 가까이하는 것을 보고 식음을 전폐하고 드러눕기가 일쑤였다. 그래도 성종은 너그러이 대하고 용서함이 많았으니, 그가 왕비로 추대받은 후 곧 아들을 낳은 까닭이라 한다. 그 아들이 뒤에 연산군이 된다.

　덕종의 비 소혜왕후는 대비로서

　『시기는 부녀자의 칠거지악 중의 하나이니, 조심하여 고치도록 하라!』하고 여러 번 윤씨를 훈계하였으나 윤씨는 조금도 삼가지 않았다. 뿐만 아니라 날이 갈수록 더욱 더하여 나중에는 궁

녀들을 모두 불러 세우고,

『만약 너희들이 상감을 모셨다가는 죽으리라!』하고 얼러대기까지 했다. 하루는 왕이 후궁에 들었다. 그 말을 누구에게 얻어들은 윤씨는 발끈하여 곧 뛰어들어가서는 왕의 면상을 긁어 손톱자국을 내게 되었다. 대비가 그 소리를 전해 듣고 크게 성을 내어,

『서민의 집에서도 이럴 수가 없거늘, 하물며 한 나라를 맡으시고 만민을 다스리시는 임금에게 이 무슨 변고인고? 지금 당장 폐비하여 내쫓아야 한다.』고 주장하여 조정에 물의가 분분하였다. 그리하여 왕은 궁중의 여러 대신들과 공론에 붙인 결과 곧 폐하여 본집으로 내쫓았다. 그다음 숙의 윤씨를 왕비로 하니 영원부원군의 따님으로 정형왕후였다. 뒤에 중종을 낳고 자순대비라고 일컬음을 받았다. 윤씨는 폐비 당한 뒤 본가에 나가서 밤낮으로 슬피 울었다. 울고 울어 눈물이 다하고 낮에는 피가 흘러 피눈물로 수건이 물들었다고 한다. 왕은 그 뒤 그래도 윤씨를 못 잊었음인지 내시와 궁녀를 시켜 동정을 살펴오라 하였다. 그러나 대비는 그를 내시와 궁녀에게 명하여 사실을 고하지 못하게 하였다. 윤씨가 조금도 삼가는 빛이 없이 곱게 화장을 하고 옷을 꾸며 입고 여러 사람들에게 악담을 일삼는다고 아뢰게 한 것이다. 내시와 궁녀들은 시키는 대로 왕에게 거짓 보고를 했다. 왕은 진노하여 여러 신하들을 불러놓고 의논한 나머지 폐비 윤씨에게 사약을 내려 죽이기까지에 이르렀다.

13

화를 면한 허종과 그 형제

성종이 윤씨에게 사약을 내리려 할 때, 대신과 백관들에게 묻고자 신하들을 모두 불렀다. 그때 허종과 허침 두 형제도 불리어 갔었다. 둘은 궁중으로 들어가는 길에 누이 집에 들렀다. 누이는 오라버니들을 보더니,

『무슨 까닭으로 들어가시나요?』하고 물었다.

『글쎄, 아마 폐비 윤씨에게 사약을 내리시려는 문의인 듯하네…』

그러자 누이는 그 오라버니들을 보고 들어가지 말라고 한다. 그러나 형제는 임금의 처분인데 신하들에게 무슨 관계가 있겠느냐고 웃었다. 누이는 눈을 감고 손을 저으며 다시 말했다.

『내 비유하여 드리지요. 가령 어느 집에 주모主母가 행실이 나

빼다고 하여요. 그 남편
이 아내를 죽일 때 하인
과 상의하고 죽였다면
그 후 그 아들이 주인이
되어서 하인을 그냥 두
겠어요? 윤씨는 쫓겨나
게 되었지만 세자가 계
시잖아요. 더욱이 들은
즉, 그의 마음이 인자하

종침교터(琮琛橋址)
서울시 종로구 내자동에 위치

지 못하다 하니 오라버니들 잘 생각하세요.』

형제들은 누이의 생각에 크게 깨달았다. 『과연 옳은 말일세.』
그렇게 말하고 그들은 사직 골에 있는 돌다리를 건너다가 일부러
말에서 떨어졌다. 그리하여 낙상을 핑계 삼아 회의에 참석하지
않았으므로 뒤에 그 형제만은 연산군의 살육을 면하게 되었다.
그들이 떨어진 다리 이름을 종침교(허종과 허침이 떨어진 다리)라
부른다.

성종은 재위 25년 동안에 여러 가지 아름다운 일을 남기고 춘
추 38세에 승하하였다.

 제4편 **연산군에서 명종까지**

제10대 연산군의 가계도

[부] 성종

[모] 폐비 윤씨-제10대 연산군(재위 기간 : 11년 4개월, 부인 : 2명, 자녀 :
4남 2녀)

제11대 중종의 가계도

[부] 성종

[모] 정현왕후 윤씨-제11대 중종(진성대군, 재위 기간 : 38년 2개월, 부인
: 10명, 자녀 : 9남 11녀)

제12대 인종의 가계도

[부] 중종

[모] 장경왕후-제12대 인종(재위 기간 : 9개월, 부인 : 2명, 자녀 : 없음)

제13대 명종의 가계도

[부] 중종

[모] 문정왕후-제13대 명종(재위 기간 : 22년, 부인 : 1명, 자녀 : 1남)

거대한 폭군, 연산

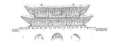

〖 연산군의 약사 〗

조선 제10대 임금 연산군은 성종의 원자이며, 부인은 영의정 거창부원군 신승선의 딸이다. 1494년 성종이 죽자 즉위하였다. 그의 실정으로 1506년 중종반정이 일어나 재위 12년 만에 폐위당하고 연산군으로 강봉降封되어 강화 교동에 유배되었다가 그해에 병사했다. 1512년(중종 7년) 폐비가 된 부인 신씨가 건의하여 묘를 강화에서 서울 도봉구 방학동으로 이장했다. 1476~1506.

연산군은 성종의 맏아들이다. 앞서 말한 바와 같이 폐비 윤씨의 소생이다. 성종이 윤씨를 폐출한 후 그의 소생인 연산까지 함께 내치려 하다가 어미의 죄를 자식에게까지 묻는다는 것이 옳지 못하다고 그대로 두었다고 한다. 연산이 어릴 때는 매우 총명한 듯 보이더니 차츰 성장함에 따라 음험하고 포악해져 갔다. 성종도 그것을 알았던 모양이다. 이미 말한 바와 같이 손순효의 이야기가 그것을 말하고도 남음이 있다. 또한 연산군의 혼인을 지내는 날 비바람이 몹시 불고 일기가 아주 좋지 못하여 사람들이 불길한 징조라고 하였음에도 성종은 들은 척 않고 사돈이 되는 신승선에게 음양이 화합하여야 바람과 비가 있는 법이니 오늘 일기는 매우 좋다고 해서 억지로 혼례를 치르게 하였다.

연산군의 어머니 되는 윤씨는 본가로 폐출된 뒤 이미 말한 바와 같이 밤낮을 울음으로 보내어 피눈물로 수건을 아롱지게 하였다. 그는 약사발을 받을 때 그 피 묻은 수건을 어머니께 맡기면서,

『내 아들이 다행히 살아 임금이 되거든 이 수건을 전하여주오!』하고 부탁하였다. 어머니는 울면서 그 수건을 받아 두었다가 인수대비가 죽은 뒤에 나인을 통해 그 수건이 왕에게 전달되었고 그것으로 인해 그 어머니의 원통한 죽음을 알게 되었다. 윤씨가 사약을 받아 죽을 때 연산은 아직 어렸었다. 그래서 그는 사실을 알지 못했고, 중종의 어머니인 자순대비의 손에 의하여 길러졌음으로 그가 어머니인 줄만 믿고 있었다. 그것이 천만 뜻밖에도 그것이 아니라는 사실과 함께 피 묻은 수건으로 슬픈 어머니의 이야기를 들었을 때 그의 놀라움은 한없이 컸었다. 그리하여 본래 연산의 포악한 성질이 불붙은 기름처럼 타오르기 시작했던 것이다. 그는 내시를 시켜 일기책을 가져 오라 하여 사약을 공

론할 때 참여했던 신하들을 불러 당시의 상황을 소상하게 알게 되었다. 그리하여 그 어미에 사약을 내리게 한데 찬성했던 신하들을 모조리 몰아 죽이기 시작했다. 그래서 연산은 폭군으로 불리게 되었다.

나중에 중종의 반정으로 임금 자리를 빼앗기고 호칭도 연산주로 불리게 되었지만, 조선왕조 오백 년의 역사 중에서 그보다 포악한 임금은 없었다.

연산군(燕山君) 묘
사적 제362호, 서울특별시 도봉구 방학로에 위치, 출처 : 문화재청

연산군이 생각하는 「소인과 성인」

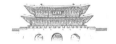

　연산이 아직 세자 때의 이야기다. 일찍부터 놀고 장난하기만
을 좋아하고 허침과 조자서 두 스승의 심혈을 기울이는 가르침도
들은 척도 하지 않았다. 하루는 조자서가 참다못해 자리를 바르
게 하고 말하였다.

　『이처럼 글 읽는데 마음을 두시지 않으시면 신은 사실을 상감
께 고하겠습니다.』

　연산은 그 말에 순간은 꿈질했지만 몹시 비위에 거슬렸던 모양
이었다. 그 반면 허침은 언제나 너그러운 태도와 부드러운 말씨
로 타일렀다. 그래서 연산은 그것이 매우 고마워 붓으로 벽 위에
낙서하기를, 〈조자서는 [大小人]이요, 허침은 [大聖人]이다.〉라고
썼다고 한다. 사람들은 그 말을 듣고 조자서의 일을 걱정했고, 그

우려하는 바대로 현실로 이어져 뒤에 자서는 연산의 '살육파동'
에 첫 인물이 되었다.

국조통기(朝通紀)

조선 예종·성종·연산군·중종 4대의 사적을 간단히
정리한 편년체의 역사책 중에서 연산군 부분, 서울대학
교 규장각한국학연구원 소장, 출처 : 국립고궁박물관

3

김종직, 고향으로 떠나다

점필재 김종직은 성종이 승하한 후 인산을 마치고는 서울을 하직하고 고향으로 내려가려 했다.

어느 친구 하나가 이상히 여겨 『왕위에 오르신 새 임금 또한 밝은데 왜 벼슬을 떠나려 하오?』 하고 물었다.

종직은 한참 입을 다물고 있다가, 『새로 왕위에 오르신 임금의 눈빛을 보니까 나 같은 늙은 신하는 백발을 보존하기 어렵게 여겨지오. 일이 이렇거늘 무엇을 바라고 머물겠소!』 하였다.

연산은 안광이 매우 불량했고, 등극 초부터 대신들의 충간함을 어느 개가 짖느냐는 듯 듣지 않았다.

4

입은 「화를 부르는 문」,
혀는 「몸을 죽이는 도끼」

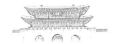

　연산은 충성스러운 신하를 죽이고 소인 잡배를 가득히 조정에
들여놓고 더러운 욕정을 채우기 위하여 멋대로 행동하였다. 그가
좋아하는 것은 술과 계집이었고, 고을마다 채홍사니, 채청사니
하는 관리를 보내어 유부녀든, 처녀든 간에 인물만 예쁘면 모조
리 빼앗아오게 하여 밤낮으로 농락하여 마지않았다. 그리고는 대
궐 안에 연방원이니, 함방원이니 하는 처소를 만들어 각처에서
불러들인 계집들을 수용하면서 마음껏 농락하는 놀이터로 만들
었다. 날마다 술과 잔치를 벌여놓고 해 가는 줄을 몰랐다 했다.
놀이터를 마련하기 위하여 날마다 토목공사를 했고, 매일처럼 사
냥과 놀이를 즐기면서 잔치를 벌이니 그 거대한 비용으로 국가의
창고가 거덜 나고 명목 없이 민간에 세금을 거두어들이고 백성들

을 개나 말처럼 부려먹었다. 원성이 고을마다 넘쳐나고 부역에
부대끼는 백성들은 굶어 쓰러지고 시체는 길가에 즐비하였다. 심
지어는 공자의 위패를 산중의 이름 없는 정자로 옮기고는 성균관
을 놀이터로 만들고 글 읽는 유생들을 모두 쫓아버렸다.

　오부학당을 모두 폐하여 무당과 화랑들의 연습장으로 쓰게 했
고, 서울 가까운 큰 고을에 좀 남아있는 백성을 모두 내어 쫓고
그 재산을 허비하여 노비들이 차지하게 주었으며, 강나루마다 강
을 건너는 사람에 비싼 세금을 부과했으므로 길 가는 나그네들의
통행이 끊어졌다고 한다.

　그러나 그 모든 것은 오히려 약과다. 그보다 더욱 기가 막히는
것은 걸핏하면 사람을 죽이는 것이었다. 충성스러운 신하는 아예
얼씬하지를 못했다. 그래도 혹시 간하는 자가 있을까 주위의 신
하들을 억누르고,

　　　　口是招禍之門이요　舌是殺身之斧라.
　　　　구 시 초 화 지 문　　　설 시 살 신 지 부

　　　입은 화를 부르는 문이요, 혀는 몸을 죽이는 도끼다.

라고 하는 패를 저마다 차게 하여 곧은 신하들의 입을 막았다. 내
관 김처선 같은 이는 이 기가 막힌 계율을 박차고 왕의 포악을 간
하다가 연산이 몸소 쏘는 화살에 희생되어 죽었다.

5

무오사화는 일어나고…

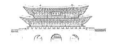

위로 어두운 임금이 있으면 간사한 신하가 생겨나는 법이다. 그리하여 그들은 저 한 몸의 욕심을 위하여 충신을 죽이고 백성을 도탄에 몰아넣는다. 이극돈, 유자광 등이 곧 그런 무리였다. 그들은 그들의 한 몸의 욕심을 위하여 저 김종직의 무덤을 파고 김일손 이하 일대의 이름 있는 선비 60여 명을 죽였으니, 그것이 곧 무오사화이다.

이 무오사화는 김종직의 '조의제문弔義帝文' 이란 글을 이극돈과 유자광이 사사로운 감정으로 모함한 데서 비롯되었다. 즉 김종직이 옛적 중국 초나라 임금인 의제가 항우에게 죽은 일을 동정하고 그를 조상하는 글을 지었는데, 김일손이 사관으로 있을 때 그것을 사기에 실었다. 이극돈은 김일손이 '헌납' 이란 벼슬에 있을 때 심하게 논쟁을 하고 매우 사이가 좋지 못했는데, 그가 성종대왕실록을 편찬하려고 사적인 자료에 있는 사기를 뒤적였던 바 다분히 그를 욕한 대목이 나왔다.

본래 위인이 간악한 그는 앙심을 품고 유자광에게 가서 상의하였다. 어떻게 분풀이를 할 수 없겠는가 하고-. 유자광 역시 전날 경상도 함양 고을에 가서 어느 정자에 글을 붙인 것을 김종직이 그 고을 군수로 가서 그의 글을 우습게 여기고 떼어버린 일이 있었으므로 언제나 김종직을 욕했고 그의 제자인 김일손을 좋게 보지 않았다. 둘은 김종직의 '조의제문' 에 트집을 잡아 단종을 의제로, 세조를 항우에 비유했다는 사실을 연산에게 고하고 모함하였다. 연산은 그의 헛된 짓을 간하여 일일이 간하는 유생들을 심히 귀찮게 여기고 있던 터였으므로 때는 이때다 하고 크게 기뻐하였다. 그리하여 선비란 선비는 모조리 김종직, 김일손의 파당으로 몰아 죽은 사람은 묘를 파내고, 살아있는 사람은 목을 베었다. 그 후로는 심지어 길에는 선비의 복장을 한 사람이 끊어졌고 서당에서 글 읽는 소리도 들리지 않게 되고 말았다.

두 번째의 대학살 – 갑자사화

어머니가 비명에 죽었다. 그런 생각이 잔악한 연산에게 피를 불러일으켰다. 그리하여 '한 번은' 하고 노린 것이었다. 마침 연산의 처남에 신수영이라는 자가 있어 위인이 간악하기 그지없었다. 익명의 투서로 여러 사람들이 윤씨 사건에 관계한 것으로 모함하였다. 학살의 구실을 찾은 연산의 잔악성이 드디어 두 번째 피의 바람을 일으킨 것이다.

성종의 후궁 엄씨, 정씨가 참혹하게도 형장의 이슬로 사라지고 정씨의 소생인 귕양군과 봉안군이 또한 죽었으며, 연산의 어미 윤씨에게 사약을 내리자고 한 회의에 참석했던 신하들의 이름을 낱낱이 조사하여 이미 죽은 사람은 무덤을 파서 시신을 끊어내고 산 사람은 극형에 처하였다.

그리고 연산은 그 모친 윤씨를 다시 왕비로 복권하려고 하였다. 조정 대신들 모두가 불가함을 아뢰었으나 한결같이 입을 봉하고 연산에게 충간하려는 사람이 없어졌는데, 권달수와 이행이 죽기를 무릅쓰고 간언을 올렸다.

　　『선왕에게 죄를 얻었으니 그것을 회복하심이 불가하옵니다.』

　　그리하여 그 무오사화에서 죽고 남은 선비들마저 모두 몰아 죽였으니, 이것이 이른바 갑자사화이다.

폐비 윤씨의 묘(경기도 덕양구 원당동에 위치)

7

연산군의 음란한 행위

두 사화로 어진 사람을 모두 죽인 연산은 거리낌 없이 풍류와 주색을 일삼았다. 무수하게 궁궐로 뽑혀 들어간 민간의 부녀자들, 그중에는 처녀도 많았고 유부녀도 있었다. 연산은 그들 처녀 중에 웃는 자가 있으면 어느 놈과 상통한 장면을 회상하고 즐거워서 웃는다고 생각하여 악형을 가했고, 유부녀가 수심에 잠겨 있으면 본남편을 생각하는 것이라 하여 그 남편의 목을 잘라 계집에게 보였다. 그러나 옳은 신하가 사라진 조정에서는 쥐 죽은 듯 한마디 말도 하는 사람이 없었다. 연산의 왕비요, 좌의정 신수근의 여동생인 신씨가 정당한 말로 간하다가 시기하면 죽이겠다는 연산의 질책을 맞고 입을 다물어 버렸다.

하루는 나라의 말[馬]을 기르는 사복사에 갔다가 말의 암수가 서로 헐래 하는 장면을 보았다. 그는 매우 그것을 부럽게 생각하고는 돌아와서 옥으로 만든 함지에 유밀과를 담아놓고 계집을 발가벗겨 두 손으로 방바닥을 짚게 한 다음, 엉거주춤 엎드리게 한 채 '어홍' 소리를 지르며 함지에 것을 먹게 했다. 그리고는 자기도 발가벗고 여자의 뒤에로 기어가서 달려들어 성행위를 하는 차마 볼 수 없는 음란한 짓을 다 하였다. 그뿐 아니라 그의 음란한 행위는 기생과 민간 여자를 간음하는 데만 그치지 않았다. 조정 대신의 부인들이 중전에게 문안드리러 오는 것을 몰래 숨어 보다가 마음에 들면 무슨 수를 쓰든지 붙잡아가서 정조를 짓밟았다. 만약 말을 듣지 않았다가는 큰일이다. 그의 남편은 단번에 두 동강이가 나는 것이었다. 그 반면에 여자가 말을 순순히 잘 들으면 지아비는 벼슬을 돋우고 재물도 많이 주었다. 연산의 이런 점을 노리고 자진해서 대궐 안에 출입하여 머물러 있겠다는 계집도 있었다. 윤순의 아내가 그 좋은 예이다. 그는 몸소 연산을 꾀어 정조를 바침으로써 남편을 판서자리에까지 오르게 한 계집이다.

8

연산에게 정조 잃은 아내를
때려서 죽인 교리 이장곤

　교리 벼슬을 하는 이장곤이라는 사람이 있었다. 그의 아내는
자태가 매우 아름다웠다. 그러나 이 같은 사회에서는 아름답다는
것이 도리어 불행이 되었다. 그는 대궐로 끌려 들어가 연산의 더
러운 손에 짓밟힌 것이다. 통곡을 하면서 집에 돌아왔다. 집에서
기다리던 장곤이 그래도 한 가닥 희망을 품고 어떻게 되었는가
하고 물었다. 대답은 돌이킬 수 없는 사실을 말할 뿐이었다. 장곤
은 전신의 피가 거꾸로 흐름을 느꼈다.

　『더러운 계집아. 앙탈을 해서 죽지 못하고 살아서 돌아와서?』
하고 고함을 지르면서 은장도를 들어 아내의 옆구리를 찔렀다.
얼마 뒤에 아내는 싸늘한 시체로 변하였다. 장곤은 냉정해지자
후회 비슷한 것을 느꼈고 연산이 이 사실을 안다면 당장 그의 목

숨이 달아날 판이라는 것을 깨달았다. 그는 모친에게 연유를 말하고 서글픈 도피의 길에 올랐다. 연산은 팔도에 영을 내려 그를 잡아들이라 했다. 숨겨두는 자는 사형에 처하리라고-. 장곤은 산골길로 사람을 피하여 정처 없이 헤매어 다녔다. 며칠 뒤에 다다른 곳이 전라도 보성 땅, 때는 산천이 푸른 오월, 더구나 남쪽이었으므로 더위에 쉴 새 없이 땀이 흘렀다. 시원한 물이라도 있었으면 그렇게 생각한 나머지 그의 눈에 마침 우물가에서 물을 긷는 여인을 보았다. 그는 서슴지 않고 가까이 가서 물을 좀 달라고 했다. 여인은 바가지에 물을 철철 넘도록 떠서는 버들잎 한 움큼을 주룩 훑어 띄워주었다. 장곤은 버들잎을 훅훅 불면서 벌컥벌컥 그 물을 모두 마셨다. 그리고는 버들잎을 띄워준 까닭을 물었다.

『더위에 목마르신 어른께서 급히 물을 마시면 병이 되는 법이오이다.』 했다. 말을 듣고 얼굴을 보니 더욱 아름다워 보였다. 그대로 돌아서기가 너무 섭섭하여 그저 실없는 한 마디로,

『나는 서울 사람으로 사정이 있어 정처 없이 떠다니는 몸이요. 그대에게 부모가 있거든 내 사정을 여쭙고 머슴이라도 살게 해줄 수가 없겠소?』라고 했다.

여인은 한참 생각하더니 그리 하오리다 했다. 장곤은 여인의 뒤를 따라갔다. 집주인은 양수척이라고 불렀다. '수척' 이란 백정을 말하는 것이다. 그 집에서 정성을 다하는 무남독녀인 자기 딸의 말을 듣고 그를 그 집에 있으라고 했다. 다시 몇 달이 지나자

양수척은 사위가 되어 달라고 했다. 이른바 데릴사위인 셈이다. 장곤도 싫다 하지 않았으므로 백정의 사위가 되었다. 얼마 동안을 편안히 놀고먹을 수가 있었으나 언제까지고 그럴 수는 없었다. 주인이 개울가의 버들을 베어 키를 만드는 일과 칼로 소를 잡는 일을 도와달라고 성화였다. 그러나 그는 힘이 부족하고 할 줄 모른다고 했다. 매일 밥만 먹고는 낮잠만 잤다. 주인 내외는 차차 그를 밉게 보기 시작하였고 학대가 날로 더하여 갔다. 그러나 바가지에 물을 떠서 버들잎을 띄워준 아내의 정성은 조금도 변함이 없었다. 아니 오히려 더했는지도 모른다. 그런 나날 속에서 세월은 흘렀다. 장곤은 떠나온 후 까마득히 모르는 서울이 매우 궁금했다. 그러나 까막까치도 오지 않는 산골에서 무슨 소식을 얻어들을 수 있었으랴!

하루는 주인 양수척이 본 읍 관노청에 키를 바치러 간다는 말을 아내에게서 들었다. 장곤은 장인 대신으로 자기가 가겠노라고 했다. 보성군수가 자기의 친구인 줄 아는 그는 거기 가서 엿보아 서울 소식을 좀 알아보자는 것에서였다. 장인인 주인은 선웃음을 치며,

『매도 맞고 돈도 써야 하는 곳을 게으른 네가 어찌 갔다 오겠느냐? 안 된다.』고 했지만 그는 기어이 자기가 가겠노라고 하여 키를 짊어지고 읍내로 들어갔다. 들어가서 그는 관노청은 물어보지도 않고 동헌 앞에 바로 당도하여

『아무 동리에 사는 백정이 키를 바치러 들어 왔습니다.』 하고

소리를 쳤다. 동헌에 앉았던 본관은 그 소리가 서울 사람의 말씨임을 이상히 여겨 문을 열어 보았다. 둘도 없는 친구 이장곤이 아닌가. 오래 소식을 몰랐다. 버선발로 뛰어 내려와서 짊어진 키를 벗겨버리고 손을 이끌며 올라갔다. 그리고 뜻밖의 소식을 전하였다.

『십여 일 전에 반정이 일어난 걸 아직 모르는가? 새 임금은 연산이 억울하게 죄로 몬 사람을 모두 신원시키고 망명한 사람들의 관직을 모두 회복시켰네. 그들이 있는 곳에서 모두 역마로 올라오게 하도록 하라는 명령도 있었고. 내 오늘 곧 차비를 해 줄 터이니 내일로 바로 올라가게.』했다.

이튿날 아무것도 모르고 있는 양수척의 집에는 본관의 가마가 들고, 게을러 아무짝에도 못 쓸 줄 알았던 사위에게 형님이라고까지 한다. 백정 내외는 어안이 벙벙해졌다. 그 사위는 다시 원님이 대령시킨 말과 수레로 딸과 함께 서울로 올라갔다.

뒤에 장곤은 벼슬이 좌찬성에 올랐고, 그 부인 양씨는 일품 정경부인이 되었으며 여러 아들딸을 낳아 평생을 영화롭게 보냈다.

9

연산이 시기한 「돼지 대가리, 장저두張猪頭」

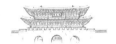

　장순손은 경상도 성주 사람으로 문과에 급제하여 연산조에 벼슬을 하였다. 그는 얼굴 모양이 돼지처럼 생겨 사람들이 장저두張猪頭라고 불렀다. 성주 기생 하나가 뽑혀 올라가 대궐에 있다가 하루는 종묘에서 제사를 지내고 임금에게 바치는 돼지 대가리를 보자 문득 장저두가 생각나서 웃었었다. 그러자 옆에 있던 연산이 '왜 웃느냐?'고 야단이다.

　기생은 하는 수 없이,

　『다름이 아니오라 성주문관 장순손은 그 얼굴이 돼지 같이 생겼기에 사람들이 장저두라는 이름을 붙였사온데, 지금 제사에 쓴 돼지 대가리를 보니 그 생각이 나서 웃었습니다.』하고 사실대로 이야기를 하였다.

연산은 그 말을 듣더니 공연히 노하여,

『네가 돼지 대가리를 보고도 장순손을 생각할 적에 필연코 그놈과 배가 맞아서 정을 잊어버리지 못하는 까닭이로구나! 임금이 가까이한 계집과 통하였으니 그런 무엄한 역적 놈은 그냥 둘 수 없다.』 하고 당장에 금부도사에게 명하여 잡아 올리라고 했다.

그리고는 이어 선전관에게 칼을 주어 오는 도중에 처치해 버리라고 했다. 먼저 내려간 금부도사가 그를 잡아서 압송하여 올라오는 길에 함창 '공검지' 라는 못이 있는 곳에 이르렀다. 거기의 길은 두 갈래였다. 금부도사의 일행이 이르자 고양이 한 마리가 오더니 지름길로 달아났다.

그러자 장씨가 금부도사를 보고,

『여보시오. 내가 지난날에 과거를 보러 가던 길에 고양이가 지나가더니 그때 내가 과거에 합격하였어. 이제 죄를 당하여 가는 이 길에 또 고양이가 지나가니, 혹 그 길로 가면 무슨 좋은 수가 생길지 누가 알겠소? 나의 청을 한 번만 들어 지름길로 갑시다.』 했다. 금부도사가 장순손이 무죄함을 속으로 아는 터이므로 허락하고 지름길을 택했다.

뒤에 내려간 선전관은 칼을 들고 가면서 장순손을 만나면 죽이려 하였으나 딴 길로 간 순손을 그가 볼 수가 있을 리 만무하였었다. 장씨의 집까지 이르러보니 이미 잡혀 올라갔다는 것이다. 선전관은 장순손의 그림자도 보지 못한 채 한 달을 넘겨 세월을 지체하게 되었다. 금부도사도 연산이 왕위에서 오래지 않을 것을 짐작하고, 죄인이 몹시 아프기 때문에 좀 늦노라고 보고하면서 일부러 길을 더디게 했다.

얼마 만에 수원부에 이르자 그날 밤에 반정이 일어났다는 소식이 들려왔다. 무죄하면서 형벌에 걸린 사람은 모두 놓아주라는 것이다. 죄목을 벗은 장씨는 어떻게 좋았든지 가다가 묵고 있는 집 마당에 나가서 덩실덩실 춤을 추었다 한다. 뒤에 그는 정승까지 지낸 인물로 한 나라에 명성이 높았던 사람이다.

그의 이야기로 또 하나 있기로 여기에 적어볼까 한다. 그가 정승으로 있을 때 일이다. 그때 중종 대왕이 과거령을 내렸으므로 시골 유생도 응시하기 위해 서울로 올라왔던바, 글을 쓰려고 종이를 사 들고 거리를 가노라니까 어느 집 하인인 듯한 자가 벙거지를 쓰고 비틀거리며 나오더니 그 유생에게 달려들어 멱살을 잡고 함부로 두들겨 패는 바람에 유생은 이유 없이 얻어맞았다. 술취한 놈이 시골 사람을 업신여겨 그런 행패를 부린 것이었다. 두들겨 맞은 유생은 의관이 찢어졌을 뿐 아니라 몸에 군데군데 상처가 나기까지 했다. 그는 간신히 그놈의 손에서 빠져나와 도망을 가다가 누구에게 물어본즉, 영의정 벼슬을 하는 그 댁의 하인이라 하므로, 곧 그 댁 사랑으로 갔다.

그는 부서진 갓을 내보이며 장 정승 앞에 나가서 문안을 드린 후 그가 얻어맞은 사실 이야기를 하고 그런 놈을 죄로 다스려 주시기를 호소했다. 장 정승은 말을 듣고 유생을 다시 한번 흘낏 보더니 바둑을 두는 손을 멈추지도 않고,

『그놈 죽일 놈이어!』

하며 바둑 한 점을 놓고 다시,

『그놈 죽일 놈이군.』

하고 바둑 한 점을 놓았다.

유생은 실없이 오래 앉아 있다가 감히 두 번 이상 말이 나오지 않았으므로 '물러가겠습니다.' 하고 물러 나왔다. 그제야 정승은 돈 얼마를 가지고 저 양반에게 갓과 도포를 사 주라고 청직이에게 분부할 뿐이다. 유생은 대감이 그놈을 그냥 둔다고 매우 야속하게 여기며 대문을 나서다가 문 앞을 보니 사람 하나를 죽여 거적으로 덮어두지 않았는가.

유생이 놀라 하인에게 물어보니 하인의 대답이,『당신에게 욕을 보인 그 종을 대감의 분부대로 때려죽인 것입니다.』한다. 유생은 죽이기까지 바란 것은 아니었으므로 사람 하나를 죽이는데 지나가는 말처럼 하고 바둑만 두는 장 정승에게 혀를 내둘렀다고 한다.

10

박원종朴元宗의 중종반정
-백모를 유린한 연산의 최후

〔중종의 약사〕

조선 제11대 임금인 중종은 1488년 성종과 계비 정현왕후 윤씨 사이에서 태어났다. 이름은 역, 자는 낙천이다. 1494년 진성대군에 봉해졌다가 1506년 박원종과 성희안의 혁명으로 왕위에 올랐다. 1544년 11월에 세자에게 왕위를 물려주고 다음날 서거했다. 묘호는 중종, 능호는 정릉으로 서울 강남 삼성동에 있다. 1488~1544.

연산이 술과 계집, 죄 없는 사람을 죽이는 통에 백성의 고통이 어쨌는지는 물어볼 필요조차 없으리라. 마지막에 그는 또다시 선비와 윤씨의 사약과 관계되는 인사들을 죽이기 시작했다. 그것이 이른바 병인사화인데, 연산은 그 옥사를 모두 끝내지도 못하고 반정을 당하여 왕의 자리에서 쫓겨났다.

그 반정의 주동이 된 사람은 박원종이었다. 그는 성종 말년에 무과에 급제한 후 선전관으로 있다가 성종 임금의 지지를 받아 부승지에 오른 지조와 도량이 남다른 사람이었다. 연산 때에는 도총관에 이르렀다.

그의 누님이 월산대군의 후취로 들어갔는데, 월산대군이 죽은 뒤에도 아직 젊고 아름다웠다. 색마와 같은 연산이 아름다운 여자를 그냥 두지 못하고 범하기를 주저하지 않았으니, 바로 그의 백모를 범한 것이다. 부인은 봉변을 당한 뒤에 분통을 이기지 못하여 칼로 자기의 음부를 찔러 자살을 했다.

그 뒤부터 박원종의 머리에는 언제나 그 누님의 억울한 죽음의 순간이 떠올라 머리에서 떠나가지 않았다. 원수다. 원수를 갚아야 한다. 더구나 날로 심해 가는 연산의 포악한 행동에 수많은 백성들이 살육을 당하는 비참한 현실 속에서 더 이상 참고 견디며 살아갈 수가 없었다. 그리하여 치밀한 계획으로 여러 동지들을 규합하였다. 먼저 그 당시 물망 있는 재상 유순정, 성희안 두 사람과 손을 잡았다. 그들 세 사람은 자순대비 윤씨가 낳은 진성대군을 받들고 반정하였던 것이다. 이들 셋은 뒤에 정국삼원훈이 되었다.

아직 반정을 일으키기 전 일이다.

세 신하들은 반정을 결정한 다음 삼정승에게는 알리기로 하고 그들에게 모의 내용을 은근히 말하였다. 영의정 유순과 우의정 김수동은 두말할 것 없이 좋다고 했지만 좌의정 신수근은 그렇지

가 못했다. 그는 연산의 처남이요, 진성대군의 장인이었는데 반
정의 밀통을 듣고 생각해보니, 매부가 임금으로 있으나 사위가
임금으로 있으나 일반인데 위험한 일을 하다가 이루지 못하면 죽
을 것이 뻔하기 때문이다.

　그리하여 그는

　『세자가 총명하니 아직 참는 것이 좋겠다.』라고 회답을 했다.
그의 회답을 받은 박원종, 유순정, 강희안 등 일의 누설을 우려하
여 거사를 서둘러 급히 박영문, 장정, 홍경주 등과 밤을 틈타서
훈련원에 모인 다음, 이미 약속하여 둔 각 영문 장졸들을 소집해
이끌고 나아가 창덕궁 앞에 진을 쳤다. 밤은 어두웠고 살기는 등
등하였지만 도성 안 백성들은 조금도 두려워하지 않았다. 영의정
유순, 우의정 김수동이 뒤이어 왔고, 백관과 군민들이 너도나도

구름같이 모여드니 연산군은 자연히 고립하게 되었다. 장사들이 들어가 신수근, 신수영, 임사홍을 철퇴로 죽이고 연산의 총애를 받던 전동, 김효손, 강응, 심금종 등을 모두 잡아다가 군문에서 효수하여 군과 백성들에게 보이고 옥문을 열어 죄 없이 묶여진 사람들을 놓아주니 모두가 춤추며 달려와 환영을 하니 혁명군의 세력이 더욱 떨치게 되었다.

이윽고 하늘이 밝았다. 군사를 나누어 궁정을 지키게 한 다음 박원종은 백관과 군교를 거느리고 경복궁에 들어가 자순대비에게 아뢰었다.

『지금 임금은 도덕을 짓밟고 정치를 문란케 하였으며, 백성들을 도탄에 빠지게 하여 종사가 위태로움에 있사옵니다. 이제 포악한 임금을 없애고 민심이 진성대군을 추대하여 임금으로 모시고자 신들이 그 뜻을 모아 자전마마의 처분을 묻고자 하와 이에 대령하였사오니 허락하여 주옵소서.』

부복하여 다리를 조아리는 사람들 중에는 연산의 좌우에 있던 환관과 궁녀들도 있었다. 자전께서 사양하는 말로,

『나의 아이가 어찌 이런 중대한 자리를 맡겠는가. 지금 세자가 총명하니 경들은 그를 세우고 잘 보필하여 편안케 하오.』 하였다.

유순정이 다시, 온 백성이 바라는 바를 억누를 길이 없다고 누누이 아뢰었다. 얼마 뒤 자순대비가 허락을 했다. 그리하여 유순정과 강흠 등이 시위의장을 갖추어 거느리고 진성대군을 궐내로 모셨다. 대비전은 그를 맞아서 비망의 기록을 내렸으니 그 내용

은 다음과 같았다.

『이 사직은 백 년의 덕을 쌓고 만세의 터를 닦음을 으뜸으로 하거늘, 대통을 이은 임금이 불행히 덕을 잃어 백성이 도탄에 빠졌음에 대소 신료들과 원근의 신민들이 소리를 같이하여 호소하기로, 이때에 종사를 바로잡지 않으면 안 되겠기에 이에 덕 있고 현명하신 진성대군을 추대하였노라. 또 생각하오니, 어두운 임금을 폐하고 밝은 임금을 세움이 어찌 천고를 통한 이치가 아니리요. 이제 내가 대신들의 마음을 좇아 진성대군으로서 왕위에 나아가게 하고 전왕을 폐하여 연산군으로 삼으니 이렇게 함으로써 장차 끊어지는 백성의 목숨을 회복하고 기울어져 가는 나라의 운수를 바로잡고자 함이다. 여러 신민들이여! 나의 뜻을 알지어다.』

여러 신하들이 엎드려 자전의 명령을 받은 후 대군으로 하여금 면류관과 왕의 복장을 갖추고 근정전에서 등극하였으니, 이 임금이 곧 중종이다. 그때 임금의 나이 19세였다. 이어 부인 신씨를 왕비로 책봉하고 만조백관의 하례를 받아 비로소 왕위에 오른 포고문을 팔도에 반포하였다.

폐위된 임금 연산을 감옥에 내려 가둔 다음 군사로 지키게 하였으니, 그것이 방탕과 포악의 대가였다. 그 밖의 폐왕비 신씨는 정청궁에 내몰았고, 폐세자와 그다음 아들을 모두 귀양 보냈다. 그해에 연산이 죽었다. 그의 장사는 왕자의 예로 행해졌으며 연산의 왕비는 정청궁에서 다시 다른 처소로 옮겨지어 빈궁의 대접을 받았다.

11

중종과 장동에 있는 치마바위

중종이 즉위하자 여러 공신들은 왕비 신씨의 폐출을 주장하였다. 신씨는 신수근의 따님이었으므로 그의 아버지를 죽이고 따님을 중궁으로 섬기는 것이 그들에게는 위험하기 짝이 없는 일이었기 때문이었다.

연산의 모친인 윤씨의 폐출과 사약은 성종과 인수대비의 손으로 이루어졌음에도 뒤에 무수한 신하들이 피를 불러왔거늘, 하물며 우리 손으로 죽인 신수근의 일에 있었으랴! 하는 것이 그들의 생각이었다. 그리하여 화근을 없애야 한다고 일제히 여러 공신들이 대비전과 중종 앞에 나아가 폐비를 간청하였다.

『신수근은 반정을 반대한 신하로 어두운 조정에는 충신이었고, 밝은 조정에는 역적이었습니다. 그는 비록 죽었사오나 그런 역적의 따님으로 지존을 짝 하와 중궁에 처하게 하심은 실로 도리에 어긋난 일이오니 폐하시어 국가 혈통을 바르게 하심이 가하옵니다.』했다.

당시 등등한 공신의 힘을 중종과 대비는 무마할 수 없었다. 그리하여 사랑하는 아내요, 아끼는 며느님을 폐출하지 않으면 안 되었다. 신씨는 왕비가 된 지 7일 만에 폐비가 되어 본가로 돌아간 것이다.

중종은 신하들의 강력한 청으로 하는 수 없이 신씨를 사제로 보냈으나 차마 잊어버릴 수가 없었다. 그래서 높은 누각에 올라 신씨가 있는 집을 바라보았으므로 신씨 집에서도 그것을 알고 집 뒤 동산에 있는 바위에 신씨가 입은 붉은 치마를 둘러 두고 왕의

치마바위(서울시 종로구 사직동에 위치)

바라보는 마음을 위로했다.

지금 장동에 있는 치마바위는 그때 신수근의 집 뒤 동산에 신씨의 치마를 둘러둔 바위이다.

왕비 신씨가 쫓겨난 뒤에 파원부원군 윤여필의 따님을 간택하여 숙의를 삼았다가 곧 왕비로 책봉하였으니, 그가 장경왕후이다. 효혜공주와 인종을 낳은 뒤 25세의 방년으로 세상을 떠났다.

장경왕후가 세상을 떠나자 폐비 신씨를 복위하자는 말도 있었으나 공신들이 적극 반대하여 파산부원군 윤임의 따님으로 중궁이 간택되었다. 그가 문정왕후이다. 얼굴은 매우 아름다웠으나 성질이 몹시 앙칼스러워 그로 말미암아 인종의 수명까지 짧게 하였으니 어찌 한스럽지 않으랴.

한편 폐비 신씨는 불우한 평생을 사저에서 보내다가 72세에 세상을 떠났고 영조 때 복위되어 단경왕후라는 시호를 받았다.

남곤南袞의 참소와 주초위왕走肖爲王

─기묘사화가 일어남─

중종은 처음 몇 해 동안 고려의 충신 정몽주를 문묘에 받들고 명경과를 신설하여 과거를 보이고 인재를 널리 등용하는 등, 그 정사가 매우 어질었다. 그때에 유명한 선비로 조광조라는 사람이 있었다. 중종은 그를 매우 신임했고, 그 또한 심혈을 기울여 고매한 이념으로 왕을 보좌하였으므로 덕망 높은 선비들이 조정에 가득했고, 관리는 청렴하고 결백하여 깨끗함을 숭상하였으며 늙은이가 짐을 지지 않았고 남녀가 길을 함께 걸어감이 없도록 인륜과 도덕이 밝았다.

그러나 남곤이란 자는 재주가 뛰어나서 어릴 때 벼슬에 올랐으나 위인이 바르지 못했으므로 '요순세계'를 지향하는 사림파 조광조 등에게 배척을 받았다. 그는 그를 남소인南小人이라고 불렀기 때문에 사림파를 몹시 미워하고 기회를 엿보고 있었다. 한 번은 지진이 크게 일어나 왕이 근심하는 것을 보자 '옳지 되었다'고 말을 퍼뜨려 권력 있는 신하가 나랏일을 제 마음대로 하는 까닭이라고 왕의 마음을 흐리게 하였다. 그 뒤에 잇달아 권세와 백성의 마음이 모두 조광조에게 돌아간다는 말을 자주 퍼뜨리는가 하면 대궐 후원에 있는 나뭇잎에 '주초위왕走肖爲王'이라고 꿀로써 글자를 써놓고 벌레가 뜯어 먹게 하고는 자연적으로 생긴 것처럼 따서 왕에게 바쳐 走肖는 趙의 파자破字이니, 조광조가 왕이 되겠다는 뜻이라고 아뢰기도 하였다.

별로 현명하지 못한 중종은 차츰 의심을 하기 시작하였는데, 홍경주가 또한 과거에 반정공신으로서의 그의 좌찬성 벼슬이 과하다고 아뢴 조광조를 대단히 밉게 보았다. 그는 그런 사사로운 감정으로 왕의 빈궁인 그의 딸을 충동질하여 그를 흠집 내기를 마지 아니하였다. 그 위에 설상가상으로 조광조에게 불리한 일이 일어났다. 즉, 반정공신들의 벼슬이 모두 너무 높다는 주장을 조광조가 하였으므로 반정공신들은 그들의 벼슬이 빼앗길까 우려하여 대소동을 일으킨 것이다.

때를 기다리던 남곤에게 참으로 좋은 기회가 왔다. 그는 저들과 같이 '남소인'이란 지목을 받는 심정沈貞과 더불어 홍경주를 앞세우고 밤에 신무문에 이르러 왕에게 대변이 일어났다고 아뢴다. 중종은 조광조가 붕당을 만들어 임금을 속여 딴 뜻을 품고 있다는 말을 퍼뜨린 바람에 크게 놀라 무사들을 불러 궁궐에 세운 다음, 여러 대신을 불러 조광조 이하 김정, 김구, 김제, 이자 등을 모두 목 베겠다고 하였다.

영의정 조광필이 소리를 죽여 흐느끼면서,

『연소한 유생들이 때를 알지 못하고 철없이 난동을 부렸을지 언정 다른 뜻은 없는 것이오니 통촉하시어 용서하소서.』하고 간청했으나 왕은 듣지 않고, 조광조 이하 여러 사람을 투옥시켰다가 먼 곳으로 귀양을 보냈다. 그리고 얼마 뒤에 남곤, 심정 등의 말을 들어 조광조 이하 선비들 70여 인을 모두 몰아 죽였으니, 이것이 이른바 기묘사화이다. 조광조가 죽던 날 흰 무지개가 하늘의 해를 꿰뚫었다 한다.

그밖에 신묘삼간辛卯三奸과 정유삼흉丁酉三凶을 등용하고 형량과에 급제한 여러 사람들의 홍패를 거두어들이는 등, 중종의 실정은 이루 헤아릴 수가 없었다. 어진 정승 정광필 이행을 벽지로 귀양 보내는 것도 그의 어질지 못함을 말하고도 남음이 있다. 그리하여 그는 비록 연산의 악정에서 벗어나려는 백성들의 염원으로 왕위에 올랐지만 결코 현군은 되지 못하였다. 중종은 재위 39년에 그의 나이 57세로 세상을 떠났고, 아들 9형제와 딸 11명을 두었다.

중종이 승하하자 왕가의 준칙대로 맏아들이 등극하니, 그가 곧 인종이다. 그는 효성이 남달랐고 신하의 올바른 말을 기꺼이 들었으며, 백성들의 고난을 당신의 고난으로 아는 성군이었으므로 연산과 중종 때 흩어진 정사가 다시 빛을 발하였다. 그러나 불행히도 단명하여 등극한지 일 년 만에 세상을 떠났다.

13

효성 지극한 임금 – 인종

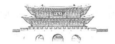

〖 **인종의 약사** 〗

조선 제12대 임금인 인종의 휘는 호이며, 자는 천윤이다. 중종과 장
경왕후 윤씨 사이에 태어난 큰아들이다. 중종 15년에 세자로 책봉되
었는데, 세자로 25년간 지내다가 중종이 죽자 다음날에 즉위하고 이
듬해에 죽었다. 묘호는 인종, 능호는 효능으로 경기도 고양시 덕양
구 원당동에 있다. 1515~1545.

인종은 장경왕후 윤씨의 소생이었으나 세상에 난 지 7일 만에
어머니를 여의고 계모인 문정왕후 윤씨의 손에서 자랐다. 그런데
문정왕후는 성질이 매우 표독하여 매사에 매섭게 대했다. 그러나
효성이 지극한 인종은 어릴 때부터 조금도 어려워하는 빛이 없이
그 몹쓸 계모를 어머니로 받들었다.

인종이 세자로 책봉되어 금성부원군 박용의 따님을 맞이하기는 열 살 때의 일이었다. 이 이야기는 왕이 아직 스무 살 전후 때 일어난 일로, 빈궁과 함께 동궁으로 있을 때의 일이다. 어느 날 밤 내외분이 깊이 잠이 들었을 때 별안간 불이 일어나더니 사면이 불바다가 되었다. 자나 깨나 인종을 미워하고 없애려는 문정왕후가 그들 내외를 죽이려고 고의로 불을 지른 것이다. 타들어 오는 불 속에 일어나 앉아서 세자는 빈궁을 향하여 말하였다.

『내가 전일에 죽음을 피하였음은 부모님께 악한 소문이 돌아갈까 두려워함이었거니와 이제 밤에 잠자다가 불에 타죽었다면 그럴 염려는 없을 것이요. 나는 피하지 않기로 하였으니 빈궁이나 어서 피하시오.』

그러나 빈궁으로서 어찌 사랑하는 남편을 두고 피할 수 있었으랴. 그는 세자의 말을 듣고 『혼자 살면 무엇하리까?』 통곡하며 움직이지 않았다. 별안간 불기운에 놀란 동궁에 달린 관속들이 놀라 깨어서 속히 피하기를 권유하였으나 막무가내였다. 그들은 하는 수 없이 저희들끼리만 뛰어나가 대전에 가서 위급함을 아뢰었다. 불이 난 줄도 모르고 잠자던 중종이 뜻밖의 말에 황망하여 동궁에게 뛰어가 보니 이미 불도가니였다. 왕의 위엄이고, 무엇이고 돌아볼 겨를도 없이 갈팡질팡 엉겁결에

『백돌아. 백돌아.』하고 부르짖었으니 세자의 아명이 '백돌伯乭이' 이기 때문이었다. 안에서 조용히 앉아서 죽기를 기다리던 세자였으나 그 효자다운 마음이 부왕의 울음소리를 듣자 가만히

있을 수 없어 『예!』하고 대답하면서 빈궁과 함께 불꽃 속을 헤치고 나왔다고 한다. 그리하여 겨우 타죽기를 면한 것이다. 이 불은 정사에는

[東宮有灼鼠之變(동궁유작서지변)]이라고 하는바, 쥐꼬리에 불을 달아서 여러 마리 쥐를 동궁으로 들여보내 불을 나게 한 사건으로 문정왕후의 간사한 말만 듣고 그 사건의 전모나 내용을 알아보려고 하지도 않았다. 인종은 훈풍처럼 부드럽고 둥근 달처럼 원만한 높은 기상으로, 고귀한 자질을 갖춘 인물로 슬기롭기가 비할 곳이 없었다.

그러나 항상 계모 문정왕후에게 부대끼어 깊은 연못가에 임하듯 항상 조심하면서 전전긍긍한 생활을 했다고 한다. 중종이 승하한 뒤 춘추가 30으로 왕위에 올랐음에도 자녀 하나 없었고, 끝내 슬하에 일점혈육이 없었음은 타고난 운명에 의한 것이겠지만, 일설에 의하면 계모를 기쁘게 해드리려고 왕위를 그 아우인 명종에게 전승되도록 하기 위하여 아들 낳기를 피했다는 말도 있다.

등극한 뒤에 명나라에서 사신이 나왔을 때 친히 경복궁에 나아가 그를 맞아 중종이 거처하던 곳에 이르자 『선왕의 거처하던 곳이요.』하고 그만 흐느껴버렸다. 명나라 사신이 역관에게 물어 까닭을 알고 출천대효라고 감탄함을 마지않았다고 한다.

14

당파싸움의 시작
- 대윤大尹, 소윤小尹 -

　이때 조정에서는 차츰 후일에 치열해진 당파 싸움의 위기를 보이기 시작했다. 대윤과 소윤이라는 당파의 파 갈림이 그것이다. 장경왕후의 오라버니 윤인은 인종을 받들어 그들의 권세를 펴려고 하였으니, 그 파가 곧 대윤이요, 문정왕후의 오라버니 윤원형은 명종을 세우려 하였으니 그들이 소윤이었다. 원형은 몹시도 위인이 간사한 인물로 항상 신당을 베풀고 인종이 빨리 죽으라고 빌기까지 하였다 한다.

15

효를 위해서는 목숨도 바쳤다

　문정왕후는 인종이 등극한 후에 대비가 되었으나 조금도 그 앙
탈스런 성질을 버리지 않고 오히려 더 심하여 왕이 문안드리러
가면 그가 낳은 명종을 앞에 앉히고,

　『우리 모자는 전하의 손에 죽을 날이 멀지 않았지요? 언제쯤
죽이려는 가요?』하는 엄청난 말을 하기가 일쑤였다. 왕은 기가
막혀 대문에 엎디어 '대죄의 밤낮'을 보내기가 한두 번이 아니었
고, 혹 그의 효성이 부족함인가 하여 울기를 마지않았다. 그리하
여 그런 노심초사가 쌓여 병을 이루었다. 왕이 병석에 있을 때의
일이다. 어느 대신이 왕의 병을 보이려고 의관을 데리고 들어왔
다. 진찰을 해야겠으므로 궁녀가 왕의 손을 이끌어 받들려 했더
니 왕은 손을 내놓지 않았다. 나인이 옆에 있다가 왕의 뜻을 알고

그가 받드니 그제야 손을 내밀었다고 한다. 평소에 몸가짐이 얼마나 엄정하였는가를 가히 알 수 있겠다. 병이 점점 더하여 스스로 회복하지 못할 줄 알고 유언을 하되,

『내 병이 이렇게 중한데 이을 아들이 없으니 경들은 나의 아우 경원대군을 세우고 힘써 보좌하여주오. 또 조광조는 어진 선비였는데 저렇게 억울하게 죽었음이 늘 내 마음에 쓰라렸소. 내 마음 먹은 바를 이루지 못하고 가니 경들은 내 뜻을 받들어 조광조의 관직을 회복시켜주기 바라며, 거두어들인 현량과에 급제한 선비들의 홍패를 모두 돌려주기 바라오.』 하였다. 그리고 주위에 모시는 신하들을 불러 종이와 붓을 놓고 탄식하되,

조광조 영정
1750년 국오 정홍래 作, 출처 : 위키백과

『나의 심중에 있는 말을 글로 써서 제군에게 알리려 하였더니 이제는 할 수가 없구나』 하는 한마디 말과 함께 승하하니 재위 8개월, 나이가 31세였다.

전하는 말에 의하면, 인종이 와병하기 전에 대비에게 문안을

드린 일이 있었는데, 그때 대비는 한 번도 보인 적이 없는 웃음을 띠면서 부드러운 말로 왕을 대했다고 한다. 그리고는 옥함에 담은 떡 몇 개를 내어놓고 하나 먹어라 하므로 왕은 평생 처음으로 맛보는 어머니의 사랑에 감격하여 아무 생각 없이 그 떡을 먹었다고 한다. 떡은 예사 떡이 아니고 무슨 약이 섞인 떡이었으므로 곧 체하고 병환이 났다고 한다. 김인후 같은 맑은 신하도 왕의 병환이 위중하다는 말을 듣고는 울음으로 왕의 처소와 대비의 처소를 멀게 하라 하고, 약은 반드시 전의에 의해서만 모시게 하고 그가 친히 따르도록 하라 하였다 하니, 미루어 문정왕후가 어떤 일을 할 수 있는 여인이었던가 하는 것은 가히 짐작하기 어렵지 않다. 인종은 결국 효성을 하다가 목숨을 잃었던 것과 같이 세상에서 보기 드문 뛰어난 효자라 하겠다.

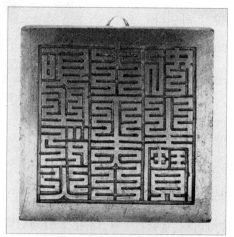

문정왕후 어보의 보면(聖烈大王大妃之寶)
로스앤젤레스 카운티 미술관 소장, 출처 : 위키백과

16

6월에 익은 풋밤

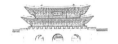

인종은 능히 세종과 겨눌만한 자질을 타고난 성군이었으나 수명이 짧아서 그만 일찍 세상을 떠났다. 그가 죽은 후 침전을 살피니 병풍 뒤에 써 붙이기를 「서경득, 정북총」이라 하였다. 화담과 북총은 놀랍고 고매한 재주를 가진 인물이었으나 숨어 살고 세상에 나오지 않았는데, 인종은 어떻게 알고 그렇게 쓴 것이다. 또 어느 때는 궁에서 강의를 베푸시다가 무엇을 생각하였음인지 허허야 웃었으므로 글을 읽는 도중에 그런 왕을 처음 본 관리가 그 까닭을 물었다.

『지금 북한산성 어느 절에 있는 중 하나가 팥죽 항아리를 머리 위에 이고 가다가 항아리 밑바닥이 저절로 깨어져 온몸이 팥죽투성이가 되었으니 그 모양이 우습지 않느냐?』

북한산성(北漢山城)
사적 제162호, 경기 고양시 덕양구 북한동에 위치, 출처 : 문화재청

왕의 대답은 그런 엉뚱한 것이었다. 신하들은 매우 궁금하여 사람을 시켜 북한산성에 보내어 알아보라 하니 과연 그 시간에 그런 일이 있었다고 한다.

임금의 병이 일어난 때가 6월이었는데 왕은 풋밤을 찾는다. 그러나 여름도 일러 밤꽃이 겨우 필 무렵에 무슨 풋밤이 있으랴. 신하들이 매우 마음 아프게 생각하였는데, 한강 기슭에 밤나무 하나가 철도 아닌데 벌써 여물어 따서 올릴 수가 있었다 한다. 후세 사람들은 하늘이 그의 효성을 기특히 여겨 그런 조화를 부린 것이라고 말한다. 왕이 7월 초하룻날 승하하자 당일로 백성의 통곡 소리가 팔도에 가득했으니 그의 덕망이 얼마나 깊었던 것인지 미루어 짐작할 수 있겠다.

17

명종, 등극하다

〖 **명종의 약사** 〗

조선 제13대 임금인 명종의 이름은 환이고, 자가 대양이며, 중종과 계비 문정왕후 사이에 태어났다. 명종의 시호는 공헌이며, 묘호는 명종, 능호는 강릉으로 지금의 노원구 공릉동에 있다. 1534~1567.

인종이 승하한 뒤 그의 유지를 받들어 경원대군이 등극하였으니 그가 곧 명종이다. 왕은 이미 말한 바와 같이 중종의 둘째 아드님으로 문정왕후의 소생이다. 왕위에 오를 때 나이 13세의 어린 임금이었으나 발을 드리우고 정사에 간섭하는 대비와 소윤들 틈에 끼어서도 매우 어진 행적을 남겼다. 등극하자 곧 선왕의 유언대로 기묘사화에 억울하게 몰린 선비들의 벼슬을 회복시켰으므로 백성들이 모두 우러러보았다.

18

간사한 신하들 – 을사사화

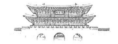

인종의 뒤를 이은 명종은 어머니를 닮지 않고 어질었으나 너무 어렸으므로 문정왕후가 뒤에 앉아 일마다 간섭을 하기 시작했다. 그러므로 그 정사가 올바른 것이 못되었음은 당연한 일이다. 등극 첫해에 또다시 옥사를 일으켜 어진 신하 40여 명을 죽였으니 어찌 통탄치 않으랴.

사건은 간사한 신하들의 못된 장난질이 원인이 되었으니 인종이 재위한 때 등용한 정승 유관, 이조판서 유인숙 등 강직하고 공명한 신하들이 윤인과 동심협력하여 의를 위해 소인을 배척한 것을 소인들이 앙심을 품고 앙갚음을 한 것이다.

배척받은 윤원형과 이포, 정순붕, 임백령 등은 때를 노리고 있다가 인종이 승하하자 활동을 시작해서 모함을 하기 시작하였다.

그들은 난정이라는 계집을 궐내로 들여보내어,

『인종 때 윤인은 저들의 권리를 보존할 생각으로 경원대군을 몰아내고 계림군을 세우려 하였사오며 유관과 유인숙도 같은 무리로소이다.』라는 말로 대비의 마음을 흔들어 놓았다. 대비는 크게 의심을 하여 오라버니 윤형원을 불러 일을 조사해 달라고 부탁하였으니 누가 꾸민 연극인데 유관에게 이로운 보고가 들어가랴. 윤원형 등은 좋아라고 대간들을 사주하여 탄핵의 상소를 올리게 했다. 대비는 크게 노하여 명종을 대리고 충순당에서 여러 신하들을 불러 모으고 사건 처리를 문의하였다. 소윤들의 농간인 줄 모르는 사람이 없었으나 기사년에 혼들이 난 여러 신하들이 묵묵한 가운데 있었으니 그중에 권발과 이언적이 나아가 간하기를 『사실이 아니오이다.』 했지만 대비는 듣지 않았다. 유관, 윤연 등을 멀리 귀양 보냈다가 나중에 사약을 받게 되었고, 그 외에 유명한 선비들을 모두 같은 무리로 몰아 죽였으니, 이것이 이른바 을사사화이다.

그뿐 아니라, 이듬해에는 경기도 광주 양재역에 붙인 벽서를 보고 사관 안명세를 죽이고 다시 이름 있는 선비 여럿을 죽이더니 기유년에는 또 이중윤의 모함을 받아 유림 수백 명을 죽였다. 그리하여 유림들의 기세가 땅에 떨어지고 백성들은 수심에 잠겼다.

19

대비 윤씨의 행패

　명종이 차차 장성하자 대비는 체면상 발[簾]을 걷고 정권을 왕에게 내놓았다. 그러나 뒤에 앉아서 여전히 권력을 휘두르는 것에는 다름이 없었다. 그가 하고자 하는 일은 한글로 기록하여 내시를 통해 왕에게 전달하고 반드시 시행하라고 고집을 부렸다. 명종은 하루에도 몇 차례씩 그런 명령 아닌 명령을 들어주어야 했다. 그런 명령들 중에 크게 그릇된 일이 아니면 대비의 뜻을 받들어 힘써 하였지만 사리에 크게 어긋난 일이면 아무래도 할 수가 없어 곤란한 일이 한두 번이 아니었다. 그런 때는 왕이 몸소 대비 앞에 나아가 말소리를 낮추어 조용하게 변명을 하고 입장을 밝힌 다음 불가하다고 아뢰어야 했다. 그러나 대비는 옳고 그릇된 것을 생각지 않고 그의 분부를 시행치 않는 것만이 분하게 생각하며 왕을 질책했다.

『네가 임금 된 것은 나와 나의 동생의 힘인데 그것을 모르고 내 명령을 듣지 않다니?』

그러고는 임금을 꾸짖었다. 그리하여 마음 약한 임금은 언제나 얼굴에 눈물 흔적이 그치지 않았다고 한다.

대비는 또 요승 보우普雨를 몹시 총애하여 그에게 병조판서라는 중직을 맡겼다. 왕과 신하들이 모두 그를 미워하였지만 잘못 일을 서둘렀다가는 목이 달아나겠으므로 감히 어쩌지를 못했다. 그러자 마침 대비가 중한 병환으로 드러누웠다. 대간들은 좋은 기회라 생각하여 그를 논박하여 제주로 귀양 보낸 다음, 제주목사에게 비밀히 그를 죽이도록 하였다. 제주목사 변협은 매우 꾀가 많은 사람이어서 한 가지 계책을 썼다. 즉 보우의 힘이 매우 센 것을 이용하여 그를 죽인 것이다. 목사는 장사단이란 것을 만들어 그와 같이 힘이 센 장사 열 사람을 모은 다음 그들에게 주먹질 연습을 시킨다 하여 차례로 한 사람을 가운데 두고 아홉 사람이 둘러서서 주먹질을 하게 하였다. 장사들은 그들끼리는 거짓 힘으로 때리는 척하고 보우의 차례에 가서는 있는 힘을 다하여 두들겼다. 무딘 아홉 사람의 주먹을 맞고 제아무리 힘센 사람이라 한들 어찌 무사할 수 있었으랴. 그 자리에서 골병이 들어버렸다. 그리고 며칠이 못 가서 피를 토하고 죽었다. 대비가 병이 나아서 다시 보우를 찾았지만 제주목사의 '병으로 죽었다'는 보고가 기다리고 있을 뿐이었다.

왕은 또한 윤원형의 전횡을 심히 싫어하였다. 그리하여 왕비 심씨의 외삼촌 되는 이량을 등용하여 이조판서를 시킴으로써 그들의 세력을 꺾어보려 하였다. 그러나 왕의 시도는 실패하였다. 이량이 또한 간사한 사람이었으므로 윤원형과 권력을 다툴 뿐이기 때문이었다. 다만 왕비의 친정에 심의겸이라는 어진 신하가 있어 명종의 도움이 많았다. 을사사화 때 억울하게 죽은 선비들을 신원伸寃시키도록 아뢰어 실행한 것도 그였다.

이렇게 명종은 선정을 베풀려고 여러모로 애썼으나 문종왕후의 방해로 뜻을 펴지 못하다가 무슨 운명과도 같이 대비가 죽은 지 2년 뒤에 승하하였다. 재위 22년, 그때의 춘추가 34세였다.

*伸寃[신원 : 가슴에 맺힌 원한을 풀어 버림.]

20

시와 술과 가사문학의 거장
-송강 정철

蕭蕭落葉聲이 着認爲疎雨라.
소 소 낙 엽 성   착 인 위 소 우

呼僧出門看하니 月掛南溪樹라.
호 승 출 문 간   월 괘 남 계 수

— 鄭澈

우수수 낙엽 지는 소리를

성긴 빗소리로 잘못 알았네.

중을 불러 문밖에 나가보라 했더니

달이 남쪽 냇가 나무에 걸려있다 이르네.

송강 정철은 서울 장의동에서 출생했다. 세종 때 병조판서를
지내고 안평대군의 장인인 정연鄭淵의 예손裔孫이며, 돈영부 판
관을 지낸 정유침과 죽산 안씨의 4남 2녀 중 막내로 태어났다. 송

*裔孫[예손 : 후손(後孫). 대수(代數)가 먼 자손(子孫).]

강은 큰누이가 인종의 후궁이었고, 둘째누이가 왕족인 계림군의 부인이어서 궁궐을 아무 때나 출입했고 동갑인 명종과도 친하게 지냈다고 한다.

그는 어린 시절 을사사화로 아버지가 전라도 창평으로 귀양길을 떠나서 유배시절동안, 그곳에서 학문의 대가인 기대승, 김인후에게 글을 배워서 27세 때 문과별시에 장원을 하여 처음으로 벼슬길에 나아가서 여러 벼슬을 거쳐 좌의정에 이르렀다.

그는 시에도 뛰어났지만 가사와 시조는 우리나라 국문학의 대가로 손꼽는다. 그가 강원도 관찰사로 지명받아 한양에서 임지를 거쳐 강원도 명승을 찾아가면서 노래한 '관동별곡' 은 천하의 일품으로 남아 있지만 그의 '속사미인곡' 은 가사문학의 백미로 국문학에 끼친 영향이 매우 크다.

어버이 살아 실제 섬기기란 다 하여라
지나간 후면 애닯다 어이 하리
평생에 고쳐 못할 일, 이뿐인가 하노라.

그가 강원도 관찰사로 가서 도민들의 교화를 위해 지었다는 훈민가 16수 중 '효'를 강조한 시조로 지금까지 많은 사람의 입에 오르내리고 있다. 그가 남긴 많은 시조는 박인로나 윤선도의 시조 작품과 함께 국문학의 일품으로 남아있다. 그는 벼슬이 좌의정까지 이르렀지만 그의 풍류는 많은 작품 속에 남아있다.

한 잔 먹세그려, 또 한 잔 먹세그려.

꽃 꺾어 산算 놓고 무궁무진 먹세그려.

이 몸 죽은 후면 지게 위에 거적 덮어 주리어 매여가나,

유소보장流蘇寶帳에 만인이 울어 예나,

어욱새 덥가나무 백양 숲에 가기곳 가면

누른 해 흰 달 가는 비 굵은 눈 소소리 바람불제

뉘 한잔 먹자 할꼬.

하물며 무덤 위에 잔나비 파람 불제 뉘우친들 어쩌리.

— 송강의 사설시조 「장진주將進酒」

그야말로 대 시인의 면모가 풍기는 작품으로 많은 사람들의 입에 지금도 회자되고 있다. 송강은 가사문학의 1인자로 흔히 꼽힌다. 당파싸움으로 다사다난한 삶을 살던 그가 고향인 창평에 내려와 있던 4년간 지었던 시가가 바로 '사미인곡', '속미인곡' 등이 그것이다. 서포 김만중은 그의 가사를 들어 우리나라의 참된 문장이라고 칭송하기도 했다.

그는 수차례의 사화와 임진왜란 등을 거치면서 여러 번 파직과 유배를 당한 뒤에 만년에는 남인의 모함으로 벼슬을 그만두고 강화도 송정촌에서 칩거하다 선조 26년인 1593년 58세의 나이로 세상을 떠났다.

제5편 임진왜란의 주역, 선조

[부] 덕흥대원군(이초)

[모] 하동부대부인 정씨—제14대 선조(하성군, 재위 기간 : 40년 7개월,
　　부인 : 8명, 자녀 : 14남 11녀)

선조宣祖 임금의 등극

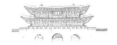

〔선조의 약사〕

조선 제14대 임금인 선조는 이름은 연이요, 초명은 균이다. 중종의
일곱째 아들인 덕흥대원군과 하동부대부인 정씨의 셋째 아들로 하
성군에 봉해졌다. 명종은 외아들 순회세자가 일찍 죽자 후사가 없어
유언으로 하성군을 후계자로 지명했다. 묘호는 선조, 능호는 목릉이
다. 1552~1608.

선조는 중종의 후궁 안씨의 소생인 덕흥대원군의 셋째 아드님
이다. 그리고 덕흥대원군은 본래 덕흥군이었는데, 그 아드님께서
임금이 된 까닭으로 대원군이라는 존칭이 붙었다. 임금의 생가
아버지를 의례적으로 대원군이란 호칭이 붙었다.

명종이 승하할 때에 선조의 이름을 부르면서 아무개를 세우라 하였으니, 선조가 임금으로서 자질이 있음을 명종이 안 까닭이었다. 그때 고명을 받은 대신 이준경은 승지에게 덕흥군의 제 3자란 것을 '三'자를 '參' 자로 써라 하였으니 그가 매우 신중을 기하였음을 알겠다.

　　선조가 등극할 때 나이가 열일곱이었으나 거동이 진중하고 행동이 엄정하여 짐짓 임금의 기상이었다. 그러나 상감의 나이가 어리다 하여 명종의 왕후인 대비 심씨가 발[簾]을 드리우고 정사를 들었는바 그 해가 곧 선조 원년이었는데, 태양 옆에 붉은 기운이 침범하는 변고가 있었다. 대비는 그것을 보고

　　『이는 여자가 정사에 관여하는 까닭이다.』하고 정사를 상감께 돌려보냈다. 그는 청릉부원군 심동의 따님으로 매우 덕스러웠던 분이었다. 소생으로는 순회세자 한 분이요, 마흔네 살로 세상을 떠났다.

국방 소홀과 당파싸움
─ 동인과 서인의 격화

선조께서는 등극한 후로 몸소 국정을 살펴서 국정에 힘을 기울였다. 또 학문을 좋아하여 어진 선비들을 불러 썼기 때문에 율곡 이이, 퇴계 이황, 동고 이준경 등이 조정에 드나들어 맑은 기운이 나라 안에 가득했다.

그러나 개국 이후로 국방을 소홀히 하여 문을 숭상하고 싸움하는 무사를 천대하였으므로 국방에 대한 여러 가지 준비상황이 한심스러운 지경이었다. 심지어 싸우는 것이 본분인 장수들까지 책상 앞에 앉은 선비였을 뿐, 용병이니 전술이니 하는 것에는 캄캄하였다.

그 위에 커다란 화근이 있었으니 심의겸과 김효원이 대수롭지 않은 일로 서로 시비를 하며 동서로 나뉘어 싸우는 것이었다. 김효원은 그의 집이 동쪽에 있었으므로 동인이라 하고 심의겸은 서쪽에 있었으므로 서인이라 하였는데, 온 조정 벼슬아치들이 각각 동인이다, 서인이다 하며 갈라져 다투기 시작하였으니 나라가 극도로 피폐해졌음은 말할 나위도 없었다.

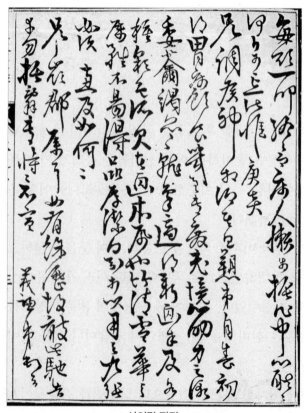

심의겸 필적
조선 중기의 문신, 글씨는 『명가필보』에서, 출처 : 위키백과

3

선조 임금의 꿈

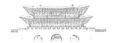

　선조께서 등극한 지 스물네 해째 되던 어느 날 밤에 꿈을 꾸었는데, 그 꿈에 계집[女] 하나가 머리 위에 벼[禾] 한 단을 이고 남쪽에서 달려오더니 도성으로 들이닥쳐 바로 대궐에 불을 질렀다. 그리하여 대궐이 모두 타고 온 성내가 불더미가 되었는데, 그 후 수년 뒤에 임진왜란이 일어났다. 계집이 볏단을 이고 보면 '倭'자가 되는 것이니, 그 꿈속의 여인이 난동을 부린다는 것은 난리이므로 매우 영험이 있는 꿈이었다. 임진왜란이 일어날 것이라는 것을 미리 현몽을 했던 것으로 여겨진다.

4

일본의 도요토미[豊臣秀吉]

그때 일본에서는 아시카가 막부[足利幕府]가 쇠퇴하자 일어난 영웅들이 할거한 전국시대가 지나고 오다 노부나가[織田信長]가 차츰 그들을 통일해 가더니 그가 부하의 배반으로 죽자 부장으로 있던 도요토미[豊臣秀吉]가 그의 뒤를 이어 60여 주를 통일하였다. 도요토미가 그 위력과 공로로 한 나라의 병권을 손에 쥐고 스스로 칸파쿠[關白]라 일컬었으니, 칸파쿠는 일본 전국의 크고 작은 정령政令을 총괄하는 벼슬이었다. 그러므로 그는 왕을 끼고 제후에게 호령하였다.

60여 주가 손안에 구슬같이 마음대로 움직여지자 도요토미는 다시 야망을 펼쳐 동양 전체로 호령해 보겠다는 결심을 했으니 때에 명나라는 신종이 왕위에 있었고 우리나라는 선조 임금의 시대였다. 도요토미는 우선 중국을 삼키려고 생각하고 그러기 위하여 우리나라를 먼저 손아귀에 넣으려고 일찍부터 조선 사람 몇몇을 몰래 데려다가 앉히고 총명한 자들을 뽑아 조선말을 가르쳤다. 그리고는 그들을 우리나라에 파견하여 중 복장을 하고 팔도에 흩어져 다니면서 산천, 길목과 고을, 물정 등을 낱낱이 탐색을 하였던 것이다.

도요토미 히데요시[豊臣 秀吉]
狩野 光信 작품, 출처 : 위키백과

5

조선 정벌을 말렸던 도요토미의 아내

　그러나 그런 것도 모르고 우리나라 조정에서는 붕당을 나누어 당파 싸움만 일삼았으니 국정이 매우 혼란하였다. 도요토미는 탐정들을 통하여 이 말을 듣자 부하 장병들을 모으고 조선을 치겠다고 하였으니, 싸우면 반드시 이기고 치게 되면 반드시 쟁취하는 그의 말을 누가 감히 거역하였으랴. 모두가 고개를 숙이고 복종하였다.

　그러나 그중에 제일 명장인 가토 기요마사[加藤淸正]의 누이며 도요토미의 아내가 혼자 반대를 하였다. 그는 뛰어난 아름다운 용모를 가졌을 뿐만 아니라 천문 지리와 의학 복술ㅏ術에 신통하여 모르는 것이 없었다. 그날 회의에는 병풍 뒤에서 여러 사람들이 논의하는 것을 듣다가 돌연히 나아가서 의견을 말하되,

가토 기요마사[加藤淸正]
출처 : 위키백과

『조선은 험준할 뿐만 아니라 자고로 삼강오륜에 투철하고 사람마다 애국심이 대단하니 쉽게 처리되지 않으리라 믿습니다. 또 명나라와 매우 가까운 까닭으로 오랫동안 화복을 같이한 정의를 생각하여 명나라가 원병을 보낼 것이니, 우리 군사가 비록 강하다고는 하나 조선의 허다한 충성스러운 백성과 명나라의 무수한 군사를 어찌 당하려 하나이까. 내 천기를 살펴보니 조선은 아직 망할 때가 되지 않았사옵니다. 그러하오니 부질없이 군사를 일으키는 모험은 피하게 하옵소서.』했다.

그러나 승전을 꿈꾸는 도요토미는 그 부인의 말을 듣지 않고 자기의 의견만 고집하였다.

　　『산천이 비록 험준하나 능히 지키지 못하는데 쓸데가 없으며, 예절이 아무리 밝다 한들 싸움에 그것이 무슨 소용이겠느냐? 또 명나라가 구원을 한다고 하나 그는 문약한 나라로 족히 두려워할 바 못 되며, 설령 그 군대가 수십 만이 조선을 구원한다고 하여도 수로로 만 리요, 육로로 사오천 리니, 그 군사 일으킴이 더딜 것이요, 또한 양식의 보급이 곤란하여 뜻을 얻기 어려울 것이다. 그러나 나는 웅장한 군대와 훌륭한 병선, 풍족한 양식이 있으니 무엇을 걱정하리오. 또한 약한 나라를 병합하고 어두운 나라를 공격하는 것은 옛날부터 하늘이 명한 일이니 나의 이 조선 출병은 옳은 일이다.』하며 큰소리를 쳤다.

　　그리고 그는 군령을 어기는 자가 있으면 군법으로 다스리겠노라 하니 아무도 입을 열지 못했다.

　　그리하여 도요토미는 한편으로 군량과 병기를 정비하면서 먼저 다치바나 야스히로[橘康廣]를 수신사로 삼아 우리나라에 보냈다. 다치바나는 대마도를 지키던 사람으로 인품이 매우 진실하여 길을 떠날 때 도요토미의 뜻을 참작하고, 조선을 점령하겠다는 생각을 한심스럽게 여기면서 배로 부산포에 입항한 다음 동래, 밀양, 대구를 거쳐 민정과 지형을 살피면서 한양으로 들어갔다.

6

전쟁의 징후들

이때 조선에서는 천재지변이 무수히 발생하였다. 넘쳐흐르던 청천강 물이 홀연히 말라서 몇 달 동안 흐르지 않는가 하면, 치우 기라는 괴상한 별이 기미성 근처에 나타나기도 했다. 조선은 기 미성이요, 치우기는 병란을 상징하는 별이라 전쟁이 일어날 것을 미리 보여주었으니 그 또한 하늘이 이 나라를 위하여 가르침이 있었다 할 것이다.

어찌 그뿐이랴, 함경도 온성 지방에 밤이면 괴상한 불덩이들이 어지럽게 날아다니며 그 불덩이가 지나가는 곳에는 번개와 우레 가 뒤덮었다. 한강 물이 세 차례나 핏빛으로 붉게 물들었고, 구름 도 안개도 아닌 검은 기운이 대궐 위에 엉키어 여러 날 동안을 흩 어지지가 않았다. 지리산 속에서는 수백만 마리 짐승들이 편을 갈라 싸우다가 죽어 그 시체가 산같이 쌓이고 냄새가 수십 리에 뻗쳤다. 그 외에도 괴변이 허다하여 낱낱이 다 기록하지 못하거니와 이것을 미루어 생각해보면 임진왜란은 하늘이 정한 것이요, 사람이 능히 막을 바 못 된다는 공론이 있었지만 사람이 잘못하면 천재지변이 생기는 법이거니 어찌 운수를 탓하랴. 조선의 으뜸가는 현인 퇴계 이황 선생에게 그 제자가 묻기를,

『천재지변이 정한 운수가 있사옵니까? 사람이 잘못하여 부르는 것이옵니까?』

하였을 때 퇴계는 대답하기를,

『어찌 정한 수가 있으리오. 사람이 부르는 것이다.』하였다 한다.

이 문답으로 미루어 보아도 천재지변이 정한 운수인지, 사람의 잘못으로 불러들인 것인지 알만하지 않은가.

일본 통신사 다치바나는 국서를 가지고 서울로 향하는 도중 일본사신이 가는 도중 각 고을마다 군졸을 풀어 무장을 하고 늘어서서 무력을 보이는 것이 법인데, 군졸들이 늘어선 것과 그 허술한 무기들을 보고 일본 사신은 우습게 여겼다. 인동군에 이르러서는 통신사가 비스듬히 뜬 눈으로 빙그레 웃으면서,

『너희들 칼자루가 몹시 짧구나.』

하였으니, 그까짓 것으로 무엇을 하겠느냐는 뜻이었다. 상주 고을에 이르러서는 상주목사 송응동이 풍악을 크게 베풀고 잔치까지 열어주었음에 다치바나는 술이 만취한 후에 통역을 시켜 목

사에게,

『이 사람은 여러 해 동안 전쟁에 종사하였기로 이처럼 모발이 허옇게 되었거니와 사또께서는 비단 자리 위에 아름다운 기생과 좋은 음률로 세월을 보내는 것을 보니 아무 근심 걱정할 것이 없겠는데, 어찌하여 저처럼 이렇게 늙었소?』하였으니 조선 관원들이 기생과 음률로 놀기만 좋아하고 나라를 위하고 국방에 근심하는 빛이 조금도 없음을 비웃는 뜻이었지만 허술한 상주목사는 그의 말뜻을 알아듣지를 못하였다. 다치바나는 그렇게 친절한 호의 속에 서울에 도착하여 선조를 뵙고 국서를 바쳤다. 우리나라 조정에서는 사신이 돌아갈 때, 사신을 보내면서 따뜻한 마음으로 양국이 평화롭게 지내도록 하자고 누누이 여쭙고 인사를 했지만, 그를 환영하는 연회석상에서도 조정 대신들에게 사신을 보내어 문화를 교류시키고 평화를 도모하도록 힘쓰자고 권고하였으나 조정 대신들은 다치바나의 언사가 부드럽고 기색이 화평함을 보고 대수롭지 않게 여겨 수로가 멀어 사신을 보낼 수 없다는 핑계로 회신만 주어서 보냈다.

7

일본과 통신사의 왕래

　다치바나는 하는 수 없이 국서만 받아 가지고 본국으로 돌아갔는데, 한국의 사신 없이 혼자 돌아왔다고 도요토미는 크게 성을 내어 말하기를,

　『여기서는 사신을 보내었는데 거기서는 사신이 오지 아니하니 우리나라를 업신여김이요, 다치바나로 말한다면 국서를 가지고 타국에 가서 목적을 달성하지도 못하였으니, 이는 나의 명을 욕되게 함이라 용서하지 못하겠다.』하고, 곧 그의 목을 벤 다음 다시 무네 요시토모[宗義智], 다이라노 도도노부[平調信], 겐소[玄素] 등을 특별 통신사 삼아 조선으로 다시 내보내서 조선에서도 사신이 오도록 강력히 요구했다. 무네 요시토모는 대마도주로 일본의 거물급 인물이었고 겐소 또한 중으로 매우 구변이 있는 자였다.

대체 도요토미가 조선을 침략하려고 결심한 지는 오래전부터인데, 곧 군사를 일으키지 않고 왜 여러 번 사신만을 보냈느냐 하면 출병의 구실을 찾기 위함이었다. 즉, 사신을 먼저 보내어 명나라에 들어갈 길을 빌리라 하면 필경 조선에서 듣지 않을 것이 뻔하니 그것을 트집 잡아 전쟁을 일으키자는 속셈에서였다.

무네 요시토모 등은 일본산 말 한 필과 공작 한 쌍을 예물로 휴대하고 삼남연로를 따라와서 동작강을 건너 남대문으로 들어올 때 도성의 백성들은 남녀노소 할 것 없이 길옆에 서서 구경을 하였다. 무네 요시토모는 선조를 알현하고 국서와 예물을 바친 후에 일본으로 가는 조선의 사신을 원했으므로 선조는 정부의 여러 대신들과 의논하였다. 그러나 여러 대신들은 끝내 일본과 통신을 하지 않으려는 생각으로 바닷길이 험하여 사신을 보낼 수 없노라고 핑계하였다. 이에 대하여 무네 요시토모는 자기가 뱃길에 익숙하니 사신을 안내하겠노라고 했다. 여러 대신들은 다시 회피책으로 조선 백성으로 나라를 배반하고 일본에 들어간 자를 모두 잡아 돌려 보내주면 이쪽에서 사신을 보내겠노라 하자, 그는 그것을 쾌히 허락하고 다이라노를 시켜 급히 대마도에 가서 160여 명의 조선인 체류자를 잡아 왔다. 그리하여 더 이상 핑계 삼을 말이 생각나지 않았으므로 하는 수 없이 각의를 열어 황윤길로 정사를 삼고 김성일로 부사를 삼아 무네 요시토모 등과 함께 일본으로 건너가게 되었다.

선조 23년, 경인(1590) 3월에 황윤길의 일행은 무네 요시토모 일본 사신과 동행하여 남중으로 내려갈 적에 위엄이 굉장하였다. 4월 초순에 부산포에서 배를 타고 대마도에 도착하여 바람을 기다리느라 한 달이나 머물렀다가 5월 초순에 대마도를 출발하여 이키시마[壹岐島], 하카타[博多], 우마세끼[馬關] 등 여러 곳을 통과하여 7월 25일에야 겨우 일본 도성에 도착하였다. 그들은 조선 수신사를 위해 마련된 대덕사에 여장을 풀었는데, 이때 도요토미는 국내 난리를 진압하기 위해 다른 곳에 나가고 없었다. 그리하여 그의 대신으로 고니시 셋쓰노가미[小西攝津守]가 접대하였는데, 도요토미는 얼마 뒤에 그 난리를 평정하고 돌아왔으니, 곧 황궁을 수리하는 일에 착수하였으므로 조선 사신을 접견치 않았다.

조선 사신들은 당초에 도요토미가 일본국 왕인 줄 알았는데 일본에 들어가서야 비로소 도요토미는 칸파쿠[關白]이고 칸파쿠 위에는 왕이 있는 줄 처음 알았다. 도요토미는 도성에 돌아온 지 석 달 만에야 비로소 조선 사신을 접견하기를 허락하였다 하니, 무슨 까닭으로 외국 사신을 그렇게 오래 기다리게 했는지 알 수 없는 노릇이라 하겠다.

그가 조선 사신을 영접할 때의 관계를 말하자면 사신들로 하여금 가마를 타고 그가 있는 집 대문까지 이르게 하였는데, 그 앞을 일본 악사들이 북과 피리로 인도했다. 사신들이 예복으로 마루에 올라 예를 올리니 그때서야 도요토미가 이에 답례를 하였다 한다.

8

사신들이 본 도요토미[豊臣秀吉]

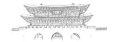

　사신들이 도요토미의 형상을 살펴보니 웅장한 기상도 없고 깨끗하고 맑은 골격도 아니었다. 왜소한 체구에 보잘것없는 인품이었는데 다만 눈에 광채가 영롱하고 시선이 사람을 쏘는 듯하였으며, 상체는 길고 하체는 짧아서 앉은키가 다른 사람보다 월등하게 컸다. 그는 검은 도포를 입고 검은 사모를 썼으며 방석을 세 개나 깔고 남쪽을 향하여 앉았는데 그를 호위하는 사람들은 대여섯밖에 안 되었다.

　사신을 인도하여 자리에 앉히고 탁자 하나를 가져다가 앞에 놓더니 별다른 것은 없고 만두 같은 떡 한 그릇을 담아서 놓고 질그릇에다가 흐리터분한 술을 부어 돌려서 두어 잔씩 먹은 후에 거두어 치워버리고 조선 사신을 대접한다는 빛은 조금도 없었다.

조선통신사 내조도(일본 고베시립미술관 소장)

　조금 뒤에 도요토미는 몸을 일으켜 안쪽으로 향해 들어가더니 조
금 후에 누가 평복을 입고 어린아이 하나를 안고 안쪽에서 나와
뜰에서 배회하는데 자세히 보니 그가 곧 도요토미였다.

　그는 얼마 동안 뜰에서 그렇게 배회하더니 난간에 기대어 앉아
일본 악공을 부르게 하여 뜰에서 풍류를 타게 하고는 그것을 즐
기며 듣고 있었다. 그러자 그가 안았던 아이가 마침 오줌을 쌌으
므로 웃고 누구를 부르니 안쪽에서 예쁘고 젊은 여자 하나가 나
와서 그 아이를 받았다. 그 아이는 일본 왕이라고도 하고 도요토
미의 아들이라고도 한다.

9

도요토미[豐臣秀吉],
국서를 보내 조선을 협박함

 이렇게 접견이 끝난 다음, 도요토미는 조선 사신들에게 은자 300냥을 주고 다시 겐소와 다이라노 도도노부[平調信]로 수신사로 삼아 조선 사신과 동행시켰다. 선조께서 그 국서를 받아보니 도요토미가 그 국서에 매우 거만한 말로 장차 군사를 이끌고 명나라를 칠 터이니 귀국이 선봉이 되라는 내용을 써 보낸 것이었다. 조정에서는 너무나 어처구니없어 아무 말도 못하고 겐소 등을 돌려보낸 다음 어전회의를 열고 수신사 일행의 말을 듣기로 하였는데, 그 수신사들의 의견이 대립되어 정사로 갔다 온 황윤길은 미구에 변이 날 것이라는 말을 하였으나 김성일은 아직 일어날 것 같지는 않다고 주장하였다. 함께 갔다 온 수신사의 말이 이렇게 다르니 조정에서는 갈피를 잡을 수가 없었다. 그래도 일이 명나라와 관련되었으니, 곧 사신을 보내어 명나라에 알리는 것이 옳겠다고 하여 김응남을 보내어 사실을 알리기로 했다. 김응남을 사신으로 보내기에 앞서 도요토미는 조선과 명나라가 연합할까 두려워한 나머지 두 나라 사이를 이간시키기 위하여 일본이 조선을 앞세우고 명나라를 공격한다는 거짓말을 지어내어 일본과 조선이 이미 조약이나 맺은 것처럼 각처에 말을 퍼뜨렸다. 그것을 일본에 왕래하는 명나라 상인 진갑과 명나라 사람으로 일본에 포로되어 있던 허의준이 듣고 본래 본국에 보고했으므로 명나라에서는 조선을 매우 의심하여 공론이 분분하였는데, 김응남이 들어가서 사실을 설명하여 비로소 의혹이 걷히기 시작했다 한다.

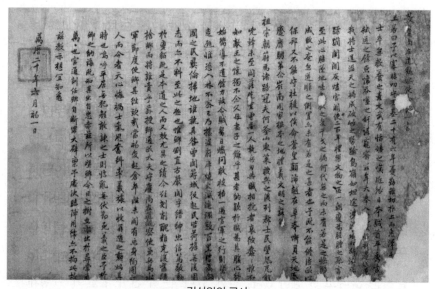

김성일의 교서
선조가 1592년(선조 25)에 경상도관찰사인 김성일에게 내린 교서
보물 제906호, 출처 : 문화재청

10

도요토미, 드디어 군사를 일으킴

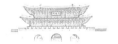

1591(신묘년) 가을에 다시 무네 요시토모[宗義智]는 범선을 타고 건너와 절영도에 배를 대어놓고 정부에 글을 보내어 서울에 들어갈 것을 청하였다. 조정에서는 각의를 거처 그의 입국을 허락하였는데, 그는 전과 같이 선조를 뵙고 도요토미의 글을 전하였다. 그 내용인즉, 그전의 문제를 다시 들추어 일본이 곧 명나라로 쳐들어갈 것이니 귀국은 우리의 길잡이가 되어 달라고 하는 것이었다. 그때까지 갑론을박 당파싸움만 일삼고 있던 조정에서도 그때서야 일이 심상치 않음을 깨닫고 도요토미의 요구를 박차기로 결정하여 선조께서는 무네 요시토모를 보고 단호한 태도로,

『작은 섬나라 일본이 대명을 치려 함은 달팽이가 큰 바다를 건너가려 함과 같고 벌이 거북의 등을 쏘는 것과 같습니다.』라고

했다.

무네 요시토모가 돌아가 도요토미에게 이 말을 전하자 그는 대노하여,

『내 조선 팔도를 우리 말발굽으로 짓밟아 없애리라!』하고 즉시 전국의 제후에게 동원령을 내렸다. 바야흐로 국난은 다가오고 있는 것이었다. 이때를 당하여 우리 조정에서는 무엇을 하였던 가? 여전히 사사로운 감정과 공리공론만을 일삼았고, 그래도 국방을 우려하는 몇몇 신하들이 없는 것은 아니었으나 그들이 무진 애를 써 녹슨 무기를 닦기도 했다. 삼남 일대에 성을 쌓게 한다는 여러 가지 일도 조정의 동서 붕당 싸움에 끼어 별로 뚜렷한 효과를 거둘 수가 없었다.

11

왜군의 침략

1592년(선조 25년) 4월에 도요토미가 조선 정벌을 위하여 총 동원된 군사는 20만, 가토[加藤], 고니시[小西] 등 오랜 세월을 전쟁 속에서 단련된 장수들이 군사를 거느리고 노한 파도처럼 남쪽 바닷가 부산포 지방을 습격해왔다.

갑자기 습격을 받은 부산 첨사 정발은, 이일운과 힘을 합해 죽기를 다해 막았으나 붉은 피로 바다의 기슭을 물들인 채 대패하고 말았다. 적군에 비해 수가 적은 데다가 세력이 모자라고 훈련이 없었던 군사가 녹슨 무기로 대항해 보아야 바람 앞에 등불이었다. 더구나 일본군은 조총이라는 놀라운 무기가 있었다. 바닷가 기슭에서 대패한 정발의 군사들은 쫓기어 성안으로 들어갔다. 적의 선봉 소서의 군사는 승리의 여세를 몰아 성을 에워싸고 들

부산진순절도(釜山鎭殉節圖)
조선 선조 25년(1592) 4월 13일과 14일 이틀 동안 부산진에서 벌어진 왜군과의 전투 장면을
변박(卞璞)이 그린 기록화이다. 보물 제391호, 육군사관학교 육군박물관 소장, 출처 : 문화재청

이치니 반나절이 못되어 성은 함락되었다. 일본군은 끊어진 성중
으로 몰려 들어와서 갖은 못된 짓을 다하고 군인이 아닌 백성들
까지 닥치는 대로 찌르고 죽였다. 그리하여 죄 없이 죽은 남녀가
8천여 명, 첨사 정발도 또한 장렬한 죽음을 맞이하게 되었다.

부산성을 빼앗은 적병은 다시 동래로 들이닥쳐 외딴 동래성을 삼중사중으로 포위했다. 부사 송상현이 죽기로 싸우기 수십여 일, 약세의 군사로 능히 막아낼 바가 못 되었으므로 성은 여지없이 무너졌다. 그러나 상현은 밀려드는 적병을 보면서 태연히 앉아 움직이지 않았다. 마침 그들이 이리떼 같은 군졸들 속에는 다이라노 도도노부[平調信]와 겐소가 섞여 있다가 그를 보고, 그전에 그가 사신으로 왔을 때 매우 융숭하게 대접받았던 것을 생각하고 살려줄 생각으로 성의 서쪽 문을 가르치며 피신하라 하였다. 그러나 상현은 듣지 않았다. 다이라노 도도노부와 겐소는 그의 충절을 장하게 생각하여 그가 죽은 뒤 시체를 성 밖에 묻고 나무를 깎아 세워 표하였다 한다. 그는 순절하기 전날 그 부친에게 마지막 아뢰는 편지를 올렸는데 그 사연에,

孤城月暈하니 列鎭高枕이라.
고 성 월 운   열 진 고 침

君臣義重하나 父子恩輕이라.
군 신 의 중   부 자 은 경

외로운 성 위에 달이 밝았사오니,
다른 여러 성은 베개를 높이고 잠들었겠네.
군신의 의는 무겁사오나
자식의 어버이에 대한 은혜는 가볍사옵니다.

라고 하였다.

12

우리 군사, 가는 곳마다 패배

부산과 동래가 함락되자 소서는 승승장구하여 경상도 여러 고을을 바람처럼 쓸고 북상하고 있었다. 조정에서는 이 소식을 듣고 크게 놀라 빈약한 군졸들을 긁어모아 막게 하였다. 이일을 순변사로 삼아서 동쪽을 막고, 함응태로 좌방어사로 삼아 좌도로, 조경을 우방어사로 삼아 우도로 내려가게 하는 한편, 유극량, 변기를 조방장을 삼아 각각 죽령과 조령을 지키게 하였다. 이렇게 말하면 아주 당당한 방어진이 이루어지고 족히 일군과 한바탕 싸움을 할 수 있겠다고 생각되겠지만 사실은 그렇지가 못했다. 더욱 놀라운 사실은 이렇게 하여 제상들이 거느리고 내려간 군졸들은 기껏 삼백여 명 정도에 지나지 않았던 것이다.

동로로 내려간 이일은 도중에서 곳곳의 장정들을 뽑아 군세를

동래부순절도(東萊府殉節圖)

선조 25년(1592) 4월 15일 임진왜란 당시 동래성에서 왜군의 침략에 대응하다 순절한
부사 송상현과 군민들의 항전 내용을 묘사한 그림이다. 보물 제392호, 육군사관학교 육
군박물관 소장, 출처 : 문화재청

늘린 다음, 상주성에 이르러 그 성을 지키기로 하였다. 그러나 파
죽지세로 돌격해오는 일본군에게 그까짓 1천 명도 못 되는 오합
지졸의 군대가 무엇으로 어떻게 막을 수 있으랴. 군사들은 싸우
기 전에 모두 도망해버리고 화살 한 대 쏘아보지 못한 채 이일 또
한 단신으로 걸어서 도망쳐 버렸다.

13

새재[鳥嶺]를 버린 신립 장군

　조정에서 이일을 내려보낸 뒤, 신립을 뒤따라 내려보내 그를
후원하게 하였다. 그러나 신립이 경상도 땅을 밟기도 전에 이일
이 참패했다는 소식이 들렸다. 신립은 겁을 먹고 조령에 이르러
머물러 대기하면서 감히 진군할 생각을 하지 못하였다. 물러설
까? 여기를 지킬까? 그가 망설이고 있을 때 어느 절 중 하나가,

　『조령은 하늘이 준 험준한 땅이외다. 한 사람이 지키면 천 사
람으로도 침범하지 못하오니 장군께서는 이곳을 굳게 지키시고
움직이지 마십시오.』하였다.

　그러나 신립은 무슨 생각을 했는지 이 일당천의 자연의 요새지
인 문경새재를 버리고 충주로 물러서서 탄금대에서 달래강을 등
지고 배수의 진을 쳤다.

상주에서 이일의 군사를 휘몰아 쫓는 일본군은 단숨에 경상도와 충청도의 경계선까지 이르렀다. 그들의 선봉장 고니시 유키나가[小西行長]가 조령 아래 이르러 쳐다보니 그 산세가 매우 험준하였다. 그는 감히 군사를 진군시키지를 못하고 척후병을 보내어 복병이 있는지 없는지를 탐색하게 하였다. 척후병이 돌아와 보고하기를,

『고개 위에 까마귀 소리가 나고 솔개가 얕게 떠도니 필경 사람이 없는 빈 진[陣]에 깃발만 세워놓은 듯합니다.』라고 하였다. 소서는 되었다 하고 속으로 손뼉을 치며 군사를 이끌고 조령에 올랐다. 올라와서 보니 과연 개미 한 마리 없이 텅 빈 고개였다. 그는 웃으면서

『이같이 험준한 곳을 지키지 않다니?』했다. 피 한 방울 흘리지 않고 조령을 넘은 그들은 일거에 달래강까지 진격하여 탄금대에 진을 친 군을 향해 돌격을 감행하였다. 신립은 그 사나운 공격을 맞아 싸웠다. 그러나 땅이 너무 질고 무거운 군 장비와 말[馬]이 자유자재로 움직일 수 없었으므로 그의 군대는 적의 공격을 받아 산산이 부서지고 말았다. 수세에 몰린 군사는 태반이 강물에 빠져 죽고 일본군의 칼에 쓰러졌으며, 이런 난중에 신립 또한 단기로 적진 중에 들어가 종횡으로 적을 무찌르다가 날아오는 총알을 맞고 종사관 김여물과 함께 순절하였다.

14

임금님도 피난길에

고니시 유키나가[小西行長]가 충주에서 신립의 군대를 쳐부순 다음 그 세력을 몰아 다시 가토 기요마사[加藤淸正]의 군사와 합세하여 바람같이 서울로 밀어닥쳤다.

이 소식을 들은 조정에서는 너무나 급하고 당황하여 어찌할 바를 몰랐다.

그리하여 선조는 이런 시국을 논의하기 위하여 신하들을 모으고 그 대책을 물었다. 이 어전회의에서도 여전히 갑론을박은 그치지 않아 누군가가 이런 말을 하였다.

『지금 팔도의 민심은 흉흉하고 막을 만한 군사가 없사오니 서울을 버리고 서도로 난을 피하여야 합니다. 거기서 군사를 일으켜 왜군과 싸워 난리가 평정되면 돌아오시고 그것도 실패하면 명

나라로 들어가서 신종을 움직이게 하사이다.』 하는가 하면, 또 어떤 신하는,

『중요한 이 도성을 버림은 불가하오니 급히 팔도에 칙서를 내려 근왕병을 일으키어 서울을 굳게 지키는 것이 최선의 방법이오이다.』 하여 누구의 말을 쫓아야 할지 알 수가 없었다. 그러자 말없이 앉았던 도승지 이항복이 왕을 향하여 입을 열었다.

『모두가 옳은 말이 못 되는 줄 사료되옵니다. 만약 내 나라를 버리고 명나라로 들어가 버린다면 뒷일을 어떻게 수습하려 합니까? 또는 약한 군사로서 도성을 지켜 하늘을 뒤덮는 대군을 막겠다니, 그 무슨 어리석은 수작입니까? 신의 생각으로는, 지금 적이 가까이에 이르러 매우 위급한 상황에 있사오니 부득이 서울을 버리시되 끝까지 이 나라에 머물면서 백성들의 마음을 붙잡고 명나라에 사신을 보내어 구원병을 청하는 것이 옳을까 생각하나이다.』

조금도 빈틈없는 말이었으므로 선조도 그의 주장을 쓰기로 하였다. 그리하여 이원익을 순무사로 먼저 서도에 내려보내 백성들을 안심시켜라 하였다. 이원익은 그전에 평안감사로 있을 때 밝은 정사를 베풀어 백성들의 칭찬이 높았던 까닭이었다. 4월 30일에 임금님의 피란 행렬은 서울을 떠났다. 시위금군은 뿔뿔이 달아났고, 장안 백성들은 골목마다 통곡하는데 밤은 왜 그렇게 어두웠든지, 거기에 또 비마저 쏟아져 지척을 분간할 수 없었으니 일행의 곤란함은 물어보아 무엇 하랴.

서울을 떠난 이튿날 밤에 임금이 탄 수레는 간신히 임진강에 이르렀다. 비는 여전히 내렸다. 그 비 때문에 왕과 가까운 신하들이 들었던 횃불마저도 꺼져버렸다. 그리하여 어두워서 강을 건널 수가 없더니 이항복이 강기슭에 있는 화석정에 불을 질러 그 정자가 타는 불빛을 이용하여 강을 무사히 건넜다. 전하는 말에 의하면 화석정은 이율곡이 그가 사는 동구 밖에 지은 정자인데, 그 정자를 지은 사람은 이인이라서 훗날 임금이 여기서 밤에 강을 건너갈 줄을 미리 알고 정자 목재에다 들기름을 많이 발라두었으므로 그렇게 불이 잘 붙었다고 한다. 왕의 어가는 이튿날 개성에 이르러 남문루에 머물고 개성 백성들을 잘 위로해 주었다.

그때 개성의 백성들은 문루 아래에서 임금님을 우러러 뵈옵고 아뢰기를, 『나랏일이 이 지경에 이르렀음은 전하께옵서 올바른 신하를 버리시고 간사한 신하를 가까이하신 까닭이로소이다.』라고 하였다. 선조는 별로 실덕한 일이 없었건만 이와 같은 말을 들었으니 임금 노릇을 하기도 여간 어려운 것이 아니었음을 알겠다.

15

서울은 함락되고…

일본군은 북으로, 북으로 밀고 올라갔다. 조선의 군인과는 도무지 싸움이 되지 않았다. 일본군이 가는 곳은 거의 무인지경이었고, 북상하는 일본군에 의해 한강 전선이 무너졌다. 일본군 선봉인 소서의 군대는 서울에 이르렀다. 그들은 그래도 한 나라의 왕도이니 점령하기에는 적지 않은 피를 흘려야 될 줄로 알고 성밖에 이르러서는 그 성첩이 매우 튼튼하고 성문이 매우 큰 것을 보고 두려워하여 감히 성안으로 들어가지 못했다. 부하들이 주저하는 모양을 보고 고니시 유키나가는 크게 소리 질러,

『기왕 여기에 이르렀으니 돌격하라!!』하고 앞서 돌진하여 수구문으로 들어갔다. 그러나 성안은 죽은 듯 고요하였다. 너무 고요했으므로 오히려 소름이 끼칠 정도였다. 일본군은 매우 이상하

게 생각하고 백성 하나를 잡아 곡절을 물었다. 대답은 뜻밖에도 사흘 전에 왕과 백관들이 서울을 떠나갔다는 것이 아닌가? 이렇게 일본군은 총 한 방 쏘지 않고 서울을 점령한 것이었다.

선봉대장인 소서행장의 군대에 뒤이어 가토 기요마사가 군을 이끌고 들어왔고, 그 이튿날에는 총사령관 우키다 히데이에[浮田秀家]가 수병 5천3백을 이끌고 말발굽 소리를 높여가며 입성하였다.

경복궁도(景福宮圖)

겸재(謙齋) 정선(鄭敾)이 그린 백납병풍 중 임진왜란 때 불타버려 빈터만 남아있는 모습이다. 서울역사박물관 소장

16

임진강 전선의 무너짐

선조가 서울을 떠날 때 그래도 도성이라고 김명원으로 도성을 지키는 대장으로 삼아 방위케 하였다. 명원은 약세의 군졸로 제천정에서 가토 기요마사를 맞아 싸우다가 패하여 행재소로 갔다. 선조는 그가 거느린 군사가 얼마 되지 못하였음을 생각하고 그에게 죄를 주지 아니하였다.

그리고 다시 그를 순찰사로 삼아 경기, 황해도, 각 읍의 군사를 거느리고 임진강 전선을 방어케 하였다. 신길, 유극량도 그를 도왔다. 그러나 물론 완전한 기대를 그들에게 걸 수는 없었으므로 왕은 다시 개성을 떠나서 평양으로 몽진을 계속했다. 일본군이 임진강에 이르러 보니 남쪽에는 배가 하나도 없었다. 그리하여 그들은 강을 건너지 못하고 십여 일을 지연했는데, 한 가지 꾀를 생각하여 거짓 물러가는 척해 보였다. 신길과 유극량이 그것을 보고 적이 도망간다고 생각하고 군을 이끌고 강을 건너 그들을 추격하였다.

물론 그것은 일본군의 계략이었다. 그들이 강 언덕에 닿자 사방에서 복병을 만나 갈대처럼 쓰러졌다. 신길과 유극량 두 장수도 죽었다. 또 하나의 자연 방어선은 무너지고 말았다.

김명원은 다시 기를 거두고 행재소를 찾아갔다.

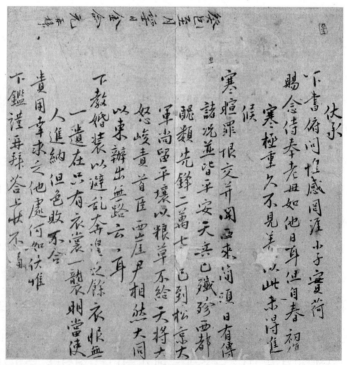

김명원 편지

『근묵』, 1593, 해행서, 성균관대학교박물관. 임진왜란 중의 편지로 중국
군대의 개성 도착 소식과 평양 주둔군의 군량 마련의 어려움 등을 전함.

충무공과 거북선

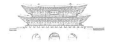

육군이 이렇게 바람에 흩어지는 낙엽처럼 싸움마다 패하고 있을 때 바다 싸움은 어떠하였는가?

경상우도 수군절도사 원균은 처음 일본군이 부산을 침노하였을 때 그 수군을 거제 앞바다에 맞아 적장 가토 요시아끼[加藤嘉明]와 더불어 싸우다가 대패하여 병선 수백 척과 군졸 6천 명을 잃었다. 그리고 그는 간신히 도망하여 육지에 올랐는데, 조정에서 죄를 물을까 두려워하여 비장 이영남을 보내어 전라좌도 수군절도사 이순신에게 구원을 요청하였다.

구원의 요청을 받은 이순신은 딱하기만 하였다. 조정의 명령 없이 임의로 그가 지키는 곳을 떠나지 못하기 때문이었다. 그러나 몇 번 생각한 끝에 마음을 정하여 『도적을 치는데 무슨 정한

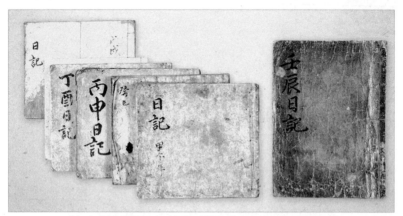

이순신 난중일기(亂中日記) 및 서간첩 임진장초(書簡帖 壬辰狀草)
국보 제76호, 출처 : 문화재청

곳이 있으랴!』하고 병선 80척을 거느리고 전라 우수사 이억기와
연합하여 고성 견내량에서 적선을 맞이하였다.

이순신은 적선을 보자 여러 장수에게 이르기를 『여기는 항구가
좁고 여울이 얕아서 싸우지 못하겠다.』하였다.

그리고 거짓 물러가니, 그전에 쉽사리 이겨본 일본 장병들은
앞을 다투어 밀려왔다. 그들이 흐름을 센 물목[岬]에 이르자 돌연
히 두드리는 북소리에 한 번에 배를 돌려 역습을 가했다.

원래 이순신은 몸소 거북선이라는 배를 만들어내었으니 그 모
양이 거북과 같았고 그 배 위의 전체를 철판으로 덮었고 밖에는
창과 칼을 그 위에 세웠으며, 전후좌우에 대포를 걸고 있는 것으
로 보였고, 속에는 건장한 군졸들을 싣고 바람같이 적진에 돌입
하는 것이었다.

혹 적병이 개미떼처럼 덤비어 배 위에 올라오면 배의 몸체를

뒤틀어 배 전체가 물속에 잠수하였다가 수백 미터 밖에서 다시 물속으로부터 떠오르도록 되어 있었으므로 배 위에 올라온 적병을 모두 물속에 침몰시킬 수가 있었다.

그리하여 적병은 겁을 먹고 거북선을 보기만 하면 도망했으므로 전후 수십 번 싸움에 나아가서도 언제나 성공하였거니와 이날 견내량見乃梁 싸움에도 그 배로 일본 병선을 닥치는 대로 쳐부쉈다.

그 대포와 돌격하는 거북선의 위력으로 일본 수군을 무수히 불사르고 뒤집었으며, 적장 구루시마 이즈모[來島出雲]를 쏘아 죽인 것도 그때였다. 이순신도 어깨에 총알을 맞았으나 조금도 굴하지 않고 북을 치고 깃발을 휘둘러 독전했으므로 일본군은 크게 패하여 나머지 배를 이끌고 도망쳐버렸다.

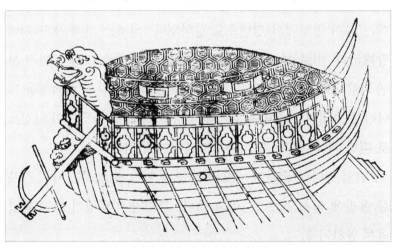

거북선[龜船] 전라 좌수영 귀선도

출처 : 위키백과

18

이덕형과 이항복의 역할

다시 이야기를 육지로 돌리면 임진강을 지키던 장졸들의 패전 소식이 행재소에 들어오고, 조정의 상하가 황급하여 왕이 탄 수레는 다시 평양에서 영변으로 향하였다. 선조는 그때 세자(뒤에 광해군이 됨)로 하여금 사당의 신주와 비빈들을 데리고 먼저 보낸 다음, 윤두수, 김명원을 시켜 평양을 지키게 하고 이덕형을 명나라로 보내어 지원병을 요청해 오라고 하였다. 이덕형이 사신으로 떠날 때에 이항복은 그를 멀리 환송하면서,

『만일 명나라 군사가 나오지 않을 것 같으면 그대는 나의 시체를 용만에 와서 찾으오..』라고 했다. 그러자 이덕형이 그에 화답하여 말하기를,

『만일 명나라의 군사가 움직이지 않으면 그대는 나의 시체를

이덕형(李德馨) 초상
동아대학교 박물관 소장, 출처 : 위키백과

노룡에 와서 찾으오.』하였다. 용만은 지금의 의주요, 노룡은 명
나라 황성이니 이 대화를 미루어보면 그때 두 신하의 심정이 어
떠했다는 것을 가히 짐작할 수 있을 것이다.

평양에 남은 김명원과 윤두수는 군사와 백성을 이끌고 성을 지
켰는데 일본군이 대동강 동편까지 와서 강을 건널 수 없어 거기
에 머물러 있는 것을 보고 적병이 군대를 정돈하기 전에 습격하
여 승리를 얻으리라고 정예 군사 사백 명을 뽑아 밤중에 몰래 강
을 건너 기습을 감행하였다. 일본군은 뜻밖에 일을 당하여 적진
은 대혼란을 일으켜 많은 적병이 죽고 말 3백 필을 빼앗는 전과

를 거두었다. 그러자 얼마 후에 다수의 정예부대가 들이닥쳤으므로 전세는 역전하여 조선 군사들이 패하여 사방으로 흩어졌다. 한 번 참패한 김명원은 성을 지키지 못할 줄 알고 성 안에 있는 백성을 모두 성 밖으로 피난케 한 다음, 군기와 화약을 모두 풍월루 앞 연못에 쓸어 넣고 밤을 틈타서 보통문으로 빠져나가 순안읍에 이르러 머물러 있었다.

한편 일본 군사는 대동강 물이 얕은 곳을 택하여 일제히 건너가서 개 한 마리 없는 평양성을 점령하였다. 선조는 평양이 빼앗겼다는 소식을 듣고 다시 쫓기는 몸이 되어 영변을 떠나서 의주로 어가를 옮겼다. 그때의 쓰라린 고통을 물어서 무엇하리오. 그리하여 선조대왕은 의주에 이르렀을 때 시 한 수를 지으니 그것이 저 유명한,

痛哭關山月이요　傷心鴨水風이라.
통 곡 관 산 월　　상 심 압 수 풍

朝臣今日後에도　寧復各東西오?
조 신 금 일 후　　녕 부 각 동 서

— 先祖

관산 뜬 달에 섧게 울고,
압록강 바람에 마음도 아프구려.
조정의 신하들이여, 오늘 이후에도
또다시 동인 서인 하겠느냐?

19

이항복의 해학적인 시 한 수

임금도 피난길에 나섰다. 이것이 선조의 몽진 행렬이었다. 이 피난 행렬을 나서는데 얼마나 급했던지 이항복은 임금님 모시기에 바빠서 집에는 연락도 못하고 떠나왔다. 이렇게 두서없이 떠나왔는데 다른 사람들이야 오죽했겠나. 이렇게 급한 일은 어가를 따르는 신하들도 마찬가지였다. 그런데, 기자헌(奇子獻 : 우의정)이 아내와 첩을 데리고 피란을 따라왔는데, 방 한 칸에서 생활을 했다고 한다. 뒤에서 몇몇 사람들이 모여서 쑥덕거리는데, 이 기자헌이 처첩을 데리고 가는 모습을 보고 볼거리가 난 듯이 쑥덕공론이 대단했다. 그래서 그것을 본 이항복이 '서타일권' 이라는 시 한 수를 지었으니 이 특유한 해학적인 시 한 편이 바로 그것이었다.

不寒不熱二月天에　一妻一妾正堪隣이라
불 한 불 열 이 월 천　　일 처 일 첩 정 감 린

鴛鴦寢上三頭竝이요　翡翠衾中六脚連이라.
원 앙 침 상 삼 두 병　　비 취 금 중 육 각 련

開口笑時渾似品하고　翩身寢處恰如川이라
개 구 소 시 혼 사 품　　편 신 침 처 흡 여 천

輾忽罷東邊事了하니　又被西邊打一拳이라.
전 홀 파 동 변 사 료　　우 피 서 변 타 일 권

— 이항복의 '西打一拳(서타일권)'

춥지도 덥지도 않은 2월에

처와 첩이 한방에 자는구나.

원앙 베개 위에는 머리 셋이 나란하고

비취 비단 이불 속에 여섯 다리 가지런하네.

입을 열고 웃으면 品 자가 되고

몸을 옆으로 누우니 川 자와 같구나.

동으로 굴러 간신히 일을 끝내니

서편 사람이 이불 속에서 주먹질을 하는구나.

— '서타일권'의 국역 시

　나란히 누워서 웃으면 입이 셋이 나란하니 '品' 자요, 옆으로
나란히 누우면 '川' 자가 된다는데 웃음을 자아낸다. 동으로 누워
서 겨우 일을 끝내려고 하는데 서쪽에서 주먹이 날아온다는 내용
은 웃음을 자아내게 한다. 이항복이 왜 이 시를 지었을까? 어가
가 한양을 떠날 때 첩이 따라오겠다며 허리띠를 잡고 매달릴 때
칼로 허리띠를 잘라 어가봉행에 사사로움이 없음을 분명히 했다.

그러나 기자헌이 처첩을 데리고 오는 데 대한 미묘한 감정 때문이 아닐까 생각된다. 이 시가 김삿갓이 지은 것으로 알려져 있는데 물론 글자 몇이 바뀌어 작자까지 뒤바뀌어 '희증처첩戲贈妻妾'이란 제목으로 김삿갓이 쓴 것으로 둔갑했다.

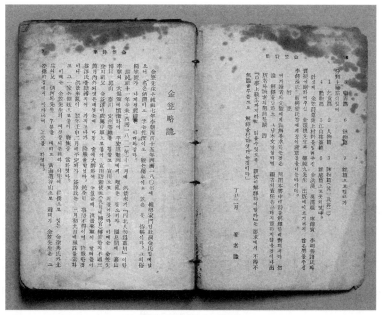

김립시집(이응수, 1939)
김병연(金炳淵, 1807~1863)의 시를 모아 발행한 시집, 국립한글박물관 소장

20

명나라, 구원병을 보내다

명나라 군사가 나오지 않거든 나의 시체를 노룡에서 찾아 달라는 이덕형의 정성 어린 청병이 마침내 이루어져 신종은 요동부총관 조승훈을 시켜 5천 기를 거느리고 우리나라를 돕도록 하였다. 그들은 7월에 압록강을 건너서 몰래 행군하여 돌연 평양성을 지키고 있던 소서행장의 군대들은 승리에 도취되어 경계를 늦추는 틈을 타서 명나라 군대가 진격하여 대혼란을 일으켰다.

그러나 곧 질서를 회복하여 반격해 왔으므로 일대 격전이 벌어졌다. 반나절 동안을 싸웠으나 승부는 결정되지 않았고 조승훈의 선봉장 사유史儒가 탄환을 맞아 부상을 당했고, 또한 큰비가 내려 명나라 군사에 질서가 없어졌으므로 얻은 것 없이 명나라 군대는 안주로 잠시 물러있지 않으면 안 되었다.

명나라 지원군에 힘을 얻어 순찰사 이원익과 순변사 이보 또한 각 고을의 군졸을 소집하여 수만 명을 이끌고 평양성을 공격하였으나 이기지 못하고 순안으로 후퇴하였다.

임진왜란 당시 명나라 황제인 만력제(萬曆帝)

출처 : 위키백과

21

이여송李如松과 평양 싸움

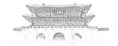

조승훈과 이원익이 패배하여 후퇴하자 아군은 다시 싸울 수가 없었으므로 정곤수를 사신으로 보내어 명나라에 좀 더 강력한 지원병을 요청하였다. 그러나 명나라에서는 작은 나라를 위하여 큰 나라가 국력을 소모하는 것은 좋지 못하다고 하여 더 이상 지원병을 내놓으려 하지 않았다. 이에 정곤수는 명나라 황제가 있는 황극전 뜰에서 밤낮 엿새를 울고 아무것도 먹지 아니하니, 명나라 사람들이 그를 옛적 전국시대의 신포서申包胥가 진秦나라 임금이 거처하는 방의 뜰 아래서 이레를 울며 구원병을 요청하던 충성에 비유하였다.

그런데 명나라 병부상서 석성石星의 부인은 출가하기 전에 공금남용으로 죄를 지어 죽게 된 부친을 살리기 위하여 청루에 몸을 팔고 천 냥의 은자를 요구한 적이 있었는데, 그때 조선의 역관 홍언순洪彦純이 사신을 따라 명경明京에 들어갔다가 그 방문을 보고 청루靑樓에 가서 하룻밤을 놀려 했는데 여인이 슬피 우는 양을 보고 곡절을 물어 사정을 알고는 동정한 나머지 은자 천 냥만 주고 몸은 범하지 않았다. 그 여인이 뒤에 석성石星의 부인이 되어서도 그 은혜를 잊지 않고 조선에 대해서는 늘 호감을 가지고 있었다.

부인은 조선 청병사가 들어와 원병을 간청한다는 소식을 듣고 적극적으로 조선을 구원하도록 남편 석성에게 말하였다. 그러므로 석성은 구원병을 보내야 한다고 적극 황제에게 간청하여 그 뜻을 이루게 하였다.

정곤수의 충성과 석성의 주장에 감동한 신종은 드디어 마음을 돌리고 대병을 보내기로 하였다. 병부시랑 송응창을 경략사로, 병부원외랑 유황상을 찬획사로 하여 요동에 주둔하면서 후원하게 하고, 제독 이여송을 총대장으로 임명하여 이여백, 장세작, 낙상지, 오유충, 왕필적 등의 장수를 거느리게 하고 정병 4만여 명이 웅장한 기상으로 당당하게 압록강을 건넜다.

그들은 일군의 선봉이 있는 평양성을 향하였고, 평양성에는 소서행장이 심유경과 화친하기를 의논하고 있다가 이 소식을 듣고 크게 놀라 각 진영에 구원을 요청했다.

이여송이 평양을 향해 내려갈 때 이야기다. 당당한 진과 하늘을 덮는 깃발로 남쪽으로 가는 도중, 이여송은 조선 접반관 이항

평양성탈환도
평양성 전투에서 조명연합군의 평양성 탈환 모습을 묘사한 병풍(국립중앙박물관 소장)

복을 향해 말없이 손을 내밀었다. 그러자 서슴지 않고 이항복은 소매에서 '조선전도'의 지도를 꺼내어 그의 손에 얹어 주었다. 이여송은 반색을 하며, 『조선에도 인물이 있구나!』하고 칭찬을 마지않았다.

명나라 대군은 밀물 듯이 평양성을 에워싸고 사면으로 공격하니 일본 군사는 모두 성 위에 올라 총을 쏘고 대항하였지만 명나라 군사에게는 진천포와 홍이포가 있어 천지를 진동하게 쏘아대니 그 독하고 매운 연기에 일군들의 사기가 땅에 떨어졌다.

그러자 노상지, 오유충 등이 틈을 타서 성 위에 오르고 뒤이어 군졸들이 따라 올라가 일군을 베인 다음 성문을 크게 열었다. 이여송은 때를 놓치지 않고 군졸을 독려하여 돌격해 들어가서 닥치는 대로 무찔렀다. 그 맹렬한 기세를 감당하지 못하여 일본 군사들은 성안으로 몰려갔는데, 그 싸움에 2만 5천 명의 일본군이 대패하고 불과 사오천 명이 남았다. 명나라 군사도 많이 상하였으므로 이여송은 군졸을 거두어 날 밝기를 기다렸다. 그러나 소서행장은 다시 싸울 생각을 상실하고 나머지 군사를 이끌고 밤의 어둠을 틈타 대동강을 건너 남쪽으로 도망하여 달아났으므로 이여송은 더 싸우지 않고 평양을 빼앗았다. 이여송은 본래 조선족의 후예였다. 그의 아버지 이성량李成梁이 중국 철령을 식업으로 받아 부호를 누리던 그 아들이었다.

　도요토미가 군사를 출동할 때 그 부인이 점을 쳐보니 점괘가, 『遇松則敗 : 송松을 만나면 곧 패하리라.』고 나왔다고 한다. 그래서 일병이 우리나라에 와서 갖은 행패를 부리고 여러 곳을 배고픈 개처럼 돌아다니면서도 큰 솔밭이나 송松 자가 붙은 땅에서는 얼씬도 않았고, 우리나라 백성들은 그런 곳으로 피난하여 목숨을 건진 이가 많았다. 그러나 점괘의 송松자는 이여송李如松의 송松자임을 어이 뜻하였으리오.

이여송(일본 천리대학교 소장)

22

의병들의 일어남

임진왜란에는 의병을 일으켜 크게 공을 세운 사람들이 많은데 그중에 유명한 사람을 적어볼까 한다.

토포사討捕使 이정암은 연안성에서 패잔한 군졸과 백성들을 모아서 하늘에 맹세하고 나라를 위하여 싸우기로 맹세하였다. 일본군이 대거 쇄도하자 정암은 탄환이 비 오듯 하는 곳에서 조금도 겁내지 않고 앞장서서 졸병을 독려하니 군사들은,

『대장이 몸을 아끼지 않는데 우리가 어찌 살기를 도모하리요.』

하고 모두 달려가서 용감히 싸웠으므로 언제나 성을 지킬 수 있었다. 구로다 나가마새[黑田長政]가 두 번이나 군을 거느리고 공격하여도 함락하지 못했다 하니 그 굳음을 알 수 있겠다. 그러나 싸워 적을 물리치고는 행재소에 보고하기를,

『아무 날 적병이 왔다가 아무 날 물러갔습니다.』할 뿐이요, 싸움에 이겼다는 말을 쓰지 않았다. 그리하여 조정에서는 싸움에 이긴 것보다도 공을 자랑하지 않는 것이 더욱 장하다고 하였다.

진주목사 김시민은 병졸 이만으로 성을 지켜 적병들이 전라도로 들어가는 길을 막았으므로 도요토미가 미워하여 하세가와 히데카즈[長谷川秀一] 등, 일곱 장수를 시켜 이만 명으로 진주를 빼앗으라 하였다. 일곱 장수는 명을 받들고 부산에서 출발한 왜군들이 진주성을 에워쌌다. 그러나 김시민은 조금도 겁내지 않고 곤양군수 이광악과 함께 밤낮으로 항거하였다. 그때 그는 졸병에게 부르짖기를,

『팔도 여러 읍들이 거의 함락되고 다만 이 고을 하나가 남았다.

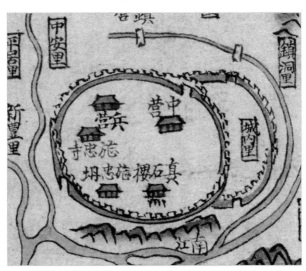

진주성 여지도에 있는 진주목 지도(서울대학교 규장각 소장)

그러므로 이 고을이 실로 나라의 명맥인 것이다. 만약에 이 고을이 적의 손에 들어간다면 나라의 운명은 그대로 기울어져 버린다. 뿐만 아니라 성이 깨어진다면 우리 몇만 명 목숨이 적병의 칼날에 죽을 터이니 이왕 죽을 바에는 싸워서 사나이답게 죽어야 하지 않겠느냐? 너희들은 죽기를 맹세하고 살기를 도모하지 말라!』 하였으므로 장졸들이 모두 한마음으로 분발하여 싸우게 되었다.

그러자 고성의병장 최강, 이달 등이 군을 이끌고 와서 도왔으므로 장졸들의 사기는 더욱 충천하였다. 시민은 틈을 타서 적을 맹렬히 공격했으므로 이만 명의 일본군은 모두 쓰러지고 천여 명밖에 남지 않았다. 이 소식을 들은 도요토미는 나라의 위엄을 손상하였다고 일곱 장수를 준열히 책망하였으므로 하세가와 히데카즈는 분하여 칼로 자결하기까지 하였다.

경상 좌병사 박진은 처음 밀양에서 싸워 패하였으나 평양이 회복되고 명나라 군사가 남하한다는 소식을 듣고 민병 수천을 다시 모집하여 경주성을 쳤다. 그때 그의 비장 이장손이 진천포라는 화포를 만들어 성안을 향하여 쏘아 적진을 빼앗았으므로 일본 장수 사까가와 도메[坂川采女]는 능히 지키지 못하고 서생포로 쫓겨 달아났다. 그리하여 경주성을 회복하고 군량미 만여 석을 얻었다.

경주의 승전을 계기로 각처에 의병들이 벌떼같이 일어났는데 그중에 유명한 자는 경상도의 곽재우, 김면, 정인홍, 유종개, 이대조 등과 전라도의 고경명, 김천일, 최경회 등이었다. 또한 승병도 각처에서 일어나 적병을 무찔렀다.

23

홍의장군 곽재우

많은 의병장 중에서 곽재우가 으뜸가는 명장이었다. 그가 수십 번 싸움에 한 번도 진 적이 없었으므로 역사에 기록하기를 [用兵如神, 威振三韓] 이라 하였다.

망우당 곽재우는 항상 붉은 옷을 입고 싸웠는데, 그 붉은 옷은 처녀의 첫 월경의 피로 물들여 만든 것이었으므로 음의 기운이 능히 적의 탄환을 막았고, 싸우는 법이 바람과 우레같이 신속 맹렬하였다. 벼락같이 돌격해 오다가도 홀연 진을 거두어 그림자도 없이 사라지는가 하면 금방 동에서 싸우다가 어느 사이에 서에서 공격해 오기도 하고, 남에서 본 그가 북에 있기도 하여 그 변화무쌍함이 측량할 수가 없었으므로 일본 장졸들이 그의 이름만 들어도 벌벌 떨었다 한다. 그리하여 [天降紅衣將軍]이라고 불렀다. 그의 기묘한 전법은 여러 가지지만 그중에 몇 가지만 적어본다.

그는 군졸들에게 저마다 바가지 한 개를 차고 다니게 하여 물도 떠먹고 밥도 담아 먹게 하였다. 한 번은 무쇠로 그와 같은 바가지를 만들어 싸움이 끝나고 돌아갈 때 버려두고 갔다. 적병이 이곳에 이르러 그 바가지를 주워보니 무게가 백 근이나 되었으니 그런 바가지를 하나씩 차고도 나는 듯이 돌아다니는 홍의장군의 군사는 귀신들이 아닌가 했다.

또 어느 때는 옻칠을 한 목관에 벌 몇 통을 담아 버려두었다. 적병들이 그 속에 무슨 보물이나 들었는가 하고 열어보자 벌이 터져 나와 온통 진중의 장병들이 크게 욕을 보았다. 그 뒤에 또 그런 관을 떨어뜨려 둔 것을 또 벌로 알고 불 속에 집어 던졌더니 터져서 사방이 둘러 빠졌다. 그리하여 그때는 곽재우 이름을 들으면 울던 아이도 울음을 그쳤다고 한다. 요즈음 시골에서 『곽쥐 온다!』하고 어린애를 달래는 것은 『곽재우 온다.』라고 하는 말의 와전인 것이다.

곽재우의 호는 망우당이었다. 난리가 끝난 뒤에 임금이 내리는 벼슬을 사양하고 지리산에 들어가 병 없이 살다가 신선이 되었다고 한다.

24

사명당 유정維政의 도술

　사명당 유정은 승장僧將이었다. 그는 스승 서산대사 휴정의 명을 받들어 의병을 일으켰는데, 도술에 능통한 중이었으므로 싸움에 패한 적이 없었다.

　1596년에 강화사로 일본에 갔을 때의 이야기다.

　도요토미는 그를 위력으로 꺾어볼 생각으로 접견하지를 않고 군졸들에게 명하여 어느 깊은 소나무 숲속에 데려다 두고 먹을 것을 주지 않았다. 그렇게 십여 일이 지났으니 때는 겨울이었으므로 흰 눈이 산과 들판에 가득하였다.

　도요토미는 필시 조선 사신이 굶주려 죽었으려니 생각하고 사람을 보내어 가보라 했다. 그러나 사명당은 조금도 움직이지 않고 처음 앉은 돌 위에 단정히 앉아있었는데 얼굴에 화색이 돌고

사람을 보는 시선이 별같이
초롱초롱하여 조금도 굵은
사람 같지가 않았다. 그리고
그가 앉은 둘레에는 눈이 한
점도 없는 것이 아닌가.

그런 회보를 듣자 도요토
미도 그가 도승임을 알고 사
람을 보내어 데려오라 하였
다. 그리고 사명당이 들어오
는 길에 십 리를 뻗친 병풍 하
나를 쳐놓게 하였다. 그 병풍

사명당 유정(월정사성보박물관 소장)

은 서시도에 도착한 서시가 단 한 권의 책을 가지고 와서 이 세상
에 그 한 권밖에 없는 귀중한 책의 내용을 쓴 병풍으로 그 당시
일본에서 제일 국보로 여기던 책이다. 이 병풍을 사명당이 말을
타고 오는 길목 십 리에 펴둔 것이었다. 사명당은 마음속으로 그
것을 자랑하려고 하는 것이구나 하고 그것을 보았다. 도요토미가
있는 집에 이르니 그가 사명당에게 실례를 했노라 하면서,『그대
가 오는 길에 쳐둔 병풍을 보았느냐?』하고 물었다. 보았다고 했
다.

그는 다시,『그대는 생불이라는데 그 병풍에 쓰인 글을 외울
수 있겠지?』하고 물었다. 사명당은 예, 하고 그 긴 글을 외기 시
작했다. 중간에 몇 줄을 빼먹었다. 도요토미가『중간에 몇 줄은

왜 모르느냐?』하고 묻자,『없는 글도 외우라 하느냐?』라고 사명당이 대답하기에 사람을 시켜서 가보라 하니 과연 중간에 병풍이 접혀서 글자가 보이지 않았다고 한다. 도요토미가 또 물었다.

『선생께서는 불가의 제자라 술을 자시지 않겠지요?』라고 한다. 그가 술로써 자기를 괴롭히려고 하는 것을 눈치채고,『다른 중은 금기하지만 나는 그렇지 않습니다.』라고 대답했다.

이에 도요토미는 독한 술을 자꾸자꾸 부어 마시게 하였으나 사명당은 빈속에 주는 술을 모두 들이켜 두말 가까이 먹고도 조금도 취기가 없었다. 다시 여러 가지 음식을 큰 식탁에 차려놓고 권하니 이십여 명이 먹어도 넉넉한 음식을 다 먹고 오히려 배불러 하는 기색이 없지 않은가? 이것을 본 도요토미는 아주 신기하게 여겨,

『선생은 어째서 춥고 배고픔을 모르시나이까?』하였다. 사명당은 그에 대하여 좋은 말로 대답하고 강화조약을 성립시켰다.

뒤에 일본 사람들은 사명당의 높은 덕을 흠모하여 사당을 짓고 제사까지 지내주었다 한다. 이 밖에 사명당을 시험해보기 위하여 불에도 집어넣고 물에도 집어넣었다는 이야기도 있다.

25

이충무공의 남해대첩

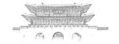

육지에서 아군이 선전하고 있는 동안 남해를 지키는 전라 좌수사 이순신은 남당포에서 또 대첩을 하였다. 처음 이순신이 적선을 맞아 싸우다가 거짓 패하여 달아나자, 일본 배들은 그의 군사가 적음을 보고 업신여겨 모든 군사가 추격하였다. 순신은 얼마동안 쫓겨가는 듯하다가 별안간 북을 울리며 배를 돌려 공격하니 맹렬한 싸움이 벌어졌는데, 파도가 밀려 나가자 적선들은 불리하여 물러가려 했다.

순신은 미리 그런 일이 있을 줄을 알고 바다 밑에 쇠 그물을 깔아두었다가 그것을 잡아당겨 길을 가로막아서 크게 당황해하는 적선을 공격하니 적병들은 혼비백산하여 달아났다. 그리하여 일본군 천여 명을 죽이고 대장 관정음管政陰을 쓰러뜨렸다.

26

벽제역碧蹄驛의 싸움

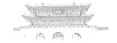

　고니시 유키나가[小西行
長]가 평양에서 패하여 물
러간 후 이여송은 20만 군
대를 거느리고 한양을 회
복하려 올라왔다. 일본군
총 사령 우키다 히데이에[浮
田秀家]는 그 보고를 듣자
각 진지에 명령하여 모두
철수하여 서울로 모이라
하였는데, 개성에 주둔해
있던 고바야카와 다카카게

고니시 유키나가[小西行長]
출처 : 위키백과

[小早川隆景]와 다치바나 무네시게[立花宗茂]는 군을 거두어 올라오다가 고양 벽제역에 이르러 비밀히 의논하고 2만 병력을 여섯 부대로 나누어 매복시켰다.

이여송은 그런 줄도 모르고 개성을 거쳐 남하하였는데 벽제역에 이르자 일본군의 한 떼가 나타났다. 그들은 잠시 싸우다가 물러나고, 또 다른 한 떼가 나와서 잠시 싸우다가 물러가고 하여 변화가 측량하기 어려웠다. 이여송은 그들을 호접진을 쳐서 철기鐵騎로 짓밟고자 하였으나 마침내 비가 온 뒤였으므로 땅이 질어서 말들의 움직임이 부자유하였는데, 별안간 대부대의 군사들이 들이닥쳐 총과 칼로 공격하니 명나라 군사들이 무수히 쓰러졌다.

그 싸움에 이여송은 기병 3천과 군졸 3백을 잃었다. 그리하여 대신 유성룡의 말도 듣지 않고 동파역으로 물러갔다가 다시 개성으로 물러가려 하였다. 유성룡은 크게 놀라는 빛을 보이면서,

『이제 대군이 한 번 물러가면 일본군의 형세가 다시 떨칠 것이니 서울의 회복은 고사하고 임진강 북쪽이 다시 위태로우리라.』

하고 말렸다. 그러나 이여송은 듣지 않고 개성으로 물러갔다.

27

권율의 행주대첩

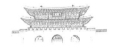

　전라도관찰사 권율은 평양이 회복되었음을 듣고 군사 3만 명을 일으켜 그는 서울을 회복할 생각으로 수원 독성산성에 주둔하였는데 일본군이 성을 둘러싸고 물 길어 먹는 길을 끊었으므로 군사들이 목이 말라 죽을 지경에 이르렀다. 권율은 꾀를 내어 수백 필의 말을 산성 높은 곳에 세우고 큰 바가지로 쌀을 퍼서 끼얹게 하였다. 일본군은 멀리서 그 광경을 보고 산성에 물이 있는 줄 알고 포위를 풀었다고 한다. 독성산성에는 지금도 세마대가 있다. 적이 물러가자 권율은 다시 이여송의 남하하는 군사와 협력하여 서울을 회복할 생각으로 고양 행주산성에 군사를 나아가게 하였다. 서울의 적병들이 이 소식을 듣자 대병으로 산성을 에워싸고 가토오 도에노가미[加藤遠江守], 기무라 시게나오[木村重

尙], 오오야 주우기끼[大谷重吉] 등이 공격을 가해왔다. 그러나 권율은 조금도 동요하지 않고 군을 독려하여 싸우다가 적의 틈을 엿보아 기습을 감행하여 대승리로 이끌었다. 이 승전을 행주대첩이라 하여 임진왜란 때 6전의 3대 승전지로 손꼽는다. 지금도 행주산성에는 승전비가 있다. 권율은 그 공으로 도원수가 되었다.

행주대첩의 그림
임진왜란 때 권율이 행주산성에서 왜군을 대파한 싸움(전쟁기념관 소장)

28

왜병들이 경상도 해안으로 물러감

　이때 이여송의 군대는 개성에 진을 치고 장차 서울을 찌를 기세였고, 김명원, 권율 등이 이끄는 조선군은 고양, 파주 등지에서 일본군의 식량 길을 끊으며, 이순신 장군은 바다 위에서 적의 해상 연락을 불가능하게 만들었다.

　또한 사대수, 이여매 등 명나라 장수는 비밀리에 군사를 보내어 용산에 쌓아둔 적의 군량 10만 석에 불을 질렀으므로 일본군은 군량미 길이 끊겨 몹시 곤란하였는데, 그 위에 전염병이 유행하여 죽는 자가 이루 헤아릴 수 없었다.

　그리하여 하는 수 없이 적병 5만 2천여 명이 서울을 버리고 남쪽으로 물러갔다. 그들의 뒤를 공격하였으면 큰 전과를 얻을 수 있었던 것을 이여송은 전번에 일군에게 패한 후로는 겁을 집어먹

고 싸움을 피하여 적을 그대로 내버려 두었으므로 적은 완전히
철수하여 남쪽 해안지대에 주둔하고 있었다.

권율장군묘(權慄將軍墓)
시도기념물 제2호, 경기도 양주시 장흥면에 위치, 출처 : 문화재청

29

진주성에서의 논개論介의 죽음

적군이 남쪽으로 후퇴한 뒤, 수길은 그전 진주 싸움에 그의 군사가 패하였음을 분하게 생각하여 여러 장수들에게 명령하여 다시 진주성을 공격하였다. 그때 진주성을 지키는 서예원은 의병장 김천일과 협력하여 2만의 병력으로 6만이 넘는 적병을 맞아 선전하였으나 워낙 적의 수가 많은 데다가 진주성이 무너져 버렸으므로 크게 패하였다. 며칠 동안 계속된 격전으로 활은 꺾어지고 칼은 부러져 성주 이하 여러 사람들이 순절하였다. 그 싸움이 끝난 뒤의 이야기다.

기생 논개는 승전의 축배를 드는 적장들 잔치에 나아가 그중 우두머리 하나를 아름다운 눈빛과 예쁜 웃음을 흘려 유혹해서 남강 가에 있는 바위까지 나오게 하여 그 적장을 껴안고 푸른 물에

진주성 공북문(경상남도 진주시 본성동에 있는 진주성의 북문)

뛰어들어 함께 죽었다. 연약한 여인의 몸으로 한 놈의 왜장을 쓰러뜨린 것이다.

거룩한 분노는 / 종교보다 깊고
불붙는 정열은 / 사랑보다도 강하다
아, 강낭콩 꽃보다도 더 푸른 그 물결 위에
양귀비꽃보다 더 붉은 그 마음 흘러라.

— 변영로

후세의 시인 변영로는 '논개' 란 제목의 시에 이렇게 노래했다. 지금도 촉석루矗石樓 옆에 그를 받들어 제사를 올리는 논개의 사당 영정각이 있다.

30

정유재란과 이순신 장군

심유경과 도요토미[豊臣秀吉] 사이에서 옥신각신하던 협상에서 도요토미가 우리나라의 남쪽 삼도를 달라는 요구를 명나라에서 들어주지 않았으므로 의논이 깨어지자, 선조 30년 정유丁酉(1597)년에 그는 다시 14만 대군을 일으켜 바다를 건너 우리나라를 침입하였다. 이것을 후세 사람들이 '정유재란' 이라 부른다.

그동안 이순신 장군은 전라좌도 수군절도사에서 전라, 충청, 경상 삼도의 수군통제사가 되고 한산도에 총 본영을 두어 주야로 적을 무찔렀으므로 조정에는 정3품 통정대부 벼슬인 가자加資를 시켰는데, 정헌가자正憲加資까지에 이르러서는 나중에 더 시킬 벼슬이 없을까 염려하고 물품으로 상을 줄 정도였다.

일본군은 이순신 장군 때문에 꼼짝하지 못하게 되었으므로 소

서행장은 대단히 걱정을 하고 통역 요시라[要時羅]라는 자를 시켜 경상우병 김응서의 진지에 가서

『금번에 화의和議가 이루어지지 못하여 다시 출병한 것은 가토[加藤淸正]가 싸움하기를 주장한 까닭이다. 그러나 대부분의 일본 장수들은 싸움을 싫어하고 있었다. 그러므로 가토는 여러 장수들의 원망을 한 몸에 모으고 있는 터인데 도요토미의 신임이 두터우므로 본국에서는 어떻게 할 수가 없다. 가토[加藤淸正]의 군사가 탄 배가 1월 15일에 바다를 건너올 터이니 조선에서 수군 통제사를 보내어 바다 가운데서 습격하면 그를 사로잡을 수가 있을 것이다. 그렇게 하여 조선 사람들의 원수를 갚고 일본 여러 장수들의 불만도 풀어 달라.』라고 했다.

병사 김응서는 그것을 그대로 받아들이도록 어리석은 사람은 아니었으니, 이를 알고 덮어두고 조정에 보고하지 않으면 [知情不告]의 죄를 당하는 것이었으므로 그 사유를 권율 도원수에게 보고하였다. 권율도 역시 덮어둘 수가 없어서 선조께 아뢰니 왕은 이순신 장군으로 하여금 바다 가운데서 가토[加藤淸正]를 잡게 하였다.

권율은 직책상 하는 수 없이 왕의 명을 이순신 장군에게 전하였다. 그러나 이순신 장군은 그것이 적의 계책임을 알고 명령을 실행하지 않았다. 그러자 조정에서 말하기만을 좋아하는 무리들이 왕명을 거역하고 적장을 살려준다고 이순신 장군을 모함하기 시작하였다. 왕은 그 말을 듣고 남이신을 한산도에 보내어 그 사

건을 조사하게 하였는데, 그가 돌아와 아뢰기를,

『청정의 배가 건너오다가 장문포에서 얕은 여울에 걸려 7일이나 머물러 있는 것을 이순신이 잡지 않고 두었습니다.』라고 하였다. 그는 조정의 간사한 무리들과 어울려서 이순신을 모함한 것이었다.

선조는 그의 말을 그대로 믿고 이순신 장군을 묶어 금부에 가두었다. 이런 못된 짓을 한 무리 속에는 경상우수사 원균이 있었으니, 그는 과거 거제 바다에서 패하였을 때 이순신 장군의 도움을 입은 바 컸건만, 지금은 이순신 장군의 벼슬이 높아지고 직위가 자기 위에 있는 것을 시기한 나머지 그렇게 했던 것이다. 이순신 장군이 바다를 지키는 애국충정이 어떠하였던가를 그의 시를 읽어보면 잘 알 수 있다.

水國秋光暮하니　驚寒雁陣高라.
수 국 추 광 모　　경 한 안 진 고

憂心輾轉夜에　殘月照弓刀라.
우 심 전 전 야　　잔 월 조 궁 도

― 이순신

바다에 가을빛이 저물어오니

차가움에 놀란 기러기 진陣, 하늘에 높구나.

나라 근심하는 마음으로 뒤척이는 이 밤

쇠잔한 달빛이 활과 칼에 비치누나.

誓海魚龍動하고　盟山草木知라.
서 해 어 룡 동　　맹 산 초 목 지

바다에 맹세하니 어룡이 다 움직이고
산에 서약하니 초목이 다 아는구나.

　전세가 다시 불리하여 이순신 장군을 다시 옥에서 내놓았을
때, 마침 공의 모친이 세상을 떠났다. 옥문을 나온 이순신 장군은
통곡하면서,

　『임금에게 충성을 다하였으나 죄를 받았고, 어버이에게 효도
하고자 하니 어버이 또한 없구나!』라고 했다 한다. 그때의 그 심
정, 그 느낌이 어떠하였으랴!

　이순신 장군의 기개가 가장 잘 나타난 시는 바로 그의 시조이
다. 무장다운 기개가 서린 이 시조 한 수는 영원히 우리 가슴에
남아 있게 될 것이다.

　　한산 섬 달 밝은 밤에 수루에 혼자 앉아
　　큰 칼 옆에 차고 깊은 시름 하는 적에
　　어디서 일성호가는 남의 애를 끊나니.

　　　　　　　　　　　　　　　　　　　　　－ 이순신

31

원균元均의 잘못으로 우리 수군 대파

이순신 장군이 억울한 죄를 뒤집어쓰고 옥에 갇혀있을 때 그 대신 원균이 수군통제사가 되었다. 그는 과거 이순신 장군이 닦아놓은 군 장비를 모두 헐어버리고 신임하던 비장들을 물리친 다음, 이순신 장군이 군졸들과 더불어 작전을 논하던 운주헌을 놀이터로 삼아 애첩을 끼고 놀기만 하며 싸움은 통 생각해 보지도 않았다. 또한 싸움을 치르고 난 다음에 상벌의 차례가 없어 공을 이룬 사람을 본 척도 않는가 하면 아첨 잘하는 자는 크게 기렸으므로 군졸들이 모두,

『도적을 맞거든 달아나야 한다. 누구를 위하여 싸우랴?』하고 비웃고 그의 명령을 들으려 하지도 않았다.

적장 소서는 그의 반간을 놓는 계획이 성공하여 이순신이 물러

갔다는 소식을 듣고 크게 기뻐하여 잔치를 베풀고 좋아하였다 한
다. 그리고 득의만만한 웃음을 흘리며,

『더벅머리 선 머슴애를 잡으리라!』하고 다시 요시라를 시켜
김응서의 진에 가서『일본 후원병이 수일 내로 부산에 상륙할 터
이니 그전에 바다에서 조선군의 해상전으로 전멸하는 것이 좋겠
다.』라고 했다. 김응서는 역시 전처럼 권율 도원수에게 정보를
올리지 않을 수가 없
었다. 그 보고에 접한
도원수 권율은 원균에
게 명하여 나아가 일
군을 무찌르게 하였
다. 원균은 마지못하
여 많은 배를 거느리
고 한산도를 떠나 자
신 없는 싸움의 길에
올랐는데, 병선 5백여
척에 군졸 3만 명의 당
당한 우리 아군의 세력
이었다.

김응서
이팔룡(李八龍, 18~19세기)이 1792년에 그린 작
품, 출처 : SubKorea닷컴

　그러나 군의 계율이
말할 수 없이 해이해진 군대가 수만 많은 것이 무슨 소용이 있으
랴. 아무 계획도 없이 배를 저어 가다가 그만 숨어 기다리던 일본

전함에 포위당하여 버린 것이다. 원균은 크게 놀라 장졸들에게 싸워라 하고 호령하였지만 마침 바람이 일어나 파도가 높이 출렁이는데, 하루 종일 노를 저어 팔에 힘이 다였으니 대오가 흩어지지 않을 수 없었다. 적선들은 그 틈을 타서 풍랑에 배를 맡기고 달려들어 맹렬한 공격을 해왔다.

원균은 크게 패하여 군사들은 돌아보지도 않고 목숨아 날 살려라 하고 가덕도로 도망하였는데, 마침 고성에 있던 권율 도원수가 그 소식을 듣고 그를 잡아 엄히 매질한 다음 『다시 나가 싸워라!』하고 명령하였다.

원균은 크게 분하게 여기고 자기 진지에 돌아가서 술만 먹고 누웠다가 다시 적선의 공습을 받아 싸워보지도 않고 도망하여 육지에 올랐다. 그리고 한참을 도망하다가 숨이 차서 어느 나무 밑에 앉아서 쉬었는데 일본군이 그를 발견하고 목을 베어 죽였다.

그 밖에 이억기는 스스로 바다에 빠져 죽었고, 종사관 배설은 패하기 전에 한산도 진중으로 들어가 군량과 병기를 모두 불사르고 군사들을 배에 태우고 피하여 도망가 버렸다.

이렇게 한산도는 적의 발에 짓밟힌 바 되었으니, 이순신 장군이 오랜 세월과 갖은 고초를 겪으며 이룩해 놓은 우리 수군은 산산이 부서지고 말았다.

32

정유재란 때 육지에서의 싸움

심유경의 외교로 난리가 거의 끝나려 할 때에 명나라에서는 이 여송을 불러드리고 오유충과 유정에게 보병 수만 명을 주어 우리 나라에 주둔하게 하더니, 회담이 결렬되자 다시 양호를 경략사 로, 나개를 총독으로 하고, 마귀麻貴를 제독으로, 그밖에 오유충, 반백영, 진우충, 모국기 등을 보내어 정병 20만을 거느리고 적에 대항케 하였다. 마귀는 서울에 주둔케 하고, 양원을 남원에, 모국 기를 성주에, 진우충을 전주에, 오유충을 충주에 각각 주둔하게 하니 조선 장수들도 그에 따라 요지에 배치하고 북상하는 적병을 요격할 태세를 갖추었다.

적군은 전라도로 들어와 남원성을 공격하려고 황석산성을 지 키던 조선군을 먼저 공격하였다. 성을 지키는 두 장수 중에 백사

언은 적의 형세가 지극히 맹렬한 것을 보고 도망하였으나 곽준은 끝까지 싸우다가 활은 부러지고 칼은 무디어 힘이 다하여 그 아들 이상, 이후와 함께 쓰러졌다.

곽준의 딸은 유문호의 아내였는데 문호 또한 산성에서 적병에게 잡혀 죽었다. 그의 아내가 그가 죽었다는 말을 듣자,

『내가 아버지의 돌아가심을 듣고도 목숨을 끊지 않았음은 남편이 있었음에서이더니, 이제 남편마저 죽었다 하는데 살아 무엇 하리오.』하고 자결하여 죽었다.

또한 현감 조종도도 성이 깨어지자 달아나는 백성들 틈에 섞이지 않고 태연히 앉아서,

『나는 국록을 먹은 사람인데 어찌 도망하리요!』하고 칼로 배를 갈라 죽었다. 황석산성을 깨뜨린 일본군은 기세가 등등하여 남원성을 에워쌌다. 성에는 명나라 장수 양원과 전라병사 이복남이 지키고 있었으나, 그들이 거느린 군사는 모두 3천3백 명에 불과하였으니 수만 명의 적병을 당해낼 수 있을 리 만무하였다. 악전고투하였으나 사흘 만에 성은 무너지고 군사는 전멸을 당하였다. 이복남도 그 싸움에서 죽었다. 다만 양원이 그의 부하 몇 명만 데리고 간신히 빠져나왔을 뿐이었다. 일본 군사는 다시 북상하여 전주성을 공격하여 명나라 장수 진우충이 선전하였으나 일본군은 숫자로 우세하여 성을 쳐부수고 함락시켰다.

33

이순신 장군, 다시 남해에

원균이 패하여 수군이 전멸되었다는 소식이 조정에 이르자 온 대신들이 깜짝 놀랐다. 선조께서는 조정 대신을 모으고 대책을 물었다. 그러자 병조판서 이항복이 아뢰기를, 『이순신은 명장이 오니 지금이라도 그를 다시 통제사로 시켜 이 위급한 상황을 건지게 하옵소서.』하였다. 선조도 일이 매우 급함을 알고 순신을 놓아주고 적병을 막으라 하였다.

이순신이 왕명을 받들어 단기로 전라도로 향하니, 그 소식을 들은 패잔 장졸들이 차차 모여들어 보성 땅에 이르러서는 수백 명이 되었다. 그러나 그의 옛날의 진지에 돌아가 보니 병선은 모두 간 곳이 없고 양식도 병기도 다 없어졌다. 타고 부서진 나머지 배들을 수습하여 보니 경상우수사 배설이 인솔한 병선 아홉 척과

녹도만호鹿島萬戶 정운의 병선 한 척과 그리고 통선統船 세 척뿐이었다. 이 보잘것없는 병력을 보고 배설은,

『배 없이 해전을 할 수 없으니 차라리 육전을 하지요.』라고 하였다. 그러나 이순신 장군은 부르짖었다.

『바다를 버리고 어디로 간단 말인가. 싸우자! 싸워서 적으로 하여금 서해를 침범하지 못하게 해야 한다.』하고 각오를 다졌다.

목숨이 아까운 배설은 이순신 장군의 이 말을 듣고 도망가 버렸다.

이순신 장군이 다시 내려왔다는 소문에 삼남 백성들이 모두 모여 와서 그를 도왔다. 그리하여 밤낮으로 군무기를 두드려 만들고 양곡을 모아 다시 남쪽 바다는 적에게 이길 수 있는 의기로 불타고 있었다. 이 소문이 적장들에게 들리자 그들은 크게 걱정하고 모여서 의논하기를,

『이제 다시 서울을 공격하여야 되겠는데 이순신이 다시 수군을 모아 바다를 제패하려 한다니 큰일이다. 만약 그가 나서면 다시 제상권을 잃을 염려가 있으니 이순신의 군사가 약한 틈을 타서 먼저 공격을 가하여 쳐부수고 북진하는 것이 좋겠다.』하였다. 그리하여 병선 4백여 척에 군졸 2만 5천여 명으로 이순신 장군의 수영이 있는 진도 앞 바다 벽양정碧洋亭으로 몰려왔다. 그때를 당하여 이순신 장군은 장병들에게,

『오늘은 모두가 죽어서 나라에 충성할 수 있는 날이다. 힘을

다해 싸우자!』하고 열세 척의 배로 적을 맞았다.

　적은 장군의 병선이 보잘것없음을 보고 단숨에 뒤엎을 생각으로 겹겹이 포위했다. 그러나 죽기를 맹세한 장졸들이 조금도 동요하지 않고 비 오는듯한 총탄과 서릿발 같은 창칼 속에서도 용감하게 적선을 뒤엎었다. 싸움이 막 최고조에 달하였을 때 거제 현령 안위가 비겁하게도 물러서려 하였으므로 이순신 장군은 칼을 들고 뱃머리에 서서 호령하였다.

　『안위야, 네가 싸움에 죽지 않고 군법에 죽으려 하느냐?』하고 불똥이 튀는 바람에 안위는 크게 겁을 먹고 다시 배를 돌려 앞장서서 싸웠다. 그리하여 왜선 2백여 척을 깨뜨리고 일본 수병 1만 5천 명을 죽였으므로 적병들은 나머지 배를 이끌고 부산으로 도망가 버렸다.

　이 싸움에는 우리 배의 수가 너무 적었으므로 피난하는 백성들의 배를 멀찍이 늘어놓고 싸웠는데 배에 오르지 않는 백성들은 높은 산 위에 올라서 싸움을 관망하기도 했다. 그들이 보니 총소리가 천지를 뒤엎고 포연이 바다를 뒤덮는 가운데 이순신의 배 열세 척이 일본 배 4백여 척에 에워싸여 싸울 여지가 없었다. 백성들은 기가 막혀,

　『우리는 이제 죽었구나!』하며 땅을 치고 통곡하였는데 차차 총성이 적어지고 포연이 사라지기에 보니 일본 병선은 모두 도망가고 이순신 장군이 거느린 배 열세 척은 하나도 부서지지 않고 있었다. 울음소리는 변하여 환호성으로 바뀌었다.

싸움을 파한 후에 이순신 장군은 소를 잡아 큰 잔치를 베풀어 장졸들에게 먹이고 당화도堂花島로 수영을 옮기니 백성들의 마음이 편안해지고 군의 사기가 크게 떨쳤다.

명량해전도(鳴梁海戰圖)
임진왜란 때인 1597년 9월 16일에 전라남도 해남과 진도 사이의 울돌목에서 있었던 유명한 해전이다.

34

왜군들의 만행

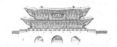

　남원과 전주를 빼앗은 적장 구로다 나가마새[黑田長政]는 그의
군사를 북상시켰는데, 가는 곳마다 약탈과 살육을 자행하였다.
사람을 만나면 귀와 코를 베고 손바닥에 구멍을 뚫어 끌고 다니
며 집과 숲이 있는 곳은 모두 불을 놓았다.

　그전 서울이 함락되었을 때도 그들은 사방을 개미떼처럼 흩어
져서 사람을 죽이고 집을 불살랐으며 부녀자를 겁탈하였다. 그리
고 값진 물건이 있으면 모두 빼앗아 갔는데 심지어는 성종의 왕
릉까지 파헤치는 등 갖은 못된 짓을 다 하였다.

　구로다의 군사가 북상하자 경리사經理使 양호는 평양에 내려
와서 서울에 있던 마귀麻貴로 하여금 적을 막게 하였다. 마귀는
부총병 이하 여러 장수들을 남하시켜 직산稷山 등지에서 적을 크

구로다 나가마사[黑田長政]

출처 : 위키백과

게 쳐부수어 거의 전멸하였으니 이 싸움이 직산대첩이었다.

　다시 경리사 양호는 여러 장수들을 거느리고 울산성에 주둔하고 있는 가토의 군을 총공격하였다. 그러나 워낙 성이 굳건한 데다가 가토는 죽을힘을 다하여 막았으므로 성을 에워싸고 보급품 길을 끊는 전술을 써서 그들이 매우 곤경에 빠진 듯 보이더니 구원병이 와서 안으로 지원하고 밖에서 공격하여 도리어 양호의 군이 크게 패하게 되었다. 이 싸움에서 패한 까닭으로 양호는 군법에 걸려 본국에 불려가고 만세덕이 대신 나왔으니 때는 1598년, 무술년이었다.

35

진린陳璘과 이순신 장군

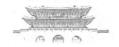

　육지에서 많은 명나라 장수가 동원되었을 때, 진린은 수군 도독으로 수만 명씩 군졸을 거느리고 바다를 막아 주려고 나왔다. 고금도에 진을 치고 있던 이순신 장군은 진린이 온다는 소식을 듣고 크게 찬양하여 술과 고기를 장만하여 두었다가 그들이 이르자 성대히 맞아 크게 잔치를 베풀고 환영하여 주었으므로 명나라 군졸들이 모두 좋아하였고 진린도 매우 기뻐하였다.

　첫 번째 작전에서 적을 쳐부수지 못하였으므로 진린은 크게 노하여 선봉을 맡은 장수를 베려하였을 때 이순신 장군은 그러지 말라고 만류하였다. 그리고 자기가 얻은 적병의 머리 50명을 진린에게 주어 그가 올린 전과로 보고하게 하였다. 진린이 무척 감사하게 생각하자,

『대인이 천자의 명으로 이 나라를 구원하러 온 이상 본인도 대인의 부하가 아니오리까. 이 몸이 대인의 부하인데 무슨 이 사람의 공이 따로 있으리까?』하였다 한다. 그는 용맹스러우면서도 일본군의 정세에는 어두웠으므로 항상 이순신과 같은 배를 탔고, 모든 것을 장군이 시키는 대로 하였다. 그리하여 항상 이순신 장군을 부르기를 이 통제사라고 하면서 이름을 부르지 않았다. 그리고 때때로,

『공은 중국에 나서도 마땅히 천하 상장군이 될 만한 명장이외다.』하였고, 중국에 들어가서 벼슬하도록 하자고 권하기도 여러 번 했다고 한다. 어느 때는 진린이 선조께 상소하기를,『이 장군은 하늘이 내린 장수로 소이다.』하였다.

진린이 얼마나 이순신 장군의 높은 인격을 흠모했는지 좋은 이야기가 하나 있다. 명나라 수군이 이순신 장군의 군사와 연합하여 싸울 때의 일인데, 진린의 군졸들은 이른바 상국의 군사임을 빙자하고 조선 사람을 욕보이고 업신여기

진린(陳璘)
출처 : 위키백과

기가 일쑤였다.

　억울한 변을 당한 그들은,『장군님, 어떻게 하여야 합니까?』
이순신 장군에게 호소하여 마지않았다. 장군은 꾀를 생각해내어
백성들에게 처자 권속과 세간을 가지고 어디로 떠나가는 척하라
하였다. 그리고 자신도 진을 뜯어 옮기려는 기세를 보였다. 갑자
기 그런 태도를 보이므로 진린은 이상히 여기고 곡절을 물었다.
이순신 장군은,

　『이 섬에 있는 우리나라 군과 백성들이 모두 귀국 군졸들의 천
대를 이기지 못하여 이 섬을 떠나가려 하니 나도 따라갈 수밖에
없는 것이외다.』했다. 진린은 크게 놀라 이순신의 군복 자락을
붙들고 만류했다.

　이순신 장군은『그러면 명나라 군사들 행동을 감독하는 권한
을 나에게 주시오..』하고 요구를 내걸었다. 진린이 쾌히 승낙하
고 약속한 것은 두말할 것도 없었다. 그 후부터는 명나라 군사가
우리나라 백성들에 대하여 조금도 거만한 빛을 보이지 않고 이순
신 장군의 명에 복종했다고 한다.

36

도요토미[豊臣秀吉]의 죽음

1599년 기해년 8월에 도요토미는 복견伏見 진중에서 운명하였다.

그가 죽은 원인으로는 독살이라고 전해오고 있다. 명나라 한림학사 한 사람이 신종의 명을 받들고 화친단판을 할 때 학사는 주머니에서 환약을 한 움큼 꺼내어 먹었다. 도요토미가 그것을 보고 무슨 약이냐고 물었는데, 학사는 바다를 건너오는 동안 몸에 독기(장독)가 많았기 때문에 그것을 막기 위하여 먹는 약이라고 대답하였다. 그 말을 듣고 도요토미는 좀 나누어주겠느냐고 청하였다. 학사가 한 움큼 꺼내 그에게 주니, 의심이 많은 그가 혹시 무슨 독이 들어 있을까 염려하여 받지 않고,

『이 약의 효력을 모르겠으니 당신이나 자시지요.』 했다. 학사

는 크게 웃으며,

『내가 천자의 사신으로 설마 독약을 가지고 당신을 음해하리까? 이는 당신의 마음으로 타인의 마음을 헤아리는 일이외다.』
하고 그 약을 받아서 그 자리에서 자기가 그것을 먹었다. 도요토미는 그제야 좀 무안하여 그 학사에게 약을 좀 달라 하여 받아먹었는데, 학사가 회담 국서를 가지고 돌아간 다음, 온몸에 가려운 증세가 생기고 차차 살빛이 창백하여졌다. 이상히 여겨 침으로 찔러 보았으나 피 한 방울 나지 않았다. 그제야 독약인 줄 알고 해독할 약을 썼으나 효력이 없어 마침내 죽은 것이다. 그 학사는 신종이 도요토미를 두고 크게 걱정하는 것을 보고 독약을 만들어 가지고 가서 그렇게 먹었으나 자기는 해독하는 약을 먹었으므로 무사하였다 한다.

도요토미[豊臣秀吉]의 일생

도요토미는 나까무라 마사요시[中村昌吉]의 아들이었다. 그 어머니가 도요토미를 잉태하였을 때 태양을 품에 안은 꿈을 꾸었고, 또 정월 초하룻날에 낳았으므로 이름을 '日吉' 이라고 지었다가 다시 '藤吉' 이라고 고쳤고, 나중에는 '秀吉' 이라고 하였다 한다.

그는 어려서부터 그 형용이 매우 기괴하여 키가 작고 왜소하게 생겼으며, 인상이 마치 원숭이 같아서 보는 사람들이 모두 그를 원숭이라고 불렀다. 그러나 그의 그런 모양에 비추어 눈은 샛별같이 빛났으므로 아무도 능히 쳐다볼 수가 없었고, 상을 잘 보는 사람이 그의 관상을 보고,

『꿈에 태양 빛을 안아보고 잉태한 아이이니 태양 빛이 비추는

곳에는 그의 이름도 빛날 것이다.』하였다.

그가 일곱 살 적에 그의 부친이 죽고, 그의 어머니는 그와 그의 누이의 세 식구를 거느리고 생계를 이어가지 못하여 다른 남자에게 다시 시집을 갔다. 그러나 새 남편이 역시 가난하였으므로 처음 도요토미를 광명사라는 절에 보내어 중노릇을 하게 했다. 그후 그는 농가에서 머슴살이도 하고 도기점에 사환 노릇도 하였으나 틈만 있으면 아이들을 모아놓고 싸움 놀이를 벌이면서도 일하는 것을 게을리하여 한곳에 오래 있지를 못하였다. 나중에는 어느 무사 집에 가서 어린애나 봐주는 심부름을 맡았는데, 무사가 하는 군사 쓰고, 진을 치는 이야기에 매우 재미를 느껴 그 집에서는 삼 년이나 있었다.

그 뒤 어떻게 직전신장에게 가까이하여 처음 짚신 들기로부터 차츰 몸을 일으켜 그의 부장副將이 되었고, 직전이 죽은 뒤에는 그를 대신하여 한 나라의 군권을 잡았다. 그리고는 큰 뜻을 세워 우리나라를 침범하여 8년 동안을 조선, 명나라, 일본의 세 나라의 인명을 무수히 죽게 했던 것이다.

38

모화당慕華堂 김충선金忠善
− 일본인 김충선이 조선에 귀화하다 −

　임진왜란 때 일본 사람으로 우리나라에 나와서 저의 나라를 배반하고 오히려 조선을 위하여 크게 공을 세운 사람이 있었다. 그가 곧 모화당 김충선인 것이다. 본래 이름은 사야까라고 하였는데, 그는 어려서부터 조선이 예의지국이란 말을 듣고, 『나는 어찌하여 그런 나라에 태어나지 못하고 이런 섬 가운데 태어나서 예의를 모르는고?』하며 탄식함을 마지않다가, 도요토미가 우리나라를 침범할 때 선봉장으로 나왔다. 그는 처음 명분 없이 군사를 일으켜 예의지국을 침략하는 것을 싫어하고 군을 그만두려다가 다시 생각하기를, 이런 때에 예의 조선의 나라를 한 번 구경이나 하겠다 하고, 5백 명을 거느리고 선봉장이 되어 동래에 상륙하였는데 피난하는 조선 사람들을 보니 그 난리 통에도 의관을 바로 하여 부모를 모시고 형제가 서로 도와서 혼자 살려고 하지 않는 것에 크게 감동되었다. 그리하여 그는 한창 일본군의 기세가 등등할 판이었는데, 항복문서를 경상우병사 김응서에게 보내어 항복하고 그 부하 30명과 우리 진지에 가서 일본 사람이면서 우리 군사가 되었다. 그는 용맹스러워 언제나 선봉에 서서 싸움할 때마다 이겼고, 또 그가 가져온 조총으로 본보기를 삼아 총을 많이 만들어 활과 칼 밖에 쓸 줄 모르던 우리 군사들에게 나누어 주었으므로 크게 도움이 되었다.

선조 임금께서는 그의 공을 가상히 여겨 '모래 가운데 금'이라는 뜻과 충성스럽고 착하다는 뜻으로 김충선金忠善이란 이름까지 지어주었고, 모화당慕華堂이란 아호를 내렸으며 양반집인 이씨 집에 장가들게 하였다. 그는 벼슬이 정헌가자正憲加資까지 올랐고 자손들도 많이 퍼졌다.

나중에 북병사로 임명되어 오랑캐를 방어하다가 병자호란이 일어났을 때 70노장으로 인조께서 피하신 남한산성을 도우고자 북쪽에서 밤낮을 모르고 내려와 청나라 군사 수천 명을 쓰러뜨렸다. 그러나 그의 그런 충성도 헛되게 이미 인조께서는 성에 내려서 누르하치에게 항복을 한 터였으므로 통곡을 하며, 『임금으로 하여금 오랑캐의 발아래 꿇어 엎드리게 하고 무슨 면목으로 살아 있으리오.』하고 배를 찔러 자결하여 죽었다.

39

노량해전에서 충무공의 전사

　도요토미가 죽었다는 소식을 일본 장수들은 알았으나 군졸들에게는 숨기고 몰래 철군할 준비를 하더니 10월에 이르러 비로소 그 사실을 전체에게 알렸다. 그리고 고니시 유키나가[小西行長]는 명나라 장수 유정劉綎에게 화해를 청하고 돌아가는 길을 빌려 달라고 하였다. 바다에서 통제사 이순신 장군이 길을 막았으므로 갈 수가 없었기 때문이다.

　유정은 일본군이 돌아가는 것만을 다행으로 여기고 길을 터주기로 허락하였다. 그리고 수군 도독 진린에게 그 뜻을 전하였는데 진린은,

　『육군과 수군은 그 직책이 다르니 간섭할 바가 아니오!』하고 돌아가는 배를 여수 묘도猫島 앞바다에 몰아넣고 모두 깨뜨렸다.

행장은 노하여 유정에게 책망을 보냈으나 유정은 수군이 그렇게 하는 것이니 진린에게 말하라 하였다. 그리하여 행장은 다시 간사한 잔꾀를 써서 은자 수백 냥과 보검 50자루를 진린에게 보내고 길을 빌리려고 했다. 진린 역시 싸우는 것이 괴로운 터였으므로 그 물건들에 탐이 나서 이순신 장군을 보고 싸움을 그만두는 것이 어떠냐고 하였다.

그러나 이순신 장군은 고개를 가로저으며,

『도적을 어찌 놓아 보내라 합니까?』 하고 행장의 병선을 모두 닥치는 대로 부숴버렸다. 행장이 다시 진린에게 약속을 지키지 않는다고 책망하자, 진린은 이 통제사가 말을 듣지 않노라고 대답했다.

행장은 하는 수 없이 총 백 자루와 칼 백 자루를 이순신 장군의 진지에 보내어 길을 좀 열어달라고 요청해왔었다. 이순신 장군은 그들이 가져온 물건을 보고 한바탕 웃음으로 대했다.

『임진년 이후 도적의 총과 칼을 빼앗은 것이 산더미처럼 쌓여 있는데, 그까짓 것이 더 있어서 무엇에 쓰리오.』 했다.

행장이 그 말을 듣고는 결사적으로 길을 열고자 그들이 가진 배를 모두 긁어모아 노량 앞바다로 몰려왔다. 병선 6백 척에 군사 5만. 이순신 장군은 그를 맞아 마지막 판 싸움을 벌인 것이다. 싸움이 벌어지기 며칠 전 명나라 경리사 만세덕은 글을 이순신 장군에게 보내어,

『내가 천문을 보니, 조선국의 장성이 빛을 잃어 가는데 장군은

어찌 제갈무후의 목숨을 빌던 본을 보지 않소?』하였다. 그에 대해 충무공은 답하기를,

『순신은 재주와 충성과 덕이 모두 그만 못하니, 무후로서도 못 빌던 목숨을 어찌 내가 빌리리까?』하고, 한마음 조국을 위해 생명을 바치겠노라는 비장한 뜻을 보였다. 이제 싸움은 시작된 것이다. 충무공은 까마귀 떼들처럼 몰려오는 적선들을 향해 돌진하는 전선들 앞에 서서 마음속으로 빌었다.

『이 원수들을 모두 무찌르면 죽어도 한이 없겠나이다.』아아, 그러자 홀연 큰 별 하나가 충무공이 타고 있는 뱃머리에 떨어지는 것이 아닌가! 장졸들이 모두 놀래고 불길한 생각에 떨었으나 충무공은 태연스러웠다.

북소리가 우렁차게 울리자 싸움의 막은 열렸다. 적병들은 막다른 골목에 쫓긴 쥐와 같이 악랄하게 달려들며 싸웠다. 포성이 바다를 뒤엎고 살기가 하늘에 등등하여 싸우는 3, 4시간, 닥치는 대로 쳐부수는 충무공의 용맹에 적선 4백여 척이 부서지고 군사 수만 명을 또한 바닷속에 장사 지냈다.

최후의 돌격으로 적을 완전히 섬멸시키려 할 때, 충무공은 진린의 배가 에워싸였음을 보고 달려가 구원하려 하였다. 그러자 날아오는 한 개의 탄환이 충무공의 가슴을 뚫었다. 옆에 섰던 조카, 완[莞]이 급히 부축하자 충무공은,

『가슴속에 탄환이 박혔다. 그러나 지금은 싸움이 급하니 나의 죽음을 알리지 말고 네가 대신 독려하라!』고 하고 손에 쥐었던

깃발을 내맡기고 그만 눈을 감았다. 완은 울음을 참고 수기를 받아 싸움을 독려하였으므로 유키나개[行長]는 크게 패하여 뿔뿔이 헤어져 어느 섬에 몰렸다가 노루목이란 곳을 향해 목숨아 날 살려라 하고 도망을 쳤다. 싸움이 끝난 뒤에 진린은 충무공의 배를 향해 오면서

『통제사, 이 통제사, 내가 간신히 살아났소!』하고 충무공을 찾았다. 그러나 그인들 어찌 뜻하였으랴, 이완이 수기를 들고 눈물을 흘리며,

『숙부님께서는 순절하였소이다.』하는 한 마디에,

진린은

『무엇이라고?』하며 부르짖은 다음 배 위에 엎드려 통곡하기를 마지않았다.

이순신 장군이 해전에서 전사하였음이 알려지자 조선 수군과 명나라 군사들의 우는 소리가 바다를 뒤엎었고, 군사들은 자기들이 먹을 고기를 먹지 않고 모두 바다에 던졌다. 그의 상여가 아산 본향으로 돌아갈 때는 곡성이 길거리에서 그치지 않았고 장례행렬이 천 리에 이어졌다.

어떤 사람은 자기 부모의 원수를 갚아 주었다 하여 삼 년 동안 상복을 입었다고 하였다. 국가에서는 그에게 영의정을 증직하고 충무공의 시호를 내렸으며, 전사한 노량진에 충렬사를 지어 길이 그의 애국심을 기념하였다.

40

이순신 장군의 일생

이순신 장군은 인종 원년 1545년(을사) 3월 8일에 서울 건천동에서 출생하였다. 어려서부터 동네 아이들을 데리고 싸움 놀이를 하되, 항상 장수가 되었고 초년에 그의 두 형을 따라 글을 읽어 빛나는 재주를 보이었다. 그러나 그는 무슨 뜻을 가졌음인지 부귀영화를 누리는 문관의 벼슬길에 오르지 않고 무반에 나아가 활을 쏘고 말을 달렸다. 일찍이 북도 순변장으로 나아가 오랑캐를 방비하고 많은 공로를 세웠으나 아는 자가 적었다. 임진왜란을 당하여 유성룡의 천거로 여러 장수 중에 뽑혀 전라도 수군절도사가 되었고, 충성스러운 마음으로 남쪽 바다 한 모퉁이를 지켜 능히 자기의 직분을 다하였을 뿐 아니라 항상 병졸을 훈련시켰으며 군기를 닦고 군진을 안정케 하였으며, 그의 영슈이 산 같이 무겁

견내량(見乃梁)
경상남도 거제시 사등면 덕호리와 통영시 용남면 장평리 사이에 위치한 좁은 해협

고 그 인품이 봄바람같이 따뜻하였으므로 주위의 사람들이 모두 따르고 사졸들이 그를 어버이같이 섬기어 장군을 위하여 목숨을 바치고자 하는 자도 많았다.

임진왜란이 터지자 경상우수사 원균이 거제 바다에서 적과 싸워 패하여 그에게 구원을 요청하거늘, 그는 용맹스러운 수군을 거느리고 달려가 지원하였고, 고성 견내량見乃梁에서 적선을 맞아 거제 바다로 이끌어낸 다음, 치열한 싸움을 한 후에 그들을 모두 깨뜨렸다. 그 뒤에도 여러 번 적선을 깨뜨리고 부서뜨리며 뒤엎어 적으로 하여금 바다 위에 그림자도 나타내지 못하게 하였다. 그 빛나는 공으로 삼도 수군통제사에 올랐더니 못된 원균의 무리들의 모함을 입어 옥에 갇힌 바 되었다. 그러나 천도가 무심치 않아 그를 모함하여 대신 통제사가 된 원균은 밤낮을 술과 계집으로 놀다가 적의 공격을 받아 절영도 바다에서 크게 패하여 달아났다가 잡혀 죽고, 그로 하여 우리 수군이 거의 전멸한 상태에 이르러서 조정에서는 이순신을 놓아주며 '흩어진 수군을 다시 세우라' 하였다.

공이 이 어려운 명을 받고 전라도에 내려가서 남은 병선을 긁어모으니 모두 13척, 그러나 공은 그 빈약한 군비로 수백 척의 적선을 맞아 다시 산산이 부수어 물속에 수장시켜버렸다.

명나라 장수 진린이 그의 수군을 거느리고 우리를 도우러 올 적에 우리를 업신여겨, 『조선 사람은 겁이 많아 싸움에 패한다.』 하더니 공을 만나본 다음에는 크게 공경하여 도리어 공의 지휘를 받았다.

도요토미가 죽고 소서행장이 그의 진을 거두어 돌아갈 때에 유정과 진린은 뇌물을 탐하였으되, 공은 의연히 물리치고 노량에서 큰 싸움을 열어 적을 닥치는 대로 쳐부수다가 날아오는 적의 유탄에 쓰러졌으니 아, 그의 충성심을 누구에게 비기랴!

싸움을 파한 후 공의 운명을 듣고 진린은 배 위에 엎어지기를 세 번이나 하였다 한다. 그리고 그는 [다시는 더불어 나랏일을 의논할만한 사람이 없다.] 고 하였으니, 아름답다! 충무공의 이름이여, 천추에 길이 남아 빛날 것이다.

41

전운이 걷히고

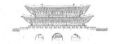

적병들이 물러가고 싸움이 끝난 1600년 봄에 우리 조정에서는 한응인을 명나라에 보내어 은덕을 사례하였고, 명나라 군사들도 그 이듬해에는 모두 돌아갔다. 그 뒤에 대마도주 무네 요시토모[宗義智]가 다치바나 도모마사[橘智正]를 사신으로 삼아 조선에 보내고, 일본에 사로잡힌 조선 사람 3백 여인을 돌려주면서 화친을 요청함으로 허락하고 일본과 조선이 서로 길을 트게 되었다.

선조께서는 난세에 나시어 팔 년 동안 난리를 만나 국토가 쑥밭이 되었고, 여러 어진 신하들이 그 아래에 있어 정성껏 도왔으므로 차차 정사가 바로 잡혀갔다. 그러는 동안 도쿠가와 이에야스[德川家康]가 도요토미 아들을 넘어뜨리고 정권을 잡아 우리나라에 화친하기를 빌었으므로 조정에서도 그전의 감정을 씻어버리고 서로 사이좋게 지내도록 허락하였다.

등극한 뒤 밝은 뜻을 펴지도 못하고 난리를 만나 무수히 고초를 겪으면서 차츰 나라가 옛 기상을 찾으려 할 즈음에 선조께서 승하하였다. 그때 춘추 57세, 재위 41년, 그동안 8년을 끌어온 난리를 돌아보면 참으로 몸서리가 났을 것이다.

도쿠가와 이에야스[德川家康]
출처 : 위키백과

42

이 시대의 명필 한석봉

석봉은 이름이 한호이고, 석봉은 그의 아호이다. 그는 1543에 태어나서 1605년 선조 38년에 작고한 이 시대의 명필이다. 본관은 삼화, 개성 출신으로 어려서 어머니의 격려로 서예에 정진하여 왕희지와 안진경의 필법을 익혀 독창적인 경지를 개척한 우리나라 역대의 명필 중의 한 사람이다. 서체는 호쾌 강건한 서풍을 창제하여 일가를 이룬 사람이다.

그의 글씨의 출발에 관한 일화는 다 알고 있는 이야기이기에 생략하고, 그의 시와 시조가 남아있다는 사실을 아는 사람은 거의 드물다. 이것을 보면 그가 얼마나 낭만적이며 시적인 예술성을 가지고 있었음을 알 수 있다.

짚방석 내지마라 낙엽엔들 못 앉으랴

솔불 혀지마라 어제 진 달 돋아온다

아이야, 박주산채일망정 없다 말고 내어라.

이 시조를 읽어보면 그가 얼마나 낭만적인 사람인가를 알 수
있다. 멋과 풍류가 가득한 인품으로 내비치고 있다. 짚방석, 낙
엽, 솔불, 돋아오는 달, 박주산채 등이 이 시조의 멋스러움을 말해
주고 있다.

어머니는 떡장수로서 떡을 썰고 석봉은 먹을 갈아 글씨 쓰며
책을 읽는 모습이 달처럼 떠오른다.

여기서 그의 한시 작품 하나를 소개한다.

千頃澄波一鑑光하니　曲欄斜倚賦滄浪이라.
천 경 징 파 일 감 광　　곡 란 사 의 부 창 랑

兼葭兩岸西風急하니　無數飛帆亂夕陽이라.
겸 가 양 안 서 풍 급　　무 수 비 범 난 석 양

－한석봉

일천 이랑 맑은 물결 거울 같으니

굽은 난간에 기대고서 '창랑가'를 불러라.

양 언덕 갈대숲에 서풍이 급히 부니

무수한 돛단배 석양에 어지러워라.

－한석봉

이 시는 한석봉의 작품으로 한시에도 일가견이 있음을 말하고
있다. '하서강'에서 바라보는 풍경을 그림으로 그린 듯이 곱게
표현하고 있다. 결국, 한석봉은 글씨와 시조와 시에 걸쳐서 모두
버릴 수 없는 예술적 경지를 차지하고 있다. 이 작품에서 '창랑
부'를 노래한다고 한 그 구절이 너무도 선비다운 멋을 자아내고
있다.

추일연등왕각서

한석봉(韓石峯)의 증유여장서첩(贈柳汝章書帖) 중에서, 보물 제1078-1호,
국립진주박물관 소장, 출처 : 문화재청

제6편 광해군에서 인조까지

제15대 광해군의 가계도

[부] 선조

[모] 공빈김씨-제15대 광해군(재위 기간 : 15년 1개월, 유배기간 : 18년,
    부인 : 2명, 자녀 : 1남 1녀)

제16대 인조의 가계도

[부] 정원군(원종)

[모] 인헌왕후 구씨-제16대 인조(능양군, 재위 기간 : 26년 2개월, 부인 : 3
    명, 자녀 : 6남 1녀)

광해군의 등극

【 광해군의 약사 】

조선 제15대 임금 광해군의 이름은 혼이며, 선조와 공빈 김씨 사이의 둘째 아들이다. 선조의 뒤를 이어 15년간 왕으로 재위하다가 1623년 인조반정으로 임금 자리에서 쫓겨나서 강화도와 제주도 등 18년 동안 유배생활을 하다가 1641년에 죽었다. 그는 종묘에 들어가지 못해 묘호, 존호, 시호가 없다. 그래서 왕자 때 받은 '광해군'으로 호칭되었으며, 묘는 남양주시 진건면 송릉리에 있다. 1571~1641.

광해군은 선조의 둘째 아들로 공빈 김씨의 소생이다. 선조께서는 제일 부인으로 반성부원군 박응순의 따님 왕비 박씨가 있었으나 연흥부원군 김제남의 따님 왕비 김씨 소생으로 정명공주와 영창대군을 두었다. 그뿐 아니라 그 밖에 여러 빈궁들 소생으로 아드님이 열세 형제였고, 따님이 열 형제가 있었다. 그럼에도 불구하고 어떻게 왕위가 조선조 오백 년을 연산군과 같은 폭군으로 일컬어지는 광해군에게 전하여졌던가! 사람이 사람을 안다는 것은 어려운 일이기 때문이다. 어릴 때의 광해군은 퍽 밝은 성품같이 보였다. 일찍 선조가 왕위에 있을 때 누구에게 그 자리를 물려줄까 궁리하다가 여러 아드님을 불러오라고 한 적이 있었다. 아드님들이 모두 그 앞에 모이자 왕은 한 가지 질문을 그들에게 던졌었다.

『너희들은 이 세상에서 제일 맛있는 음식이 무엇이라고 생각하느냐?』

부왕의 물음을 별로 대수롭게 생각하지 않는 여러 아드님들은 혹은 떡이라고도 하고, 혹은 꿀이라고도 하였다. 그러나 차례가 광해군에게 가자 그는 뜻밖에도 『소금이올시다.』 하는 대답을 하였다. 선조가 그 까닭을 말하라고 하자 그는 대답하기를,

『모든 음식에는 소금이 들어야 맛이 나는 까닭입니다.』라고 하여 부왕을 크게 감동시켰던 것이다.

그리하여 그는 형님인 임해군과 여러 왕자들 중에서 뽑히어 세자가 되었고, 임진왜란 때에는 종묘의 신위와 내전 빈궁을 모시고 북풍이 몰아치는 차가운 황해도, 평안도를 이리저리 헤매면서 피난길에 어려운 고비를 넘기기도 했다.

그러나 차차 나이를 먹어가자 그 슬기로움은 광폭으로 바뀌어갔다. 조정의 신하들과 백성들에게 욕을 보이는 것은 말할 것도

없고 부왕과 모후에게까지 광폭한 언행을 하는데 거리낌이 없었다. 그리하여 선조는 광해군을 세자로 책봉한 것을 후회한 나머지 늦게 얻으신 영창대군을 세우려 하여 유영경, 한응인, 신흠, 허욱, 박동량, 서성, 한준겸 등에 그 뜻을 표명하였고, 그들 일곱 신하 또한 선조의 뜻을 받들어 부족함이 없는 슬기로운 신하들이었다.

그러나 어느 때고 악은 세상에 존재하는 것이거늘 그 어진 임금과 신하들의 뜻은 짓밟히기도 했다.

이이첨, 정인홍이란 사람들이 있었다. 선조는 그 위인들이 간사함을 알고 물리쳐 쓰지 않았던바, 그들은 그로 하여 항상 임금을 원망하였다. 그러자 선조께서는 병환이 났으므로 그 틈을 타서 모의를 하고 상감이 승하하거든 영창대군을 꺾고 광해군을 세우기로 했다. 선조는 병석에서 그런 말을 듣고 대노하여 이이첨과 정인홍을 먼 곳으로 귀양 보내는 한편 세자의 자리를 바로 할 생각으로 대신들을 불렀다. 광해군은 그런 의미를 눈치를 채고 약밥 한 그릇을 선조께 올렸다. 그 약밥이 범상하지 않아 이덕형, 이항복, 이원익 등이 왕명을 받고 달려갔을 때에는 선조는 이미 싸늘한 시체로 변해 있었던 것이다.

2

광해군과 이이첨과 정인홍
―좌행당상左行堂上 ―

　광해군이 왕위에 오르자 이이첨과 정인홍은 귀양살이를 하다
가 돌아온 당당한 중신으로 돌변하였다. 온 나라의 권세가 그들
의 손아귀에 들어간 것이다. 광해군은 그중에서도 이첨을 더 밀
어 모든 권력을 그에게 맡겼으므로 그의 세력은 굉장하였다.

　조정에서는 그들의 패거리인 대북당 정조, 윤인, 허균, 이위경,
김개, 백대형, 한효순 등과 그의 처족 유희량, 유희분이 들끓어 정
사를 마음대로 하였으니, 그때 나라의 문란이란 이루 말할 수가
없었다. 여러 번 큰 옥사를 일으켜 착한 사람을 모함하여 죽였다.
죄 없는 자도 운수가 사나우면 죽어야 했고 죄가 있어도 뇌물만
바치면 놓여났다. 벼슬도 글을 보고 인물을 보아 뽑는 것이 아니
라 돈의 액수에 따라서 다루어졌다. 그리하여 만약 돈 없는 사람

이 벼슬을 한다 하여도 그것은 외상 벼슬이므로 부임한 뒤에 백성들의 피를 긁어모아서 곱으로 갚아야 하게 마련이었다.

그러나 광해군은 그런 것을 아랑곳할 것 없다는 듯이 버려두고 김상궁이란 애첩만 끼고 밤이고 낮이고 상관하지 않았다. 김상궁의 어미는 후부로 유몽득이 있었고, 조카사위인 정몽필이란 자가 있었는데, 그는 그런 관계로 하

허균 표준영정
권오창 화백 그림

여 궁중에 드나들게 된 다음, 가지가지의 못된 짓을 다하였다. 시중 잡배들을 시켜서 벼슬 첩지를 부유한 백성들에게 갖다 맡기고 돈을 달라고 강요하였다 하니 그들이 다른 일에는 어떠하였을까? 가히 알만도 하겠다.

광해군은 또 몹시 미신을 좋아하여 지관들의 허황한 소리를 듣고 여러 가지 토목 공사를 하였다. 공사를 위하여 필요하다면 백

성의 집이고 밭이고 상관할 것 없이 모두 **빼앗아** 터를 넓혔고, 아무 산에서든 나무를 베어내었다. 그리고 수륙으로 운반할 적에는 백성이나 절간이나 장정들을 불러 시켰으며, 철물을 만들고 석재를 다듬거나 기와를 굽거나 재목을 깎는다든가 하는 자들에게까지도 벼슬을 주는 웃지 못할 일이 벌어지기도 했다. 그리하여 그때 사람들은 그들을 '좌행당상'이라고 불렀다.

그뿐이랴. 식년시 때마다 보이는 과거시험을 무슨 장난처럼 당시의 세력있는 집안의 자제에게는 사서삼경 중 한 대목만 외우게 하여서 그 대목만을 읽게 되면 과거를 시키는 등, 실로 모든 것이 엉망이었다.

그러므로 못된 놈, 아부 잘하고 모함 잘하는 놈은 두 팔을 휘두르고 다녔고, 한효순이란 사람은 산삼을 드리고 우의정을 하여 후세에,

　　　[山蔘閣老人爭慕,
　　　　산 삼 각 노 인 쟁 모

　　　雜菜尙書勢莫當] 이란 글을 남기게 되었다.
　　　잡 채 상 서 세 막 당

3

임해군과 영창대군의 죽음

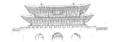

어질지 못한 사람은 오히려 남을 의심하는 법이다. 광해군도 그런 인물 중의 한 사람이었다. 그는 공연히 맏형인 임해군을 경계의 눈초리로 보았다. 그의 그런 뜻을 아는 간사한 무리들의 터무니없는 말을 외어 바치자 충성스런 대신들의 맹렬한 반대를 무릅쓰고 그의 형인 임해군을 살해했다.

임해군을 죽인 다음 광해군의 눈초리는 영창대군에게로 쏠렸다. 생각하면 선조가 그렇게도 귀해 하던 아드님이 아니었던가.

그러나 광해군에게는 영창대군이 더 미웠던 것이다. 그리하여 유영경이 정인홍의 날름거리는 입부리에 걸려 먼저 죽었고, 그 밖에 여섯 신하도 혹은 죽고 귀양을 갔다. 그리고 난 다음 광해군과 모의한 이이첨은 옥에 가둔 사형수 한 놈을 살려 주마하고 꾀어서 그놈을 시켜 영창대군의 어머니인 인목대비 김씨의 친정아버님 연흥부원군 김제남이 상감을 모해하고 영창대군을 세우려 한다고 아뢰게 되었다. 그 말을 듣자 광해군은 기다렸다는 듯이 김제남을 잡아 죽이고 그 일족을 깡그리 목을 벤 다음 인목대비의 어머님 부부인 노씨를 제주도로 귀양 보냈다. 그다음은 물론 최후의 목적인 영창대군을 없애는 것이었다.

광해군의 명령을 받은 내인들이 어린 영창대군을 안아 가려 하자 대비는 눈물과 호령으로 그들을 꾸짖고 내놓지 않았다. 그들이 하는 수 없이 돌아가 광해군에게 그런 사실을 아뢰자 광해군은 미친 듯이 대비의 처소로 들어가서,

『영창이 역모를 범하였으니 내어 주셔야 국법이 바로 서겠소!』

라고 행패를 부렸다. 그러나 인목대비는 두 손으로 아들을 꽉 껴안고,

『다섯 살 먹은 어린 것이 무슨 역모란 말이요!』하였다. 당연한 말이었다. 그러나 광해군에게 그런 말이 무슨 소용이 있었겠는가. 그는 와락 달려들어 잔악하게 대비를 억누르고 영창대군을 빼앗아 갔다. 통곡하는 대비의 울음소리에 모두가 마음이 흔들렸다. 폭군에게 항거했다가는 그 결과가 어떻게 된다는 것을 잘 아는 사람은 아무도 감히 어떻게 할 수가 없었던 것이다. 영창대군을 움켜간 광해군은 그래도 세상의 이목을 꺼려 죽이지는 않고,

『영창은 선조의 아들이 아니다.』라는 억설을 퍼뜨려 대비에게 망극한 누명을 씌운 다음 강화도로 내몰았다. 그때 대신인 이원

익이 그 부당함을 지적하여 충간하다가 함께 내어 쫓겼다.

영창대군을 강화로 귀양 보낸 다음, 간사한 무리들은 여러 번 상소하여 영창을 죽여야 한다고 떠들어댔다. 광해군은 그 말을 들으면서 그가 가장 어질어 차마 그렇게 못하는 양 몇 번이고 사양하다가 결국에는 국법을 어길 수 없어 부득이해야 한다 하며 사신을 보내어 목을 매어 죽였다.

영창대군은 그때 나이 겨우 일곱 살이었다. 세 살에 부군을 여의고 다섯 살 때 어머니 품을 떠나 외로운 섬에 갇히어 밤낮을 울며 지내다가 금부 나졸들이 들이닥치는 것을 보고,

『군사 할아버지 나를 살려주어요!』하며 애걸하다가 죽었다고 한다. 그러나 이 비참한 아드님의 죽음도 곧 대비의 귀에는 들어가지 못했다. 아드님이 죽고도 얼마 동안은 살아있는 영창대군을 생각하고 울었으리라. 그리고 어느 마음 따뜻한 내인이 몰래 오래전에 그 아드님이 죽었다고 했을 때, 대비는 울음도 나오지 않아 한동안 멍하니 앉아 있었으리라.

4

경운궁慶運宮에 갇힌 대비

혼탁한 임금 아래에는 으레 못된 신하들이 들끓는 법이다. 그들은 출세를 위하여 별별 짓을 다 사양치 않는 법이다. 광해군이 인목대비를 극히 미워하는 줄 아는 간사한 신하들은 여러모로 대비를 모함함으로써 그들의 권세를 펴려고 하였다. 그리하여 그들은 요사스러운 무당과 간사한 궁녀들과 짠 다음, 광해군을 저주하는 글을 써서 비단에 싸가지고는 여러 곳에 파묻었다가 도로 꺼내어 광해군께 올렸다. 그러지 않아도 대비를 원수같이 생각하는 광해군으로서 그것을 보고 가만히 있을 리가 없었다. 신하들을 모아서 대비가 자기를 죽이려 한다고 간악하고 음흉한 궁녀들을 대비 처소에 보내어 협박을 하기에 이르렀다. 대비께서는 너무나 기막힌 일이라 말을 잇지 못하고 입을 다문 채 있으니 광해군은 그런 사실이 있으니까 말을 못하는 것이 아니냐고 했다. 뒤에서 일을 꾸민 무리들은 좋아라고 날뛰었을 것은 물론이었다. 그 틈을 타서 간사하고 아부를 일삼는 무리들은 대비의 죄목을 얽어 상소하기에 이르렀다. 특히 이첨은 허균과 김개를 시켜 부랑자와 거지들을 모아서 유생의 복장을 주어 입히고 대궐문 밖에 엎드려서 대비는 역적이니 모자의 도가 끊어졌는 바 내쫓음이 마땅하다고 아뢰게 하였다. 그러자 간신들이 들끓는 조정에서 그에 호응하는 한효순이란 자가 백관을 거느리고 폐모를 주장하기 시작하였다. 그는 나이 80에 벼슬이 판서에까지 올랐는데 무엇이 부족하였던지 이첨에게 아부하여 정승을 한 자다. 이첨은 모든 것을 자신이 조정하여 놓고는 모르는 척하고 있다가 유생들의 상소와 효순의 청을 빙자하여 이위경에게 폐모상소를 짓게 하였다. 그리고 문무백관에게 그 글에 찬성 서명하기를 강요했다. 간사한 무리들은 물론 서명하였으나 그래도 선비로 자처하는 벼슬아치들 몇몇은 피하고 서명을 기피했는데, 대신 이원익과 기자헌이 당연히 반대를 하였다. 또한 이항복은 병으로 강정江亭에 나가 있다가 그 말을 듣고 참지 못하여 붓을 빼어 상소문을 썼다. 그 글이 매우 길어서 모두 적을 수는 없지만 긴요한 대목만 기록하면,

『순舜임금이 어머니가 사나웠으나 효성을 다하여 만고에 법이 되게 하였사옵니다. 춘추 의리에도 자식이 어미를 원수로 알지 못한다 이르사옵고, 부모가 자식을 사랑치 아니하더라도 자식은 가히 효도하지 아니치 못하리라 하였사온데, 이제 법으로 나라를

다스리는 판에 어찌 폐모란 말이 있을 수 있으리까. 원컨대 폐하께서는 순임금의 효성과 춘추의 의리를 쫓으시어 대륜을 밝히옵소서.』하는 것이었다. 광해군은 그래도 가장 인륜과 도덕에 밝은 척하느라고 못된 놈들의 상소문을 읽고는 『이런 말을 차마 들을 수 없으니 다시는 올리지 말라.』고 외면치레를 하였다. 그러나 대간이란 것들의 입놀림은 이원익, 기자헌, 이항복에게로 돌아갔다. 그리하여 이원익은 관직이 깎이었고, 기자헌과 이항복은 귀양까지 보내게 되었다. 처음 기자헌은 정평으로, 이항복은 용강으로 귀양 보냈는데, 승지 백대연이 못된 혀뿌리를 놀려 죄가 중하다고 하여 삭주와 창성으로 가게 되었다가 다시 허균이 삭주와 창성은 중국과 가까우니 잠통할 우려가 있다 하여 기자헌은 종성으로, 이항복은 북청으로 유배되었다. 그들이 귀양 가고도 간사한 무리들은 극형을 베풀어야 한다고 여러 번 아뢰었지만 그래도 광해군은 양심이 있었든지 죽이지는 않았다. 이항복은 북청으로 귀양을 가는 도중에 다음과 같은 시조 한 수를 남겼다.

> 철령 높은 봉에 쉬어 넘는 저 구름아
> 고신원루를 비삼아 띄어다가
> 임 계신 구중심처에 뿌려본들 어떠리.
>
> — 이항복

이 시조에서 이항복의 충정이 여지없이 잘 나타나 있는 작품이라 하겠다.

이항복과 기자헌을 내어 몬 다음 이이첨 등은 조회에 참여하지 않고 정창연 등 여덟 사람을 팔간八奸이라 하고, 이경직 등 열 사람을 십사十邪라 하여 내몰아 귀양을 보내고 의창군義昌君 등 20여인도 그렇게 하였다. 그리고 늙고 병들어 정청에 참여하지 못한 재상들은 모두 벼슬을 깎아 놓고 끝내는 저희들 뜻대로 폐모를 하여 대비를 정동에 있는 경운궁慶運宮으로 내몰았다. 이렇게 하여 간사한 이이첨의 무리들로 말미암아 여러 죄 없는 선비들이 죽고 귀양을 보냈으니, 이것이 1613년 광해군 때의 계축사화라고 한다.

5

정사는 어지러워지고

부왕을 시해하고 형님과 아우를 죽였으며, 모후를 폐출시킨 광해군은 허무맹랑한 지관들의 말을 믿고 선조의 능을 파서 다른 곳으로 이장하였다. 술수를 한다는 자들이 본래의 자리에 능이 있었다가는 광해군의 몸에 해롭다는 충동질을 했기 때문이었다. 또 자기를 선조께 외어 바쳤다는 생트집으로 궁인 열 한 사람을 목 베어 죽이고 약을 먹여 죽였는데, 그중에는 선조가 의주에 있을 때 시침을 했던 응희라는 궁녀도 있었다.

어찌 그뿐이랴. 궁인 중에 얼굴이 고운 계집이 있으면 마음대로 음탕한 짓을 했고, 선조의 손자 두 사람이 임금의 관상이라는 이유로 그를 죽였다. 또한 색문동에 왕기가 있다는 말을 듣고 정원군의 사저를 빼앗아 헐고 그 근방에 있는 민가 수천 호를 부수어서는 승군과 백성들을 풀어 그곳에 대궐을 짓게 하였다. 그리고는 자기가 거기에 가서 거처하였으니 그 왕기를 혼자만 누리자는 속셈이었다. 그가 그렇게 미신을 좋아하였으므로 무당들이 남복을 하고 백수는 대낮에도 대궐 안에 드나들며 광해군 자기를 위하여 수복을 빌고 대비를 저주하여 마지않았다.

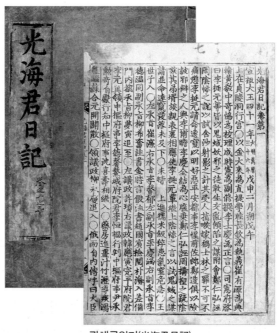

광해군일기(光海君日記)
1624년, 187권 40책, 국보 제151호, 국립중앙도서관에 소장

6

대비를 죽이려는 음모와
궁녀가 대신 죽음

1622(임술)년에 이이첨은 강원감사로 있다가 들어온 백대행과 위경 등 그의 일당을 모아 의논하고 서궁에 있는 대비를 없애기로 하였다.

그리하여 그해 12월 그믐날, 그해의 마지막을 알리는 제야의 종소리를 신호로 삼아 숨겨둔 무리 수십 명을 거느리고 북과 장구를 쳐서 시끄러운 풍악 소리를 내며 어지럽게 장단을 맞추며 경운궁에 돌입하여 들어갔다. 한편 그날 초저녁에 인목대비가 꿈을 꾸니 선조가 생시와 같은 복장으로 나타나서 대비를 보고,

『도적의 무리가 곧 들어올 것이니 피하지 않으면 목숨을 보전하지 못할 것이다!』라고 조용히 말한 다음 사라졌다. 대비는 꿈에서 깨어 흐느껴 울었다. 옆에 모시던 궁녀가 물어서 그 까닭을

알자,

『지존하신 신령이 나타나시어 이르시는 말이오니 반드시 까닭이 있겠습니다. 제가 대신 눕겠사오니 대비께서는 곧 피하십시오!』하고 여러 번 독촉하여 그가 대비의 이불을 덮고 누웠다. 그리고 대비는 뒷산 소나무 밑에 피신했다. 밤이 삼경쯤에 이르자 어지러운 북장구 소리 가운데 달려드는 도적 떼, 그들은 거침없이 대비의 침소로 들어갔다. 대신 누워있는 궁녀를 대비로 알고 죽이고 말았다. 그때 마침 영의정 박승종이 서궁에 시끄러운 소리가 들려옴을 듣고 하인들을 거느리고 달려왔다. 그래서 대행위경 등은 미처 죽은 것이 진짜 대비인지를 알아볼 겨를도 없이 도망쳐 버렸다. 광해군은 그들의 보고대로 대비가 죽었거니 믿고 있다가 인조반정이 있던 날 대비가 나타남을 보고 여태껏 살아 있음을 알고 놀랐다고 한다. 대신 화를 당한 궁녀는 대비가 손수 염습하여 경운궁 뒷산에 묻어 두었다가 인조반정이 된 뒤에 후히 장사지내주었다.

7

중종의 꿈과 원종, 그리고 인조 임금

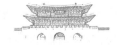

광해군 재위 14년 동안 그 행패는 이루 말할 수가 없었다. 그리하여 여러 신하들은 인조를 받들고 반정을 일으킨 것이다. 원종은 선조의 다섯째 아드님이요, 순빈 김씨의 세 번째 소생이었다. 정원궁에 봉해서 왕자로 있었을 뿐, 왕위에 오르지는 못했는데 인조(원종의 아들)가 반정을 이룬 다음 그 아버님을 추존하여 원종이라고 부르게 된 것이다. 그러므로 어느 국사책이나 조선 왕계王系에서는 좀처럼 찾아볼 수가 없다. 이 원종이 탄생되기까지에 재미있는 이야기가 있다. 그것은 원종이 탄생되기 오십 년 전, 하루는 선조의 조부님이신 중종이 꿈을 꾸었는데, 성안에서 불이 일어나 불꽃이 온 하늘에 너울거렸다. 그러자 어떤 처녀 하나가 남녘에서 오더니 물을 끼얹어 그 굉장한 불을 단숨에 꺼버리는 것이 아닌가?

그래서 왕이 묻기를, 『그 어느 집 규수인고?』 하니, 『상주 고을에 사는 이우의 딸이옵니다.』 했다.

매우 기특케 여겨 묻는 왕의 물음에 곁에 서 있던 어느 신하 하나가 그렇게 대답했다. 중종은 꿈을 깨고도 매우 이상하게 여겨 사람을 상주 고을로 보내어 그런 사람이 있는지 알아보았던 바, 과연 관향이 경주인 이우라는 사람이 살고 있었고, 그에게는 딸이 하나가 있었다. 중종은 더욱 신기하게 여겨 그를 불러올려 후궁으로 드렸다. 그러나 왕이 여러 번 가까이했음에도 소생이 없었다. 중종이 승하하고 인종, 명종 모두 승하하여 때는 선조가 왕위에 올랐을 때이었다. 후궁 이씨는 그때까지 살아있어 매우 나이가 많은 노인이었는데 하루는 선조께서 그 서 조모의 방에 놀러 가서 보니, 문밖에 다홍치마 자락이 나오는 것이 보였다.

『거 누구십니까?』

자리를 잡기도 전에 묻는 왕이었다. 이씨는 속일 수가 없어 『외사촌 딸인데 나를 보러 들어온 것입니다.』 했다. 선조는 웃으면서 좀 보았으면 좋겠다고 한다. 이씨는 처음 변변치 못한 계집아이를 상감마마께서 보실 것이 무엇이냐고 만류하였지만 왕이 심히 조르자 하는 수 없이 보게 하였다. 아기자기하게 예쁜 얼굴은 아니었으나 복성스럽고 유순한 얼굴이었다. 왕의 마음에 들었으니 왕의 밤을 지키기는 당연한 일이었다. 그리하여 후궁이 되어 아드님 사 형제와 따님 오 형제를 두었는데 셋째 아드님이

원종이니, 원종(정원군)의 아드님이 인조이다.

이씨로 말미암아 순빈 김씨를 맞이하게 되었고, 그 김씨가 정원군을 낳고, 정원군(원종)이 또 인조를 낳아서 포악하기 그지없는 광해군을 넘어뜨리고 반정을 하게 된 꿈 이야기는 그렇게 긴 세월 동안을 기다려 실현된 것이었다.

원종은 어려서부터 그 인품이 매우 높았다. 열한 살 때 능안부원군 구사맹의 따님을 맞아 가례를 지냈고, 임진왜란 때는 그 난 중에도 타고난 효성과 우애를 보여 사람들을 크게 감동케 하였다. 그가 열여섯 살 때 해주 관아에서 부인 구씨가 맏아들을 낳으니, 곧 뒤의 인조이다. 출생할 때에 산실에 향기가 가득하였고 또한 꿈에 태양을 보았다고 한다.

선조는 그 손자인 능양군을 극히 사랑하여 손수 글을 가르치기까지 하였다. 그러나 원종은 선조가 승하하고 광해군이 왕위에 오르자 언제나 전전긍긍한 생활을 하지 않으면 안 되었다. 그 둘째 아드님인 능원군이 죽는가 하면 새문안 궁마저 빼앗기기도 했다. 그래서 기침 한 번도 크게 해보지 못하다가 기미년 섣달, 춘추가 마흔에 돌아가셨다. 그러나 훗날 그의 혼은 능히 외롭지 않을 수 있었으니, 그 아드님이 어둠에 싸여있는 왕조의 사직을 횃불을 들고 반정하여 미운 광해군을 몰아냈기 때문이었다.

8

반정이 이루어지기까지

아버님(원종)이 돌아가시던 해 능양군은 스물다섯 살의 혈기
가 왕성할 때였다. 광해군이 포악하여 나라의 기강이 땅에 떨어
지고 정사가 어지러워지니 정의에 불타는 그는 나라 사랑하는 마
음이 들끓었음은 물론이었다.

『어떻게 하면 이 나라를 태평하게 할 수 있을까.』 밤낮으로 생
각하는 것이었다.

어느 날 능성부원군 구굉의 집에는 신경진, 심명세, 최명길, 장
유, 이서 등 여러 사람이 모여 정사가 그릇됨을 탄식하다가 능양
군을 추대하고 한 번 쓰러져 가는 사직을 바로잡기로 결의하였
다. 그들은 그 뜻을 다시 능양군에게 아뢰었다. 누구보다도 백성
들의 살림살이를 걱정하는 능양군이 그에 응하였음은 물론이다.

구굉의 집에서 그런 결의가 이루기까지의 이야기다. 하루는 김류가 평성부원군 신경진을 방문하였는데 주인은 사략 첫 권을 내어 놓고 읽다가 책을 덮으며 물었다.

『옛적 중국 은나라 정승 이윤이 임금 태갑을 폐하여 동궁에 가두었으니 신하로서 임금을 폐하는 것이 잘못된 일이 아닙니까?』

『태갑이 그 선왕의 정사와 법도를 문란케 하였으니 이윤의 한 일이 그렇게 나무랄 것이 못 되지요!』

자기의 뜻을 떠보려는 줄 알고 힘 있게 대답하는 김류였다. 주인은 그 말을 듣고 자리를 옮겨 앉으며 손을 잡고 눈물을 흘렸다.

『이제 왕이 태갑 같으니 우리 신하들이 어찌 가만히 있겠소. 그대는 가히 나라를 편안케 할 수 있을 만한 사람이니 힘을 써보시요.』 김류는 자기가 그럴 사람이 못되노라고 사양하다가,

『그럼 하늘의 명령을 대신할 사람은 누구이옵니까?』 하였다. 주인은 능양군을 가르쳤고 그리하여 그들은 능양군을 추대하기로 그 뜻이 통하였고, 또 구굉의 집 결의를 능양군께 전하니, 그는 또 쾌히 승낙한 것이었다.

9

이시백李時白과 오성鰲城

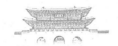

연양부원군 이시백은 연평부원군 이귀의 아들이다. 어려서 이
항복에게 글을 배웠다. 인목대비 폐모론을 에워싸고 이항복이 화
를 입어 북청으로 귀양 갈 때 그는 은혜 두터운 스승을 따라 수십
리를 따라갔다. 그리하여 울며 전별을 하였는데, 오성은 그때 사
람 없는 틈을 타서 말 한 필이 그려져 있는 종이를 꺼내 이시백에
게 주었다. 『지금 있는 집을 팔아 교동 큰길가로 옮기고 이 그림
을 사랑방 바깥벽에 붙여두게.』했다. 시백은 그 수수께끼 같은
말이 무슨 뜻인지 몰랐지만 공경하는 스승의 말이라 그대로 하였
다.

　어느 날의 일이었다. 능양군이 보행으로 어딜 갔다가 소낙비
를 만나 어느 집 대문에서 비를 피하게 되었는데 비가 좀처럼 그

이시백(李時白)
국립중앙박물관 소장

치지 않기로 주인을 보고 좀 쉬어갈 생각으로 사랑을 향하여 들어갔다. 그러자 그의 눈에 띈 것은 벽에 붙여둔 한 필 말의 그림이었다. 그것은 그가 열 살 때 그린 그림이었던 것이다. 이상하게 생각하고 주인을 찾으니 전부터 인사가 있던 이귀란 사람이었다. 그 아들 시백에게 처음 인사를 나누고 벽에 그린 말 그림을 붙인 까닭을 물었다. 그리고 오성이 귀양살이 갈 때 주면서 하더란 말을 시백에게 듣고는 얼굴빛은 고치고 말하기를,

『저 말은 내가 어렸을 때 그린 것이요. 선왕께서 왕자와 왕손들을 시켜 글씨도 쓰게 하고 그림도 그려라 하여 그 그림을 한 묶음씩 묶어 두었다가 오성이 찾아오면 그것을 내어놓고 잘된 그림

(장원)을 찾으라고 하시기가 일쑤였지요. 그런 걸 오성이 하루는 저 말 그림을 달라고 하였소. 대대로 전수하는 보물로 삼겠다고요. 그런 걸 시백에게 주어 벽에 붙여두라 하였음은 아마 오늘이 있을 줄을 미리 알았던 모양이오.』

그리고 능양군은 그의 포부를 말하여 이귀 부자를 그들의 동지로 맞았다. 뒤에 이 부자는 반정공신이 되었고 특히 시백은 정승에 올랐다. 인목대비 폐모론을 불가하다는 옳은 말이 죄가 되어 북청으로 귀양을 간 이항복이었다. 거기서도 나랏일을 걱정하느라 밤낮을 보내며 멀리 서울의 하늘을 바라보더니 귀양살이 6개월 만에 세상을 하직했다. 그가 죽을 때 꿈을 꾸니 선조께서 이미 작고한 덕망 높은 신하들을 거느리고 와서 말하기를,

『불륜한 내 자식이 대통을 이어 패륜이 무상하더니 내가 어진 손자를 세우려고 하오. 그래서 경이 아니면 의논이 안 되겠기에 부르러 왔으니 그리 알고 곧 오시오.』했다.

그 꿈을 깨자 오성은 그의 목숨이 오래지 않을 줄 알고 정충신에게 『내가 이 세상에 오래지 않을 것이니 그리 아오.』라고 하였다. 그리고 사흘 뒤에 병이 나서 사흘 만에 죽었으므로 정충신이 그를 포천산 아래 장사하여 드렸다.

10

사주를 잘 보는 김치金緻

　김치는 광해군 조정에 벼슬하여 관직이 참판에 오른 사람이었다. 그는 사주를 보는데 신통한 재주를 가져 여러 사람의 사주를 봐주어 하나도 틀린 적이 없었다. 남의 사주를 그렇게 볼 줄 알았으니 자기 것이야 물어 무엇 하랴! 그런데 그의 사주는 계해(인조반정을 하는 1623)년에 죽을 팔자였다. 수변성水邊姓을 만나면 살 수 있기는 하였으나 그것인들 어디 사람의 뜻대로 되는 것이랴. 그만 벼슬을 내어놓고자 함에서였다. 그때였다. 능양군을 받들고 대사를 이루어보려는 선비들이 그에게 신통한 술수가 있음을 듣고 그들의 사주와 능양군의 사주를 적어 와서 보아 달라고 사람을 시켜 보낼 때 심기원이 그걸 맡아가지고 갔었다.

　『들으니, 사주를 잘 보신다기에 이렇게 적어 가지고 왔습니다.

모두 농군들이라 무슨 신통한 수야 있을 수 있겠습니까? 그저 명이 얼마나 되는지 보아주십시오.』

김치와 인사를 마친 뒤에 심기원은 그렇게 말하고는 속으로 생각하기에 죽지만 않으면 큰 뜻은 이루어지는 일이고, 찬란한 영광이 기다리고 있는 것이었기 때문이다. 김치는 말없이 오랫동안 앉아 있다가 입을 열었다.

『이분들은 두어 달 내에 모두 정승이 되고 판서가 될 분들이올시다.』 한다.

심기원은 속으로는 좋았지만 당치 않는 말이라고 부인하면서 다시 능양군의 사주를 보아달라고 했다. 김치는 한참 보더니 소반에 보자기를 피어 사주를 그 위에 올려놓았다. 그리고 공손히 꿇어앉았다.

『이 분은 이 나라에 첫째 가는 귀인이 될 분이올시다.』

심기원은 기뻐서 입이 저절로 벌어졌으나 어디까지나 뜻밖의 일이라는 듯 시치미를 떼고, 『허! 그 무슨 당치도 않은 말이요?』했다. 그러자 김치가 심기원의 손을 잡았다.

『당신네 하는 일은 내가 짐작하겠습니다. 내 팔자가 올봄에 죽을 팔자이나 수변성水邊姓을 만나면 살아날 것 같았는데, 이제 당신을 만났습니다. 내 비록 광해군 아래서 벼슬은 했으나 그른 일은 한 번도 한 적이 없습니다. 당신의 마음에 달린 것이 아니오이까?』했다. 심기원도 그렇게 간절한 말에는 끝까지 모른다고 할 수가 없어서 사실을 이야기했다.

『거사 일자는 언제로 하였습니까?』

『3월 22일로 했습니다.』

그러자 김치는 상을 찡그렸다.

『그날이 좋기는 하오만, 살파낭격殺破狼格을 낀 날입니다. 3월 12일이 좋사오니 그날로 하십시오.』

그리하여 김치의 의견대로 계해(1623)년 3월 12일에 인조는 광해군을 몰아내고 반정에 성공하였으며 그 뒤에 김치는 경상감사에 올랐다.

11

이기축李起築과 그의 부인

　이제까지 말한 오성이나 김치의 이야기는 그들이 한 나라를 떠들썩하게 울리던 선비들이었으니 그렇게 신기할 것이 없다고 하겠는데, 미천한 부녀로서 더욱이 능양군을 한번 보지도 않고 임금이 될 줄 안 여인이 있다. 그 여인의 이야기를 꺼내기 위하여 이기축부터 알아보자. 이기축, 그는 나중에 벼슬이 판서에까지 오른 사람이다. 본래 종반 이씨 가문에 태어났다. 그러나 일찍 부모를 여의고 또 집이 몹시 가난하였다. 장가를 들었으나 처복이 없음인지 일찍 죽었고 다시 두 번째 아내를 맞을 형편도 되지 못하였다.

　그래서 초라한 홀아비 신세로 여기저기를 떠돌아다니다가 충청도 홍주 어느 집에서 밥이나 얻어먹는 머슴살이를 하기도 했다. 주인은 성이 김씨였다. 그에게는 과년한 딸 하나가 있었다. 인물도 아름답거니와 재주가 비상하여 두루 혼처를 구하고 있었는데 그 딸은 천만 뜻밖에도,

『저는 다른 데로 시집가기 싫으니 머슴인 이 서방에게 보내주시오.』

하고는 부모의 불호령에도 끄덕하지 않았다. 그래서 그 부모는 그를 내쫓아버렸다. 집에서 내쫓긴 머슴과 여인은 조금도 어려워하는 기색도 없이 마을을 떠나 서울에 올라가서는 새문 밖에 집을 하나 얻어 이기축과 찬물 한 그릇을 떠놓고 혼례식을 하고 선술집을 차렸던 것이었다.

그때 한창 반정의 모의를 하고 있는 사람들이 어느 날 그 집에 모였다. 그러자 여인은 기다리기나 했다는 듯이 그들에게 맛있는 술과 안주를 내어놓았다. 그리고 은잔을 내어 잔에 넘치도록 술을 가득 부어서 능양군에게 먼저 올리고 다음 차례로 공손히 잔을 돌렸다.

『얼마요?』 하고 그들은 술값을 물었다.

모두 그 향기 그윽한 술에 거나하게 취해서 신발을 신으며 또 술값을 물었으나,

『술값은 받지 않습니다. 또 오세요.』

여인은 그렇게 말했다. 반정 모의를 하는 분들은 퍽 의아해하고 두어 마디 쑥덕거리기도 했으나 곧 돌아갔다.

그 이튿날 여인은 술집 문을 닫고 장사를 하지 않았다. 그리고

이기축을 불러서 맹자를 주면서 말하였다.

『여기 이 대문을 어제 내가 은잔으로 술을 부어드린 분에게 가서 물어 오세요. 그 어른의 집은 사직골에 있습니다. 나이는 비록 젊으시나 귀한 분이시므로 그 댁 사랑방에 들어가려면 하인들이 가로막을 것입니다. 그러나 막는다고 물러서지 말고 문밖에서 다투세요. 그러면 들어오라 하실 테니, 들어가서는 '이 대목을 가르쳐 주십시오' 하세요. 누가 이렇게 시키더냐? 묻거든, 아내가 그렇게 하랍디다 하고 대답하시고, 물러가라 하거든 물러 나오십시오.』 한다.

아무것도 모르는 기축은 그 아내가 시키는 대로 맹자초권孟子初券을 옆에 끼고 능양군 집으로 향했다. 사랑방에서 아침을 들던 능양군이 들으니 대문 밖이 매우 떠들썩하였다.

『여봐라 거 무얼 그러느냐?』

밀창문을 드르릉 열고 내다보니 어제 술 먹던 집 바깥 것이 안으로 들어가겠다는 걸 청지기가 말려 실랑이를 하고 있는 것이 아닌가?

능양군은 그를 들이라 하였다.

『그래, 무얼 하러 왔는고?』 기축의 절을 받으며 묻는 능양군이었다.

『글을 배우러 왔습니다.』

『삼십이 넘은 사람이 글을 배우다니, 무슨 글을 배우려 하는고?』

의아해 묻는 말에 기축이 펼친 것은 그의 아내가 가르쳐준 탕湯 임금이 걸傑을 내쫓고, 주무왕周武 王이 주紂를 쳤다는 대목-.

능양군은 한참 아무 말 없이 그 술집 사내에 지나지 않는 기축의 얼굴을 바라보고 있었다.

『누가 이걸 배워 오라 하던고?』

『소인의 아내가 하옵디다.』

『알았네, 물러가게.』했다.

탕(湯)임금
타이완 국립고궁박물원 소장

기축을 보낸 뒤에 능양군은 매우 걱정이 되었다. 술값을 받지 않는 것부터가 이상한 일이었는데, 또 걸주를 쳐버린 대문을 갖고 와서는 가르쳐달라고 하다니? 하루 종일 여러 가지 생각을 해보다가 저녁에 다시 여럿이 모이게 되자, 아침에 있었던 이야기를 하였다.

『그냥 두었다가는 안되겠습니다. 필시 우리의 모의하는 내용을 눈치챈 모양이니, 지금 곧 가서 처치해버립시다.』

원두표가 주먹을 쥐고 일어섰다. 그리하여 여럿은 지난밤 그들이 술 먹던 집으로 들이닥쳤다. 여인은 여전히 공손한 예의로 그들을 맞는 것이었다. 그리고 맛좋은 술과 안주를 내놓았다.

『어제는 저 어른에게 술을 은잔으로 먼저 부어 드리고, 우리는 다른 잔으로 나중 마시게 하니 무슨 이유라도 있는가?』

원두표가 공연히 트집을 부렸다. 그렇게 해서 조금이라도 틈이 생기면 박살을 내어버릴 생각이었다. 그러나 그 여인은 조금도 겁내는 기색도 없이 단정히 앉아서 입을 열었다.

『소녀가 아뢸 말씀이 있습니다. 소녀의 지아비는 나라와 동성이옵고, 소녀 또한 평민의 자식은 아니올시다. 소녀는 여러분께서 큰일을 도모하시는 줄 아오니 그러지 마시옵고 소녀의 지아비도 참여케 해주십시오. 비록 빼어난 재주는 없사오나 마음이 충직하옵고 힘이 역사이오니 여러분의 일에 도움이 있을까 하옵니다.』

공신들은 모두 입을 딱 벌렸다. 대관절 어떻게 이 비밀 모의의 내용을 알았단 말인가. 한동안 아무도 입을 열려는 사람이 없었다.

『무슨 수로 우리가 꾀하는 일을 알았는고?』

여인은 옷깃을 여몄다. 그리고는,

『제가 자란 동리에는 술수에 통달한 처사 한 분이 살았습니다. 소녀는 어려서부터 그를 스승님으로 모셔 여러 가지 술수를 배웠습니다. 천문지리 보는 법을 과히 모르는 바 없이 터득하였사오며, 스승님은 몇 년 전에 세상을 떠나시고 그런 술수를 하는 사람이라고는 저 혼자 남았는데, 어느 날 천문을 살펴보니 혼군은 가옵고 어진 임금이 대신할 천상이었습니다. 한편 소녀 집 머슴 기축의 상을 보온 즉, 귀하게 될 상이라 부모님의 뜻을 거역하고 집

창의문(彰義門)
보물 제1881호, 서울 종로구 청운동에 위치, 출처 : 문화재청

을 나와 여기서 이렇게 술집을 차리고 여러분께서 오시기를 기다고 있었던 것입니다.』라고 하였다.

　뒤에 반정 모의는 주로 이 집을 쓰게 되었고 그런 때에는 언제나 술과 안주가 가득히 나왔다. 다시 반정의 거사를 하던 날 이 기축은 장단군의 군대를 거느리고 창의문을 돌파하여 큰 공을 이루어 홍주목사가 되었고, 뒤에 벼슬이 판서에까지 올랐다. 이름도 없이 기축년에 났다고 기축이라고 불리던 그가 인조가 손수 이름까지 지어주어 기축起築이라 부르게 되었고, 한 나라에 명성을 떨치도록 귀하게 된 것은 오로지 그 부인의 힘이었다.

12

반정의 숨은 공로자 이귀의 딸

이귀의 딸 이씨는 일찍 김자점의 아우 김자겸에게 시집갔다가 과부가 된 여자이다. 혼자되어서 그는 머리를 깎고 불도에 귀의했었는데, 그 얼굴이 퍽 아름다웠다. 김상궁이 그 아름다운 얼굴과 교묘한 말솜씨에 반하여 모녀의 관계를 맺게까지 되었고, 그를 이용하여 반정 공신들은 커다란 성과를 거두었다. 만약 이씨가 없었더라면 과연 반정이 성공하였을 것인지 그것조차도 의문이었다.

이씨는 김자점이 대어주는 돈으로 부단히 김상궁의 욕심을 돋우고는 대궐 안에서 새어 나오는 정보를 완전히 알게 되었다. 반정의 거사가 일어나기 십여 일 전에 상소문 한 장이 들어온 일이 있었다.

『이귀와 김자점이 역적질을 모의하오니, 곧 체포하옵소서!』

광해군이 그 상소를 보고 고개를 갸웃거리고 있을 때 김상궁이 소매를 잡고 끌었다. 그날은 마침 김상궁과 후원에서 춤추고 놀기로 한 날이었다.

『밖에서 일들이 없으니 공연한 사람을 모함하는 거지요. 김자점 같은 도학군자요 충성스러운 사람이 그런 짓을 할려구요. 자 놀기나 합시다.』

그리하여 그 상소한 사람이 다시

『오늘에 신의 말을 듣지 않으시다가 훗날 후회하지 마십시오.』 하는 글까지 올랐으나 김 상궁은 대북당들이 반대당을 없애기 위하여 그러는 것이라 하며 우겼으므로 무사히 넘어갔다.

또 반정이 일어나던 날 고변이 먼저 들어와서 이이첨, 박승종, 정인호 등이 여러 관원과 함께 회의를 열어 상황 보고를 들었다.

『그들을 체포하여 국문을 하여야 되겠습니다.』 그들로서는 목숨을 내건 간행諫行이었다. 그러나 김자점이 이씨를 통해 그 소식을 듣고는 맛좋은 음식을 굉장히 차려 대궐에 들여 보내어 김상궁과 광해군이 놀게 하였다. 그리고 임금 사랑하는 노래를, 사람의 마음이 저절로 움직이게 지어서 전했으므로 김상궁이 그것을 받아 광해군 앞에서 읽고,

『이런 충신이 딴마음을 가지다니요. 대북당들의 모의함이 오니 그리 아시고 충신을 죽이지 마십시오!』 하며 눈물까지 흘렸다. 광해군은 태평으로 여럿의 간청을 어디 까마귀 소리냐? 하고

는 노래하고 춤추기만 했던 것이다.

위태로운 고비를 넘긴 반정군은 그날 밤 물밀 듯이 들이닥쳤고, 그리하여 광해와 김상궁은 다 같이 죽어야 했던 것이다.

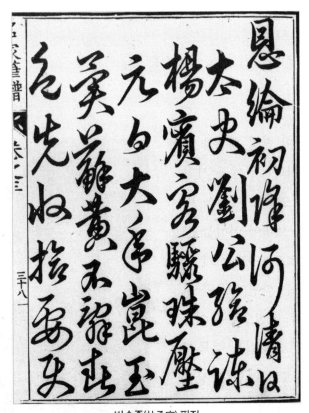

박승종(朴承宗) 필적

조선 중기의 문신. 글씨는 『명가필보』에 있다. 국립중앙박물관 소장

슬기로 위기를 모면한 이흥립李興立

능양군이 반정 계획을 할
때의 일이다. 우선 군사가
있어야겠으므로 이귀를 박
승종에게 보내어 이서를 장
단부사長湍府使에게 시켜 군
사를 기르는 한편, 장유를 시
켜 그 아우 장신으로 하여금
훈련대장 이흥립을 설득시
켜 협조하도록 하였다. 장신
과 이흥립은 막역한 사이였
으므로 그 계획은 뜻대로 되

이귀(李貴) 초상
국립중앙박물관 소장

었다. 그러나 비밀이 새어 박승종이 훈련대장인 이홍립이 역적모의에 가담했다는 걸 알아버렸다. 이홍립의 딸은 박승종의 둘째 며느리였으나 그런 것이 문제가 아니었다. 박승종은 광해군에게 사실을 고하고 홍립을 죽여야 한다고 했다. 그러나 김상궁의 말만 듣는 광해군은 어디에 바람이 부느냐고 그의 말을 들어보려고도 하지 않았다. 그래서 하는 수 없이 그는 홍립을 자기 집으로 불러서 죽이기로 했다. 홍립은 붙들려 댓돌 아래 무릎을 꿇게 되었다. 그때 마침 박승종의 맏아들 자홍이 들어왔다. 홍립은 그를 보자 와락 달려가 허리를 껴안았다.

『여보, 영상께서 내가 역적모의를 한다는구려. 아, 억울한 일도 분수가 있지!』

그리고는 통곡을 터뜨리니 자홍은 그 말을 곧이듣고 박승종에게 놓아주라고 했다. 그리하여 홍립은 위태로운 목숨을 다시 살수가 있었다.

14

인조반정의 밤

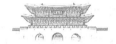

　1623년(계해) 3월 12일 밤, 오랫동안 물샐 틈 없이 준비해 둔 반정의 군은 드디어 일어났다. 능양군은 친히 여러 공신들과 함께 연서역에 나아가 6천 명의 이서가 거느린 군사를 맞았다. 그리고 이기축으로 하여금 창의문을 깨뜨리게 하여 장안으로 들어간 것이다. 창덕궁에서는 훈련대장 이흥립이 궁성을 지키는 채 군사들을 거느리고 있다가 반정의 군이 당도하니 그와 합류하여 버렸다.

　능양군은 이흥립에게 명하여 종묘와 대비전이 있는 서궁을 수비케 한 다음 금호문 밖에 이르니, 수문장 박효립이 문을 크게 열어 맞아들였다. 장졸들은 일제히 궁궐 안으로 들어갔다. 그리고 집을 지으려고 쌓아둔 나무에 불을 질렀다. 충천하는 연기와 불꽃, 그것은 반정이 성공하였다는 신호였다. 대사를 위하여 칼을 빼어 들고 집에서 나올 때 공신들은 그들 가족에게, 만약 불빛이 오르거든 성공한 줄 알고 오르지 않거든 실패한 줄 알라고 말하여 두었던 것이다.

이보다 앞서 박승종, 이이첨, 정인홍 등은 낮에 광해군에게 보고한 후, 그 결과에 대해 지시를 기다리느라고 관문 밖에 서 있었다. 광해군은 그들의 보고에는 귀도 기울이지 않고 진종일 김 상궁과 술과 노래로 어울려 놀다가 밤이 되자 침실로 가버리고 관문을 닫은 것이다. 그러자 자하문 쪽에서 함성이 일어나더니 장안이 발칵 뒤집혔다.

『아, 사실이었구나!』

그들은 허둥지둥 도망을 쳤다. 뒤에 박승종은 금천 땅에 이르러 피하지 못할 줄 알고 그 아들 자홍과 함께 조상의 묘 앞에서 자살을 하였고, 이첨과 인홍은 반정 군인들에게 붙들려 형벌을 당하였다.

능양군은 돈화문 안에 상을 놓고 앉아 대궐 내 각 처소에 관원들을 불러오게 하였다. 병조판서 이하 여러 관원들이 모두 나아가 절을 하는데, 승지 이덕회만이 홀로 꼿꼿이 서서 머리를 숙이지 않았다. 『썩 꿇어 엎드려!』 좌우에 둘러선 군사들의 호령이 추상같았지만 이덕회는 조금도 겁냄이 없이 서서 말하였다.

『나라의 신하가 이런 일을 당하였으니, 어찌 까닭을 모르고야 되겠습니까. 절은 까닭을 안 뒤에 하겠으니 곡절을 가르쳐 주시오!』

　『능양군께서 대비전을 모시고 반정하셨다. 모든 사람들이 모두 복종하는데 어찌 혼자 거역하는가. 너의 모가지에는 칼이 들어가지 않느냐?』

　사나운 군졸들은 시퍼런 칼을 그의 목에 겨누고 있지만 그는 조금도 얼굴색이 변하지 않고,

　『그러면 그전 임금님은 어떻게 하려 하나이까?』 하고 묻는다.

　『그전 임금은 죄가 많았지만 그래도 임금의 신분이었으니까 우리 임금께서 넓으신 도량으로 용서하여 목숨은 살려주시기로 한다.』 하니,

　이덕회는 그때서야 두 번을 공손히 절을 하였다. 보는 사람이 그의 올바른 행동에 모두 감탄했다 한다.

15

능양군, 대비에게서 어보를…

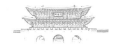

　능양군이 본래 거느린 장졸들과 새로 화합하는 사람 수천 명을 거느리고 물밀 듯이 궁궐 안으로 들어가니, 광해군의 좌우 신하들이 풍비박산 흩어져 달아났다. 광해군은 그제야 술에 취한 정신을 간신히 수습하여,

　『웬일이냐?』 하고 물었다.

　『큰일 났습니다. 대변이 일어났습니다!』

　말소리도 급하게 한 내시가 아뢰었다. 광해군은 그만 허겁지겁 일어나 임금 자리고, 무엇이고 생각할 겨를도 없이 대궐 담을 넘어 도망을 하였다. 반정의 군사들이 밤새도록 그를 찾다 못해 날이 밝았다. 그들은 차츰 불안했다. 그리하여 능양군이 대궐 내를 떠나지 못하고 승지 이덕회가 대신 서궁으로 대비전을 모시러

갔다. 그러나 대비전은 능양군이 친히 오지 않음을 불만으로 여겨 이덕회를 도루 보냈다. 그리하여 능양군은 친히 대비전 앞에 나아갔다. 대비는 그때서야 좌우에 명하여 선조 대왕의 허위虛位를 배설하고 여러 신하들을 맞아들였다. 여러 신하들이 차례로 배알한 다음 어보를 바치니 대비의 감회가 어떠하였으랴!

공신들이 거사를 치하하고 그가 겪은 고난의 이야기를 하기 시작하였는데 그 이야기가 지루하여 서너 시간이 가도 끝나지 않았다. 아직도 일이 어떻게 될지 엷은 얼음장 위로 걷는 것 같이 불안한 신하들은 초조해하다가,

『처분할 일이 많사오니 환궁하여야 되겠습니다.』 하였다.

그제야 대비는 이야기를 그치고 어보를 들어 능양군에게 내렸다.

『위로 선왕의 뜻을 받들고, 아래로 백성들 마음을 살펴 한 나라가 하나로 화합하도록 하라!』 하고 어보를 내린다.

능양군은 세 번 사양하다가 받으니 여러 신하들이 높이 손을 들어 천세를 세 번이나 불렀다. 이가 곧 후세의 인조대왕이다. 대비를 모시고 창덕궁에 돌아와서 흩어진 기강을 바로잡고 팔도에 고시하여 백성들의 마음을 안정케 하였다.

16

쫓겨난 광해군

　대궐 담을 넘어 허둥지둥 도망한 광해군은 송현 어느 약방에 들어가서 살려달라고 하였다. 그 약방집 주인은 그를 숨겨 주었다. 마침 부친의 몽상 중이라 주인은 그에게 상복을 입혀 내방에 감추어 둔 것이다. 그러나 큰길에 나가서 동정을 살펴보니 수많은 백성들이 모여,

　『이제는 살았다!』하고

　기뻐하는 한편, 훈련대장이 지휘하는 군사들이 집집마다 죄인을 뒤지니 그 서슬이 칼날같이 시퍼렇다. 그는 도저히 숨겨둘 수 없음을 알았다. 그리하여 군문에 가서 광해군이 자기 집에 숨었다고 신고하였으니, 일대의 폭군은 상복을 입은 채 여러 군졸들에게 붙잡히고 말았다. 대비는 광해가 붙잡혀가자 뜰에 꿇게 하

광해군(光海君)과 문성군부인 류씨의 묘
사적 제363호, 경기도 남양주시에 위치, 출처 : 문화재청

고 서른여섯 가지 극악한 대죄를 들어 그를 꾸짖었다.

『너는 선왕의 정비와 선왕의 자식 된 자는 모두가 나를 어미라 불러도 아무런 그릇됨이 없겠는데, 너는 나를 욕보이기 얼마였는가? 어미의 친척들을 전멸시켰고 사랑하는 유자幼子를 목매어 죽였으며, 나를 내쫓아 가두고 그래도 부족하여 밤중에 자객으로 내 목숨을 끊으려 하였다.

그뿐이랴! 선왕의 병환을 틈타 약으로 선왕을 시해하였으며, 선왕의 부탁을 저버리고 자손들을 살육하고도 오히려 모자라 선왕의 능을 파헤쳤으며 선왕의 신하들을 죽이고 겁탈하였다. 너는 마땅히 천추의 대의 아래 상당한 벌을 받아야 한다.』했다.

그 말은 죽어야 한다는 말과 같았다. 그러나 인조께서는 극형을 베풀기는 과도하다고 살리기를 간곡히 청했으므로 대비도 노여움을 낮추어 생사여부를 인조께 일임했다. 그리하여 광해는 귀양을 보내기로 하였다. 처음 강화도에 내몰렸다가 제주도로, 그리고 마지막에 교동에 위리안치되었다.

그것은 가시나무로 울타리를 만들고 그 안에 가두어 두는 것을 말한다. 그렇게 할 때도 대비는 광해와 처첩을 따로 두라고 하였으나 인조께서 너그러이 배려하여 함께 있게 하였고, 노비도 몇 명 주어 의식을 크게 어렵지 않도록 하였다.

그러나 그의 아들은 아버지의 피를 받은 자식답게 못된 짓을 꾀하여 땅을 파고 울타리 밖으로 나와 도망하려다가 붙잡혔다. 이것이 문제가 되자 스스로 목숨을 끊지 않으면 안 되었다.

그 뒤 부인 유씨는 이레를 굶어 죽었으므로 그도 부끄럽고 분한 마음을 참지 못하여 얼마 후에 병이 들어 죽었다.

17

박엽朴燁과 이위경李偉卿

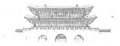

　반정이 이룩되자 공이 있는 자는 상을 주고 죄가 있는 사람에게는 벌을 주었는데, 그중 박엽과 이위경은 때를 타고나지 못하여 역신으로 몰려 죽었다고 하니 그들의 사적을 여기에 적어볼까 한다.

　박엽은 광해군의 인척이었다. 어려서부터 매우 슬기로워 재주가 있었으며 차차 자라서는 신장神將을 부린다는 소문이 떠돌았고, 싸움터에 나가서는 반드시 이겨서 패하는 법이 없었다. 평안도 감사로 있으면서 오랑캐를 막는데 공로도 있었다. 그러나 워낙 무인武人이라 사나운 성질이었으므로 백성들에게 거칠게 대하는 것도 사실이었다. 인조가 반정을 한 뒤에 그가 오랑캐와 통하여 반동을 할까 비밀리에 사람을 보내어 포박하라는 명령을 내렸다. 도원수의 지휘를 받은 장졸의 무리가 평안감영에 들이닥쳐서 풍악을 베풀고 노는 그를 체포하였는데, 상경하는 길에 평안도 내 백성 수백 명이 모여들어 살을 점점이 베어 죽게 하였다 한다.

이위경은 본래 이름 높은 선비였다. 가세가 구차하여 어렵게 살아가는 형편에 당장 내일을 생각할 겨를이 없어서 조촐하고 글 읽기에만 힘썼는데, 이첨이 그의 명망을 탐내어 여러 번 벼슬하기를 권했다. 그러나 그는 응하지 않았다.

그러나 뜻대로 되지 않는 것이 사람이었다. 뜻이 굳으면 못할 것이 없다고 하지만 그 굳다는 것이 무엇을 말하는 것이랴. 사람은 나무나 돌이 아닌 것이다. 가슴에 피가 뛰고 눈에 눈물이 있는 정적인 존재인 것이다. 위경이 하루는 종일 글을 읽다가 하도 시장하여 안방에 들어갔다. 거기에 있는 그의 아내가 여러 날을 굶다 못하여 어디서 메주 한 개를 얻어 놓고 땔나무가 없어 목침을 식칼로 패다가 손을 찔러 유혈이 낭자한 채 쓰러져 있었다. 그것을 본 위경도 사람이었기에 마음이 움직이지 않을 수가 없었다.

『인생이 길어야 칠십, 이같이 고생할 것이 무엇이랴!』

부르짖고 그 길로 바로 이첨의 집을 찾아 대문을 두드렸다. 그리하여 광해군의 조정에 벼슬하였고 예조참판 때는 이첨이 시키는 대로 폐모의 글도 지었다. 그는 반정이 되어 형장으로 가는 길에 수레에서 사람들을 보고, 『세상 사람들에게 배고픈 것은 잠시 참으라 하시오.』 했다 한다.

18

인조 왕위에 오르다
— 인조반정의 뒷이야기들

〖 **인조의 약사** 〗

조선 제16대 인조의 휘는 종이요, 자는 화백이다. 선조의 다섯째 아
들 정원군과 인헌왕후 구씨 사이에서 태어났다. 선조 40년에 능양도
정에 봉해졌고, 능양군에 진봉되었다. 인조는 26년간 재위하였고,
1649년에 창덕궁 대조전에서 죽었다. 묘호는 인조, 능은 장릉으로
경기도 파주시 탄현면에 있다. 1595~1649.

인조는 반정을 이룩한 다음 승지 이덕회를 제주도에 보내어 인
목대비의 어머니 노씨를 모셔오게 하였고, 죄 없이 광해에게 죽
고 귀양 간 사람들을 모두 신원하고 방면시켰다. 또한 백성들에
게 폐가 되는 일은 모두 고치고 축문을 지어 천지의 여러 신에게
고유했으며 글을 지어 팔도에 반포하여 백성들의 마음이 편안하

게 태평가를 구가하게 하였다.

그는 선조의 손자이었으므로 아버님 대가 자연히 비어있게 되었는데 추존하여 그 아버지 정원군을 원종이라 했다 함은 이미 말한 바 있다. 인조께서 아직 사저에 있을 때 이야기다. 반정공신 중에 누가 말하기를,

『능양군은 도량이 넓지 못하여 왕의 그릇이 아니다!』라고 했다.

이괄이 그 말을 듣고 그럴 리가 있나 하고, 하여튼 한 번 알아볼 수밖에 없다고 능양군 집에 들어가 일부러 말을 화초밭에 놓았다. 그 꽃밭은 인조가 특히 사랑하여 여러 가지 꽃들을 심어놓은 것으로 그때 한참 갖가지 꽃들이 다투어 피고 있었다. 무심한 말은 순식간에 그 아름다운 꽃들을 밟고 뜯어먹어 꽃밭을 엉망으로 만들어 놓았다.

그러나 인조는 그것을 보고 조금도 낯빛이 변하지 않았고 이괄에게 한 마디 책망도 하지 않았다.

19

이괄李适이 난을 일으킴

　이괄은 혈기방장한 사람으로 반정 때에는 군사를 거느리고 가서 큰 공을 세웠다. 본래 그에게 병조판서를 시키기로 하였던 것인데 김자점과 몇몇 반대파에게 밀리어 그보다 좀 낮은 자리인 한성부윤이 돌아갔다.

　그러자 북방 오랑캐가 우려된다고 하여 변경으로 보내어졌는데, 그나마도 장만을 도원수로 하고 그를 부원수로 하여 평안 병사를 겸직케한다는 것이 부당한 처사였다. 그는 서울을 떠나면서 무학재에 올라 비분의 눈물을 뿌렸다. 그러나 충성스러운 인품이었으므로 딴마음 품을 사람은 아니었다.

　병영에 내려가서는 유능한 무관은 누구나 하듯이 무기를 보수하고 군졸을 훈련하기에 바빴다. 그것을 또 몇몇 공신들이 수상하게 보고 이괄이 반역할 기미가 있다 하여 먼저 그 아들을 잡아 가두었다. 그에게도 포도청 군졸이 내려갔다. 일이 여기에 이르자 이괄도 개죽음을 당할 수만은 없었던 것이었다.

『조정의 간사한 무리들이 사람을 모해하고 죽이려 하여 어진 사람을 핍박했다. 사나이로서 어찌 불의의 칼 아래 죽으랴. 〈나가자! 나아가!〉 한번 싸워 겨루어 보자.』 그는 칼을 빼어 소리치며 선전관을 베고 군사를 일으켰다.

휘하 정병 일만 오천 명, 그중에는 임진왜란 때 우리나라에 건너왔다가 퇴로가 막혀서 미처 돌아가지 못한 왜병 삼백 명도 있었다. 그들은 모두 조총을 갖고 있어 실로 일당백의 용사들이었다.

도원수 장만은 이 급보를 인조에게 장계를 올리는 한편, 병력을 거느리고 이괄을 막았으나 오랜 훈련을 받은 정예의 관서병에게 무력한 군관이 능히 당해낼 수가 없었다. 그래서 여러 고을이 차례로 무너졌다.

사나운 회오리바람처럼 여러 군데의 성을 이긴 이괄은 장만의 휘하 대장인 남이홍과 부딪치는 것을 꺼려 뒷길로 군사를 둘러 바로 서울로 향하였다.

사직은 바로 바람 앞에 등불과 같았다. 이때를 당하여 명장 정충신鄭忠信이 솟아오르는 태양처럼 나타난 것이다.

정충신은 전라도 광주 출신이다. 본래 미천한 집안에 태어났는데, 임진왜란 때 열세 살의 어린 나이로 광주목사 권율의 장계를 가지고 육로 수천 리 의주행재소의 선조께 갔다 바친 뒤 왕의 지극한 사랑을 받았다. 그리하여 선조의 명으로 오성 이항복의 지도를 받으면서 자라나 커서는 문무를 겸비한 일대의 명장이 되었던 것이다.

선조께서 돌아가시고 광해군이 왕위에 오르자 고매한 그의 성품이 간사한 신하들로 가득 찬 조정에 영합되지 않아 초야에 묻혔다가 인조께서 반정하고 그를 안주방어사로 임명하였다.

그가 이괄 반란의 급보를 듣고, 숙천부사 정문익에게 그가 맡은 고을을 부탁하고 홀몸으로 말을 얻어 타고는 장만의 진중에 들어갔다.

『이 난리에 어찌 맡은 고을을 함부로 떠났소?』

소견 좁은 장만은 충신의 배포도 모르고 나무랐다.

『소인은 이괄과 더불어 정의가 형제간 같았사오나 그가 반한 오늘날 안주에 그냥 있다가는 의심을 받기 쉽겠기로 왔습니다. 장군께서는 군율을 베풀기 전에 먼저 소인에게 군사를 맡기시어 적의 형세를 꺾게 해 주옵소서!』

그리고 장만이 미처 생각지도 못한 여러 가지 전략을 도도히 논했다.

『지금 이괄의 거동과 형편이 어떻겠소?』

장만이 묻자, 충신은 서슴지 않고 말했다.

『지금 이괄에게는 상, 중, 하의 계책이 있습니다. 그가 만일 평안도에 웅거하여 명장 모문룡과 통하고 서로 동맹하게 되면 조정에서도 능히 그 형세를 제어하지 못할 것이므로 근거지를 튼튼히 한 다음 서울로 향하면 실로 강적이라 그것이 이괄의 상책이 되겠고, 다음은 지금의 형세로 서울을 들이쳐 거기에서 멎지 않고 피난하실 상왕을 추격한다면 이 또한 큰일이라 이것이 그의 중책이 되겠습니다. 그러나 그가 만약 서울을 차지한 것만을 만족해하는 나머지 도성에 머물러 시간을 보낸다면 이는 관군이 병력을 재편성하여 총공격할 여유를 주는 것으로 그것이 그의 하책이입니다. 이괄은 용맹만 있는 무인이오니 필시 도성을 점령하고 다른 대가를 찾지 않을 것입니다.』했다.

『그러면 그대가 군을 이끌고 나아가 적을 깨뜨릴 계획을 한번 말해주시오!』했다.

장만은 정충신의 말에 취하여 듣고 있다가 다시 그렇게 말했다.

『이제 관군과 적이 서울에서부터 부딪치게 된다면 서문 밖이 싸움터가 되겠는데, 그렇게 된다면 북산을 취하는 자가 승리를 얻을 것입니다. 그러니 곧 군사를 몰아 북산을 적에게 빼앗기지 않도록 하여야 합니다.』

처음에서 끝까지 감복해버린 장만은 정충신에게 부원수의 직책을 맡기고 정병 이천 명을 주어 중군 대장 남이흥과 함께 적을 무찔러라 하였다. 그리고 그는 나머지 군사 천 명을 거느리고 뒤따랐다.

정충신이 군사를 호령하여 떠나려 할 때의 일이다. 종사관 이

시백이 그의 말 앞에 꿇어 엎드려,

『오늘은 칠살기일七殺忌日이오니, 군을 움직이는 것이 좋지 않을까 합니다.』라고 했다. 그러나 충신은 듣지 않았다.

『의로운 군사에 무슨 기일이 있으랴! 군부의 급한 일을 당하였으니 어찌 한 시간인들 머물 수 있겠는가? 진군이다!』했다.

군마를 재촉하여 바람과 우레같이 서울로 향했다. 이보다 앞서 조정에서는 도원수 장만의 장계를 보고 크게 놀라 이귀로 하여금 군을 거느리고 임진강에 나아가 막게 하였으나 그까짓 유약한 선비들에게 이끌리는 군사가 적수가 될 수가 없었다. 파주목사 박효립이 먼저 패하고 이귀 또한 패하여 순식간에 전군이 무너졌다. 인조는 하는 수 없이 종묘 신위와 내전들을 모시고 한강을 건너지 않으면 안 되었다. 공주로 몽진한 것이다. 어가가 떠난 지 이틀 뒤에 이괄의 군은 도성에 돌입하였고 역시 정충신의 예견에 틀림없이 더 남방으로 추격하지는 않았다.

서울을 취한 이괄은 선조의 열째 아들 홍안군을 세워 임금이라 칭하고 이름하여 '조정'이란 것을 벌려놓고 실세에 있는 벼슬아치와 그의 친구를 불러 각기 한 자리씩 맡겼다. 그리고 심지어 과거령까지 내려 선비들을 뽑았다. 그가 그런 일을 하기에 골몰할 때 정충신은 이미 그의 정략대로 서문 밖 안재[鞍峴]를 취하여 버렸다.

왕이다! 대신이다! 하고 이제는 그의 세상이 되었고 서둘던 이괄의 귀에 정충신이 관군을 거느리고 남하한다는 소문이 들리자,

그는 크게 두려워하였다.

『도원수 장만이야 가소로운 인물이지만 정충신은 만만한 적수가 아니었다. 그가 만약 급히 올라와 북산에 웅거한다면 이편은 낮은 지대에 있게 되니 크게 불리할 것이다. 우리가 먼저 나가서 북산에 웅거하자. 그다음 파주에 머문 장만을 깨뜨리면 정충신도 어찌할 도리가 없으리라.』 했다.

그는 황급히 군사를 모으고 군기를 정비하였는데, 한 장교가 달려와서 이미 안재에 관군이 올랐다 한다. 이괄이 크게 놀라 바라보니 과연 사람 그림자가 보였으나 얼마 되질 않는 것 같았다.

『저편 군사가 얼마 되지 못하니 일제히 돌격하여 빼앗아 버리자.』

그의 명령 아래 서관무사 수천 명과 정예왜병 삼백 명은 일제히 새문을 지나 안재를 공격하기 시작하였다. 마침 동남풍이 불어 이괄의 군은 크게 이로웠고 그 선봉을 담당한 왜병들은 모두 총을 가져 그 맹렬한 사격으로 탄환이 비 오듯 관군의 진을 때렸다. 그리하여 관군 중에는 겁을 먹고 물러서는 자까지 있었다.

정충신은 크게 노하여 남이흥을 시켜 물러선 자들을 목을 베게한 다음 칼을 집고 기를 휘둘러 독전하였다. 격렬한 싸움이 묘시(아침 6시 전후)부터 오시(12시 전후)까지 계속하였으나 승패는 결정되지 않았다. 그러자 오시가 넘어서는 동남풍이 변하여 서북풍이 되었다. 흙바람 티끌이 진지에 뒤덮여 크게 불리하게 되었는데, 정충신은 매운 재(灰) 여러 섬과 고춧가루를 뒤섞어 뿌렸으

니 눈코 뜰 수 없는 이
괄의 병사들은 크게 동
요되었다.

　때를 놓치지 않고 정
충신이 거느리는 우세
한 군인들은 이괄의 군
을 향하여 돌진하기 시
작하였다. 이괄의 군은
그래도 잘 싸워 물러서
지 않았는데, 별안간
뒤에서 징 소리가 일어

남이흥(南以興)
충청남도 당진시 대호지면 충장사 소장

나더니 [패하였다!] 하는 소리가 징 소리와 함께 천지를 진동하도
록 울려왔다. 군사는 본래 북소리에서 진군하고 징 소리에 퇴각
하는 것이었으므로 그만 이괄의 군은 모두 붕괴해 버렸다. 정충
신이 꾀를 써서 남이흥으로 하여금 적의 후방에 가서 징을 치고
이괄의 군이 패하였다고 소리치게 한 것이다.

　속담에 『장만이 볼만이요, 이괄이 꽹과리』라고 함은 장만이 이
때 파주에 머물러있어 볼만하고, 이괄이 꽹과리 소리로 크게 패
하여 그만 산산이 부서져 목숨까지 잃게 되었음을 말한다.

20

이괄李适의 난이 평정됨

　정충신의 군대에 의하여 산산이 부서진 이괄은 얼마 남지 않은 군사를 이끌고 도망하여 성중으로 들어가려 하였으나, 성 위에서 싸움을 관망하던 백성들이 그가 패하였음을 보고 무리들은 모여서 들어오지를 않았다. 이괄은 하는 수가 없었다. 초라한 군사를 이끌고 한강을 넘어 도망하는 수밖에. 남이흥이 그것을 보고 군사를 몰아 쫓으려 하였으나 정충신이 그를 만류하였다.

　『궁한 도적이 어디까지 가리까? 버려두면 스스로 깨어져 모가지를 들고 오는 자가 나타나리다. 이제 저 하잘것없는 몇몇을 잡으러 군사를 동원하여 백성에게 폐를 끼치느니 도성 안에 들어가서 백성이나 안정시키고 뒤 수습이나 합시다.』했다. 그리하여 두 장수는 장안에 들어가 군을 광통교에 포진케 하였는데 과연 정충신의 말은 옳았다.

패군의 장군으로 달아나는 이괄을 쫓던 군사는 차츰 하나둘 떨어져 나가고 이천에 이르러서는 여섯 사람밖에 남지 않았다. 이괄과 한명련, 기익헌, 이수백, 그리고 군졸 두셋이 쫓고, 이를 섬기는 익헌과 수백은 비밀리에 의논하여 살아야 한다고 숙덕거렸다. 그리고 그날 밤 이괄과 명련이 잠든 틈을 타서 의리를 배반하고 그들의 목을 잘랐다. 이리하여 역적이건 양민이건, 일대의 영웅으로 팔도를 뒤흔들었던 이괄의 머리를 군복에 싸서 공주 행재소로 향하고 있었다.

인조께서는 이괄을 깨뜨렸다는 정충신의 첩서에 접하여 매우 기뻐하였던 바, 또 수백과 익헌이 이괄의 머리를 가져와 바쳤다.

이에 한동안 형세가 매우 급하던 난리가 평정되었으므로 왕은 공주감영 선화당 임시행궁에 앉아서 선전관이 바치는 역적의 머리를 받았다. 두 역적의 머리를 검증받은 다음, 팔도 각 고을로 돌아다니며 역적의 머리임을 알렸고, 익헌과 수백은 죄의 용서를 받았다. 그리고 과거장을 설치하여 충청도 선비들을 뽑은 다음, 임금이 탄 수레바퀴 소리도 당당하게 서울로 입성하여 돌아왔다.

21

평정공신들, 그 방자한 행동들

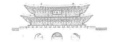

이괄의 난이 평정되자 그의 일당들은 모두 잡히어 갇히었다. 잠시 동안 소위 임금이 되었던 흥안군도 역시 그들 틈에 끼어 옥중에 있었는데, 훈련대장 신경진이 자고로 난신적자는 죽어야 한다고 목을 베어 버렸다. 흥안군이 왕 노릇한 것은 어디까지나 이괄의 강박에 못 이겨 하였던 것이었고, 그가 평민과도 또 다른 왕족인 이상 인조의 재가를 얻어 처리할 것이었음에도 불구하고 일개 신하가 마음대로 베어버린 것이다. 인조는 환궁한 다음 그 처사에 매우 못 마땅히 여겨 신경진을 며칠 동안 금부에 가두기까지 하였다.

대체 이괄의 난이 난 것부터가 반정공신들이 너무 그들만의 자만으로 일관해서 동지를 업신여긴 것이 그 이유였다. 또 이괄의 난을 일으켰을 때, 어진 대신 기자헌 이하 여러 조정 신하 십 여 인을 잡아 가두고는 이원익, 최명길 등의 반대에도 불구하고 왕이 공주로 몽진할 때에 임의로 죽인 것도 그들이었다. 기자헌을 잡아 가두었을 때 이원익과 최명길은 그를 곧 놓아주기를 강력히 주장하였다.

『기자헌은 본래 명망 있는 재상이요, 인목대비 폐모 사건에 오성과 함께 반대하여 귀양까지 가지 않았소. 그같이 어진 신하가 도적과 결탁하다니 천부당만부당한 말이요. 놓아주는 것이 옳겠소.』

그러나 김류를 필두로 한 반정공신들은 그렇지 않다고 강력히 반대하고는 인조께서 공주로 파천하시던 날 밤에 저희들 뜻대로 모두 죽였다. 이튿날에야 그 소식을 누구에게 얻어들은 이원익은 크게 놀라,

『착한 재상들이 죽는 것을 이 나라 정승으로서 알지 못하였으니 어찌 한심하지 않으랴!』하고 통곡을 하였다 한다. 인조께서도 뒤에 퍽 후회하였다. 김류와 김자점이 그들 마음대로 기어코 기자헌 등을 죽이는 것을 보고 어떤 사람이,

『관옥과 성지에게는 후사가 없으리라.』했다. 민심이 천심이라 그 뒤에 과연 김류는 아들을 두지 못하였고, 김자점은 역적질을 하려다 일족이 멸문의 화를 당하게 되었다. 관옥은 김류의 자字요, 성지는 김자점의 자字다.

22

청나라의 일어남

　우리나라에서 이렇게 내란과 시비로 군비를 게을리하고 있을 때, 북쪽에서 일어난 청나라는 점점 그 힘이 강성해졌다. 청 태조에 이르러서는 명나라가 쇠약해짐을 틈타 중원에 진출코자 하여 그들의 후방인 우리나라의 동향을 타진해왔다.

　『너희들이 광해군 때처럼, 명나라 편을 들어 우리에게 도전했다간 재미없다.』고 하는 일종의 위협을 쓰는 것이었다.

　조정에서도 그 힘이 거대하므로 거역하지 못하고 우호조약을 맺지 않을 수가 없었다. 그러나 그들은 사나운 오랑캐라, 무슨 사나운 짓을 할지 몰라 감히 사신으로 가겠다는 사람이 없었다. 평안 병사로 있던 정충신이 어려운 소임을 맡았다. 그리고 그가 어떻게 잘 주물렀는지 형제지국의 의를 맺기로 하고 무사히 돌아왔다.

그가 사신으로 갔을 때 이야기다.

청 태조는 조선 사람의 기를 아주 꺾어버릴 생각으로 길가에 창검을 든 군사를 서릿발같이 세우고 커다란 가마솥에 기름을 끓이면서 그를 맞았다.

그러나 정충신은 조금도 겁냄이 없이 청 태조의 앞에 이르렀다.

『너희 나라에서는 사람이 그렇게 없어 너

정충신(鄭忠信)
서산 소재 진충사(振忠祠) 소장

같은 소소장부를 보내더냐?』 충신을 보자 버럭 소리를 지르는 청 태조였다. 그러나 충신은 놀라기는커녕 눈썹 하나 까딱하지도 않았다. 도리어 크게 웃음을 터뜨리고는 대답했다.

『우리나라에서는 사람을 쓰는 계층이 있다. 인의와 도덕을 숭상하는 나라에서는 대대인大大人을 보내지만 포악하여 힘만을 아는 나라에는 나와 같은 소소인小小人만을 보낸다. 그런데 나 같은 소소인이 무엇이 무서워 이처럼 창검의 숲을 만들어 나를 맞느냐?』했다.

청 태조도 다시 더 할 말이 나오지 않았다. 그제야 몸을 일으켜 충신을 영접하여 좌상에 앉혔다.

그러나 얼마 안 있다가 무슨 생각을 했는지 별안간 성을 벌컥 내며,

『너희 나라는 명나라에 자문을 올릴 때 다만 나를 가리켜 도적이라고 쓰니, 내가 누구네 집의 무엇을 도적질하였기에 나를 도적이라 하느냐?』라고 생트집을 잡았다. 충신은 여전히 웃으며,

『네가 천하를 도적질할 마음이 있으니 그보다 더 큰 도적이 어디 있겠느냐?』라고 대답하였다. 그 말이 퍽 마음에 들었는지 청 태조는 충신의 등을 두드리며, 『가아, 가아』하고 좋아했다. '가아呵兒' 란 말은 우리말로 잘난 사람, 위대한 사람이란 뜻이다.

그리고는 크게 잔치를 베풀어 충신을 환대하였는데, 그때 그의 세 아들을 불러들여서는 존장의 예로서 충신에게 인사를 시켰다. 충신은 의연히 앉아서 절을 받다가 셋째 아들 차례에 이르자 급히 일어나 맞절을 하였다. 삼 형제가 모두 물러가자 청 태조는,

『셋째 것을 특별히 공대하여 마주 예의를 표시한 까닭이 무엇이오?』하고 물었다.

『진시황이 이 세상에 다시 났기에 그렇게 한 것이외다.』

그러자 청 태조는 정충신의 혜안을 크게 기뻐하면서,

『진시황이 아니라 당태종이지요. 진시황은 힘이 세었으나 덕이 없어 그가 죽자 그가 세운 나라도 망하였지만, 그놈은 당태종

과 같이 천하를 통일하고 이 사직을 길이 융성하게 할 대업을 이
룩할 놈이지요.』했다.

과연 두 사람의 예견은 틀리지 않아 그 뒤에 청 태조의 셋째 아
들 홍태시弘太始는 명나라를 쳐부수고 중원을 얻어 청나라 삼백
년의 터를 잡은 것이었다.

청나라 태조, 천명제(天命帝)
베이징 고궁박물원 소장, 출처 : 위키백과

23

병자호란은 일어나고…

형제지국의 의를 맺고 돌아온 정충신은 그가 청의 등등한 힘을
생각하고 명나라와 우리나라 형편을 생각하여 걱정하기를 마지
않았다.

『청은 필시 우리의 커다란 화근이 될 것입니다.』라고 했다.

그때 마침 역적 한명련의 아들 한윤이 도망하여 청나라에 들어
갔다. 그는 그의 부친의 원수를 갚고자 광해군 때 심하深河 싸움
에 명나라를 도우러 나갔다가 세력에 아부해서 청 태조의 막하가
된 강홍립을 충동했다.

『조선을 쳐야 합니다. 반정한 공신들이 당신의 처자식을 죽였
으니 원수를 갚아야 하지 않겠습니까?』

사실에 있어서 공신들이 강홍립의 처자를 죽였다는 것은 빨간

거짓말이었으니 강홍립이 그걸 알 리가 없었다.

그는 크게 노하여 청 태조에게 군사를 일으키기를 권했다. 그러나 청 태조는 정충신과의 조약이 있었으므로 출병하지를 않았다. 그러던 것이 인조 4년(1626년)에 청 태조가 죽자, 그의 뒤를 이은 홍태시 청 태종은 한윤과 강홍립의 못된 말을 들어 우호조약을 짓밟고 없는 트집을 잡아 우리를 침범했다. 장수 중패늑아민中貝勒阿敏과 심이합랑沈爾哈朗이 거느리는 군사 삼만 명은 회오리바람같이 압록강을 건너 의주를 엄습하여 부사 이완을 죽이고는 곽산, 정주를 치고는 청천강을 건넜다. 안주성을 지키던 목사 김준과 병사 남이홍이 용감히 싸우다가 장렬한 죽음을 한 것도 이때였다. 평양도 바닷가의 모래성처럼 무너져 버렸다.

조정에서는 크게 놀라 인조께서는 강화도에 피난을 하고 최명길과 정충신을 청진에 보냈다. 무슨 연고로 전날의 언약을 짓밟고 이렇게 쳐들어왔느냐? 두 신하의 책망에 그들은 말문이 막혔다. 할 말이 없으니 다시 형제의 의를 맺으러 왔노라 한다. 그리하여 보내온 유흥조劉興祚를 맞아 인조가 몸소 단을 모으고 소를 잡아 하늘에 맹세하지 않을 수 없었다. 청군은 물러가고 인조께서는 다시 서울로 돌아와서 십 년이란 세월의 평화가 흘렀다.

그러다가 닥쳐온 인조 14년(丙子;1636년)에 다시 피 보라가 이 강산을 뒤덮었다. 이때에 청 태종은 나날이 흥해 가는 그 기운으로 쇠잔한 명나라를 들이칠 차비에 바빴다. 그리하여 그는 그 뜻을 우리나라 조정에 전하고 우리나라에서도 군사를 동원하라는 사신을 보냈다. 그때 그는 우리나라와 청나라 사이를 '형제지국'에서 '군신지국'으로 바꾸도록 하라고 하는 말도 함께 해왔다.

우리 조정에서는 의논이 분분하였던 바 사신으로 온 자는 그의 목숨이 달아날까 봐 겁을 먹고 도망하여 들어가 버렸다. 거기에다가 불을 지르는 격으로 우리 조정에서 국교단절을 통고하는 사신을 보냈다. 크게 발칵하며 성을 낸 청 태종은 조선을 단죄하는 군대라 일컫고 청나라 군대 십만 명에 여러 장수를 거느리고 몸소 압록강을 건너 명장 임경업이 지키는 의주를 우회해서 바람같이 서울로 들이닥쳤다. 병자년(1636년) 12월 14일-. 조정에서는 너무나 당황하여 어찌할 바를 모르는 가운데, 우선 소현세자와 봉림대군으로 하여금 사당의 신주와 각 전의 비빈들을 모시고 강화도를 떠나게 하고, 뒤이어 인조께서 길을 옮기려고 하였으나 이미 청나라 군사들이 길을 막고 있었다. 하는 수 없이 왕은 여러 신하들을 거느리고 남한산성으로 들어갔다. 그리고 팔도에 조서를 내려 군사를 부르고 명나라에 원병을 청했다. 그러나 명나라에서는 그때 사방에서 도적이 일어나 남의 나라를 돌볼 겨를이 없었다. 다만 등래홀병사登萊忽兵使 진홍범陳洪範이 수군 만 명을 거느리고 나오려고 하다가 바다의 풍파가 험하여 전함을 출발할 수 없다고 물러섰을 뿐이다.

왕의 부름에 일어선 군사들이 없는 것도 아니었으나 하늘과 땅을 뒤덮는 오랑캐(청) 군사를 당해낼 수가 없었다. 충청감사 정세관이 거느린 군대가 금천에서 산산이 부서져 조각이 났다. 경상

남한산성(南漢山城)
사적 제57호, 경기도 광주시 남한산성면에 위치, 출처 : 문화재청

좌병사 허완과 우병사 민영은 약세로 밀리다가 광주 쌍령에서 끝까지 싸워 한 사람도 남지 않았다. 전라병사 김준룡은 광교산에서 적을 맞아 싸워 적장 양고리楊古里를 쓰러뜨렸으나 또한 패하여 전사하였다. 평안감사 홍명기는 금화에서 전사하였고, 부원수 신경원은 철옹산성에서 싸우다가 사로잡혔다.

이리하여 나라를 구하려는 의병은 남한산성의 길이 끊어진 채 첩첩이 에워싸였다. 밤낮으로 적의 함성 속에 있었다. 군량미가 끊어졌다. 추위는 또 어이 그리도 혹독했던지. 실로 춥고 배고프고 두려움 속의 사십 일. 그리고 강화도가 무너져버렸다. 앞서 피난 갔던 왕자와 대비와 빈궁들이 모두 오랑캐의 포로가 되어버린 것이다. 본래 강화도는 해로를 거쳐야 하는 요새지로 쉽사리 무너질 곳이 아니었다. 그런 것을 방어의 책임을 진 김경징이라는 자는 그가 신장神將을 부리는 재주가 있다고 자만하고는 매일 술만 먹고 전연 방비를 하지 않았다. 정작 용골대龍骨大와 마골대馬骨大가 거느린 팔십 척 적선에 수천 명 호병이 들이닥치자 그의 신장神將은 어디에 있는지 나타나지 않았다. 마지막에 신장의 무리들이 와서 신장들이 모두 만승천자가 계신 곳에 가고 올 겨를이 없어 대신 이르러 분부하더라고 했다는 말, 누가 그 허황한 말을 믿을 수가 있으랴! 대장인 김경징은 부장 이민구와 도망치기에 바빴다.

끝까지 싸울 것이냐? 욕되어도 항복하고 오랑캐 밑에서 사직을 지켜나갈 것이냐? 산성에서는 주전主戰, 화의和議의 두 파의 격론이 벌어졌다. 이길 수 없는 싸움이라면 피 흘리고 의리를 버리는 것만이 취할 길도 아니었다. 항복하여 오랑캐 앞에 무릎을 꿇는다 하여도 가슴에 타는 이 나라의 혼이 식어 없어질 것도 아니었다. 그러므로 누가 임금에 충성하고 애국하는 선비이며, 누가 비겁한 신하라고 말할 수 있는 것도 아니었다.

인조께서는 녹립綠笠을 쓰고 전투복장으로 오랑캐의 진중에 내려가 태종의 발아래 무릎을 꿇어 엎디어 군신의 맹세를 하는 부끄러움도 감히 했다. 도탄에 빠진 백성을 위하여, 혹은 태조가 세운 이 나라 사직을 위하여ㅡ. 청 태종은 세자와 대군을 볼모로 보내며 끝까지 싸우기를 주장한 척화신 김상헌 등 몇 사람을 잡아 보내라고 호령을 하고 난 다음, 송파강 앞에 승전비를 세워놓고 호기도 당당하게 물러갔다.

24

청나라 땅에 뿌린 눈물

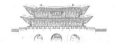

　태종이 군사를 이끌고 저들 나라로 들어간 뒤에 인조는 다시 한양으로 돌아왔다. 김경징과 이민구에게 죄를 물어 목 베어 죽였다. 그리고 오랑캐가 요구한 대로 소현세자와 봉림대군을 볼모로 하여 김상헌, 이명한, 오달제, 홍익한, 윤집 등을 청나라에 들여보냈다.

　인조께서 모화관까지 나가서 그들을 전별할 때, 그 슬픈 정경들―. 떠나는 이는 죽어서도 못 돌아올 기막히고 기약 없는 길이었다. 보내는 이는 사랑하는 아드님이요, 골육 같은 신하들을 잘 가라고 인사를 해야 했었다.

西郊細雨君臣淚요　北闕凝雲父子情이라.
서 교 세 우 군 신 루　　북 궐 응 운 부 자 정

서교의 가는 빗줄기는 군신의 눈물이요,
대궐 위에 엉킨 구름은 부자의 정이로세.

유혁연柳嚇然의 시도 그때의 애통한 이별의 광경을 오늘에 전하기에 모자라는 바가 있다. 또 볼모로 잡혀가면서 그 처절한 심정을 한 수의 시조로 나타내었으니 김상헌의 작품이 그것이다.

가노라 삼각산아 다시 보자 한강수야
고국산천을 떠나고자 하랴마는
시절이 하 수상하니 올동말동하여라.

               － 김상헌

그리고 또 왕자로서 청나라에 볼모로 잡혀가는 봉림대군도 그의 시조로써 더욱 아픈 가슴을 쥐어뜯는다.

청석령 지나거다 초하구 어디메오
호풍도 참도찰사 궂은비는 무슨 일고
뉘라서 내 행색 그려다가 임계신데 드릴꼬.

               － 봉림대군

25

병자호란 이후

볼모로 청나라 심양에 잡혀간 오달제, 홍익한, 윤집 등 삼학사
는 청 태종을 보고 조금도 의리를 굽히지 않았다. 태종을 오랑캐
라고 호령하였다.

그리하여 낯선 외국에서 죽었다. 이보다 앞서 김상용이 강화
도성이 함락되자 화약을 물고 성 위에 올라가서 죽었고, 홍방언
또한 척화신으로 남한산성이 열려지자 강물에 빠져 죽었다. 그의
할아버지 홍응정은 임진왜란 때 싸우다가 죽었고, 그 부친 홍직
은 심하 싸움 때 응서 장군 막하에서 용감히 싸우다가 전사했으
니 실로 삼대가 나라를 위하여 목숨을 바친 것이다. 삼학사와 홍
방언은 그 뒤 벼슬이 돋우어지고 불천위로 모시어졌다.

우리나라에서는 이렇게 힘이 없어 청나라에 복종하는 체하였으나 속마음으로는 언제나 꿋꿋한 자주정신을 지켜왔다. 또한 임진왜란 때 우리를 도와준 명나라의 은혜를 잊지 않았다. 그리하여 청나라의 청병에 못 이겨 명나라를 치는 체하는 일은 있어도, 될 수 있는 대로 명나라 군대에 해를 입히지 않도록 힘썼다. 청 태종이 명나라 장수 심세괴沈世魁가 웅거한 단도椵島를 칠 때도 그러했다.

청나라 태종, 숭덕제(崇德帝)
베이징 고궁박물원 소장, 출처 : 위키백과

청 태종의 요구에 마지못해 평안병사 유림과 의주부윤 임경업을 보내어 바닷길로 청군을 돕게 하였는데, 임경업은 몰래 사람을 심세괴에게 보내어 단도 백성들을 많이 피난시킨 것이다. 그 뒤 또 금주위錦州衛를 칠 때에도 임경업은 명나라를 이롭게 해 주었다.

상장군으로 부장관 이완과 전선 120척에 군사 육천 명, 백미 만석을 싣고 입으로는 청나라를 도와주고 명나라를 친다고 발군하여 석성도石城島에 이르러 바람을 피한다고 머물러 있으면서 비밀리에 사람을 보냈다. 그리하여 요동만遙東灣에서 한바탕 싸우는 모양을 하였으나 미리 약속해둔 대로 화살의 촉을 빼고 총에 실탄을 넣지 않고 쏘아 명나라 군사나 조선 군사가 한 사람도 상하지 않았다.

명나라가 아주 쇠약하여 강남에 근근이 그 여맥을 지탱할 때에도 이들 명나라와 가까운 뜻은 꺾지 않았다. 영의정 최명길과 임경업은 명나라 조정에 사람을 보내어 두 나라의 의가 변치 않을 것을 통고했던 바, 그만 청나라에서 그러한 사실을 알게 되었다. 크게 노한 청 태종은 조정에 통고하여 두 신하를 잡아들이라 했다. 우리나라에서는 본의가 아니었으나 하는 수 없이 최명길과 임경업을 묶어 압록강을 건너가게 하였다. 그러나 경업은 도중에서 포박을 풀고 도주하여 나왔고, 최명길은 또한 그 높은 성품의 덕으로 무사히 지내다가 뒤에 놓여나왔다.

26

용연석 벼루와 소현세자의 죽음

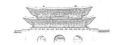

최명길이 돌아가고, 청나라에서는 얼마 안 되어 태종이 죽고
그의 아들 세종이 대통을 이었는데, 그때 이미 천하는 통일되고
도읍을 북경으로 옮겼다. 그리하여 조선이 겁날 것이 없었으므로
잡혀간 세자와 신하들을 놓아주었다.

청나라 세종이 세자와 대군을 놓아 보낼 때의 이야기다. 그는
영웅답게 오랫동안 그리던 고국으로 돌아가는 세자 일행을 위하
여 크게 잔치를 베풀어주었다. 그리고 마지막 환송의 자리에서
세자와 왕자를 보고 소원이 무엇이냐 물었다. 청하기만 하면 이
제 헤어지는 판이니 무엇이든 들어 주겠노라고 하는 것이다. 그
리하여 소현세자는 세종 앞에 놓인 벼루를 달라 하여 가지고 나
왔고, 봉림대군은 난리에 잡혀간 우리 백성들을 놓아 달라 하여

최명길(崔鳴吉) 초상

출처 : 바이두백과

데리고 나왔다. 그들은 고국에 돌아와서 인조를 뵈오니 그 감개
가 어떠하였으랴. 십 년이란 오랜 고난의 세월-. 왕과 그 아드님
들은 그동안 겪은 이야기에 끝을 몰라 했다. 그러자 청나라 조정
이야기가 나오고 한이汗伊라 부르는 청 세종의 이야기도 나왔다.
세자는 이야기 끝에 무심코 그가 나올 때 용연석 벼루를 얻어 왔
음을 자랑삼아 이야기했다.

『큰 나라 왕이라 다른 점이 있습니다. 헤어질 때에는 마지막 소
원이 있거든 말하라고 하기에 이 벼루가 탐이나 달라 하였더니,

그가 퍽 아끼는 것임에도 서슴지 않고 내어주었습니다.』 했다.

그렇게 말하면서 보배로운 벼루를 부왕에게 보였다. 그러나 인조는 그 벼루를 거들떠보지도 않더니 별안간 용안이 부르르 떨면서 그 벼루를 높이 쳐들었다.

『임금인 아버지가 수치를 당하고 백성들이 고통을 받는데 그래 기껏 이까짓 벼루 밖에 청할 것이 없더냐? 에끼 못난 놈!』 하는 불호령 소리와 함께 손에 든 벼루가 세자를 향해 내리쳤다.

『억!』

하는 소리와 함께 그 벼루를 정면에 맞고 그만 소현세자는 그 자리에서 즉사하여버렸다. 조선 역사상, 어느 장을 펼쳐보아도 부왕이 세자를 손수 죽인 예는 찾아볼 수가 없을 것이다. 그만큼 인조의 골수에는 오랑캐에 당한 수모가 사무치는 원한으로 남아 있었던 것이다.

1649년(기축년), 인조는 그 파란 많은 한평생을 마감했다. 재위 27년, 반정과 이괄의 난, 어지러운 오랑캐의 난리인 병자호란, 폭군을 쫓아내고 선정을 베풀려 하였으나 미쳐 그럴 겨를이 없었고, 불운의 때를 타고나 차마 말하기조차 부끄러운 송파강의 수치에 꼭 한 번만이라도 보복의 기회를 노렸으나 뜻을 이루지 못하고 세상을 떠난 것이다. 그때에 춘추 55세, 봉림대군이 그 뒤를 이었으니 그가 효종이다.

제17대 효종의 가계도

[부] 인조

[모] 인열왕후 한씨−제17대 효종(봉림대군, 재위 기간 : 10년, 부인 : 2명,
자녀 : 1남 7녀)

제18대 현종의 가계도

[부] 효종

[모] 인선왕후−제18대 현종(재위 기간 : 15년 3개월, 부인 : 1명, 자녀 : 1남
3녀)

효종이 왕위에 오르다

〖 **효종의 약사** 〗

제17대 효종은 인조와 인열왕후 한씨의 둘째 아들로, 휘는 호이고, 자는 정연이다. 1619년 5월 22일 한성부 경행방에서 출생했고, 인조 4년 봉림대군에 봉해졌다. 1659년 5월 효종은 얼굴에 종기가 짙어 41세의 나이로 죽었다. 묘호는 효종이요, 능호는 영릉, 현종 14년에 경기도 여주군 능서면 왕대리에 있는 세종의 영릉 뒤편으로 이장.

인조의 뒤를 이은 봉림대군 효종은 태조 대왕의 11세손이요 인조의 둘째 아드님으로, 이미 말한 바와 같이 소현세자가 비명에 죽자 그 뒤를 이어 왕위에 올랐다.

그의 출생은 그의 부왕인 인조가 아직 왕이 되기 전 능양군으로 있을 때였는데, 인열왕후 한씨가 그를 순산할 때 오색영롱한 구름이 집 위에 서렸다 한다. 차차 자라나자 항상 밝고 깊은 성품에 하늘같이 밝은 기상이 있었다고 한다. 특히 효성과 우애가 지극하여 겨우 열 살에 부모님에게 아침 인사가 빠짐이 없었고, 형제간에는 항상 한 자리, 한 이불 밑에서 잠자기를 좋아했다고 하며 글을 읽을 때 하나를 들으면 열을 미루어 알았다고 한다.

8세 때에 봉림대군으로 봉해졌는데, 맏형인 소현세자가 세자로 봉해졌기 때문에 둘째는 대군으로 봉해지는 것은 그 순서에 의한 것이다. 부인으로는 신풍부원군 장유의 따님을 맞이하였으니, 그는 현숙하여 총명함이 둘도 없는 짝이었다.

인조의 영특하심으로 폭군을 몰아냈으나 국운이 불길하여 몇 차례 일어난 난리 때마다 갖은 고초를 겪었고 특히 병자호란 때

병자호란 당시 남한산성에서 항쟁 중인 조선군을 그린 기록화
남한산성역사관 소장

는 소현세자와 함께 왕자로 십 년이란 세월을 오랑캐 땅에 볼모로 잡혀가서 거기에서 보냈다.

그곳 청나라 땅에서 삼학사가 '성수만세'를 부르며 쓰러져 가는 것을 보았고, 또 다른 충성스런 신하들이 단근질 당하고 죽는 것을 보기도 했다.

『내 살아 돌아간다면 기어코 이 뼛속에 사무치는 원한을 풀리라!』마음먹었다고 한다.

기러기가 날아가는 먼 고국의 하늘을 바라보면서 뼈에 새기는 맹세까지 한 것이 어찌 한두 번이었으랴. 그랬기에 구사일생으로 살아서 다시 돌아와 왕위에 오르자 첫째로 부르짖은 것은 「북벌」이었다.

불행히도 하늘이 그를 도와주지 않아 그 뜻을 이루지 못한 채 세월이 흘러갔지만 그는 장한 포부를 가슴에 지닌 왕이었고 위대한 영웅적 기질을 보인 임금이었다.

2

효종의 북벌계획과 그의 죽음

역사에는 가정이 없는 법이다. 그러나 한 번 가정을 해본다면, 효종이 병자호란에서 아버지 인조의 성하지맹의 수치를 씻기 위하여 북벌을 단행하였다고 하자, 과연 성공하였을까? 그것은 미지수다. 중국 청나라는 대국이요, 우리는 한갓 작은 나라이었으니까 우리가 성공을 하지 못했을 것이라는 생각은 금물이다. 특히 후세의 비굴한 선비 유생들은 사대사상 혹은 우리를 과소평가하여 '성공하지 못했을 것이다'라고 말했을지 모른다. 만약 효종이 북벌계획을 앞두고 중도에서 그가 붕어하지 않고 십만 대군으로 압록강을 넘었다고 했다면, 그 장쾌함이야 말할 것도 없겠지만 전쟁의 성패 또한 미지수에 불과한 것이다. 그것은 결코 시대의 운명을 타고난 영웅 청나라 세종에게는 이기지 못했으리라는 어리석은 논리는 있을 수가 없기 때문이었다.

인조가 반정하여 등극할 무렵, 바다 건너 일본 왕실에서는 딸 하나가 태어났다. 차츰 자라나니 얼굴이 매우 아름답고 슬기로웠으며 무술에도 뛰어났다. 나이 들어 성숙하게 되자 그 부모가 그의 짝을 얻어주고자 두루 혼처를 찾고 있었다. 그러나 원래가 뛰어났으므로 짝이 될 만한 남자를 구하지 못하더니 하루는 그 처녀가 부모 앞에 나아가서,

『저는 천하 영웅이 아니면 남편으로 삼지 않을 것이오니, 좁은 섬 안에서 그런 남자가 없으니 바다 건너 천하를 두루 다니면서 저의 짝이 될 만한 신랑감을 찾겠습니다.』하고 부모님께 하직을 하고 우리나라에 건너와서는 머리를 깎고 여승이 되어 팔도강산을 두루 다니면서 신랑감을 찾았다.

그러다가 어느 날 조선 서울 장안 대궐문 밖을 지나가다가 한 젊은이를 만났다. 허다한 벼슬아치들, 재상 정승 판서들이 모두 그를 알아보지 못하고 심상하게 지나갔는데, 봉림대군이 어딜 갔다가 돌아오는 길에 그 여인을 흘깃 보고는 그에게 따라오라고 손짓을 하는 것이 아닌가. 여인은 그런 남자의 처사에 별로 사양하는 빛도 없이 순순히 따를 뿐이었다. 인물이 절색인 데다가 글과 글씨가 뛰어났을 뿐 아니라 언행이 또한 매우 방정하여 보는 사람마다 신기하게 여기고 칭찬하였다. 그리하여 봉림대군이 그 여인을 궁중 별당에 묵게 한지 한 달이 지났는데, 하루는 대군의 마구간을 지키는 마부가 황급히 와서

『어젯밤에 천리마가 없어졌습니다.』라고 아뢰었다. 그러자 별당에서 그 여인을 돌보아 주던 종년이 와서 한 장의 편지를 바쳤다.

『그 여승이 어젯밤에 달아났는데, 이 편지를 놓고 갔기로 가져왔습니다.』 했다.

봉림대군이 떨리는 손으로 그 편지를 뜯어보니 사연이 이러하였다.

『이 사람은 섬나라 일본에 태어나 천하의 영웅을 찾아 바다를 건너 나왔던 바, 다행히 당신을 만났습니다. 다른 사람들이 지나쳐 보는 이 사람을 알아보시고 불러들여 머리까지 길러라 하오니, 그것만으로도 이 사람을 사랑하시는 줄 아옵니다. 그러하오나 한 달을 두고 이 사람이 당신을 살폈는바 당신은 작은 나라 영웅은 되겠으나 큰 나라의 큰 영웅은 되지 못하겠습니다. 그래서 나의 몸을 허락할 수가 없어 떠나가오니 널리 용서하옵소서.』

편지의 내용은 대략 이러한 것이었다.

그 뒤 수년 만에 병자호란이 터졌다. 그리고 대군은 소현세자와 같이 볼모로 심양에 잡혀가서 십 년이란 오랜 세월을 거기서 보냈다. 그동안 청 태조의 뒤를 이은 태종이 죽고 세종이 왕위에 올라 천하를 통일하였다. 그리고 우리 조정에서는 그것을 치하하는 사신을 보낸 것을 세종은 만족히 여겨 인조 25년(丁亥 ; 1647)에 볼모로 온 사람들을 모두 본국으로 돌아가라 하여 크게 잔치를 베풀었다. 봉림대군도 고국으로 돌아가게 된다는 바람에 크게 기뻐서 잔치 자리에 나갔는데, 나오는 음식이 조선 본궁本宮에 있을 때 즐기던 것뿐이었다. 마음속으로 의아하게 생각하였다. 옆에 있던 청 세종이 그것을 보더니,

『음식을 들지 않고 어찌 의심하는 기색이 있는고? 이제 떠나가는 마당에 설마 내가 부정한 것을 먹이겠는가. 그것은 그렇고 나의 왕후가 그대를 떠나기 전에 보아야겠다고 하니 들어가 보게!』라고 하면서 대군의 손을 이끌었다.

청나라 세종, 옹정제(雍正帝)
베이징 고궁박물원 소장, 출처 : 위키백과

봉림대군은 청 세종에 이끌려 여러 문을 지나서 안으로 인도되었다. 그리하여 내전 깊숙이 들어가니 거기에는 선녀같이 아름다운 여인이 황후의 예복을 갖추고 황후의 자리에 높이 앉아 있었다. 그의 좌우에는 궁녀들이 늘어서 있었고, 비단옷에 빛나는 보석이 빛을 발하는 바람에 반사되어 눈이 부실 지경이었다. 대군은 얼떨떨하였다. 길을 잡아주던 청 세종도 어디 갔는지 없고 어디를 보나 휘황찬란한 것뿐이어서 꿈이나 꾸고 있는 것인가 여겨 돌아서려는데, 그제야 보탑 위에 앉았던 부인이 손을 들어 기다려라 한다.

『나를 몰라보시나요?』 하는데,

몇 해를 듣지 못한 조선말이 좀 서툴지만 그 부인의 입에서 흘러나왔다.

『나는 십여 년 전에 그대의 궁궐에서 머리를 기르며 한 달 동안이나 묵은 여승이외다.』

그리고 그는 천리 준마를 몰래 끌어내어 타고 압록강을 건너서 심양에 들어왔다는 것, 그리고 사냥하러 나온 청 세종의 눈에 띄어 가까이하게 되었고, 그가 대영웅인 것을 알고 몸을 허락하여 태자빈이 되었다가 이어 황후가 되었다는 그간의 이야기를 길게 하여주었다.

『내가 전일 그대에게 왜 적은 나라의 영웅밖에 되지 못한다고 했는지 말하겠습니다. 그대가 밤에 잘 때 방문 고리를 모두 걸고 잤기 때문에 내가 말한 거요. 천하를 통일할만한 배포가 있으면 무엇이 두려워 그처럼 작은 문들을 단속하겠소. 영웅이란 살벌한 전장에서 화살과 탄환이 비 오듯 하는데도 그 행동이 봄의 뜰을 거니는 것과 같거늘, 그대는 형태도 나타나지 않는 일에 걱정을 하는 것이었소. 그러나 이런 말들은 한갓 입 싼 계집의 수다스러움으로 알고 너무 마음에 두지 마오. 내 그동안 십여 년 전 조선에서 받은 은혜를 한 번도 잊은 적이 없소. 선황제께서 조선을 치러 갈 때에도 군사로 하여금 조선 부녀들을 욕보이지 못하게 하였고, 또 왕궁을 노략질 못하게 한 것도 나요. 그동안 그리던 고국에 돌아가게 된다니 부디 잘 가시오. 마지막 한 가지 부탁할 것은 상국에 거역하려 하지 말라는 것이오. 거역하려 해도 일은 이루어지지 않고 화가 돌아갈 것이니 부디 자중하오.』 했다.

그리고 다음 대의 조선 국왕의 대통을 이을 분이라 생각하여 봉림대군을 조선으로 보냈다고 한다.

봉림대군은 나올 때 이미 말한 바와 같이 포로 된 조선 백성을 데리고 나왔는데, 청나라에서는 백성들을 그냥 놓아주는 것이 아니라 거기에 상당하는 돈을 받았다. 소현세자는 재정을 아껴 열 명쯤을 데리고 나와서 그도 자신의 노비로 삼았지만 봉림대군은 그렇지가 않았다. 있는 것 없는 것 팔아서는 포로가 된 조선 백성들을 모두 데리고 나와 자유롭게 살도록 하였다.

그리고 오랑캐를 쳐 병자년 국치를 씻고자 송시열, 이완 등과 더불어 밤낮을 군사훈련과 북벌계획을 수립하느라 여념이 없었다.

③

전해오는 비결, [松下止]와 [家下止]

　예로부터 전해오는 우리나라의 비결에 '임진왜란 때에는 [松下止] 즉, 소나무 아래 그쳐라' 하였으니, 송자松字가 든 지명이나 그곳에 가면 피난을 하였고, '병자호란 때에는 [家下止], 지붕 아래 멈춰라' 고 하였으니, 집 안에 가만히 박혀 있어야 피난을 할 수 있었다는 말이 그것이었다. 임진왜란 때는 이미 말한 바와 같이 [遇松則敗(우송즉패)]라 하였으니, 왜군들이 송자松字가 든 지명을 피하여 다녔으니 조선 사람들의 피난처요, 병자년에는 청 세종의 왕후가 호란 때 조선 백성의 집에 함부로 들어가지 말라 하여 집에 들어앉았던 사람들은 거의 화를 모면하였다 한다.

　내리친 벼루에 맞아 소현세자가 죽자 인조는 봉림대군을 세자로 책봉했다. 대군은 몇 번이나 사양하다가 부왕과 여러 신하들의 청을 어기지 못하여 세자 자리에 올랐고, 인조가 승하하자 대통을 이어 어진 정사를 베풀었다. 그리고 인조가 병자년에 겪은 수모와 여러 가지 충성스러운 신하들의 죽음에 대하여 이를 갈고 분하게 여겨 복수에 대한 북벌의 군을 일으키려 했다. 그런 큰 뜻에 글이 또한 능하였으니, 심양으로 붙들려가면서 부른 시조 한 편은 이미 소개했지만, 돌아올 때 지은 한시도 또한 유명하다.

安得貔貅十萬名하여　秋風帛搗九連城하고
안　득　비　휴　십　만　명　　추　풍　백　도　구　연　성

大呼蹴踏天驕子하며　歌舞歸來白玉京고?
대　호　축　답　천　교　자　　가　무　귀　래　백　옥　경

어찌하면 날랜 군사 십만 명을 얻어
추풍에 구련성을 깨뜨려 부수려뇨.
크게 부르짖어 천교자를 짓밟고는
노래하며 춤추며 백옥경에 돌아올꼬?

그의 끓는 울분이 잘 나타나 한결 사람의 마음을 흔들어주는 글귀이다. 그의 머리에서는 북벌 밖에 더 아무것도 없었는지도 모른다. 그러므로 그의 머리에는 항상 북벌만이 맴돌고 있었다.

*貔貅[비휴 : 맹수의 일종. 용맹한 군대에 비유.]

4

순절한 신하와 그 아들

　과거에 급제한 선비 가운데 정유악의 이름이 있음을 보고 왕이 몸소 불러보았다. 유악은 정뢰경의 아들이었고, 뇌경은 병자호란 때 척화신으로 심양에 잡혀 들어가서 오랑캐에 불복하고 죽은 신하였으므로 효종은 그의 아들이 장원이 되었다 하기에 한 가닥 솟아오르는 감회가 있어 불러본 것이다.

　그리고 그때 그 광경이 눈앞에 떠올라 넘치는 정에 그의 손을 잡았다

　『경은 무엇이 소원이요?』

　효종은 손을 잡은 채 그렇게 물었다. 필시 오랑캐 땅에서 쓰러진 선친의 일이 골수에 사무치는 원한이어서 그 원수 갚을 날이 올 것이다 하는 대답이 나올 줄 기대하였다. 그러나 유악은 그런

것이 아니었다.

『신은 성 우계와 이율곡을 문묘에 배향配享하기가 소원이옵니다.』

왕은 그 말을 듣고 매우 만족하지 못하게 여겼다. 그리하여 음식을 먹인 다음 그를 내보내고 혼자 말하기를,『부모의 원수를 생각지 않고 우계와 율곡의 말을 꺼내다니, 뇌경은 의절을 지킨 사람이더니 그 아들은 잘못 두었군!』했다 한다.

강릉 오죽헌(江陵 烏竹軒)
율곡(栗谷) 이이(李珥)가 태어난 집, 보물 제165호, 강원 강릉시 율곡로에 위치, 출처 : 문화재청

5

스스로 벌어지는 가을 밤송이

이것은 얼마나 효종이 영특하였는가를 알게 해주는 이야기다.

효종이 임금의 자리에 있을 때 경상도 현풍에서는 한 쌍의 경사로운 혼사가 있었다. 신랑, 신부의 나이도 지긋하였고 지체 높은 문벌이라 매우 좋은 혼사였었고 참으로 그 혼인은 축복 받을 만 했다. 그러나 어찌 된 셈인지 첫날밤을 지나더니 신랑이 자기 집으로 돌아가 버리고는 신부를 돌아보려고도 하지 않았다. 신부 집에서는 야단이 났다.

신부의 부친이 매우 괴이하게 여겨 신랑에게 그 연고를 물었더니 신랑의 대답은 뜻밖에도 신부가 처녀 같지 않기로 그렇다는 것이었다. 예법이 있는 선비 집안의 딸로 규중에 옥같이 자라난 몸에 억설도 분수가 있었지, 이것이 무슨 소리냐? 그러나 하는 수가 없었다.

그리하여 생각다 못해 고을 원님에게 소장을 내어 흑백을 가려 달라고 하였다. 원님은 아무리 생각해도 어떻게 처리해야 좋을지 생각이 나지 않았다. 그래서 경상감영에 사실을 보고하였던 바, 거기에서도 문제의 사실을 해결하지 못하고 드디어 왕에게까지 올라갔다.

효종께서 그 소리를 듣고 얼마를 생각하더니 내시에게 화공을 데리고 내려가 신부 집의 약도를 잘 그려 가지고 오라고 분부하였다. 며칠 뒤에 화공은 정밀한 약도 한 장을 받쳤고, 왕은 그 약도를 들여다보더니 그 집에 다락이 있고, 다락에는 긴 사다리가

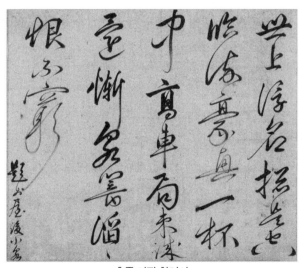

효종 어필 칠언시
국립중앙박물관에 소장

놓여있음을 보고 그러면 그렇지 하고 고개를 끄덕였다. 신부는 어려서부터 그 다락으로 오르내렸기 때문에 자연적으로 처녀성을 잃은 것이었다. 그래서 곧 신랑을 불러올려서 신부가 처녀인 사실을 가르쳐주고 다음과 같은 글을 써주었는데, 그 글의 내용에 이르기를,

秋園黃栗不蜂而自托이요　春山綠草不雨而長이라.
추 원 황 율 불 봉 이 자 탁　　　 춘 산 록 초 불 우 이 장

가을 동산의 누른 밤송이는 벌이 쏘지 않아도 스스로 벌어지고, 봄 산에 푸른 풀잎은 비를 맞지 않아도 자라난다.

라고 하였다.

왕의 판단에 대하여 신랑 집이든, 신부집이든 해결해 주어서 감사하다는 말을 한 적도 없이 문제는 해결되었다 한다.

어느 고을 산중에 사람 넷이 죽은 일이 있었다. 그곳은 수백 척 되는 낭떠러지가 있는 곳으로, 그 낭떠러지 위에는 무슨 짐 보통이 네 개가 놓여 있었고 병 하나가 놓여있는 채 세 사람이 죽었으며, 한 사람은 목을 매고 낭떠러지에 늘어져 죽어 있었다.

어떤 사람이 나무하러 갔다가 그것을 발견하게 된 것이다. 그래서 본관이 현장에 가서 조사했던 바 짐은 모두 돈이 가득하였고 병은 빈 병이었다. 고을 원이 무슨 까닭인지 생각다 못하여 감

사에게 보고하였고, 감사 또한 문제 해결의 실마리를 풀지 못하여 조정에 보고하였다. 효종이 그 사실을 듣더니 대번에 알아내었다. 즉, 네 사람이 모두 도둑이라는 것이다.

『산 위에서 죽은 놈은 처음부터 한 패거리였고, 목이 메어 죽은 놈은 나중에 들어온 놈이다. 나중에 들어온 놈은 항상 돈이 생기면 세 놈을 죽이고 도망하려고 생각했던 바, 주머니에 항상 비상을 넣고 다녔다. 그래서 어느 날 돈을 많이 털어 오게 되어 낭떠러지 위에서 재물을 나누게 되자, 셋이 한 사람에게 술을 사 오라 하였기에 그는 '기회는 왔다' 하고 술을 사서 거기에 몰래 비상을 넣어 가져오게 되었다.

술을 사러 간 사이에 셋은 의논하여 그 한 놈을 죽이기로 하고 기다리다가 그놈이 오자 밧줄로 목을 매어 낭떠러지에 던지고 셋은 한 놈이 사온 비상 든 병술을 마시다가 셋이 죽으니 모두 넷이 죽은 것이다.』하였다.

이와 같은 현명한 효종의 판단에 모든 사람들이 감탄하여 마지않았다.

6

충신과 간신

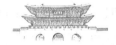

　임금의 자리란 신하를 잘 알아야 하는 것이라고 효종은 항상 그 아드님인 현종에게 말하였다.

　『사람이란 충성스러운 듯 보이면서도 간사한 자가 있고, 그 반대로 불충한 듯하면서도 충성스런 자가 있다. 문정왕후가 몹시 간악하여 인종을 해롭게 함을 잘 아는 김인후가 약방에 들어가 인종이 드실 약을 점검하고 인종의 처소를 옮기자고 눈물로 주장한 것이 얼른 보면 모자의 사이를 이간하는 것같이 보이나 그렇지 아니하였고, 인목대비와 광해군을 떠나있게 하라고 한 윤인 등은 얼른 생각하면 김인후 같은 충신의 계열에 드는 듯 보이나 그는 천고에 드문 간신으로, 그들의 못된 계책은 마침내 광해군과 대비의 사이를 갈라놓게 되었다. 김인후와 같은 신하를 만나면 인종과 같이 그 효성과 자질이 더욱 빛날 것이요, 윤인 등과 같은 신하를 만나면 비록 천성이 밝아도 차차 흐려져 광해군과 같은 어두운 임금이 될 것이다.

　정암 조광조 같은 사람도 얼른 보기에는 과격하고 의리에 밝지 못한 신하 같으면서도 실제로는 지극히 정대한 신하가 아니었더냐? 그러니 너는 신하를 고르는 데 있어서 특별히 주의하여라. 그러니 임금 된 도리는 마음의 곧고 그렇지 못함을 보아서 알아보는 것이 중요하고, 공연히 사람을 의심하는 것에는 마음 두지 말아야 한다는 것도 명심하여라.』라고 효종은 말했다.

김인후(金麟厚) 초상
출처 : 위키백과

7

이완李浣 대장

　효종이 북벌의 원대한 계획을 품고 국력을 기울여 준비할 때, 아래서 효종을 도와 그 웅장한 뜻을 받들어 도와준 신하가 있다. 문신에 송시열이요, 무신에 이완 대장이 그들이었다. 그중에도 이완은 용맹스러운 장수로 효종이 일찍 세상을 떠나지 않았어도 한 번쯤 저 고구려의 영토를 뛰어넘어 청나라 서울로 쳐들어갔을지도 모를 사람이었다. 그는 어려서부터 힘이 센 장사였고 또 담력이 태산과 같았다. 아직 그의 나이 이십 세 미만에 어머니를 따라 외갓집에 갔을 때의 이야기다. 밤에 용변이 마려워 밖에 나갔는데 그가 뒤를 볼 때 그 앞에 쭈그리고 앉은 개를 호랑이가 물어 죽이고 있었다. 개의 비명소리에 방안 사람들이 놀라 나와서 개가 어디로 갔느냐 물으니 그는 천연스럽게,

『호랑이가 물어 갔어
요.』했다.

어른들이 기겁을 하
고 그런 급한 판에 어찌
이렇게 태연스러우냐?
하자, 어린 이완은 빙긋
이 웃으며 대답했다.

『범이 이미 달아났는
데 소리를 지른다고 무
슨 소용이 있으며, 또
물어간 개를 먹기 전에
는 오지 않을 텐데, 무
엇이 거리껴서 보던 용

송시열(宋時烈) 초상
국보 제239호, 국립중앙박물관 소장

변을 중간에 그만둔단 말이요?』했다. 또 어느 때는 정자나무 밑
에서 낮잠을 자다가 큰 뱀이 그의 허리를 걸쳐 넘어갔다. 잠결에
몸이 몹시 불편하기에 눈을 떠보니 뱀이었으나 꿈적도 않고 누워
있다가 뱀이 지나간 뒤에야 옆에 사람을 깨워 말하였다.

『뱀이 나를 나무 등걸인줄 알고 넘어갔네그려!』

그 말에 옆에 사람이 얼굴빛이 변해 벌떡 일어나며,

『이 사람, 그런데 어찌 아무 말이 없었는고? 큰일 날뻔했네!』
하며 나무랐다.

그러나 그는, 그놈이 나를 나무 등걸로 알고 넘어가는 이상 나도 그런 양 있어야 무사하지 않겠냐? 하고 태연하게 말했다 한다.

그 이완이 좀 자라서 사냥을 매우 좋아하여 날마다 깊은 산중에 들어가 짐승들을 잡았다. 하루는 이 산, 저 산을 다니면서 사냥하다가 그만 길을 잃어버렸다. 날은 어두워지고 산은 험하여 이리저리 헤매던 중, 마침 보니 숲속에 불빛이 흘러나왔다. 담력이 큰 그는 그 불빛을 보자 거침없이 그리로 갔었다. 그리고는 산중에 있는 큰집의 대문을 두드렸다.

『누구십니까?』

아름다운 여인이 하나 나와서 물었다. 이완이 그가 사냥하러 와서 길을 잃었음을 말하고 하룻밤 자기를 청하자 그 여인은,

『못하십니다. 이 집은 도적들의 소굴로 저도 잡혀온 몸입니다. 여러 말 하실 것 없이 곧 떠나십시오. 이제 도적이 돌아올 때가 되었습니다.』하고 손을 내저었다.

『밤이 이렇게 깊고 산이 험한 데 간들 어디에 가겠소. 헤매다가 맹수들의 밥이 되느니 인간에게 죽는 게 더 낫지!』했다.

이완은 그 여인의 말을 듣지 않고 서슴없이 안으로 들어가 따뜻한 방구들을 지고 누웠다.

마치 남편이나 가장쯤 되는 것같이-. 여인이 마지못하여 저녁상을 차려오니 그는 또 밥과 산짐승 고기로 그득한 상을 말끔히 다 먹어치우고 그 위에 자기와 정을 통하자고 했다.

『별말씀을 다 하십니다. 그런 짓을 했다간 이제 도적이 돌아오

면 둘이 함께 박살이 납니다.』

『허, 그런 도적이 정을 통하지 않았다고 사람을 가만히 두겠소. 기왕 남녀가 한 방에 들어앉았으니 의심받기는 매 일반이 아니오?』했다.

이완은 도적의 아내를 두말하지 않고 자신의 가슴에 품고 잤다. 그러자 멀리서 총소리가 한 방 [탕-] 하고 들려왔다. 여인은 기겁을 하고 일어나려 했다.

『이제 도적이 돌아옵니다.』

『일어나도 죽을 판이고, 누워있어도 죽을 판이니 다정스럽게 함께 죽읍시다.』했다.

도적은 쿵 하고 마루 위에 올라서더니,

『이 사람아 내다보지도 않는가?』하고 문을 열었다. 그리고 방 안의 광경을 보더니,

『이놈아! 네가 웬 놈인데 남의 집에 들어와 남의 계집을 끼고 누웠느냐?』하고 껄껄 웃었다. 이완은 그 말에 조금도 거리낌 없이 크게 소리쳤다.

『방과 계집은 먼저 차지한 자가 주인이다. 너야말로 어느 놈인데 남의 방에 함부로 들어오느냐?』

도적은 그 말에 크게 성을 내었다. 그리고 밧줄로 이완을 동여묶은 다음 대들보에 매달아 놓고,

『술이나 마시고 이놈을 처리해야지!』하며 벌벌 떠는 여인에게 술과 안주를 가져오라 하였다. 술을 가져오자 바가지로 술을

벌컥벌컥 마시고 생돼지고기를 먹는 도둑을 보고 대들보에 매달린 이완이 이를 보고,

『허, 참 졸장부도 분수가 있지. 사람을 옆에 놓고 술을 먹다니?』라고 했다. 그 말에 도적은 그가 마시던 바가지로 술을 듬뿍 떠서 주면서,

『엣다 먹어라!』하며 주었다. 이완이 그 술을 다 마신 것은 물론, 안주까지 달라 하니 또 칼끝에 안주를 꽂아주었다. 이완은 그 안주를 질경질경 씹어 먹으며 태연해하였다. 그것을 도적이 한참 보더니 별안간 후닥닥 놀랐다. 그리고 달려들어 묶었던 밧줄을 급히 풀었다.

『무식한 놈이 잘못 알고 크게 될 사람을 몰라뵈었습니다.』하고는 도둑이,

코가 땅에 닿도록 절까지 하는 바람에 뱃심 좋은 이완이 도로 얼떨떨할 판이었다.

『허, 이 무슨 짓인가. 죽이려면 빨리 죽이지!』

『아니올시다. 진심으로 사죄합니다. 제가 몇 년 전에 어느 이름 높은 점쟁이에게 신수를 보였던 바 그때 점쟁이가 이다음에 아무래도 포도청에 잡히어 죽겠다고 하였습니다. 그래 소인이 살 도리는 없는가 물었더니 어느 때고 포도대장 될 사람을 만날 것이니 그때 말하여 증거가 될 표를 얻어야 된다고 일러주었습니다. 오늘 당신의 기상을 뵈오니 틀림없이 포도대장이 될 분인 듯 보입니다. 이런 인연으로 훗날 저를 죽이지 않겠다는 증서 하나

만 써주십시오.』 한다.

　아직 시골 총각으로 기운깨나 쓴다는 말밖에 듣지 못한 이완에게는 참으로 꿈같은 소리를 들었으나, 도적이 하도 조르기에 해달라는 대로 써주었다. 그리하여 죽을 목숨이 살았을 뿐 아니라 또 그 도적이 주는 그 집 재산 전부와 여인까지 얻어 집으로 돌아왔다. 그 뒤에 이완이 훈련대장에 포도대장을 겸했을 때의 일이다. 하루는 도적이 하나 잡혀왔는데 그 죄상이 한두 가지가 아니어서 사형에 처해야 할 죄인이었다. 그런데 그 도적이 죽기 전에 포도대장을 뵙겠다고 야단이었다. 포졸들의 말을 듣고 이완은 무심코 그 도적 앞에 나아갔다.

　『저를 몰라보시겠습니까?』 그러나 대장 이완은 아무리 기억을 더듬어도 생각나는 인물이 아니었다. 그러자 도적은 쥐었던 종이 한 장을 내밀었다. 그 종이에 쓰인 필적, 그것은 이완이 총각 때 도적에게 붙잡혔다가 위태로운 궁지를 모면하기 위해 써준 증서였다. 이완이 그 도적을 당장에 풀어준 것은 말할 것도 없었고, 개과천선하여서 그의 부하로 삼았다. 그 도적은 그 뒤 방어사防禦使에까지 벼슬이 올랐다.

8

그 시대의 재상 송시열宋時烈

　이미 말한 바와 같이 송시열은 명재상으로 효종을 도와 그 이름을 떨친 분이다.

　그는 산림에 몸을 두고 맑고 깨끗하게 사색하는 생활을 하다가 효종의 부름을 받아서 벼슬길에 올라 정승 판서에 올랐고 문장이 또한 한 나라를 뒤흔들었다. 저술한 책만도 수백 권이 넘었으며, 거기에다 또 힘이 역사였다.

　한 번은 그 조상의 비석을 다듬었는데, 어떤 손님이 와서 아직 세우지도 않은 채 눕혀놓은 그 비석의 아랫부분의 비문을 좀 읽어보았으면 한다. 송시열은 앉은 채 그 비석을 이리저리 뒤척여가며 비석에 새긴 글을 읽게 하였다. 보통 큰 비석은 여럿이 목도를 하여야 간신히 움직이는 것이었으므로 모두 그 젊은 송시열의 놀라운 힘에 입을 벌렸다고 한다.

　그는 나막신을 신고 금강산 비로봉에 올라갔다가 내려온 적이 있었고, 겨울 추운 냉방에 자면 방 안이 훈훈하여 불을 땐 방같이 되었다고 한다. 그래서 송시열이 모함을 받아 귀양살이에서 내쳐져 사약을 받을 때에도 한 그릇 약으로는 부족하여 무려 세 그릇이나 연거푸 마시고도 약효가 나타나지 않아 바로 운명하지 않고 한참만에야 운명하였다 하니, 그의 체구와 몸의 건강함을 가히 짐작할 수 있겠다.

　송시열과 이완 대장이 처음 만나던 이야기가 또한 재미있다. 아직 둘 다 세상에 이름을 떨치기 전 젊은 시절이었다. 송시열이 서울로 들어가려고 한강에서 나룻배를 탔는데, 그 배에는 어떤 한량이 큰 활을 가지고 함께 탔다. 강을 건너서 활쏘기 연습을 하고 돌아오는 길인 것 같았다. 시집가는 가마도 타고 중들도 타서 배가 가득 차게 되자 사공이 삿대질을 하기 시작했는데, 배가 강의 한 가운데쯤 오게 되자 거기에 탔던 어떤 중이 옆에 있는 가마 문을 열더니 시집가는 새색시를 욕보이기 시작했다.

　『그 계집 쓸만하군!』하니,

　배 안에 있는 사람은 모두 이맛살을 찌푸린다. 그러나 중놈은 기운깨나 쓰는 무지몽매한 작자로 힘깨나 쓰는 모양으로 아무도 감히 나서는 사람이 없었다.

　송시열도 그 중놈의 행동을 괘씸하게 여기며 옆에 앉은 한량이 그 큰 활로 저놈을 쏘아주었으면 좋겠다고 생각하다가 무엇을 뜻했음인지 손을 들어 물 위에 떠도는 오리를 가리켰다.

『저 오리 한 마리 쏘아 잡았으면 좋겠다!』하니,

그러자 그 한량은 활에 살을 빼어 걸었다. 그리고 그 오리를 쏠 듯하더니 몸을 빙 돌려 중놈을 겨누어 활을 놓았다.

『억!』

그 중놈은 가슴팍에 화살을 맞고 그 자리에서 쓰러져 버리고, 송시열은 그 늠름한 한량의 손을 잡았다. 그 한량, 그가 나중에 이완 대장이었던 것이다.

이렇게 두 사람이 처음으로 만나서 서로 안 다음부터는 둘도 없는 지기가 되었다. 효종의 신임도 매우 두터웠다. 두 신하는 그들의 정성을 다해 임금을 보필하였고, 효종은 늘 이렇게 말했다 한다.

『청나라 장수 중에 족히 두려울만한 자는 섭정왕 다이곤多爾袞과 예친왕 다탁多鐸의 둘이었는데, 이제 그들 둘이 모두 죽었으니 나머지는 겁낼 것이 없다. 정

섭정왕 다이곤(多爾袞)
출처 : 위키백과

예한 군사 10만 명을 거느리고 산해관을 넘기만 한다면 중원에도 응하는 사람이 있을 것이다.

그러나 아직 사람이 부족하니 경들은 항상 유의하여 귀천을 가리지 말고 큰 인물이 있거든 천거하도록 하라. 우리나라는 산하가 수려함으로 아직도 초야에 묻힌 사람이 얼마든지 있을 것이다. 준비를 확실히 한 다음 쳐들어가야지!』했다.

예친왕 다탁(多鐸)
출처 : 위키백과

그리고 두 신하에게 요동과 연경의 차가운 바람에 수고할 때에 입으라고 호피 갑옷을 하사하기도 하였다. 그러던 효종이 대사를 앞두고 도중에 승하하였을 때, 두 신하의 맺힌 마음은 어떠하였으랴!

9

송우암과 허미수

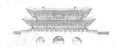

우암은 노론이요, 허목은 남인이었다. 이 두 사람은 예론禮論을 가지고 평생을 두고 서로 다투었으니 여러 가지 일화를 남겨서 오늘날까지 전해오고 있다. 이렇게 전해 내려오는 말들이 어느 정도 신빙성이 있는지는 몰라도 옛날 서당이나 선비들 사이에서 일화로 전해 내려오는 이야기가 많다.

나라에서 갑자기 국상이 났다. 조정 대신들이 연락을 받고 대궐로 모여들었는데, 미수가 얼마나 급했는지 백립을 구하여 쓸 겨를이 없어 갓에다가 한지를 발라 흰 갓을 만들어서 국상에 임했다. 우암은 너무 급해서 그냥 검은 갓을 쓰고 대궐에 와서 미수와 우암이 마주 서게 되었다. 백립을 쓴 미수가 우암을 보고 꾸짖었다.

『국상이 났는데 시커먼 갓을 쓰고 오다니?』 하자, 우암은 그 말을 듣고 어떻게 해야 할 줄을 몰라 머뭇거리다가 하는 말이,

[外白內黑하니 其心을 可知로다!] 했다. 그것은 겉만 희고 속은 새까맣게 검으니, 너 마음도 그렇게 겉과 속이 다른 사람임을 알 겠다는 말이었다. 국상을 앞에 놓고도 이렇게 싸움질을 했으니 그때의 당파싸움이 예사롭지 않음을 알 수 있었다.

허목(許穆) 초상
보물 제1509호, 국립춘천박물관 소장

한 번은 우암이 병이 들어 그의 아들을 시켜 약 처방을 구하려고 미수에게 보낸 것이다. 미수는 그때 의약에도 매우 밝았던 모양이었다. 우암의 시킴을 받은 그의 아들이 허목에게 가서 아버지의 사정을 이야기하고 심부름을 왔다고 했다.

미수는 대뜸,

『아, 이제 죽을 때가 왔나 보다. 에잇! 비상 한 돈쭝만 다려 먹여라.』했다.

우암의 아들은 깜짝 놀라 집으로 돌아오니 아버지가 물었다.

『그놈이 뭐라 하더냐?』했다.

『비상을 한 돈쭝 다려 잡수시라 합디다.』했다.

우암은 한참 생각하더니 아들에게

『그놈 말대로 비상 한 돈쭝 다려라, 한 번 먹어보자!』

그래서 우암의 아들은 우암의 명에 의하여 비상 한 돈쭝을 다려 대령하고, 그는 그 비상을 한꺼번에 다 먹었다. 비상을 다려 먹은 우암은 한숨 푹 자고 일어나니 병이 말끔히 나았다고 했다. 허목의 약 처방을 보면 정적政敵은 미워도 사람은 미워하지 않겠다는 사실을 엿볼 수 있다. 허목은 그때 그만큼 의약에도 뛰어났다는 것도 알 수가 있다.

이 두 가지 이야기가 어느 정도 신빙성이 있는 말인지는 몰라도 우암과 미수는 당시의 정적으로서 그 시대의 당파싸움을 단적으로 지적하는 말 같았다.

박지원의 소설 「허생전」

효종이 북벌의 장도를 품고 송시열, 이완 등과 더불어 북벌 준비로 한창 바빴을 때, 남산 밑 묵정동에는 허생許生이라는 선비 한 사람이 살고 있었다. 그가 어떤 사람이기에 우리의 야사에 오를 수 있었던가? 연암 박지원朴趾源의 붓을 빌어 그의 사적을 알아보자.

남산 밑 묵적동에는 가난의 때가 조르륵 흐르고 빽빽하기 이를 때 없는 양반 퇴물들이 굶기를 밥 먹듯 하며 살고 있는 것이었다. 그러나 허생원마저 그런 남산골샌님으로 보기는 좀 아깝다. 왜냐하면 다 쓰러져 가는 단칸 초가집에서 비가 오면 물이 그대로 방안으로 넘쳐흘러도 모르는 체하고 글을 읽되 만사가 태평이었다. 싫으면서도 싫지 않은 양, 가식으로 선비의 모양을 꾸미려 드

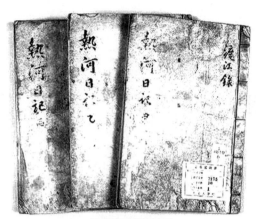

열하일기(熱河日記)
서울대학교 규장각한국연구원 소장

는 가난하고 무능한 그런 선비들과는 그 종류가 달랐다. 칠 년이
란 세월을 하루같이 쌀이 없든, 찬거리가 없든 상관하지 않고 책
만 읽는 남편을 받들다 못해 하루는 부인이 그를 보고 말을 건넸
다.

『여보세요. 과거도 한 번 보시지 않으면서 책만 읽으면 무엇하
세요.』

그러나 허생은 여전히 책에서 눈을 떼지 않는 채 코대답만을
하였다.

『아직도 다 읽지 못한 거요!』

『그게 무슨 말씀이세요. 당신은 배고픈 것은 참으셔도 저는 못
참아요. 좌우간 이젠 바느질도 무던히 해 먹고 살았으니 당신이
좀 돈벌이를 해봐요.』 한다.

그 말을 듣자 허생은 읽던 책을 딱 접어놓고 그리고는 혼잣말로,

『아, 애석하다. 내 십 년을 책 읽기로 결심하였더니 이제 칠 년에 책을 덮어야 하다니!』하고는 장가들 때 얻어 입은 풀 죽은 두루마기를 떨쳐입고는 어디론지 나가버렸다. 거리에 나섰으나 아는 사람이 있을 리 만무했다. 그저 아무렇게나 지나가는 사람을 붙잡고,

『장안에서 제일 부자가 누구요?』하고 물었다. 변씨라는 사람이 이 장안에서 제일 부자라고 했다. 허생은 그 길로 서슴없이 변씨 집 대문을 밀고 들어가서 대뜸 사랑방 문을 열었다. 그리고 그 집 주인인 변씨에게,

『내가 장사 밑천으로 돈 만 냥이 필요하니 좀 꿔주게나!』했다. 인사고 무어고 다 빼 먹고 주인 변씨에게 한 첫마디가 그것이었다. 그러자 주인도 예사 사람은 아니었던 모양으로 두말도 않고 돈 만 냥을 내어놓았다.

그 자리에 있던 사람들은 어안이 벙벙하였다. 대체 이름도 성도 모르는 저 거지 같은 사람에게 적은 돈이면 몰라, 돈 만 냥을 던져 주다니? 그러나 주인 변씨는 주위의 여러 다른 사람들에게 대답하여 말하기를,

『돈을 빌리러 오는 사람은 대체로 구구한 구실을 붙이고 얼굴에 궁핍한 때가 흐르는 법이지요. 그러나 지금 저 사람은 그렇지가 않았소. 비록 입은 옷은 남루하였지만 말에는 조금도 거리끼

는 곳이 없었고 부끄러워하는 기색도 보이지 않았소. 그런 사람일수록 믿을 수 있는 사람이요. 내 비록 돈을 알아도 사람을 모르는 바이더니 내 어찌 돈을 아껴 저런 사람을 버릴 수 있겠소?』했다.

만 냥 돈을 변씨에게 빌린 허생은 사대문에 사람을 하나씩 앉히고 서울로 들어오는 과실로 감, 대추, 밤, 배, 귤, 호두 할 것 없이 모두 사 모으기 시작했다. 장안에는 별안간 과실이 떨어지니 관혼상제를 할 수 없게 되었다. 그때서야 슬금슬금 사 모아둔 과실을 팔아서 굉장한 이익을 보았다. 과실 장수에 성공한 허생은 다시 제주도로 건너가 말총을 있는 대로 모두 사 모았다. 말총이 없고 보니 망건이나 갓을 만들 수가 없어서 동방예의지국에 의관을 정제한 이 나라에는 야단법석 일어났다. 그리하여 말총은 원가의 열 갑절이나 올라갔다. 사둔 물건을 모두 팔아서 허생이 그만 벼락부자가 되었다.

그러나 허생은 그런 것으로 만족할 사람이 아니었다. 오히려 입가에 쓴웃음을 띠고 선창가로 나가 뱃사공을 보고,

『이 근처에 살기 좋은 무인도 하나 없소?』하고, 물어서 사람 살기에 알맞은 섬 하나가 있음을 알고 다시 다음 단계의 사업으로 발을 디디기 시작했다. 그는 광고문을 써 붙이되,『누구든지 가난하고 돈이 없는 자가 오면 기름진 땅과 돈을 주고 아내도 맞게 해 주리라.』하였다. 부랑자 모리배들이 그 광고문을 보고 사방에서 모여들기 시작했다. 허생은 그들에게 각자 돈 백 냥씩을 던져 주고 각각 아내와 소 한 마리씩을 몰고 오라고 하였다. 또한

변산 땅에 수천 명 도적 떼가 관군에게 쫓기어 숨어있는 걸 알고 곧 그들을 만났다.

『너희들에게 처자가 있느냐?』

『없소.』

『이런 산에서 떨고 사느니 처자를 데리고 농사를 지어 따뜻하게 살아볼 생각은 없는가?』

『이왕 내친걸음이라 내려갔다간 목숨이 관군에게 달아나오. 또 살려준다 하여도 돈이 있어야지요.』

『돈은 여기 얼마든지 있다.』

허생은 그들에게 얼마씩을 나누어주고 아내와 농기구들을 장만하여 오라고 하였다. 며칠이 안 되어 허생의 명령대로 그들은 모두 처자와 소들을 몰고 해변으로 모여들었다. 허생은 모두 배에 싣고 이천 명이 일 년 동안 먹을 수 있는 양식과 함께 섬으로 향하여 갔다. 이들은 모두 열심히 농사를 지었다. 기름진 땅에 흩어져 일을 하였으니 곡식이 잘 되는 것은 말할 것도 없고, 삼 년이 지나니 아들딸도 나서 무인도가 흥성흥성한 큰 부락이 되었다. 그러자 섬과 무역하던 일본 땅에 큰 흉년이 들었다. 허생은 농사지은 쌀을 잔뜩 싣고 가서는 백만 냥과 바꾸어 돌아왔다. 얼마의 세월을 섬에서 보냈다.

그리고 어느 날 섬 안에 사는 사람을 한 자리에 모아놓고, 『내가 이제는 돌아갈 터이다. 너희들이 여기서 싸우지 말고 잘들 살아라.』하고, 자기가 타고 나갈 배만 남겨두고 모두 불태워버렸다.

그러고는,

『좁은 나라에서 이 돈을 어디에다 다 쓰랴!』하고 백만 냥의 반을 바닷물 속에 던져버리고 오십만 냥만 가지고 육지로 돌아왔다.

그는 뭍에 오르자 그 돈을 또 모두 가난한 사람들에게 나누어 주었다. 그리고 십만 냥을 남겨서 서울에 올라와 변씨에게 빚을 갚는다고 내밀었다. 변씨는 크게 놀라며 굳이 사양하였다.

『나는 빌려드린 돈만 받으면 그만이외다.』

허생은 노기가 등등하여 변씨를 큰 소리로 꾸짖었다.

『전부가 당신 돈이니 받으시오. 나는 남의 돈으로 장사를 하여 이익을 보는 사람도 그리고 도적도 아니오?』

그리고는 변씨의 붙잡는 옷소매를 뿌리치며 나서는 것이었다. 하는 수 없이 변씨는 그의 뒤를 밟았다. 남산 밑으로 올라가던 허생은 찌그러진 오막살이 사립문을 열고 들어간다. 변씨는 샘터에서 빨래하는 여인들에게 얻어들으니 대강 그 집은 본래 허생원이란 사람이 살고 있었다 하며, 어느 날 아침 그 허생원이 집을 나가 오 년째 돌아오지 않았으므로 그 아내는 남편이 집 나간 날로 제사를 지낸다는 것이었다. 변씨는 겨우 그의 성이 허씨인 줄을 알았다. 그 이튿날 다시 돈 십만 냥을 가지고 찾아가 받아주기를 간청하였으나 허생은 듣지 않았다.

변씨가 심히 조르자 허생은 『그럼 먹을 것이나 대어주시오. 돈을 쓸 줄도 모르는 사람이 가지면 무얼 하겠소.』하였다. 그 변씨는 이완과 매우 가까이 지내는 사람이었다. 이완이 어영대장으로 있으면서 인재를 구함을 아는 그는 허생을 만나 보라 권하여 함께 남산 밑 허생의 오막살이를 찾아갔었다. 변씨가 이완 대장이 왔다고 전해도 허생은 들은 척도 않고,

『술을 가지고 왔거든 우리 한 잔씩 나눕시다!』하고 술만 먹었다. 문밖에서 이완은 오래 기다리다가 허생의 술상이 물러간 다음에야 겨우 방 안에 들어갈 수 있었다. 이완 대장이 그에게 청나라의 수치를 씻을 계략을 묻자, 허생은 말하였다.

『그 일에 대해서 꼭 실천해야 할 계획 셋이 있소. 그러나 아무리 훌륭한 계획이라도 쓰지 않으면 무용지물인데, 그대는 내 방법을 꼭 쓸 수 있겠소?』

이완 대장은 꼭 쓰다 뿐이냐고 말했다. 허생은 조용히 입을 열어 첫째의 계획을 말했다.

『위로 공주로부터 아래로 재상의 딸까지 청나라 사람과 혼인을 시킬 수 있겠소?』

이완이 그것은 못 하리라고 대답하자 둘째로,

『위로 임금에서부터 아래로 신하 재상들까지 변발을 하고 호복胡服을 해야 되겠으니, 그것은 하겠소?』

이완은 그것도 할 수 없는 일이라 그것도 안 되겠다고 했다. 그러자 허생의 마지막 방법을 말하였다.

『위로 왕자대군으로부터 아래로 재상 대신 백성의 자제들까지 모두 수레를 끌고 말을 몰아 호지胡地에 드나들며 장사를 하고,

일단 전쟁이 끝나는 날에는 위에 공주에서부터 아래는 재상의 처첩까지 모두 군중으로 들어가 사역을 해야겠는데 그것은 할 수 있겠소?』

이완은 그것도 시행되지 못할 일이라 하자, 허생은 분연히 자리를 차고 일어나,

『예끼 이 못난 놈, 무엇이든 하겠다기에 세 가지 계교를 알려주었는데, 모두 못하겠다는 대답뿐이니, 네가 그래도 이 나라의 녹을 먹는 중요한 신하냐? 임금께서는 침식을 잊고 노심초사하시는데, 녹만 먹으면서 조그만 계교 하나 베풀지 못한다니. 너 같은 놈은 죽어버려야겠다!』하며 칼을 들어 이완을 찌르려 했다. 어영대장 이완은 크게 놀라 버선발로 뛰어나갔다. 그러나 집에 가서 생각해보니 아무래도 다시 계교를 묻고 싶은 생각이 창피보다 앞섰다. 그래 다시 남산 밑을 찾아갔으나 그때는 이미 이인 허생은 그 찌그러진 오막살이에서 찾을 길이 없었다. 빈집에 찬바람만 쓸쓸히 불뿐, 허생은 자취를 감추고 찾아볼 길이 없었다. 그는 그가 살았던 초가삼간에서 그림자조차 찾을 길이 없었다. 그리고 끝까지 그 이름도 남김없이 어디론가 가버리고 말았다.

11

『북악산이 무너졌답니다』

효종 임금 시대에 이름난 신하에 정태화라는 인물이 있었다. 호는 양파로, 덕과 문장으로 정승까지 지낸 분이다. 그는 평생에 남의 말을 「아니다」 하고 부정적으로 대답한 적이 한 번도 없었다 한다.

만년에 벼슬을 그만두고 과천 선산 아래 거주하면서 지낼 때의 이야기다.

누가 와서 말하기를,

『서울의 북악산이 무너졌답니다.』 하였다. 정 정승은 그 말이 터무니없는 말인 줄 알면서도,

『그 봉우리가 매우 뾰족하여 무너질 것 같더니만…』 했다.

그러자 그 이튿날 그 사람이 다시 와서,

『어제 북악산이 무너졌
다는 말은 거짓말이라 하
옵니다.』 하였다. 그러나
정 정승은 조금도 얼굴빛
을 변하지 않고,

『그 뿌리가 그렇게도
단단히 박혔으니 무너지
지는 않았을 테지…』 하였
다 한다.

또 이런 이야기도 있다.

송시열이 효종 재위 10
년 동안에 융숭한 대접을
받고 재상의 자리에 앉아
서 북벌에 대한 아무 대책
도 없이 세월만 보내다가
하루는 정 정승의 집을 방
문하였다. 그리고 북벌의
준비가 다 이룩되어 불원

북악산
서울 경복궁 북쪽에 위치, 출처 : 위키백과

간 군사들의 대동원령이 내릴 듯 말하였다. 그때 고루한 선비들
은 모두 '대국이요 상국인데 청나라를 치지 못한다.' 는 숙명론
만 부르짖는 자들었으므로 북벌을 내심으로 반대하여 말지 않았
는데, 송시열의 그 말을 들은 정 정승은 조금도 그런 내색을 보

이지 않았다.

『명공明公의 재략과 덕으로 임금님의 큰 뜻을 받들어 군사를 일으킨다 하오니 참으로 장합니다. 나 같은 늙은 신하는 융진병마戎陣兵馬 사이에 몸을 참가시킬 수 없음이 한스럽습니다만. 다만 원하기는 몇 해를 더 살아서 명공이 대의를 천하에 펴고 공을 이루심을 보고 죽었으면 합니다.』했다.

송시열은 더 말이 없이 오래 침묵하다가 돌아갔다. 송시열이 돌아간 후에 그 자제들이 정 정승에게 묻기를,

『지금 북벌한다 하여도 일은 이룩되지 않을 것인데, 대인께서는 어찌 송 정승의 말을 만류도 하시지 않고 그처럼 말씀하셨습니까?』하였다.

정 정승은 웃으면서 대답하기를,

『누가 내일모레로 북벌하는 군사가 모화관을 넘는다 하더냐? 송공宋公이 최초에 신임하여 나라의 대사를 한 몸에 맡았는데, 이제껏 아무 계획도 없이 세월만 허송하다가 일이 오늘에 이르러서 해 보겠다 할 수도 없고, 그만둘 수도 없어 나에게 와서는 변명을 하는 것이지, 일부러 나에게 그런 말을 하고 내가 만류할 것 같으면 내 말 때문에 못하였노라 할 것이 아니냐?』
고 했다 한다.

이 이야기는 동소만록桐巢漫錄에 실려 있는 것이니 믿을 것이 못된다. 정 정승의 인품이 고답적이었다는 것을 한갓 꾸며낸 말에 지나지 않을 것이다.

12

효종의 죽음과 현종의 요절

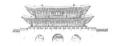

〖 **현종의 약사** 〗

제18대 현종은 효종과 인선왕후 장씨의 맏아들로 출생하여 이름은
연, 자는 경직이다. 그는 효종이 봉림대군으로 청나라에 볼모로 있
을 때인 1641년, 심양에서 태어났다. 조선 역대 왕 중에 유일하게 외
국에서 출생한 왕이다. 1649년(인조 27년) 소현세자가 죽게 되자 효
종이 세자 책봉과 동시에 현종도 함께 세손에 책봉되었다. 그해 5월
에 인조가 승하하고 효종이 왕위를 잇자 세자 자리에 올랐다. 1659
년 5월에 효종이 갑자기 죽자 19세의 나이로 즉위했다. 1674년 5월
에 현종이 병으로 죽었다. 묘호는 현종, 능호는 숭릉으로 경기도 구
리시 인창동에 있다. 1641~1674.

1659년(기해년)에는 이 나라의 산천과 초목이 슬픔에 젖어 고

영릉(寧陵, 효종과 인선왕후 장씨의 능)
사적 제195호, 경기 여주시 능서면 왕대리에 위치, 문화재청 소유

개를 숙인 해였다. 효종이 그 뼈에 새겨 맹세한 북벌의 대업을 이루지 못한 채 돌아가신 것이다. 재위 10년, 아직도 혈기가 왕성한 그때, 춘추가 41세에 승하하신 것이었다. 머리에 종기가 나서 침을 맞다가 출혈이 심하여 그렇게 되었는데 왕의 죽음에 따르는 재미있는 이야기가 하나 있다.

효종 말년에 명나라가 완전히 망하고 청나라가 전 중국을 통일하였을 때, 명나라 학사 한 사람이 우리나라로 도망 왔다.

그는 머리를 깎고 중이 되어 다니면서 이름 높은 선비들과 교유하였고 또 관상을 매우 잘 보았다. 그때 조정에 쟁쟁한 정승들이 그에게 상을 보아 달라고 하였고, 나중에는 임금도 그를 초청하여 관상을 보았다.

그는 효종을 보고 매우 영명하신 임금이라고 칭송하기를 마지않았고, 북벌의 뜻을 말하였더니 크게 기뻐하여 그 북벌계획에 참여하였다. 그러자 하루는 그 학사가 임금의 얼굴을 뵙더니 대성통곡을 하여 마지않았다.

어느 관리가 그 까닭을 물으니, 『어안에 검은 구름이 가리었으니 한 달 안으로 큰 환란이 당도하겠습니다.』 했다.

그 후 수십 일 만에 과연 효종이 붕어했다 한다.

효종이 붕어하자, 그 뒤를 이어 맏아들인 현종이 즉위했다. 왕은 독신으로 효종이 봉림 대군으로 심양에 있을 때 탄생하였는데 자질이 고명하고 심성이 덕스러워 대신을 공경하고 백성을 사랑하여 선왕의 법도를 잘 지켰다.

그러나 현종은 불행히도 명이 짧아서 재위 5년으로 세상을 떠났다. 그때 나이 34세였다.

제8편 숙종에서 경종까지

제19대 숙종의 가계도

[부] 현종

[모] 명성왕후 김씨－제19대 숙종(재위 기간 : 45년 10개월, 부인 : 6명, 자녀 : 3남 6녀)

제20대 경종의 가계도

[부] 숙종

[모] 희빈장씨－제20대 경종(재위 기간 : 4년 2개월, 부인 : 2명, 자녀 : 없음)

숙종 임금의 등극

〖**숙종의 약사**〗

제19대 숙종은 아버지 현종과 명성왕후 김씨 사이에 태어난 외아들로서 휘는 순, 자는 명보. 숙종은 1674년 8월 14일에 즉위하여 1720년 59세에 죽었다. 묘호는 숙종, 능호는 명릉으로 경기도 고양시 덕양구 용두동 서오릉이다. 1661~1720.

숙종은 효종의 손자요, 현종의 아들로 역시 독자였다. 청풍부원군 김우명의 따님 명성왕후 김씨의 소생이다. 김씨가 숙종을 잉태할 적에 용과 범을 꿈에서 보았다 한다. 어려서부터 말씨가 천연스럽고 행동거지가 영웅호걸의 기상이었고 다섯 살에 세자로 책봉되었으나 조금도 철없게 행동하지 않았다고 한다. 다만 고집이 세고 성질이 괄괄하고 때로는 과격한 일을 하기도 하였다.

그래서 그의 머리를 빗겨줄 때면 그 앉아 있는 동안에도 갑갑증을 내어 의례 야단법석을 떠는 것이었다. 그리하여 상궁이나 나인들은 감히 생각도 못 하고 어머니 명성왕후가 몸소 머리를 빗겨드리지 않으면 안 되었는데, 그래도 오래 빗긴다 하여 심술을 부리기가 일쑤였다. 한 번은 또 야단을 냈으므로 왕후도 화를 내어 빗등으로 세자의 어깨를 두드리며,

『나는 너 같은 부랑자 하나를 낳아 놓고 평생에 무안함을 면치 못한다는 생각을 하면 분해 못 견디겠다. 에라! 저리 가거라.』 하였다.

그러자 그 말에 세자는 어머님을 돌아보면서,

『어째 나를 어떻게 낳았기에 누구에게 무안을 당하였어요?』 하고 되물었다.

처음에 왕후께서 알 일이 아니라고 가르쳐 주지 않으려 하였으나 세자의 고집을 당해내는 수가 없었다. 하다못해,

『이 말은 너만 듣고 다른 사람에게 옮기지 마라. 너에게 할아버지 되시는 효종대왕의 국상 삼 년 안에 너를 낳았다. 그래서 회덕 송 정승 진하반렬陳賀班列에 참여치 못하였으니 내가 얼마나 부끄럽겠나. 지금 송 정승이 대궐에 들어오면 얼굴이 화끈거린다. 그나마 네가 말을 잘 들어 사람이 좀 되었으면 무안함이 덜하겠는데, 또 말을 이렇게 듣지 않으니 더욱 내가 낯을 못 든다.

그래서 분해 죽겠다는 말이다.』라고 되는 대로 입막음을 하였다.

『회덕 송 정승이라니요. 송시열 말이지요. 그놈이 나쁜 놈이올시다. 그가 그렇게 말만 일컫고 외양만 꾸며 사람을 속이면서 감히 그런 버르장머리를 한 번 했으니 말이요. 내가 어느 때든지 그놈을 무례 죄로 죽이고야 말겠습니다.』했다.

들고 있던 왕후가 매우 놀라며

『그게 무슨 소리냐? 송 정승은 당대의 명현으로 너의 할아버지께서 지극히 공경하였고, 너의 아버님께서도 그렇게 하시는데 그런 무도한 소리를 하다니!』하고 나무랐다.

그러나 세자는 여전히 고집을 부리며 누구에게 들은 말인지,

『송시열은 권세만 부리는 놈인데, 명현은 무슨 명현이 오니까?』라고 우겼다.

이 이야기는 어릴 때의 말이고, 뒤에 왕위에 올라서는 신하를 예의로 대하고 백성을 사랑하여 참으로 명군이 되었다 한다.

2

숙종 임금이 글 읽을 무렵

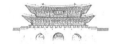

숙종이 좀 커서 글을 읽을 때였다. 그는 뛰어다니며 장난하기를 좋아했으므로 조금 앉아 글을 읽다가도 그만 책을 걷어치우고 달아났다. 여러 선생님 가운데 엄격한 분도 있었고 유순한 사람도 있어 엄격한 선생님이 그런 짓을 볼 때는 얼굴빛을 엄숙히 하고 직언을 하였었다.

『마음을 고요하게 하지 않으시고 장난만 하시면 안 됩니다. 거기 앉아 계십시오!』

선생님의 말씀은 어기지 못했으므로 그럴 때면 상을 찡그리고 다시 앉았다. 그러나 유순한 선생님이 볼 때는,

『가끔씩 쉬어서 하는 것이 몸에 좋고 뇌가 상하지 않습니다.』
라고 해주면 세자는 좋아라 하고 나가 놀기도 했다. 그래서 옆에

있는 다른 사람들은 유순하고 쉬어서 하라는 선생님을 더욱 공경
하려니 생각했는데 그렇지가 않았다. 내전에서 먹을 것을 얻으면
품어가서는 엄격한 선생님에게만 주었다. 그래서 내시들이 이상
하게 생각하여,

『아무 선생님께 실과를 많이 드리심은 앞으로 놀 시간을 많이
달라는 뜻이옵니까?』하고 물었다.

세자는 웃으며,

『그 선생님은 먹는 것을 마음에 두고 이리저리하실 선생님이
아니야!』하고 대답했다 한다.

그러니 속으로는 엄격한 선생님을 더 공경했기 때문이라 하겠
다. 연산군이 벽에 조자서를 [大小人] 이라 쓰고, 허침을 [大聖人]
이라 쓴 것과는 달랐던 것이다. 20세에 광성부원군 김만기의 따
님을 맞아 가례를 치르고, 숙종이 왕위를 계승하자 그의 왕후인
인경왕후는 숙덕현행으로 숙종을 도왔으며 왕후로서 큰 공을 세
웠다.

3

현숙한 인현왕후 민씨

숙종께서 처음 맞아들인 인경왕후는 삼십의 젊은 나이로 세상을 떠났다. 그리하여 대비전이 친히 중궁을 다시 간택하게 되어 여양부원군 민유중의 따님 민씨를 맞아 가례를 지냈다. 민 왕후 또한 현숙하고 인자하여 천성이 국모의 자질이 있었다. 그러나 가례를 치른 지 6년이 지나도록 태기가 없어 스스로 크게 걱정하다가 위에서 빈궁을 간택하도록 간청하기를 마지않았다. 처음 숙종께서는 중전의 나이가 아직 어린 터이니, 무엇이 부족하여 빈궁을 맞으려 하느냐 하고 듣지 않으시다가 왕후가 몇 차례 아뢰니 마지못하여 후궁 중에서 빈궁을 간택한다는 전교를 내렸다.

궁중의 여러 사람들은 그런 숙종과 왕후의 사정을 알 리 없으므로 이 전교가 내리자 모두 의아해하였다. 그중에도 영안위 홍계원에게 시집 간 선조의 따님 정명공주 같은 분은 그 당시 70의 노년이었음에도 불구하고 빈궁을 간택한다는 소식을 듣자 입궐하여 그 불가함을 아뢰었다. 그러나 착한 민 중전은 정색을 하고 종사를 위한 일이라 하여 듣지 않았다. 그리고 왕에게 권하여 후궁 장씨를 맞아드리게 했다.

장씨는 얼굴이 매우 아름다웠다. 또한 마음이 매우 민첩하여 임금도 그를 사랑하여 마지않았다. 그 위에다가 희빈이 된 지 석 달 만에 태기가 있었고, 열 달 후에 원자를 낳으니 왕도 그에 대한 총애가 절정에 달하게 되었다.

희빈 장씨로 말하면 그가 그렇게 된 것은 중궁의 덕택이었다. 그러므로 그가 귀히 되거든 그에 따라 더 잘 중궁을 받들어야 했을 것이었다. 그러나 그렇지가 않았다. 임금의 총애를 이용하여 중궁을 모함질하기 시작했던 것이다. 임금은 처음에 민 중궁의 어짊을 잘 알았으므로 그런 말을 귀 곁으로 흘려들었으나 차차 그 회수가 더해지자 열 번 찍어 안 넘어가는 나무 없듯이 차차 민 왕후를 멀리하더니 나중에는 아주 대면도 하지 않을 지경에 이르렀다.

그러자 민 중궁의 생신날이 다가와서 왕이 잡수실 수라상이 들어갔는데, 임금은 밥뚜껑을 열지 않았고 먹을 생각을 하지도 않았다. 본래 중궁의 탄신일에는 중궁전에서 중궁과 상감이 함께 음식을 마련하여 같이 들기로 되어 있는 것이었으나, 장희빈이 중간에서 무슨 말로 어떻게 이간질을 했음인지 사이가 아주 이렇게 되어버린 것이었다. 이런 일이 있은 지 며칠 뒤에 숙종은 어전에 2품 이상의 신하들을 초청했다. 임금의 하교는 중궁의 실덕이 많으니 폐출하겠다고 하는 것이었다. 왕의 엄중한 기상에 눌려 아무도 감히 입을 열지 못하였는데 좌승지 이기만과 수찬 이만원이 나아가 아뢰었다.

『이처럼 중대한 일을 이같이 경솔하게 처리함은 불가하오이다.』하였다.

그러자 왕은 진노하여 천장이 떠나가게 소리를 질러 이기만을 파직하고 이만원을 귀양 보내라 분부하였다. 그 후에 대신 이상진이 처분의 부당함을 간했으나 왕은 듣지 않았다. 비망기를 내려 민 중전이 본래 어질더니, 희빈이 원자를 생산하니 시기하는 마음이 있어 기뻐하지 않을 뿐 아니라 여러 가지 못된 짓을 꾀하니 내쳐야 한다고 말하며, 그대로 폐출을 실행하라고 분부하였다. 이때 응교 박태보가 분연히 나섰다. 그는 지나치게 직언을 잘했으므로 파직 중이더니 폐후의 소식을 듣고 붓을 들어 상소문을 지어 올렸다.

『우리 중궁 전하는 대비께서 친히 간택하신 바이며, 하늘 아래 신하들이 모두 기쁘게 맞아들인 바이옵니다. 또 대비께서 돌아가심에 폐하와 함께 삼 년을 복상을 하였사오니, 적은 허물이 있다 하더라도 내친다 함은 당치않은 일이옵니다. 하물며 백옥같이 티가 없을 수야 있으리까. 일찍이 성인이 말씀하시기를, 부모의 삼년 복상을 같이하였으면 지아비로서 차마 버리지 못하는 것이라 하였사오며, 부모가 사랑했거든 비록 견마라 할지라도 공경하라 하였사옵니다. 부모의 말씀이 '이 사람은 나를 잘 섬기거든 물이라도 마실 수 있을 때까지 버리지 말라'고 하였거늘, 하물며 선대비께서 지극히 사랑하시던 중전에 이르러서이겠습니까? 원자의 탄생은 나라의 커다란 경사인 바, 심산궁곡의 무식한 나무꾼들까지 모두 기뻐하옵는데, 중전의 어지심으로 시기란 무슨 당치 않는 말이십니까? 일찍이 중궁께서 후궁 간택을 적극 권하였던 것은 시기를 떠난 부덕이온지라, 이제 원자 나오신 마당에 시기하신다 하니 결코 그럴 리가 없음을 말씀드리옵니다.

길거리 백성들의 여염집 살림살이에도 지아비로서 감정을 삼킬 줄 모르고 죄를 덮어줄 줄 모르면 그 집안이 편치 못하옵고, 그 집안이 문란해지는 법이옵니다. 하물며 한 나라의 존귀하심과 만백성의 부모이신 성상께서 이같이 처사하시니 아래에 있는 신하들의 불안함을 더 말하여 무엇하겠습니까? 원자께서 이미 호위를 정하였으니, 이는 곧 중전의 아드님이라 어머님의 위를 폐하고서야 어찌 아들의 위가 편할 수 있으리까?

조정의 관원들과 거리의 백성들까지 모두 같은 심정으로 눈물로써 호소하옵니다. 바라옵건대, 폐하께서는 내리신 명령을 도로 거두옵소서. 옛말에 하였기를, 누구라도 허물이 없지 않으나 고치면 모두 착하게 된다고 했습니다. 폐하께서 한때 잘못 내리신 말씀을 도로 거두시면 종사에 빛이 되겠고 민생의 환희가 한결 더하게 될 것이옵니다.』

상소문을 다 써놓고 보니 그의 벼슬이 낮아 상소를 올리는 소두疏頭가 될 수 없음에 전 판서 오두인과 전 참판 이세화를 앞서게 하고 조정의 관리 80여 명의 연명을 얻어 숙종에게 올렸다.

왕이 상소문을 보자, 그 진노는 이루 말할 수가 없었다. 당장에 백관들을 모아놓고 친히 국문하겠노라고 하며 형조와 금부에 명하여 오두인과 이세화를 대령시켰다.

『무슨 뜻으로 이와 같은 상소를 하였는고?』

두 사람은 본래 그들의 주동함이 아니었으므로 사실대로 아뢰었다. 다시 금부 나졸들은 박태보를 잡아들였다. 임금이 그를 꾸짖자 그는 소리를 겨루고 눈물을 흘리며 아뢰었다.

『신이 폐하의 실덕하심을 개탄하와 신하 된 도리로서 붓을 든 것이옵니다. 신의 지위가 낮으므로 두 분의 이름을 빌렸사오나 모두가 신의 뜻이오니 죄가 된다면 신에게 벌을 내리소서.』했다.

왕은 더욱 노하였다. 임금의 얼굴이 푸르러지고 핏대를 올려 고함을 치니 용상이 부르르 떨렸다.

『너의 방자함은 벌써 알고 있었다. 나의 명령을 어기고 어찌 한갓 부화뇌동하여 괴언망설로 나에게 항거하느뇨?』

『임금이 잘못함을 신하된 도리로서 간함을 어찌 망설이라 하시나이까. 신은 선왕의 법도를 따라 신의 도리를 행하는 것뿐이로소이다.』

박태보는 조금도 겁을 내지 않고 올바른 말을 다하니, 왕은 상을 치고 일어서서 형리刑吏들에게 명하여 때리고 쥐어틀고 단근질까지 하였다. 힘줄이 끊어져도 그는 조금도 굴하지 않고 꿋꿋이 주장했다.

『죄 없는 어미의 내치심을 보고 눈을 뜬 자식으로서 어찌 가만히 있으라 하십니까? 신은 잘못이 없기로 아픈 줄을 모르겠나이다.』했다.

그의 살은 탔고 그의 뼈는 부서졌건만 그는 굽힐 줄을 몰랐다. 숙종도 그가 끝까지 굴하지 않음을 알고 하는 수 없이 금부에 내렸다가 귀양을 보내기로 명하였다.

그리하여 오두인은 의주로, 이세화는 정주로 귀양 가게 되었고, 그는 진도로 내쫓기게 되었다. 그러나 배소에 가는 도중에 장독과 화상으로 노량진에 이르러 죽고 말았다.

이때 민 중전은 병으로 누워있다가 이 소식에 길게 한숨을 쉬며,

『하늘의 뜻이니 사람이 어찌하랴?』할 뿐이었고, 놀라 입궐하여 왕에게 간함을 마지않는 선조의 따님과 효종의 따님을 보고도,

『이는 다 나의 불민한 탓이오니 누구를 원망하리까. 다만 죄인을 이처럼 위해주시니 감격할 뿐이옵니다.』

세 분 옹주는 그 큰 덕을 탄복하였으나 왕의 뜻을 돌이킬 수는 없었다. 세 분 옹주가 물러나자 상궁 나인이 폐비의 전교를 전하였다. 민 중전은 어지러운 정신을 겨우 가다듬어 장옷과 관잠冠簪을 벗고 뜰에 내려 전교를 받았다. 그리고 본가에 기별한 교자가 미처 오지 않았으므로 보행으로 요금문을 향해 나가다가 문 앞에

이르러서야 오는 교자를 탔다.

　돈화문 밖에서 대궐을 향해 엎드려있던 홍경렴 등 수백 명 태학 유생들이 중궁전이 대궐을 나가는 것을 보자 크게 소리 높여 울었고, 성안의 백성들 중 특히 부녀자들이 울어 온통 장안이 눈물바다였다. 상감은 민 중전을 내친 다음, 곧 장희빈으로 중궁을 삼고 그를 총애함이 한층 더하였다.

　이렇게 억울하게도 쫓겨나간 민 중전의 마음은 어떠하였으랴. 그의 마음은 비통함이 등골까지 떨렸으리라. 그러나 그는 어디까지나 어질었다. 지금 안국동에 있는 감고당感古堂에서 기거를 하면서 죄인으로 자처하여 스스로 잡곡밥을 먹었고 유색옷을 걸치지 않았다. 무색옷만 입었다. 그럭저럭 세월은 무심하게 흘러 5년을 그곳 감고당에서 보냈다.

　차츰 숙종도 지난날 자기가 한 일을 돌아보고 후회도 하는 어느 날이었다. 하루는 달 밝은 밤에 궐내를 잠행하다가 어느 방에 이르러보니 밤이 매우 깊었음에도 촛불이 켜져 있었다. 가만히 엿보니 어떤 나인 하나가 떡을 빚고 있었는데 그 모습이 매우 순박해 보였다. 왕은 몰래 들어가서 한참 보고 있다가 물었다. 나인은 뜻밖의 일이라 깜짝 놀라더니 곧 몸을 일으켜 단정히 하고 엎드려 아뢰었다.

　『소비는 민 중전의 시비이옵니다. 내일이 중전의 생신이시기에 옛날 섬기던 정분을 잊지 못하여 보잘것없는 것이나마 만들어 밝은 날 갖다 드리려 하옵니다.』했다.

왕은 그렇지 않아도 민중전의 일을 생각하며 회한에 젖던 참이라 그 아름다운 마음씨가 적이 가상하였다. 자세히 보니 밝은 불 아래 그 얼굴이 또한 한 떨기 붉은 꽃처럼 고왔다.

『오늘 저녁에 시침하여라.』 했다.

여인은 그렇게 시침하여 왕자를 배었으니, 그가 곧 뒤의 영조의 어머니 되는 상궁 숙빈 최씨다.

상감은 최씨와 동침을 하다가 희롱하는 말로,

『내가 너를 세워 중궁을 삼으리라..』 하였다. 그러자 그 말을 들은 최씨는 일어나 변소에 가는 양 나가더니 두어 시간이 되어도 돌아오지 않았다. 상감은 웬일인가 하고 창을 열고 내다보았다. 그때는 겨울이라 차가운 기운에 문풍지가 드르렁거렸고 눈마저 내렸는데 최씨는 뜰아래 엎드려 있었다. 왕은 적이 놀랐다. 내려가 보니 최씨는 눈 속에 묻혀서 몸이 싸늘해졌고 사지마저 뻣뻣해져 있었다.

『무슨 까닭으로 차가운데 그렇게 있었는고?』

더운데 눕혀 두고 손과 발을 주무르기 한참 만에 왕이 묻자, 최씨는 가냘픈 목소리로 떨면서 말했다.

『아까 상감마마께서 하신 말씀이 천부당만부당한 말씀이었기에 몸 둘 곳을 몰라 대죄待罪함이었습니다. 중전께서 죄인으로 있사오니 소첩도 죄인의 몸이거늘 그런 말씀이 실언이라 하시더라도 가당키나 하시나이까? 천한 첩으로써 아내를 삼지 못함도 또한 대경한 법이 온데…』

왕은 최씨가 민 중전을 위하는 갸륵한 마음에 깊이 감동되었다. 오랫동안 머릿속에 맴돌고 있던 민 후를 회복해야 한다는 생각이 좀 더 뚜렷하게 왕의 머리에 자리 잡기 시작했다. 그러자 이 기색을 알아차린 남인들은 크게 두려워하고 왕의 뜻을 흐리게 하는 한편 서인들을 많이 잡아 죽였다. 워낙 심하던 붕당의 싸움이 숙종 때에 이르러서는 더욱 더하였던 것인데, 중전은 서인 출신이었고 장희빈은 남인의 추대를 받았던 것이었다. 이 옥사를 숙종조의 기사사화라 한다.

그러나 왕은 남인들의 그런 공작에도 불구하고 서인들을 불러서 쓰고 남인들은 물리쳤던 것이었다.

그리고 1694년 – 숙종 20년(갑술년) 4월에 비망기를 내려 민 중전을 맞이하여 별궁에 거처하게 하였고, 다시 4월 15일에 예복을 갖추어 보내서 입궐하기를 청했다. 민 중전은 마지못하여 명을 받고도 오히려 죄인으로 스스로 삼가며 금배를 물리치고 출궁할 때 탔던 교자를 타고 들어왔다. 왕이 몸소 그 앞에 나아가 가마의 발을 걷고 부채로 바람을 내니 민 중전은 천은에 감격하여 급히 땅에 내려 엎드렸다. 왕이 궁녀를 명하여 당에 모시라 하자 맑은 옥안에는 눈물이 쉴 사이 없이 흘러내렸다. 왕은 그날 도로 민 후의 중궁 위호를 회복시키고 장희빈을 다시 취선당에 내렸다.

그리고 이 같은 경사를 보지 못하고 한스럽게 가버린 박태보를 위하여 증직하여 제사까지 지내주었고, 그가 운명한 노량진에 사당을 세워 길이 그 푸른 절개를 기념하게 하였다. 이 밖에 함께 상소하다가 귀양 가서 죽은 양곡 오두인의 벼슬 또한 돋우어 주었고, 쌍백당 이세화는 풀려 나와서 다시 벼슬을 하게 하였다.

박태보의 별호는 정재이다. 그는 어려서부터 슬기로웠고 또 얼굴이 잘 생겨서 '남중일색' 이라고 불리었다. 참판 이종엽의 집에 심부름하는 여인 하나가 그 아름다운 풍채에 반하여 염치를 돌보지 않고 정재의 유모에게 자기의 뜻을 말했다. 유모는 그 사정을 딱하게 생각하였으나 그 수단으로서는 곧기가 참대 같은 정재에게 차마 입을 열어볼 수가 없었다. 그래서 유모는 그런 이야기를 정재의 어머니에게 해 보았다. 그의 모친 역시 그런 여인의 생각을 동정은 했으나 아들을 움직여 낼 것 같지가 않아 남편 서계공에게 아들을 좀 달래보라고 청하였다.

그리하여 그 부친이 여인에게 마음을 풀어주는 차원에서 그의 앞길에 장애가 되지 않도록 하라는 훈계를 했으므로, 정재도 그 부친의 뜻을 거역하지 못하여 그 여인과 한번 동침한 일이 있었다. 그 뒤 여인은 정재의 양친을 뵈옵고 스스로 머리를 족쳐서 출가한 부인처럼 하고 다녔다. 철없는 머슴애들의 조소와 장난이 여간 아니었지만 그런 것은 아무렇지도 않다는 듯이-. 그런 가운데도 세월은 흘렀다. 정재는 그 뛰어난 재주로 벼슬길에 올랐고 여인은 그의 기억에서 차츰 멀어져 갔다. 그러자 민 중전을 폐하는 소동이 일어나 상소하다가 화를 입고 귀양 가는 도중에 노량진에 이르러 정재가 숨을 모을 때였다. 어떤 여인이 와서 뵙기를 청한다기에 들이라 하여 보니 그 여인이었다.

정재는 멀어져가는 정신을 간신히 수습하여 겨우 손을 들어 여인의 손을 한 번 꽉 잡은 다음 그만 목숨을 거두었다. 여인은 그 앞에서 눈물만 흘렸다. 한번 청해 사랑받은 마음의 임을 뫼시기에 세상은 얼마나 쓰라린 것이었으랴. 가슴이 메어지도록 그리웠던 사람, 해도 해도 못 다할 그동안의 쌓인 이야기를 들어달라 한마디 말도 못해보고 간 그님 앞에 눈물 밖에 또 무엇이 있을 수 있었으랴. 울다가 여인은 일어서서 나갔다.

그가 다시 사람들 앞에 나타난 것은 민 중전이 다시 복위되고 정재의 사당을 다 지어 준공하던 날 그 여인이 나타난 것이다. 눈이 시리도록 흰 소복을 입고 사당 뒤 서까래에 목을 매어 달아 싸늘하게 죽은 시체로 나타났던 것이다.

1699(기묘)년 4월에 중전은 청은부원군 심호의 따님을 간택하여 세자빈으로 삼고 함께 종묘에 나아가 참배하였다. 내전에서 종묘에 참례하기는 인현왕후가 처음이었다. 취선당 장희빈은 불우한 날을 보냈지만, 이 동안이 민 중전에게는 가장 따뜻하고 평화로운 한때였었다. 지난 일은 모두가 젊은 날의 꿈이었던 것으로 돌리고 숙종을 섬기며 세자와 며느님을 돌보아 한 나라의 국모로서 만족한 생활을 하였다.

그러나 1700년(경진년) 가을에 별안간 병이 났다. 궁중 상하가 모두 황황한 가운데 내의 여의들이 쓰는 여러 약들이 효험도 나타나지 않고 병세는 점점 위중해갔다. 1701년(신사년) 가을에 이르러 오랜 병에 시달리어 옛 모습을 전연 찾을 길이 없었다. 스스로 마지막이 왔다고 알자, 중전은 궁녀들에게 붙들려 일어나 앉았다. 그리고 물을 떠오게 하여 몸을 깨끗이 하고 왕을 뵙기를 청했다. 임금은 놀라 어찌할 바를 모르는데, 중전은 몸을 바르게 하고 나긋나긋하게 말하였다.

『신첩이 성상의 두터운 은혜를 입사와 복록이 극진하였사오니, 지금 죽어도 한은 없사오나 슬하에 일점혈육이 없사오니 넓으신 은혜의 만분의 일도 갚지 못하옵고 이 지경에 이르렀사오니 죽어 구천에 가서도 눈을 감을 길이 없소이다. 바라옵건대, 성상께서는 불쌍한 신첩을 생각지 마시옵고 백 세를 편안히 누리시어 국가에 무궁한 복이 되게 하옵소서.』했다.

중전은 말을 따라 눈물이 하염없이 흘러내렸다. 다시 세자와 숙빈 최씨에게도 간곡한 부탁의 말을 하고 후궁들과 좌우 여러 사람들에게 고별한 다음 고요히 눈을 감으니, 그때 나이 35세였다.

숙종의 비통해함은 말할 것도 없고, 한 나라가 모두 슬픔에 잠겼다. 승하한 지 다섯 달 만에 국장도감과 빈청의 합례로 인산因山을 지냈으니 그 능이 명릉이요, 시호를 인현왕후라 했다.

전하는 말에 의하면, 왕후가 아직 중궁으로 간택되기 전에 세수를 하면 대야에 붉은빛이 어렸다 한다. 왕후는 천성이 선녀처럼 어질었다. 짧은 한평생 동안에 몸을 어긋나게 가짐이 한 번도 없었고, 성품이 인자하고 청아하여 길이 백 세의 모범이 될 만했다.

취선당 장희빈

　폐위되었던 인현왕후가 다시 중전으로 복위되니 장희빈은 내쫓겨 취선당에 내려갔다. 그는 마음이 매우 앙칼졌던 모양으로 거기서 날마다 눈물로 세월을 보냈고, 세자가 문안을 드리러 가면 까닭 없이 꾸짖고 때리기까지 하였다 한다. 그가 취선당에 내침을 당할 때에도 인현왕후전에 의하면 안국동 본 궁궐에서 별궁으로 민 중전이 돌아올 때에 민 중전에게 절을 받겠다고 발악하고 어전임에도 불구하고 밥상을 냅다 쳤다는 것이다. 그리고 취선당에 내쳐진 뒤에는 밤낮으로 민 중전을 저주하여 중전의 화상을 그려 걸어놓고는 궁녀를 시켜 매일 세 번씩 활로 쏘게 하였으며, 그 종이가 해어지면 비단으로 수의를 입혀 시체라 하고 못에 던지는 등 별별 짓을 다했다.

그러자 그 소문이 왕의 귀에 들어갔다. 처음에 왕은 그래도 미심쩍어 몰래 취선당에 이르러 희빈이 꾸며놓은 신당에 들어가 보았다. 아니나 다를까 여러 사람의 말대로 거기에는 민 중전의 초상화가 있는 곳에 바늘구멍이 뚫려 있고, 제단에는 여러 가지 울긋불긋한 색종이들이 늘어져 있는데 촛불이 켜져 있었다. 왕은 크게 노하여 거기에서 기도드리는 궁녀와 종들을 모두 목 베이고 비망기를 내렸다. 『장씨를 내쳐 서인으로 하여 사약을 내리노라.』 했다.

이 분부를 듣자, 그래도 어머님인지라 세자는 경황 속에 놀라서 차비문에서 대죄하면서 드나드는 대신마다 붙들고,

『우리 어머님 좀 살려주오!』라고 하였다. 그러나 숙종의 엄정한 기상에 눌려 아무도 입을 여는 사람이 없더니 이상진과 남구만이 서로 세자의 그 효성을 갸륵하게 생각하여 왕에게 '특별히 용서하옵소서.' 하고 아뢰었다.

六年八年母事一般이며　有子無子輕重自別이라.
육 년 팔 년 모 사 일 반　　　유 자 무 자 경 중 자 별

희빈 또한 6년 동안을 중궁 위에 계셨으니
백성의 어머니 되기는 일반이오며,
그 위에 아드님까지 두셨으니 특별히 소중하다.

하는 것이 두 대신의 상소의 내용이었다. 그러나 왕은 그런 말을

들으려 하지 않았다. 약이 그대로 희빈에게 내려졌다. 희빈은 그러나 약을 받지 않았다.

『죽을죄가 없노라!』하는 것이었다.

왕이 그 말을 듣자 더욱 노하여 몸소 희빈의 처소에 나아가서 그의 죄를 열거하고 여러 궁녀들을 호령하여 약사발을 먹여라 하였다. 장희빈은 그제야 모든 것을 체념한 듯 죽기 전에 세자나 한번 보기가 원이라고 하였으므로 임금도 모자의 정의를 생각해서 특별히 세자를 불렀다. 그러자 희빈은 별안간 일어나 세자에게 달려들었다.

『내가 기왕 죽을 바에 李가네 씨를 전해줄 것이 무엇이냐. 같이 죽자!』하며 세자의 고추를 움켜쥐고 잡아당겼으므로 무참히도 세자는 기절해버렸다. 여러 궁녀들이 달려들어 간신히 희빈의 손을 뜯어내고 분노에 어쩔 줄을 모르는 왕의 호령 아래 약사발을 희빈의 입에 억지로 들어부었다.

독한 약 기운에는 하는 수가 없었든지 얼마 뒤에 숨을 거두었다. 그의 묘소가 용인의 진해면에 지금도 있다. 희빈이 사약을 먹고 죽은 다음, 왕은 그래도 모자의 정은 폐하지 못할 것이라 하여 세자가 정신을 차리자 한차례 곡을 하도록 하였고, 장희빈의 오라버니 장희재는 그 누이를 위해 간사한 첩을 들여보내어 국모(:민중전)를 모해한 죄가 있다 하여 능지처참하였다.

5

단종을 복위함

단종은 억울하게 왕위에서 내쫓긴 채 노산군으로 봉해져서 이 백 년 동안 그 위가 회복되지 못했다. 숙종은 세자 때부터 노산군 이 억울하다는 생각을 품고 있다가 위에 오르자 곧 신하들을 불 러 세우고 가부를 물었다.

『노산군의 왕위를 회복하고 종묘에 받드는 것이 어떻겠소?』 하니,

여러 많은 신하 중에 혹은 가하다 하고, 혹은 불가하다고 하는 쪽도 있어 그 수가 상반하였으므로 의결이 서지 않았다. 그것을 보고 왕은,

『노산군의 참혹하신 일을 누가 모르랴만 오늘까지 왕위가 회 복되지 못하였음은 실로 세조 대왕을 위함이었소. 그러나 다시

돌이켜 생각해 보니, 노산군에 잘못이 없는 바에야 노산군을 받든다고 하여 세조에게 욕될 일도 없을 것 같소. 또한 사람의 도리로서도 이 일은 반드시 해야 할 줄 아오. 지금 의논하는 이 자리에 가부가 상반되니 나는 노산군의 편을 들어 왕위를 회복할까 하오.』라고 하였다.

그리고 예조에 명하여 곧 복위할 채비를 하라 하였다. 그런 왕의 올바른 처사에 아무도 반대할 신하가 있을 수 없음은 물론이었다.

영월(寧越) 장릉(莊陵)
조선 6대 단종(재위 1452~1455)의 무덤, 사적 제196호, 강원 영월군 영월읍에 위치, 문화재청 소유, 출처 : 위키백과

고유高庾라는 사람

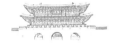

　고유는 숙종 때의 이름 높은 신하이다. 그는 임진왜란 때의 의병장인 고경명의 후손이었다. 그의 젊은 시절 고향인 광주 땅에 살았는데 이웃 마을에 박 좌수라는 사람이 살고 있었다. 그 박 좌수는 진실한 사람이었으나 중년에 상처를 하고 집안이 기울어져 어렵게 살았는데, 그에게는 효성스러운 딸 하나가 있어서 정성껏 아버지를 받들어주었으므로 가난은 했지만 그런대로 따뜻하게 살아갈 수가 있었다.

　고유 역시 의병장의 후손으로서 그 마을에서 가난한 생활을 하면서 살아가고 있었다. 그러나 고유는 항상 박 좌수의 딸 그 처녀를 생각하고 있어서 달을 넘기고 해를 보내며 살아가는 가운데 그 마음은 늘 그 처녀에 가 있어서 박 처녀를 마음속에 품고 살아

가고 있었다.

　사람이란 생각하고만 있을 수 없는 것이다. 마음에 들면 찾아 간다든지, 만난다든지 해서 단판을 지우는 것이 고금의 이치였 다. 그래서 고 도령이라 불리는 고유도 한 번 뜻을 내어 박 좌수 집으로 찾아갔었다. 박 좌수는 장기를 좋아하여 늘 장기를 두고 있었다. 그 집을 찾아간 고유는 우선 장기판을 벌여 놓았다. 그렇 게 한 다음 실없는 말처럼 두근거리는 젊은 가슴을 억눌러가면서 가슴속에 있던 말을 꺼내기 시작했다.

　『좌수님, 장기를 그냥 두는 것보다 무슨 내기를 하는 것이 어 떻습니까?』

　『자네가 그 웬 말인가 듣던 중 반갑네. 그래 무엇을 내기하려 나?』

　좌수는 웃었다. 이웃집에서 빚어 파는 막걸리 내기라도 하자 는 건가 하는 생각으로 있는데 고유는 엉뚱한 말을 하는 것이 아 닌가.

　『기왕 할 바에야 좀 큼직한 내기를 합시다. 이러면 어떨까요, 저가 지게 되면 좌수 댁 머슴살이를 삼 년 살기로 하고, 좌수님이 지시면 제가 댁의 사위가 되게요.』

　좌수는 그제야 고유의 뼈있는 말을 듣고는 그 속마음을 알아차 렸다.

　『예끼 이 사람, 내 금쪽같은 딸 하나를 자네 같은 머슴꾼에게 주겠다던가. 자네 주려고 빗발치는 청혼을 물리치고 스무 해를 키웠단 말인가?』

고유는 갑자기 거절당하는 무안에 부끄러워 얼굴이 홍당무가 되어 돌아갔다. 그가 돌아간 뒤 좌수와 그가 무슨 말다툼하는 것을 안에서 들은 딸이 물었다.

『아버님께서는 아까 무엇을 고 도령과 그리 싸우셨습니까?』

『그놈이 글쎄 나더러 저를 사위 삼으라는구나. 그래서 내가 무안을 주었지…』

박 좌수는 다시 생각해도 어처구니가 없다는 듯이 말했다. 그리고 딸의 고운 얼굴을 바라보았다.

『아버지, 그이가 어때서 그리셨어요. 지금은 비록 천박하지만 본래는 옛 선비의 집안이었고, 또 사람이 그렇게 성실하잖아요.』

처녀의 수줍음에 약간 불그레한 얼굴의 두 눈이 좌수인 자기 아버지를 원망하고 있는 듯했다. 그러자 그 소문을 얻어들은 마을 사람들이 모여들어 좌수에게 혼인을 지내도록 하라고 권하는 사람이 많았다. 여럿이 우겨대자 좌수도 끝내 반대할 수가 없었다. 그리하여 물 한 사발 떠놓고 두 사람의 마음을 맺었다. 마을 사람들은 그들이 모은 돈으로 술 한 동이를 받아 마시면서 그들 한 쌍을 축복해 주었다. 화촉동방의 밤은 깊어 고유와 신부는 촛불 아래 나란히 앉았다. 가난하였으나 행복할 수 있었다. 그러나 그들의 입을 통해 나오는 말은 신혼의 꿈만은 아니었다.

『글을 아시나요?』

『부끄러우나 배우지 못했소!』

『글을 모르서서 어떡하시나요. 대장부로서 글을 알지 못하면 삼한갑족이라도 공명을 얻을 길이 없다는데요. 그럼 이렇게 합시다. 앞으로 십 년 작정을 해서 서로 이별하여 당신은 글을 배워 과거에 오르기로 하고, 저는 길쌈을 하여 세간을 모으도록 합시다. 그렇게 한 뒤에라도 우리들의 나이 삼십 미만이니 무엇이 늦겠어요. 이제 헤어지는 것은 쓰라리지만 먼 훗날을 위해서 고생하기로 해요.』

뜻이 있으면 길이 있다고, 고유는 짧은 첫날 밤을 지새우자마자 아내가 싸주는 다섯 필의 배를 짊어지고 입지를 위하여 고향을 떠나게 되었다.

그는 그렇게 집을 떠나서 어느 시장에서 배를 돈으로 바꾸어 가지고는 우선 스승을 찾았다. 돈을 아껴 남의 집 처마 밑에서도 자고 빈집 사당 아래서도 밤을 새웠다. 그러자 며칠 만에 합천 땅 어느 마을에 이르렀다. 거기에는 맑은 시내 실버들 느려진 사이에 깨끗한 서당이 하나가 있었다.

고유는 그 서당이 매우 마음에 들었다. 올라가서 스승님인 듯한 사람에게 예를 하고 글을 가르쳐 주십시오 했다. 그리하여 그는 어린아이들과 함께 '천자문'을 처음 배웠다. 뜻이 있는 곳에 그 길이 있고, 강철처럼 굳은 뜻이 있는 곳에 학문 또한 일취월장하는 법, 처음에는 사람들이 비웃음 속에서, 다음은 고요한 가운데, 그리고 오륙 년이 지난 후에는 놀랍게도 고유의 글은 실로 대성의 경지에 도달했다.

『너의 글이 그만하면 족히 과장에서 독보할 만하다. 이제 나로서는 더 가르칠 것이 없으니 올라가 과거나 한번 보도록 해라!』
스승님의 말이었다.

고유는 그동안 스승의 은혜를 깊이 감사하면서 그곳을 물러나서는 다시 해인사로 들어갔다. 몇 년 글을 더 읽고자 함이었다. 그는 거기서 방 한 칸을 얻어 사정을 말하고 밥은 얻어먹으면서 상투를 천장에 매어 달고 다리를 찔러 가면서 글을 읽었다. 그러자 숙종 대왕께서 정시庭試를 뵌다는 방이 나붙었다. 고유는 오랫동안 다듬은 붓을 들고 서울로 올라갔다. 뜻은 헛되어지는 법이 없었다. 고유는 단번에 장원 급제하여 금방에 그 이름이 나붙었다.

그리하여 곧 고유는 가주서假注書로 임금의 곁에 가까이 서게 되었다. 문과에 오른 사람만이 으레 가주서가 되는 법이었던 것이다. 고유가 가주서로서 들어가 왕을 모신 첫날에 마침 소낙비가 쏟아져 처마에 비 떨어지는 소리가 요란하여 왕은 사람들의 말소리가 잘 들리지 않는다고,

『아뢰는 소리가 빗방울 소리에 방해되어 알아들을 수 없으니 좀 크게 하여라.』라고 하였다. 그것을 고유는 초지草紙에 받아쓰기를,

[簷鈴亂耳(첨령난이), 奏敢宜高(주감의고)]라 하니, 여러 주서들이 보고 모두 글 잘한다고 칭찬하였다. 왕은 크게 기뻐하여,

『너는 누구의 자손이냐?』 하고 물었다.

『신은 제봉 고경명의 현손이옵니다.』 했다.

『허 제봉이 손자를 잘 두었군. 그래 부모께서는 생존하시냐?』

『일찍 부모를 여의었습니다.』

『그럼 처자가 있겠구나.』

『예 있사옵니다.』

그리고는 임금님에게는 거짓말을 못해 그가 떠돌아다니다가 밀양 어느 마을에서 머슴을 살게 된 이야기와 거기서 장가를 들어 첫날밤에 아내와 약속하고 집을 떠나 십 년을 공부한 그의 내력을 모두 아뢰었다.

『그러면 십 년의 정한 세월이 다되었으니 아내도 알겠구나.』

『모를 줄 믿사옵니다. 과거에 오른 지가 며칠이 못되어 아직 통지를 못했습니다.』

『음, 그래』

왕은 그 자리에서 이조판서를 불러 현재 밀양부사를 다른 곳으로 옮기고 고유를 밀양부사를 시키라고 분부하였다. 그리고 다시 고유를 보고,

『이제 내 너를 밀양으로 보내니 예 살던 마을에 가서 아내를 보되 과객처럼 차리고 가서 그의 마음을 떠보아라.』 하고 웃었다. 고유는 엎드려 사례하고 물러 나왔다. 그는 왕이 명하신 대로 그를 수행하는 사람들을 도중에서 떼어놓고 홀몸으로 허술하게 차린 다음에 옛 마을을 찾았다. 그러나 집터에는 잡초만 무성할 뿐이었고 사람의 그림자도 없었다. 마침 가까이 있는 노인을 찾

아 박 좌수 집 형편을 물으니 그가 고유인 줄 못 알아보았다. 그리고 그 늙은이는 그가 아는 대로 일러주었다.

『박 좌수는 그러니, 그게 삼 년 전에 그만 병으로 죽었소. 그 딸이 하나 있었지요. 벌써 10년 전에 이 마을 머슴으로 사는 고 도령에게 시집갔는데, 웬일인지 첫날밤에 신랑이 자취를 감추어 버리고 혼자되었건만 유복자가 하나 있어 참 똑똑했지요. 그 여자는 현숙하고 부지런하여 남편이 없어도 크게 가산을 일으켜 땅과 살림이 무수하고 저 건너 산 밑에 백여 호의 큰 마을이 모두 그에 달린 집이요.』 한다. 고유는 노인에게 사례하고 곧 주막에서 기다리게 한 하인들에게 무엇이라 이른 다음 그 마을로 건너갔다. 일부러 비실비실해 보이며 사람들이 가르쳐 주는 대로 제일 큰집 대문을 열고 들어가서는 구걸하는 소리를 했다.

『얻어먹는 인생이 한 그릇 밥을 바라고 왔소이다!』했다.

사랑방에서 늙은 선생한테 글을 배우고 있던 한 소년이 그 소리를 듣고 나왔다.

『들어오세요.』 고유는 그의 아들인 줄 알면서 짐짓 『아니 처마 밑에서라도 좋네.』 하였다.

『아니, 올라오세요. 우리 집에서는 과객을 그냥 보내지 않습니다.』 굳이 올라오라고 하므로 못이기는 채 하면서 윗목에 쭈그리고 앉았다.

『저, 그런데 손님의 성씨가 무엇이죠?』

『허어 비렁뱅이가 무슨 성씨가 있나. 남들은 고가라 하지만…』

그러자 소년은 눈이 더욱 빛났다.

『그럼 손님 처가의 성씨는 무엇이오?』

『십 년 전에 장가들어 그도 첫날밤을 지내고는 헤어졌으니 무슨 처가이랄 것이 뭐 있을까. 그 집 택호가 박 좌수 댁이었지만…』

그때 박씨 부인이 사랑에 웬 과객이 들었는데 성이 고씨라 하는 바람에 문틈으로 엿보고 있었다. 비록 십 년을 떠나 살았지만 한눈에 알 수 있는 남편이라 기쁜 나머지 반가운 눈물을 흘리며 고유를 데리고 사랑에서 안방으로 들어갔다. 오래 그리던 회포에 쌓인 이야기를 꺼내 놓으며 열 살 먹은 아들을 인사시켰다.

고유는 그 아들의 머리를 쓰다듬으면서 여전히 힘없는 목소리로 그가 지나간 일을 꾸며댔다.

『그렇게 집을 떠나서는 뜻을 이루어보려고 하였으나 운수가 사나워 베를 판 돈은 도둑을 맞아 빼앗겨버리고 이리저리 유랑 걸식하여 다니자니 글을 배울 힘도 없었거니와 서당이 있어 글을 배우자 하여도 돈이 없으니 가르쳐 주려는 사람도 없었어요. 그래 세월만 허비하고 글은 한 자도 배우지 못하고 이렇게 비렁뱅이가 되어 돌아왔지요.』한다.

그러나 부인은 조금도 원망해하는 빛도 없이 사람의 출세는 운수에 있다고 하면서 금년 가을 수확만도 수천 석을 추수하여 장만해 놓았으니 무슨 걱정이 있겠느냐고 하였다. 그리고 좋은 옷과 음식을 들여놓으며 도리어 남편을 위로하여 주었다. 고유는

음식상을 들고 앉으면서,

『나와 동행하던 사람이 있으니 그도 불러들여 함께 먹어야겠소.』했다. 그래서 부인이 하인을 시켜 그 사람을 사랑방으로 모시어 들이라 하였다. 하인이 나가서 문밖에 서 있는 과객을 보고 들어가시자 하니, 그는 들은 척도 않고 거리로 나가더니 품에서 피리를 꺼내어 높이 불었다. 그러자 기다렸다는 듯이 관속들이 달려와 안으로 들어가서는 박씨 부인을 향하여 문안 인사를 올리느라 야단이었다. 문밖 과객은 먼저 고유와 짰으니 과객의 피리 소리가 주막에서 기다리던 하인들에게 오라는 신호였던 것이다.

고유는 그제야 모든 것이 상감께서 시킨 일임을 설명하고 하인들을 시켜 관복을 가져오게 하여 입으니 박씨 부인의 기쁨이 어떠하였으랴.

그 이튿날 크게 잔치를 베풀어 동네의 남녀노소를 초청하여 실컷 먹인 다음, 고유 부부는 그들의 전답 모두를 가난한 사람들에게 나누어주었다. 처음 글을 배운 합천 서당의 선생과 해인사 중들에게 많은 보은의 폐백을 보냈음은 물론이다. 고유는 얼마 안 있어 벼슬이 경상감사에 올랐다가 이조참판에 이르렀으니, 그 영예로움이 말할 것도 없고, 부인도 정부인貞夫人이 되어 늦도록 복을 누렸다.

7

기생 덕으로 출세한 김우항金宇杭

　김우항은 호를 갑봉甲峰이라 하는 사람으로, 숙종 때의 명신 중의 한 사람이다.

　그가 일찍 벼슬길에 오르기 전의 이야기다. 가세가 몹시 구차하였는데 딸의 혼처가 나서 혼수 마련을 하고자 했으나 여의치 않았다. 그래서 생각다 못해 강계부사로 있는 그의 이종사촌을 찾아가 사정 이야기를 해보고자 하였다. 그리하여 이웃집에 가서 말 한 필을 빌려 타고는 수십 일 만에 강계부에 도달하였으나 통금이 엄중하여 부사를 만나볼 수가 없었다. 그냥 돌아갈 수는 더욱 없어서 며칠을 기다리고 있자니 여비가 떨어졌다. 얻어 타고 간 남의 말까지 팔아서 그래도 혹시나 내가 왔다는 소문을 들으면 반갑게 나와서 맞으리라 기다려보았다.

그러자 하루는 나팔 소리가 나며 거리가 떠들썩한 가운데 부사가 행차한다는 것이었다. 좋은 기회를 놓칠세라 급히 길옆으로 나아가서 기다렸다가 행차가 지나가자 염치 불고하고 뛰어나갔다. 대강 왔다는 사정을 말하고 며칠을 기다렸노라 했으나 사촌은 반가워하지 않는 기색이 완연할 뿐

기사계첩(耆社契帖)에 실린
행판부사갑 김우항(金宇杭)
보물 제929호, 국립중앙박물관 소장

아니라 마지못하여 하인에게 그를 인도하여 구석방 한 칸에 들어가 있어라 하였다. 우항은 속으로 매우 괘씸한 마음이 들었다. 원, 아무리 허술하게 차리고 와서 구차한 사정을 말하기로, 그래도 명색이 혈연인데 이럴 수가 있단 말인가. 그러다가 날이 저물어 저녁상이 들어왔다. 그 이종사촌과 부사가 한 자리에서 상을 받았는데 부사의 상에는 진수성찬이 그득한데 그의 상은 보리밥에 된장찌개로 말할 수 없는 푸대접이었다. 점잖은 우항도 크게 화가 나서 어찌할 바를 몰라 했다.

『그대가 어찌 나를 이처럼 홀대하는고?』 꾸짖으며 밥상을 넙

다 집어 쳤다. 부사는 그것을 보더니 아주 노하여 하인을 불러 그를 끌어내리게 한 다음, 고을 밖으로 내몰려고 한다. 그는 더욱 분을 이기지 못했지만 하는 수가 없었다. 통인 급창, 사령들에 끌려가야 했다. 바람과 눈은 아프게 눈을 때리고 지척조차도 분별할 수 없는 밤에 큰 죄나 지은 사람처럼 부대끼며 아문을 나와 내몰리는 그의 마음이 어떠하였으랴. 얼마를 가다가 관속들도 그 추워하는 그의 사정이 불쌍해 보였든지 그냥 가라고 놓아주었다. 그러나 그곳은 마을에서도 어느 정도 떨어진 산골짜기였다. 우항은 시장하고 분한 가운데 춥고 떨려 어디 좀 불이라도 쪼일 곳이 없는지 살펴보니 불빛이 새어 나오는 집이 하나 있기로 사람 살려 달라고 하며 들어가서 화로에 뻣뻣한 발을 녹였다. 그리고 그 집 사람들에게는 자기가 그저 경화京華 사람으로 초행이라 길을 잘못 들어 그렇다고 하고 피곤해 누웠는데 문밖에서 누가 찾았다.

『아까 관가 하인에게 쫓긴 어른이 여기 와서 계십니까?』 하는 말이 여인의 목소리였으므로 우항은 다시 잡으러 온 것은 아닌 줄 알고 문을 열었다.

『나요 만, 무슨 까닭으로 찾소?』

그러자 여인은 서슴없이 방으로 들어왔다. 희미한 등잔불이 무색하도록 아름다운 여인이었다. 들고 온 술을 따라 권하면서 그는 이 고을 기생인 홍도라 하며 아까 우항이 곤욕 당하는 것을 보고 매우 분하게 생각하는 중에도 상을 냅다 던지고 통쾌하게 꾸짖는 기상이 매우 마음에 들어 이렇게 찾아왔노라 한다. 그리

고 그의 집이 여기서 멀지 않다고 하며,

『잠깐 행차하여 몸이나 녹이심이 어떠하십니까?』라고 물었다. 우항이 싫다고 할 까닭이 없어 그의 집에 이르니 홍도는 몸소 부엌에 내려가 진수성찬을 들고 들어왔다. 그리고 함께 자게 되었는데, 그는 손님께서 무슨 곡절이 있어 여기까지 찾아오셔서 그런 곤욕을 당하시느냐고 물었다. 우항이 그의 사정 이야기를 모두 말을 하니 홍도는 매우 동정하여 그에게 많은 비단과 돈을 주었다. 그리고 밤이 지나 이튿날 헤어질 때 말하였다.

『제가 당신의 관상을 뵈옵건대 평범한 사람으로 늙을 사람이 아니옵니다. 훗날 귀하게 되거든 첩을 잊지 마십시오.』 한다.

우항은 '그리 하마' 하고 헤어졌다. 서울로 올라와서 딸의 혼사를 잘 지낸 것은 물론이다. 그리고 강계에서 당한 모욕과 기생 홍도가 베풀어준 두터운 은혜를 받들어 밤낮으로 열심히 공부한 결과 과거를 보아 장원급제가 되었다. 곧 교리 벼슬에 올랐다.

하루는 그가 궁궐에서 임금을 모시게 되었는데 숙종 대왕이 글을 읽다가 민간의 사정을 듣고 싶어 옆에 있는 신하들에게 이야기 하나씩을 하라고 했다. 그때 우항은 그가 지난겨울에 겪은 강계에서의 사실을 이야기로 했던 것이다. 임금은 조용히 듣고만 있더니 그 이튿날 아침에 편지 봉투 하나를 우항에게 내렸다.

『가지고 나가 떼어 보아라!』

집에 와서 떼어보니 그에게 평안도 암행어사를 시키는 전교였다. 다시 대궐에 들어가 수의와 마패를 받아 역마를 타고 강계로 향하였다. 그는 먼저 홍도를 찾았다. 부서진 갓, 해어진 옷을 입은 우항을 홍도는 여전히 반갑게 맞아주었다. 우항은 짐짓 그의 뜻을 떠보려고 길게 한숨을 지으며 말했다.

『작년 겨울에 그대가 준 물건은 중도에서 도둑을 맞아 빼앗겨 버리고 집에 올라갈 수도 없어 이렇게 거지가 되어 돌아다니다가 그대의 얼굴이나 한 번 더 보려고 이렇게 찾아왔소!』했다.

『당신은 참 운수도 사나우세요. 그러나 사람의 출세에는 때가 있는 걸 무어 낙심할 것 있나요?』하고 위로를 한다.

상이 휘어지도록 술과 고기를 내어놓는 홍도였다. 우항은 마음속으로 얼마나 고마웠으랴. 밤이 되자 둘은 다시 비단 이불 속으로 들어갔다. 그러자 홍도가 김씨의 소매 속에 마패가 감추어져 있음을 만져 보아 그가 암행어사라는 것을 즉각 알았다. 그는 놀랍고도 기쁨에 잠든 우항을 깨웠다.

『어찌 이처럼 사람을 속이십니까? 이 물건이 무엇이오!』하고 놀란다.

우항도 그제야 웃고 전후 사실을 모두 이야기하였다. 그 이튿날 동헌에 들어가니 부사는 거만하게 앉았다가 그를 보자 다시,

『저놈이 어째 또 왔느냐?』하며 하인을 불러 잡아 물리치라고 호령하였다. 그러나 그 말이 채 떨어지기도 전에 산문 밖에서는 천지가 진동하게 『암행어사 출두야!』하는 소리가 세 번 울렸다. 이렇게 우항은 통쾌하게 복수를 한 다음 왕에게 사실을 알리고 그의 한평생 은인인 홍도를 서울로 불러 올려 즐겁게 살았다.

8

숙종의 시 한 구절과 약밥 한 그릇

숙종은 뜻이 활달하고 마음이 넓어 글을 잘 지었다. 한번은 정몽주의 단심가를 보고 마음에 느끼는 것이 있어 오언절구 한 수를 지었다.

一身輕似羽하고 大節重如山이라.
일 신 경 사 우   대 절 중 여 산

席上和歌地에 此心片片丹이라.
석 상 화 가 지   차 심 편 편 단

한 몸은 가볍기 깃과 같고,
의리가 무겁기는 산과 같구나.
자리 위에 노래로 화답하는 곳에
이 마음 조각조각 붉어 있구려.

라고 하는 것이 그것이었다.

또 한편 어느 신하가 장희빈의 어미가 채색 교자를 타고 대궐 안에 드나드는 것을 보고 가증하게 여겨서 하인을 데리고 기다리다가 그 교자를 산산조각을 내어 부서버렸다. 그때는 장희빈이 왕의 은총을 받아 세력이 굉장했을 때였으므로 신하들은 모두 걱정했다. 그러나 왕은 그 법관을 불러 대의명분을 논하는 그의 말을 듣고는 도리어 잘했다 하여 비단 열 필을 상으로 내렸다 한다.

어느 해 정월 대보름이었다. 내리던 눈이 그치고 달이 휘영청 밝은 밤에 왕은 여러 신하들과 잔치를 베풀고 놀고 있었는데, 임금은 혼잣말처럼 중얼거렸다.

『내가 사 년 전, 이날 밤에는 남산골로 암행을 했었다. 어느 골목에 이르니 다 쓰러져가는 초가집에서 글 읽는 소리가 들려왔다. 엿들어보니 며칠을 굶었는지 그 소리에 매우 힘이 없기로 가긍하게 여겨 약밥 한 그릇을 별감을 시켜 그 창문 밖에 떨어뜨렸는데 그 선비는 지금 무얼 하는지? 오늘도 그날처럼 달이 밝으니 생각이 나는구나!』 했다.

그러자 옆에 있던 이서우가 부복하였다.

『폐하였사옵니까? 그날 밤 약밥을 받아먹은 사람이 바로 소인이었사옵니다. 밥을 굶고 내방에 앉아서 글을 읽노라니 자꾸 정신이 멀어져 가던 차, 어디서 약밥 한 그릇이 떨어지기로 고맙게 받아먹고 기운을 얻어 글을 읽었사옵니다. 그리고 이듬해 봄에 과거에 올라 이렇게 폐하를 모시게 되었사오니 성은이 망극하옵니다.』한다.

　말하는 이서우의 눈에서는 눈물이 흘러내렸다. 왕은 매우 기뻐하여 부복한 서우를 보고 말했다.

　『그러하더란 말이더냐? 그런데 그 약밥 속에 다른 물건도 있었지?』

　『예, 마제은 한 덩이가 있었지요. 누구의 것인 줄을 몰라 아직껏 잘 간수하여 두었사옵니다.』한다.

　왕은 그것을 달라 하여 보니 서슬도 닳지 않은 그대로였다.

　『너는 참으로 청렴결백한 사람이구나!』하고 은을 도로 내어 주었다.

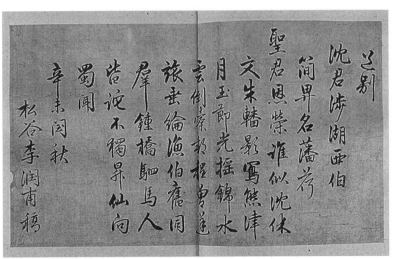

이서우(李瑞雨)의 시
성균관대 소장

9

숙종 임금의 몇 가지 기행奇行

옛날에 참군이라고 하여 서울 북악산과 남산을 순시하는 군대가 있었다. 한 번은 그 순시하는 군사를 북악산 호랑이가 잡아먹은 일이 일어났다. 숙종이 그 사실을 알자 크게 노하여 선전관에게 명하되 그 범을 잡아오라고 하였다.

『범도 또한 나의 영역 안에 사는 동물인데, 제가 비록 무지한 짐승인들 어찌 감히 나의 백성을 상하게 한단 말인가? 내가 주는 이 신표를 가지고 가서 산신령에게 말하고 그 범을 잡아 대령케 하여라.』했다.

선전관은 어처구니가 없었다. 대체로 범을 잡는데 총이나 그물이면 또 모르거니와 신표가 무슨 소용이 있단 말인가. 그러나 왕명을 어기는 수가 없으므로 부질없는 일인 줄 알면서 북악산으로 올라가는 수밖에 없었다.

선전관이 신표를 들고 산 중턱쯤에 올라가자 홀연히 큰 범 한 마리가 나타났다. 그리고 선전관은 처음에는 엄청 놀랐지만 범이 복종하려는 것을 보고 마음이 놓여 왕이 명령한 대로 타일렀다.

『네가 참군을 해친 범이냐? 과연 그렇다면 상감께서 너를 잡아 대령시켜라 하니 나를 따라 오너라!』하였다.

그러자 범은 기가 죽어 힘이 하나도 없이 일어서서 선전관을 따랐다. 길가의 백성들과 성안의 사람들이 모두 신기해하는 가운데 선전관은 범을 데리고 돈화문 밖에 이르러 왕께 아뢰었다. 왕은 다시 그 범을 자기 앞에 무릎을 꿇리라고 했다. 무감武監이 나와서,

『들어가자!』하니, 범은 여전히 따라 들어가 별감 무예청, 금위군이 숲처럼 늘어선 사이에 우두커니 섰다.

『너는 산속의 임금이라 자칭하는 짐승으로서 산에 있는 짐승들만 잡아먹어도 배가 부르겠는데, 어찌하여 사람을 잡아먹었으며, 그 사람 중에도 나의 명령을 받은 사람을 잡아먹느냐? 그런 괴악한 버릇이 어디 있느냐? 사람이 사람을 죽여도 살인으로 죽는 법인데 짐승이 사람을 해쳤으니 그냥 둘 수가 없다. 너는 죽어라!』하고,

왕이 그렇게 말하니 범은 눈만 꾸벅꾸벅하였고, 벌을 주려고 하니 목을 늘여 형벌을 받았다 한다.

어느 해에는 왕이 송도에 행차하였는데, 별안간 비바람이 휘몰

아 최영 장군의 사당에서 귀신들이 어지럽게 난무하였다. 그전부터 조선의 임금들이 송도에 이르면 고려 충신들의 귀신이 자주 나타나는 것이었다. 숙종은 구름 속에서 장난하고 있는 귀신들을 보자 크게 노하였다.

『조선 삼천리 어디에 있는 귀신이라도 모두 나의 명령 아래서 제사를 흠향하거늘, 이 귀신은 어찌 감히 내 앞을 침범하는고?』

선상진훈련대장先廂陣訓練大將에게 명하여 진을 벌리고 총과 활을 쏘라고 하였다. 사람이 어찌 귀신을 당하겠느냐만 그 숙종의 엄한 기상 앞에서는 귀신도 당하지 못하였든지 곧 풍우가 개이고 일기가 청명하여졌다 한다.

윤강은 그 맑고 높은 지조와 문장과 글로 숙종 때에 이름이 높은 사람이었다.

한 번은 숙종께서 후원에 두어 칸 정자를 지은 것을 그가 논란하였다.

『토목지역土木之役은 민폐이온데, 어찌 임금께서는 깊은 배려 없이 마음대로 하셨나이까?』

임금은 그 말에 곧 잘못이었노라 대답하였다. 그리고 며칠이 지난 다음 여러 신하들을 모아 강연을 베푼 다음 꽃놀이를 하자고 하였다.

『지금 봄날이라 후원에 꽃이 피고 벌 나비가 날아다녀서 구경할만하니 모두 잘 놀아보세.』하고 말하였다.

신하들도 물론 싫다고 한 이가 없었다. 그리하여 꽃구경과 낚시 놀이에 해 지는 줄 모르다가 노을이 밀려오는 때에야 모든 신하들은 모두 가라고 하면서도 윤강만 머물게 하였다. 왕은 그를 데리고 조그만 정자에 오른 다음 말을 하였다.

『경이 나더러 토목에 관한 일을 한다고 그렇게 무안을 준 것은 다른 것이 아니오. 이 정자 두어 칸이요. 경은 성 안팎에 좋은 정자를 지어두고 수시로 소일하면서 나더러 이런 것 두어 칸도 짓지 말라 하니 무슨 심술이오. 상소까지 올려 만조백관과 팔도의 백성들에게 내 허물을 드러내어 경의 명예만을 높인 것을 생각하면 매우 분하네.』하며,

그리고 내시에게 명하여 윤강을 잡아 엎어놓고 조그만 곤장으로 볼기 세 대를 때리게 하였다.

『경은 경연에 드나드는 이름 높은 신하로 볼기를 까고 곤장을 맞았으니, 이는 예법에 어긋나는 일이 아니오. 다른 신하들이나 팔도의 백성들이 알면 크게 부끄러운 일이니 각별히 조심하여 구설수에 오르지 않도록 하오.』하였다.

왕은 이렇게 말하여 신하를 예의로 대하고 당신 분풀이도 할 줄 알았다. 그리하여 이 이야기가 오랫동안 묻혀 있다가 윤강이 죽을 때 동산상공東山相公 지완趾完에게 말하여 비로소 세상에 알려지게 된 것이다.

지금은 없어졌지만 그전에는 죽동에 영희전이라는 궁궐이 하나 있었다. 그 안에는 개국 창업한 태조 대왕의 영정과 선조 대왕

의 영정이 모셔져 있었다. 모두가 병란 속에 나라를 바로 잡으신 임금의 공덕을 후세 사람들에게 칭송한다는 뜻에서였다. 그런 것을 한 번은 숙종께서 영희전에 거동하여 품고 간 당신의 영정을 인조의 영정 다음에 걸어놓았다. 대신을 비롯한 여러 신하들은 이 당치 않는 일인 줄 상소하였음은 물론이다. 그래서 신하들은 왕이 몸소 그것을 걸게 할 수는 없다는 것이었다. 그래서 임금은,

『나는 세 분의 할아버님을 모시고 싶어서 그렇게 하였소. 그것이 아주 불가능한 일이라면 경들이 직접 떼어버리시오.』했다.

그러나 임금이 걸어둔 영정을 누가 감히 뗄 수 있었으랴! 뒤에 영희전 경모궁이 없어지자 영정은 곧 창덕궁으로 옮겼다.

10

나는 개구리가 없어서…

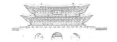

　숙종 때의 일이라고 전해지고 있다. 어느 날 밤 민정을 살피고자 평복을 입고 거리에 나섰다. 밤이 깊어가고 있는 자정이 다 되어가는 즈음에 골목에서 글을 읽는 소리가 흘러나오고 있었다. "이 늦은 밤에 저렇게 착실하게 글을 읽는 선비가 있다니" 하고 가까이 가 보니 조그만 초가집 방 안에서 글을 읽는 소리가 이어졌다가 끊어졌다 하는 걸 보니 아마 저 선비는 저녁도 못 먹은 듯했다. 가까이 가서 방문 앞에 도착하여 서서는 인기척을 하고는 『지나가는 사람인데 글 읽는 소리가 너무 좋아서 여기에 왔노라.』하고서는 그 방에 문을 열고 들어섰다.

　선비는 읽던 글을 멈추고 읍을 하면서 인사를 했다.

　『나는 장안에 사는 이 서방이라는 사람이요.』하고 통성을 하

고 인사를 하고 좌정하고 보니 방 안은 며칠을 불을 때지도 않았
는지 냉돌이었다. 그런 방 안에서 선비는 글을 읽고 있었던 것이
다. 머리를 들어 벽면을 바라보니,

[我獨無蛙不得志]라는 구절이 선명하게 드러나 보였다. 숙종
은 넌지시 저 글의 뜻이 무엇이냐고 물었다. 그 선비는 무겁게 입
을 열었다. 몇 번이나 과거에 응시했지만 부잣집 자녀나 대가집
들의 자녀나 입격하고, 우리 같은 빈한한 자는 과거를 보면 무엇
합니까? 하면서 쓸쓸히 웃었다. [我獨無蛙不得志]의 뜻은 대충
다음과 같았다.

숲속에 따오기와 꾀꼬리가 살았는데, 하루는 이 둘이 노래 시
합을 하기로 했다. 심사를 까마귀에 부탁하기로 하고 날짜와 장
소를 정하고선 그날을 기다리고 있었다. 따오기는 집에 와서 아
무리 생각해도 노래는 꾀꼬리에게 자신이 없었다. 그래서 따오기
는 할 수 없이 개구리를 한 줄 잡아서 까마귀를 찾아갔었다. 사정
을 이야기하면서 미리 부탁을 해놓고 왔다는 것이다.

당일이 되어 둘은 소나무 숲속으로 나갔다. 높은 나무에는 심
사위원인 까마귀가 앉아있고 꾀꼬리부터 하늘을 날며 노래를 부
르기 시작했다. 참 아름다운 노래라고 심사평을 하고, 다음에 따
오기가 노래를 불렀다. 그야말로 단순한 노래 실력이었다. 그냥
『따옥~ 따옥~』하면서 날아올랐다. 심사위원이 총평을 했다. 『꾀
꼬리 노래를 잘했는데 너무도 간사했소. 따오기 노래는 비록 단
순하지만 과연 대장부답다. 오늘의 장원은 따오기요.』하고는 날

아가 버렸다. 따오기의 완전 승리였다. 그것은 '개구리'로 까마귀를 미리 매수한 결과의 덕분이었다.

여기서의 개구리는 '돈'이었고, 돈으로 과거를 좌지우지하던 시대를 단적으로 나타낸 말이었다. 그래서 이 가난한 선비는 벽에다가 [나는 개구리가 없어서 내 뜻을 이루지 못한다]고 써 붙여 놓았던 것이다. 일종의 자기 탄식이었다.

임금은 그 선비를 위로하기 위하여 『요 근래에 과거가 있다고 하니 한 번 과거를 보아 보세요.』하고 임금은 일어서고 그 선비는 겸연쩍게 웃으며,

『우리 같은 가난한 선비들에게는 다 소용없는 일이요.』하고는 쓴웃음을 웃었다.

과연 며칠이 지나고 과거령이 내렸다. 이 가난한 선비는, 그래도 한 번 과거를 볼 낭으로 과장에 들어섰다. 이게 웬일인가? 그날 과장에 내걸린 글제가,

[我獨無蛙不得志]였다.

과장의 모든 선비들이 처음 보는 글귀라 당황하고 있었으나 이 가난한 선비는 그 내용을 잘 알고 있었다. 그래서 일필휘지로 일천─天으로 장원급제를 했다는 이야기다.

11

숙종의 죽음과 경종景宗의 즉위

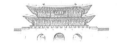

『 경종의 약사 』

제20대 경종은 숙종과 희빈 장씨 사이에 태어난 장남으로 휘는 균, 자는 휘서이다. 태어난 지 2달 만에 원자로 정해졌다. 숙종 46년 6월 13일에 즉위하여 4년 동안 재위하다가 죽었다. 묘호는 경종, 능호는 의릉이다. 1688~1724년.

이상의 여러 이야기에서도 알 수 있는 바와 같이 숙종은 지극히 밝은 정사를 베풀다가 춘추 60세에 승하하였다. 재위 46년, 뒤를 이어 경종이 왕위에 올랐다.

이미 말한 바와 같이 경종은 숙종의 맏아들이요, 장희빈의 소생이다. 춘추가 34세로 숙종의 뒤를 이어 왕위에 올라 4년 동안

정사를 돌보았다. 왕의 재위 중에는 붕당 노소론의 싸움이 더욱 치열하게 되었으니 신축년과 임인년의 대 옥사가 일어나고 무수한 피 보라를 일으켜 그 절정에 달한 때였다. 왕은 그 틈에 끼어 선정의 뜻을 펴보지도 못하고 젊은 나이로 승하하였다.

명릉(明陵, 숙종과 인현왕후의 능)
사적 제198호, 고양 서오릉(西五陵), 경기도 고양시 덕양구에 위치, 출처 : 문화재청

제9편 영조에서 정조까지

제21대 영조의 가계도

[부] 숙종

[모] 숙빈 최씨−제21대 영조(연잉군, 재위 기간 : 51년 7개월, 부인 : 6명, 자녀 : 2남 7녀)

제22대 정조의 가계도

[부] 장조(사도세자)

[모] 경의왕후(혜빈홍씨)−22대 정조(재위 기간 : 24년 3개월, 부인 : 3명, 자녀 : 2남 1녀)

영조 임금의 등극

【영조의 약사】

제21대 영조는 아버지 숙종과 숙빈 최씨 사이에서 태어났다. 휘는 금이고, 자는 광숙으로 숙종의 둘째 아들이다. 6세에 연잉군으로 책봉되었고, 경종 1년에 왕세제로 책봉되었다가 경종 4년, 경종이 죽자 왕으로 즉위했다. 영조는 83세로 장수한 임금이며, 묘호는 영조, 능호는 원릉으로 구리시 인창동에 있다. 1694~1776.

영조는 숙종의 둘째 아드님이니 이미 말한 바와 같이 숙빈 최씨를 생모로 하여 출생했다. 처음 연잉군으로 있다가 경종이 등극하자 그가 장희빈에게 남근을 잡아 당겨져 세자를 낳을 수 없는 병신이었으므로 세제世弟로 책봉되었고, 경종이 죽자 이어 왕위에 오른 것이다.

왕은 임금 중 역대 제일의 수명을 누렸고 재위 연수도 제일 오래였다. 성질이 인후하며 법도를 엄히 지켰고, 붕당의 폐를 통감하여 탕평책을 썼으며, 충량과를 설치하고 권농에 힘쓰는 등 두루 선정을 폈다. 다만 그 아드님인 사도세자를 무참히도 뒤주 속에 가두어 죽인 것과 만년에 노망으로 정사를 그릇되게 하였지만 학문을 좋아하고 절의를 중히 여기는 임금으로 손꼽혔다.

연잉군(延礽君, 영조) 시절인 21세 때의 초상
보물 제1491호, 국립고궁박물관 소장

2

검소한 생활기풍

　왕은 매우 검소하였다. 신하들과 백성들이 사치하는 것을 엄하게 금하였고 당신이 거처하는 방에 문이 뚫어지면 손수 바를 정도였다.

　또한 항상 무명옷을 입었고 버선이 뚫어지면 기워 신었으며 보료와 의자를 쓰지 않았다. 한 번은 어느 호조판서가 어전에 들어왔다가 요가 없으심을 보고 무명에 푸른 물을 푸릇푸릇하게 들이고 떨어진 솜옷으로 속을 넣어 요 하나를 만들어 드렸다.

　왕은 그것을 받아서 2, 3일 깔다가 호조판서를 불러 도로 요를 내어 주면서,

　『내가 요를 깔고 앉아 있은 즉, 몸이 편하여 매우 좋기는 하나 몸이 너무 편하면 게으름이 생기는 법이라 쓰지 못하겠다.』하며

가져가라고 하였다. 그 요는 백여 년 동안 호조에 보관되어 영조의 검소한 생활을 말하는 기념품이 되었다.

영조(英祖) 어진(御眞)
보물 제932호, 국립고궁박물관 소장

3

밥을 짓는 중전

　왕이 세제로 있을 때부터 자주 미행으로 거리를 다니면서 민간 사정을 두루 시찰하였다. 왕위에 올라서도 자주 그렇게 하였는데, 어느 날 밤은 백성의 집 부부가 다정스럽게 식사하는 것을 보았다. 흰밥에 된장찌개를 보글보글 끓이면서 남편과 아내가 마주 앉아서 서로 권하는 것이 매우 아름답게 보였다. 왕은 당신도 그렇게 해볼 생각으로 이튿날 저녁에 내전에 들어가서는 중궁을 보고 밥을 좀 지어 오라 하였다. 중궁은 어디에서 밥이 되고 국을 끓이는지 알 수가 없었으니 왕이 시키는 일이라 하는 수 없이 뜰에 내려갔다. 어디가 어디인지 알 수가 없어 나인 하나를 불러 수라간(:부엌)을 간신히 찾았으나 거기에는 나무도, 찬거리도, 그릇도 아무것도 없었다.

그러나 기왕 내려간 바에는 그냥 둘 수도 없어 다시 그 나인에게 수라간의 한 사람을 불러 밥 지을 물품을 들여오라 하였다. 그러자 곧 대궐 안이 술렁거리며 찻집과 부엌에 딸린 여인네 수십여 명이 각기 물품을 가지고 와서 중전을 뵈옵고 모두 밥을 짓느라 야단들이었다. 중전은 왕의 뜻을 받들어 몰래 밥을 지어먹으려던 것이 그렇게 크게 벌어지는 걸 보고 매우 민망하여,

『다 물러가거라!』하고 그들을 모두 쫓은 다음 중전은 왕에게 가서 [세상에 어려운 것이 밥 짓는 것이옵니다.]라고 했다 한다.

영조의 어머니 숙빈 최씨

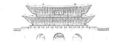

우리나라 말에 첩의 자식을 「일명」이라 한다. 그것은 어디에서 온 말이냐 하면 영조 자신이 숙빈 최씨의 소생으로 후궁 출생이 었으므로 영조가 낙점을 할 때, 벼슬 상망 중에 첩의 자식이 들어오면 낙점의 붓을 들어 『나와 한가지구나』한데서 왔다 한다.

왕은 그 어머니 숙빈 최씨를 매우 받들고, 등극한 뒤로 늘 그리워하였다. 그 어머님은 당신이 아직 연잉군으로 있을 때 돌아갔다.

그래서 묘소를 양주군 백석면 고령리의 어느 산 하나를 택하였으나 그 터가 남의 터이었으므로 묘 쓰기가 힘들었다. 그때는 비록 왕족이요, 왕비라 할지라도 백성들을 압제할 수 없기 때문이다. 그것을 그 산 아래 있는 이방수가 힘써 쓰게 하였다. 그는 그 근처를 주름잡는 세력가였으므로 반대를 하는 그 산 소유자를 누르고 산소를 쓰게 된 것이다.

그래서 왕은 항상 그를 덕스럽게 생각하여 힘이 자라는 데까지 돌보아 주었다. 벼슬 망에 그의 이름이 보이면 그때만은 삼망을 볼 필요도 없이 다 걷어치우고,『그 이름 매우 잘 지었다. 나라 방[邦]자, 편할 수[綏], 그 이름 참 좋군!』

하고 번번이 낙점하였다. 그래서 이방수는 벼슬이 몸에서 떠나지 않아 팔병사八兵使를 다 지내고 통제사까지 지나게 되었다.

또 이런 일도 있었다. 숙빈 최씨의 산소는 소녕원인데 왕은 항상 그 어머님 산소를 능이라고 일컫지 못함을 마음 아프게 생각하였는데, 어느 날 밤 대궐문 밖을 순례하다가 나무장수 한 사람을 만났다.

『어디 사는 사람인고?』, 하고 물으니

『고령 능소古嶺陵所에 있습니다.』한다.

왕은 그 말이 하도 고마워 나무를 별감을 시켜 다 사게 하고 따로 상도 많이 주었다. 모두가 그 어머니를 그리워함에서였다.

5

건공탕 이야기

　영조께서 춘추가 높으신 후에는 건공탕이란 약을 날마다 들었다. 그 맛이 매우 쓰고 먹기가 고통스러워 먹던 약을 중지하였더니 좌우의 신하들은 말할 것도 없고 대신들까지 '약을 그만두지 마십시오.' 하고 야단이었다. 왕은 그것을 매우 성가시게 생각하였다. 그리하여 옆에 있는 무감에게 어디든지 가서 글 잘하는 유생 하나를 대령시켜라 하였다. 그렇게 하여 정말 건공탕建拱湯이 좋은 약인가 물어보자는 것이었다.

　그 분부를 받은 무감은 곧 대궐문 밖에 나가서 지나가는 사람을 물색했으나 유생 같은 사람이 좀처럼 나타나지 않았다. 너무 시간이 오래면 벌을 당하는 터이므로 무감이 매우 초조해서 마침 성 밑의 오막살이에서 글 읽는 소리가 들려왔다.

『옳지. 되었구나!』

무감은 속으로 부르짖으며 그 집 문 앞에 가서 기침을 하였다.

『누구요?』

글소리가 끊어지면서 선비 하나가 문을 열고 내다보았다. 무감은 그 사람을 다짜고짜로 잡아서 앞세우고는 대궐 안으로 들어갔다.

『이게 무슨 짓이요?』

해어진 갓에 떨어진 바지저고리만을 입은 유생은 그렇게 항의하였으나 시간이 바쁜 무감은 막무가내로 몰아대었다.

그가 웃옷도 입지 않고 갓만 썼음을 어여삐 여겨,

『너는 누구의 아들이냐?』하고 물었다. 유생은 말하는 어른이 임금인 줄 알고는 크게 부끄러워 몸 둘 곳을 모르며 두 손으로 땅을 짚고 아뢰었다.

『유학 신臣 이헌중이 온데, 고 부제학 이병태의 아들이옵니다.』왕은 항상 이병태의 청렴결백하였음을 생각하고 그를 못 잊던 터였으므로 그 말에 반색을 하였다.

『그렇단 말이냐? 너의 부친은 나의 친구다. 너의 부친이 평소에 그지없이 청백하였으니 너의 집 의식이 구차할 수밖에 없겠구나!』했다.

그리고 호조에 분부하여 쌀 몇 섬과 돈 수백 냥, 비단 얼마를 내리고 이조판서를 불러 유학 이헌중에게 6품직 수령 한자리를 주라고 말했다. 헌중은 아닌 밤중에 홍두깨 격으로 영문도 모르

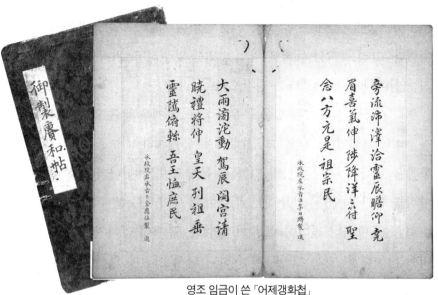

영조 임금이 쓴 「어제갱화첩」
크기 세로 39.3cm, 가로 26.8cm, 국립중앙박물관 소장

고 끌려가서는 벼슬에, 하사하는 물건과 궁중음식까지 먹고 물러
나왔다.

왕은 헌중을 보내놓고 다시 무감에게 유생 하나를 불러오라 하
였다. 무감이 관문 밖에 나가니 요번에는 곧 좋은 갓과 신도 새로
사 신고 깨끗한 도포를 입고 서산나귀에 앉아 건들거리며 가는
유생 하나를 보았다. 중헌에게 하던 식으로 곧 말에서 내리게 하
여 어전으로 끌고 들어갔다. 왕이 그를 보고는 의복도 잘 입었고
지식도 있을 듯 보였으므로 곧 물었다.

『내가 요즈음 건공탕이라는 약을 먹는데 그 약이 어떤 약인지
좀 물어볼 생각으로 너를 불렀다. 너는 아느냐?』 하고 물으니,

그 유생은 처음에는 겁을 먹는 것 같더니 차츰 그 말에 마음이 풀렸다. 그리고 그와 동시에 왕의 비위를 맞추려고, 또 임금이 내리는 상이나 좀 타야겠다는 생각으로,

『예, 건공탕은 다리에 힘을 돋우는 약으로 매우 좋은 약이옵니다.』라고 아뢰었다. 왕은 그 말이 매우 불만족하여 눈을 흘기고 한참을 보더니 무감을 시켜 그를 꼭 붙잡고 마당에 나가서 여러 바퀴를 돌라 하였다. 분부대로 무감이 유생의 상투를 쥐고 바람처럼 뜰을 달리니 견디어 낼 수가 없었다. 유생이 엎어지며 자빠지며 허둥대자, 왕은 그만두어라 하니 다시 어전에 와서 무릎은 꿇게 하여놓고,

『너는 건공탕을 많이 먹어서 다리 힘이 매우 좋을 터인데 어찌 얼마 안 되는 뜰을 몇 바퀴 안 돌고 그처럼 허둥거리느냐? 아직 건공탕을 좀 먹고 다리에 힘을 많이 올려야 하겠다.』하며 내쳤다 한다.

6

왕이 누각에 올라서

경복궁이나 창덕궁 같으면 궐내가 깊어서 외인의 내왕을 대궐에서 볼 수 없었다. 그러나 새문안 대궐에서는 높은데 올라앉으면 큰길이 눈앞에 있어서 지나가는 사람을 볼 수가 있었다. 영조는 이 새문안 대궐에 있었고 심심하면 높은 누각에 올라가서 지나가는 사람들을 내려다보았다.

하루는 왕이 누각에 올랐다. 오고 가는 사람을 바라보는데 동문 편에서 어느 집 종년 같은 계집아이 하나가 새문안을 향해 올라왔다. 왕은 무엇을 생각했는지 그 계집아이를 불러들이라 하였다. 무감이 나가서 분부대로 그 아이를 데려왔다. 왕이 그 아이를 보니 나이 십사오 세 가량 되어 보이고 매우 영리한 듯하였다. 그때는 왕의 춘추도 높을 때라 노인네 마음으로 사랑스럽게 여겨,

『너는 누구 집 하인이며 무슨 일로 어디로 가느냐?』라고 물었다.

『쇤네는 동촌 아무 골에 사는 이 판서 댁 며느님의 가마 종이옵니다. 내일이 대감 생일이어서 그 댁 형세가 가난하여 아침진지 마련할 끼닛거리가 없기에 아가씨 친정 되는 남 판서 댁에 돈이나 융통할까 하옵고 아가씨 편지를 가지고 새문 밖 그 댁으로 가는 길이옵니다.』했다. 왕이 그 말을 들으니 남 판서라는 집 역시 가난한 선비의 집안이라 웬걸 그런 여유가 있을 것 같지가 않았다. 그래서 그 계집아이에게 편지를 좀 보자고 하였다. 편지란 원래 비밀의 것이었지만 왕이 보자는 데 안보일 수는 없었다. 계집아이는 품속을 더듬어 편지를 찾아내 놓았다. 임금이 그걸 보니 역시 계집아이가 하던 말과 같은 사연이었으므로 편지를 모두 접어두고,

『여봐라, 남 판서 댁도 형세가 구차할 터이므로 무슨 돈이 있겠는가. 가도 헛걸음일 터이니 그만두고 내가 주는 것이나 받아 가지고 가거라.』하였다.

계집아이는 실제로 남 판서 댁에 가도 될지 말지 한 것을 아는 터이므로 마다할 리는 없었다.

『어쩐 분부이신 지는 모르겠사오나 그렇게 되었으면 좋겠습니다.』했다.

왕은 웃고 벼루를 열어 무어라고 써서는 무감에게,

『이것을 가지고 선혜청에 가서 전하고 무엇이든지 주거든 저

아이를 따라 이 판서 댁에 갖다 주어라.』라고 하였다. 그리하여 무감이 선혜청에 가니 낭청郎廳은 편지를 뜯어보고는 돈 천 냥과 쌀 스무 섬을 내주었다.

계집 하인이 그 돈과 쌀을 말에 싣고 본댁에 갔으니 이 판서 댁이 크게 반가워했음은 말할 것도 없다.

또 하루는 왕이 높은 누에 앉아 큰길을 바라보니 황토 나루 턱에 갓 양태 장수 하나가 지나면서,

『갓 양태 팔 것 있소, 갓 양태요-』하며 외치고 있었다.

왕은 바람 따라 크게 들려오는 소리가 매우 신선하게 들려 무감을 시켜 그 갓 양태 장수를 불러들이게 하였다. 처음 그 장수는 매우 겁을 먹었지만 왕을 뵈오니 아주 온화하신 노인이라 마음을 놓았다. 그리고 왕이 다시 한번 그 소리를 해 보라 하자 좋은 목청으로,

『갓 양태 팔 것 있소, 갓 양태요-』하고, 느리게 외쳤다. 왕은 무릎을 치며 『잘도 한다.』라고 칭찬하고는 돈 수십 냥을 상금으로 내렸다. 그러자 그 소식을 듣고 다른 갓 양태 장수들이 저희도 상금을 타서 먹을 생각으로 여럿이 모여들어 소리를 고래고래 질렀다. 그리하여 대궐 안까지 소란했으므로 왕은 그들을 불러들여서는,

『이놈들, 상금 탔다는 소문 듣고 그러냐? 귀가 아프고 시끄러워 못 견디겠으니 벌이나 받아라!』하고 각각 회초리 몇 대씩을 때려서 내보냈다고 한다.

7

영조 임금의 힘 자랑

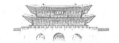

영조는 연세가 많아질수록 기력이 매우 강건하였다. 그래서 항상 그것을 자랑거리로 여겼으니 한 번은 동갑내기로 당신처럼 힘이 좋은 사람을 찾아 들이라 하였다. 분부를 받은 관원들이 어떤 지방에 그런 노인 하나가 있음을 알고는 그 지방 역에서 말을 태워 올려보냈다. 왕이 그를 편전에 불러들여 보니 과연 행보가 활발하고 정신이 맑았으므로 매우 반갑게 여겨,

『너는 나이 매우 많으면서도 기운이 쟁쟁하고 몸이 젊은 사람 같이 보이니 매우 고마운 일이다. 평소에 무슨 좋은 약을 먹었느냐?』하고 물었다. 그러자 그 사람은 엎드려 아뢰기를,

『소신이 무슨 형세로 좋은 약을 먹겠습니까? 다만 40여 세부터 여색을 가까이하지 않았더니 그 덕으로 이렇게 된 듯 하오이

다.』라고 하였다. 왕은 그 말에 입을 삐쭉하였다.

『나는 네가 원기를 잘 타고나서 힘이 그렇게 좋거니 여겼더니 그렇지 않구나! 이제 말을 들으니, 너는 40에 이미 죽은 사람이 다 되었구나. 나처럼 색을 즐기면서도 정력이 왕성하여야지, 색을 쓰지 않고 그러면 무얼 하나?』했다.

그렇게 말하고는 죽은 사람과 다시 말할 필요가 없으니 물러가라고 하였다.

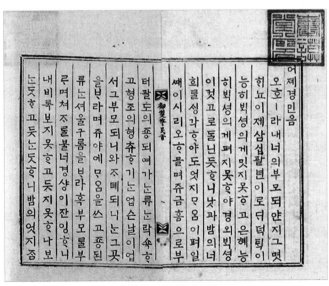

어제경민음(御製敬民音)

영조가 1762년 9월 구술하여 쓴 한글본 윤음이다. 영조는 1757년 관료들에게 금주(禁酒)의 모범이 될 것을 당부한 '계주윤음'을 반포하였으며, 5년 뒤 '어제경민음'을 발표하여 금주에 대한 강력한 의지를 천명하였다. 서울대학교 규장각한국학연구원 소장

8

임금과 사주가 꼭 같은 백성
─ 다 같은 갑술생인데?

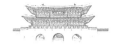

영조는 또 이상하게도 갑술년, 갑술월, 갑술일, 갑술시에 태어났다. 어떤 사람에게 사주를 보니 '사술갑四戌甲'에 탄생하였으니 임금이 되었다고 했다. 왕은 조선 팔도에 백성들 생시를 조사해 보면 필연 나와 같은 달, 같은 날, 같은 시에 난 사람이 있을 터인데, 그 사람은 어찌 임금이 못되었을까 하는 생각을 하고 명령을 내려 당신 사주와 같은 사람을 찾아보라 하였다. 그러자 강원도 강릉 땅에 왕과 꼭 같은 해, 달, 날, 시에 난 사람이 있었다.

왕이 그를 대해보니 산중에서 그냥 나서 자라고 그냥 늙은이로 한갓 순박한 백성이었다.

왕은 웃으며 물었다. 『너는 타고난 사주가 나의 타고난 사주와 꼭 같은데, 나는 임금이 되었고 너는 보잘것없는 사람에 지나지 않으니, 알 수 없는 일이겠구나.』했다. 그러자 그 백성은 그런 것이 아니라고 말하였다.

『적고 큰 차이는 있사오나 소신도 폐하에 못지않는 행복과 복록이 있사옵니다. 소인은 아들이 팔 형제이오니, 폐하께서 차지하신 팔도에 비할 만 하옵고, 벌이 3백여 통이 있으니 폐하의 3백 6십여 주에 비할 만 하오며, 그 통 속에 있는 벌의 수효는 또한 무수하오니 폐하께서 거느리시는 팔도의 각 백성에 비할 만 하옵니다. 그러하시어 소신은 호의호식으로 지내니 오히려 걱정 없기는 폐하보다 나을지언정 못하지는 않을 줄 사료되옵니다.』

왕은 그 말을 듣고 용안에 웃음이 가득하여,

『사주도 아주 헛된 것은 아니구나!』하였고, 그 백성에게는 많은 상품과 함께 가자(加資 : 정3품 이상의 품계)를 내렸다.

9

이지광李趾光과 노승

　양녕대군이 태종의 맏아들로 부왕의 뜻을 받들어 거짓으로 미친 척하고 왕위를 세종에게 사양하였다 함은 이미 말한 바이다. 그리하여 대군은 오태백에 견주어 칭송되었으나, 그 후손들은 끊어지지 않았으나 매우 가난하게 살고 있었다. 지광은 대군의 후손으로 영조 때 사람이었고 집이 매우 가난하였다. 그는 남관 땅의 왕의 묘 앞에 살았는데, 하루는 그 집에 중 하나가 찾아와서 먹을 것을 청했다. 마음 좋은 그는 아무 줄 것이 없었으므로 그의 저녁 죽을 같이 나누어 먹었다. 중은 고맙다 감사를 하면서,

　『소승이 당신 기상을 보오니 오래 곤궁하지는 않겠소이다. 지금 곧 대군 사당 앞뒤에 선 나무를 모두 베어버리십시오. 그러면 며칠이 안 되어 무슨 징조가 나타날 것입니다.』하면서 떠났다.

지광은 그 노승이 심상한 사람이 아님을 알고 그 이튿날 그 중이 시킨 대로 사당 앞뒤에 있는 아름드리 소나무를 모두 베어버렸다. 그런 일이 있은 지 이틀 뒤에 영조께서 남관에 있는 왕의 묘에 거동하였다. 왕이 남묘에 이르러 옥교에서 내려올 때 보니 단청이 벗어지고 기와가 떨어져 몹시 낡아빠진 사당 하나가 보이기로,

『저 사당이 누구 것인고?』하고 물었다. 그러자 승지가 「양녕대군 사당」이라고 아뢰었으므로 그가 후손을 불렀다.

지광이 해어진 옷과 부서진 갓으로 어전에 대령하니, 왕은 감회가 깊은 듯 말하였다.

『양녕대군께서 임금을 사양치 않았더라면 네가 나의 자리에 앉았을 터이다. 오늘날 너의 모양이 저처럼 곤궁하고 사당이 또한 낡아 있으니 마음이 아프구나.』했다.

그리하여 곧 전조銓曹에 분부하여 지광에게 6품직을 내리고, 호조에 명하여 사당을 수리하게 하였으니, 그중의 말이 헛되지 않은 것이었다.

지광은 후에 아산현감을 제수 받았고 사뭇 고을을 잘 다스려 이름을 떨친 사람이었다.

10

노망 들린 임금님
— 영조, 이상한 짓을 하다

　사람이 나이를 많이 먹으면 '노망' 이라는 것을 하는데 영조도 이런 이상한 짓을 하기가 일쑤였다. 영조께서도 나이 많게 오래 살았으므로 만년에는 이 노망을 하였다 한다.

　어느 설날의 일이었다. 왕은 종묘보다 먼저 사친私親의 사당에 부터 가려 했다. 조중회가 그 부당함을 아뢰었다. 그는 26세 때 과거에 합격하여 바른말 잘하기로 이름이 높았던 것이다. 『새해 초에 태묘太廟에는 가시지 않고 사친私親의 사당부터 먼저 가시다니요? 불가하온 일로 소이다.』하니, 왕은 크게 노하여 곧 가마를 타고는 홍화문을 나가서 소상궁을 향하였다.

　사친의 사당에 이르러는 눈물을 비 오듯 흘리며 울었다. 그리고 하교하기를,

『내 불초함으로 욕이 돌아가신 어버이까지 미쳤으니 무슨 면목으로 백성을 대하겠느냐. 내 이제는 죽으리라.』하며, 그 앞의 연못에 들어가서 물에 드러누워 빠져 죽는다고 했던 것이다. 때는 정초였으므로 북풍이 살을 에는 듯하였고 80세 노인이었으니 일은 실로 큰일이었다. 온 대신들이 들어가서 만류하고자 하였으나 군병들이 서서 칼과 창을 들고 아무도 들어오지 못하게 하였으므로 들어갈 수가 없었다. 세손世孫이 모시고 섰던 정조(사도세자는 이때 이미 죽었음)가 머리를 조아리고 눈물을 흘리면서 간청을 했으나 듣지 않았다. 그리고 옥체를 부들부들 떨기 시작

조중회(趙重晦) 영정
일본 천리대 도서관 소장

했다. 세손이 발을 구르며, 『할아버지 나오세요!』라고 애원하자,
『조중회의 머리를 베어오면 나가겠다.』라는 것이었다.

그래서 세손은 당치 않는 말을 하는 줄 알면서도 문밖에 나가
서 조중회의 머리를 베어들이라 하였다. 영의정 김상복이 나섰
다.

『못하십니다. 죽을죄도 아닌데 바른 신하를 어찌 죽이라 하십
니까?』

세손은 금방 할아버님이 돌아가실 듯하여 매우 황급하게 『위급
한 이 순간에 어찌 조중회를 아끼리까?』라고 독촉이 성화같았다.

영의정은 못한다 하고, 세손은 빨리 하라 하며 옥신각신하는
동안 왕은 냉기를 견디지 못하여 수족을 물에서 거두었다. 그러
나 고집은 좀 더 부려볼 생각으로 『청죄계사請罪啓辭를 들여라!』
라고 했다. 그래서 영의정 이하는 말지 못하여 그날 일의 전말을
써서 올리니 왕은 보고 즉시 찢어 던져버렸다.

『이게 조중회의 행장이지, 무슨 청죄계사냐?』

하는 수 없이 다시 계사啓辭하여 조중회는 언사불손하였다고
올리니, 그제야 노여움을 풀어 조중회를 흑산도에 안치시켜라 명
하고 환궁하였다.

조중회는 적소에 도달하기 전에 석방되었다. 뒤에 정조가 등
극하자 이조판서를 제수하였으니 이름 높은 신하였다. 그의 본관
은 함안, 도암의 문하생이었다.

정순왕후 김씨

영조는 64세 때 왕후 서씨를 잃었다. 임금은 비록 춘추가 높아도 중궁 자리를 비울 수가 없는 법이었으므로 다시 왕후를 간택하였다. 그리하여 오흥부원군 김한구의 따님 김씨를 맞아 가례를 지내니 때는 왕의 춘추가 66세였고, 왕후의 춘추는 15세였다. 이가 곧 정순왕후이다.

왕후가 아직 어릴 때의 이야기다. 서산 사제에 있을 때 일인데, 집안 식구들이 모두 전염병에 걸려 앓는 관계로 모친과 함께 움집에 피신하였더니 밤중에 도깨비들이 쿵쿵거리며 와서,

『에고, 여기 왕비께서 앉아 계신다. 떠들지 말자 으흐흐.』하고는 달아나 버렸다고 한다. 위에서 중궁 간택한다는 전교가 내려 들어갔을 때도 범절이 매우 아름다웠다. 우선 여러 다른 재상의

딸과 같이 들어가 앉게 되었는데 그 깔고 앉은 방석에 아버님 이름이 쓰인 것을 보고는 비켜 앉았다. 왕이 그 까닭을 묻자,

『방석에 아버님 이름이 쓰였기로 감히 깔고 앉지 못하였습니다.』라고 했고, 여러 가지 음식을 내려서 먹이시며,

『너희들은 무슨 음식이 제일 맛있느냐?』고 물었을 때도 소금이라고 대답하여 다른 처녀들의 떡이니, 국수니 하는 것과는 판이하였다. 왕은 그 언행을 자못 기특하게 여기며 다시 물었다.

『무슨 꽃이 제일 고운고?』하고 묻자, 다른 여러 처녀들은 다투어 매화니, 국화니, 모란이니, 연꽃이니 하였다. 그러나 왕후는,

『목화이옵니다.』라고 아뢰었다. 목화는 사람의 의복을 만드는 무명 옷감인 것이니 꽃 중에 제일이라는 것이었다. 다시 왕이 물었다.

『세상에 무엇이 제일 깊은고?』

『물이옵니다.』

『산이옵니다.』

『꿈이옵니다.』

『정이옵니다.』

별별 소리가 다 많았다. 그러나 차례가 왕후에게 돌아가자, 『사람의 마음이옵니다.』라고 했다.

그리하여 왕은 크게 감동했고 결국 왕후가 된 것이었다.

또 왕후에 봉해진 후의 일이다. 장옷을 지으려고 상궁이 와서 앞으로 옷감을 견주어보고 뒤로 돌아앉으라고 했다. 그러자 왕후

는 천천히 앉아서 서릿발이 서린 한마디를 했다.

『상궁은 뒤로 돌아가지 못하느냐?』

그리하여 상궁은 등골에 땀이 쭉 흘러내렸다 한다.

왕후는 그가 추운 겨울 아버님을 따라 시골에서 올라올 때 호피 바지를 벗어주어 추위를 면하게 해준 이사관을 각별히 존경하여 왕께 청하여 좋은 벼슬을 시켜주기도 했다. 영조가 83세까지 살았으니 중궁 자리에는 18년을 있었는데 소생은 하나도 없었다. 영조가 돌아가자 그 손자인 정조를 도와 수렴청정하여 밝은 뜻을 펴기도 했다.

왕후가 수렴청정을 할 때인데, 기왕 쓸 바에는 가까운 사람을 쓴다고 그 친정 일가인 김노갑으로 총계사를 시킨 적이 있었다. 그걸 경연관 정일환이 알고 대간에 붙였다.

『조정 대관의 공론도 아니요, 어의도 아닌데 왕비의 뜻대로 벼슬을 내리니 이는 부당하오이다. 정사에 사적인 정은 금물인 줄 아뢰나이다.』 그 말에 왕후는 조금도 싫어하는 기색도 없이,

『너의 말을 들으니 내 잘못을 알겠다. 내가 사과하마.』라고 했다 한다.

뒤주 속에서 죽은 사도세자思悼世子❶

조선 역사를 펼쳐보면 거기에는 실로 수많은 왕실의 슬픈 역사가 있다. 조선 초기에 왕위를 둘러싼 방석, 방번, 왕자와 태종의 역사적 사실이 그렇고, 단종의 죽음, 성종 비 윤씨의 사약, 장희빈의 사약 등 조선의 비극을 들추어내면 그 슬픈 역사는 많기도 하다.

그러나 그중에서도 사도세자의 사적만큼 후세인의 가슴을 쓰라리게 해주는 것도 없다. 한 나라의 세자로서 다른 사람도 아닌 부왕의 손에 의하여 뒤주에 갇히어 비명횡사했다는 일은 그것이 당파 싸움이 빚어낸 최대의 비극이요, 시기와 모해의 몸서리치는 결과였다고 생각할 때, 아득히 흘러간 옛일임에도 오늘날 오히려 한 줄기 동정을 금할 길이 없다. 하기야 비참하기로 말하자면 사육신을 등장시키는 단종의 비극이 더하리라. 세자로 부왕의 손에 쓰러진 것은 이보다도 앞서 인조가 내리친 벼루에 맞아 피를 흘리고 쓰러져 죽은 소현세자도 있었다. 그러나 전자는 그래도 왕위를 위해 세조라는 피를 즐기는 호전적인 야심가의 일대 혁명거사라고 볼 수 있다. 그것은 정권을 위해서 피를 부를 수 있었지만, 사도세자의 죽음은 명분 아닌 명분으로 그렇게 된 것이다. 그러나 후자는 정치적 사실이 아니다. 전해오는 내막이야 어떻든 정사에는 뚜렷이 소현세자의 죽음이 병사로 되어 있으므로 우리는 한 가닥 위안을 받을 수도 있다. 그러나 사도세자의 일은 그 어느 경우와도 다르다. 역대 어느 세자보다도 총명하고 영리하였으며, 그렇게 어진 그가 아무런 이유나 잘못도 없이 오로지 조정 붕당의 싸움 때문에 당쟁의 제물이 되었다는 것은 실로 열 번 통탄해도 씻어지지 않는 원한이라 하겠다.

연산군 때 뿌려진 당쟁의 씨는 몇 차례 옥사를 겪는 동안에 명종에 이르러서 좀 더 뚜렷한 성격을 갖추었다. 심의겸과 김효원 등의 동서 시비가 그것이다. 그리고 이 공리공론과 자기의 이익만을 위해 싸우는 것이 해를 거듭할수록 그 치열의 도는 더하여만 갔었다.

선조를 거처 광해군, 인조, 효종, 숙종, 그 시대를 거듭할 때마다 노론이니 소론이니, 남인이니 북인이니 하여 이른바 사색으로 갈라진 이 당쟁으로 사람의 목숨이 파리 목숨처럼 죽어 갔다. 아침의 충신이 저녁에는 역적으로 목이 달아났다.

그들에게는 사직과 종묘가 문제가 되지 않았다. 어떻게 하면 반대파를 거꾸러뜨리고 자기 파가 세력을 잡을까, 또는 자신이 잘 살아볼까 하는 것밖에는 아무것도 없었다. 사도세자는 이 썩은 벼슬아치들의 사사로운 모해와 계획에 걸려 스물여덟의 젊은 나이로 뒤주에 갇혀 뼛속마저 쓰라린 죽음을 당했던 것이다.

선조 때 갈린 동서 편당은 숙종 때 이르러서 다시 동인이 남인, 북인으로 갈리고, 서인이 노론, 소론으로 갈림으로써 이미 말한 바와 같이 뚜렷하게 이루어지게 되었다. 그것이 경종, 영조 때에 이르러서는 남, 북인이 조정에서 거세되어 버리고 노론, 소론의 독무대가 되었다.

그런데 영조가 아직 연잉궁으로 있을 때 노론과 소론은 세제 문제로 둘러싸고 한바탕 싸운 일이 있었다. 경종이 병신이므로 연잉군을 세제로 책봉하여 왕권을 대리하게 하자는 노론의 주장을 소론이 반대하여 옥신각신한 것이었다. 물론 그들의 주장이나 반대가 대의나 국익을 위하여 벌어진 것은 아니다.

그러자 영조가 등극하였다. 그는 당쟁의 폐를 통감하고 탕평책을 쓰며 관리의 기용에 있어서도 노소론을 각기 상반하게 쓰는 등 비상한 노력을 기울였다. 그러나 원체 몇백 년의 고질이 임금 한 사람의 노력으로 완치될 것은 아니었다. 사도세자는 이런 환경 속에서 태어났다. 그가 나기 전에 영조는 정빈 이씨의 소생으로 경의군을 두어 세자로 봉하였는데 열 살에 죽어 버렸다. 뒤에 추존을 받은 이가 진종이다. 그 세자가 죽자 노론은 종실에서 누구든지 세워 왕위를 잇자 하였는데, 이를 소론에서는 반대하였다.

영조는 그때 소론의 청을 들어 동궁을 간택하지 않았다. 그러자 영빈 이씨의 몸에서 장헌세자가 태어났고 왕은 그를 봉하여 세자로 삼았던 것이다.

세자가 열다섯 살이 되자 부왕의 정사를 대신하여 보았다. 영조의 춘추가 높기는 하였지만 아직 정력이 왕성하여 어린 세자에게 정사를 보게 할 아무런 이유도 없었으나 세력을 독차지하려는 노론들이 그렇게 하여 놓고는 임금의 총명을 흐리게 하여 소론을 모조리 쓰러버리자는 책동에서였다. 노론 일파의 인물들은 날마다 번갈아 들어와서 세자에게 아뢰었다.

『신축년간(:경종 때 신축, 임인 옥사가 있던 때를 말함)에 세제 책봉을 반대한 것은 소론이옵고, 이제 조정의 정사를 그릇되게 하는 것도 그들이오니, 소론들은 상감의 원수 옵니다. 원컨대 그들을 처치하옵소서.』한다.

그러나 총명한 세자가 그런 말에 넘어갈 리는 없었다. 혹 소론 일파 인물들이 세력에 부대껴 사직 상소를 하여도 정중히 만류하여 머물러 있게 하였다.

노론들은 그들의 말이 들어지지 않자 세자를 크게 미워하였다. 더욱이 그들의 발이 저린 것은 일찍 경의군이 죽자 종실 중에서 아무라도 세워 세자를 잇게 하자고 한 사실이었다. 그들은 세자가 그로 하여 자파를 멀리하는 줄 믿고 각가지 음모를 쓰기 시작하였다. 홍계희, 김상로, 홍인한, 윤급 등의 못된 계획이 미치지 않는 곳이 없었다. 약방 의원인 김 모씨를 끼고 격염증膈炎症이 있는 세자에게 더운 약, 삼부계강蔘附桂薑을 써서 5, 6년 동안 인삼부자 4, 5근을 먹임으로써 화기를 돋우는 것은 바로 그들이었다. 그리하여 어느 때 세자가 궁관宮官을 보고,

『내가 어릴 때에는 성정이 너무 눅눅하다고 대조에서 늘 경계하셨는데 근자에는 지나치게 조급하니 무슨 연고인지 모르겠다.』라고 했다고 한다. 딴 일에 노론들의 음해가 어떠하였을까 상상하기 어렵지 않다.

이 밖에 또 세자를 모해한 자는 소의문씨와 화완옹주였다. 문씨는 얼굴이 요염하고 행동이 극히 민첩하고 간사하였는데, 한 번은 세자의 사친 영빈과 말다툼을 한 적이 있었다. 하도 그가 무례한 말을 하기로 숙종의 비 인원왕대비가 불러놓고,

『네가 세자의 체면을 보기로서니 어찌 그처럼 하느냐?』하고 크게 꾸짖은 다음 매를 때려 중벌을 내렸다. 그는 그것으로 영빈과 세자에 앙심을 품고 항상 못된 짓을 하였다.

화완옹주는 세자의 동복 누이였다. 그도 위인이 매우 간사하고 약삭빨라서 왕의 귀여움을 받았다. 정치달에게 시집을 갔는데, 왕은 귀여운 사위니까 대전 안에 불러들여 세자를 모시고 가까이 있도록 해주었다. 정치달은 왕의 은총을 믿고 교만 방자하여 세자에게 자주 무례한 짓을 했으므로 세자는 그를 내쫓아버렸

다. 또한 그 누이 화완옹주가 정사에 자주 관여하는 것을 못마땅하게 여겨 꾸짖었더니, 화완공주는 그로 하여 앙심을 품고 친아우인 세자를 모함질을 했다. 그리하여 세자는 늘 사면초가가 속에서 지냈다. 그러나 왕후 서씨와 왕대비 김씨가 있는 동안은 그들의 보호를 받아 큰 변고 없이 지낼 수 있었다. 그러나 두 분 자전慈殿이 두 달 안으로 돌아가시니 아무도 그를 보호해 주는 사람은 없었다. 그리하여 간신들의 구렁텅이 속으로 빠져들어 갔던 것이다. 이런 어지러운 환경 속에서 하루는 왕이 세자를 보고,

『나는 나의 일이니까 법대로 행하지 않았거니와 너는 신임의 원수를 갚을 터이지?』라고 물었다.

이미 말한 바와 같이 신임사건이란 경종 때 일어난 옥사였다. 숙종 때에 일로 민 중전, 인목대비가 승하하자 노론 일파는 장희빈이 복위될까 두려워하여 그를 죽였다. 장희빈은 소론의 추대를 받고 있었기 때문이다. 그러자 소론들은 그때 세자 경종 역시 위태함을 보고 '보호동궁'을 부르짖고 나섰다. 다행히 세자는 무사하여 숙종이 승하하자 등극하였다. 크게 불안함을 느낀 노론들은 왕이 생식의 능력과 가망이 없다는 핑계로 뒤의 영조, 즉 연잉군으로 세제를 책봉하게 하고 왕권을 대리하게 하라고 주장하고 강박의 태도까지 보였다. 이에 경종은 소론의 우두머리 조태구를 영상 자리에 기용하고 불손한 행동을 하는 노론 일파를 주살하였다. 노론이 영조 당신을 떠받들었던 만큼 그 옥사는 영조에 적지 않은 걸림돌이 된 것은 당연한 일이다. 그래서 지금 그것을 세자

에게 묻고 있는 것이었다. 그러나 세자는 그렇게 생각하지 않았다. 경종을 내치려는 신하들이 어찌 오늘의 충신이 될 수 있으랴, 그렇게 믿는 것이다.

그리하여

『경종 때의 충신인 사람이 어찌 폐하께 충신 아닐 수 있사오며, 경종 조에 충성이 없는 사람이 어찌 오늘의 충신일 수 있겠습니까?』라고 생각하는 바와 같이 아뢰었다. 왕은 매우 불쾌하게 생각했고, 옆에 앉은 노론 신하들은 더욱더 세자를 미워했다. 그래서 세자에 대한 무고는 말할 수가 없었다. 그들은 폐하였던 경연經筵을 다시 열어 세자를 모함하는 자리로 삼았고, 또 왕을 경희궁으로 옮기게 하여 세자와 왕을 떼어놓는 등 갖은 간사한 짓을 다 부리고 있었다. 재물을 많이 흩어서 동궁 관노에게 먹이고는 그놈들을 시켜 성내 민가에 들어가서 재물 빼앗기, 사람 때려 죽이기를 매일 같이 시켰다. 그리고는 세자궁에서 하는 것이라고 했다. 뿐만 아니라 어떤 때는 아주 세자의 얼굴과 흡사한 자를 얻어다가 세자라고 사칭하게 하고 민간에 나가서는 부녀자를 겁탈시키고 칼과 활이 있으면 빼앗게 하여 백성들의 원성이 크게 일어나도록 했다. 그리고는 그들이 한 일을 세자에게 뒤집어 씌워 또 가장 충신인 척 상소를 올리는 것이었다. 왕이 그 말을 듣고 노하지 않을 수가 없었다. 세자를 불러 세우고 크게 꾸짖은 다음 다시 내 눈앞에 서지 말라는 말까지 하였다.

세자의 마음이 얼마나 아팠으랴. 세자는 당황하고 마음이 불안하여 어찌할 바를 몰라 여러 신하들에게 어떻게 해야 좋을까 물었다. 간신들의 소행을 전연 모르는 바는 아니었으므로 못된 짓을 한 관속들 몇몇을 잡아 죽이기도 했다. 그러나 점점 왕의 오해를 살 뿐이었다. 그런 중에도 춘방 이창임만이 그의 편을 들어 주었다. 세자의 초조해 함을 보고,

『더욱 공경하시는 마음을 일으키고 효성을 하시면 하늘이 필연코 감동하리다. 갑갑해 마십시오!』하고 위로해 주었다.

그리고 신사년辛巳年(1761) 10월에는 스스로 청하여 왕 앞에 나가서 세자의 바름을 아뢰고 『세자께서 한 번 뵈옵기 청하옵니다.』라고 간곡하게 애걸도 하였다. 왕도 천륜의 마음 아래 쾌히 허락했고, 아름답게 친필로 어찰까지 내렸다. 세자가 기뻐했음은 말할 것도 없었다.

그때 당신의 장인 되는 홍봉한에게 『무슨 옷을 입고 나아가 뵈어야 좋으리까?』하고 물었는데, 봉한은 『대조大朝와 소조小朝에서 이같이 좋은 일이 계신 바에야 장옷을 갖추고 옥교玉轎로 나아가심이 마땅하외다.』라고 모호한 대답까지 했다. 옆에 있던 이창임이 그 못된 뜻을 간파하고 반대하였다.

『안됩니다. 오늘 행차는 대죄하심과 다름이 없으신 데, 그런 차림으로는 가당키나 하옵니까? 포립布笠에 백포白袍를 입으시고 적은 가마로 가서야 될 줄 사뢰옵니다.』

봉한은 사사로운 붕당의 이익을 위해서 따뜻한 세자의 물음에까지 나쁜 저의를 깔고 대답한 것이다. 세자가 창임의 말을 쫓아

흰 도포에 포립으로 경희궁에 나아가니 왕은 그 복장 차림이 매우 마음에 들어,

『나의 세자가 과연 어질도다.』하며 기뻐하였다. 대궐 밖에 대죄하니 내시를 보내어 들어오라 하였다. 그러나 세자는 황송함을 일컫고 들어가지 않으니 왕은 더욱 감복하여,

『나의 아들이 어질지 않으냐? 나의 아들이 착하지 않으냐?』하고 손을 들어 상을 쳤고, 대신을 내보내기에 세자가 마지못하여 들어가니 용안에 웃음이 가득하여 세자에게 음식을 내렸다. 못된 당쟁의 계책으로 막혔던 울타리를 넘어 부자의 정은 다시 오고 갔었다. 세자는 물러 나와서 이창임을 보고『오늘 성덕에 젖었음은 그대의 덕이요.』하고 웃었다. 어둠에 싸였던 세자 앞에 한 줄기 광명이 던져진 듯했다.

그러나 이 일이 있자, 뒤에서 움직이는 간신들의 활동은 더욱 활발하여 갔다. 혹시 왕의 마음이 세자를 믿어 버리지나 않을까 하여 아주 세자를 없애버릴 음모에 바빴다. 그 틈에는 화완옹주도 끼어 있었으니 그때 그 남편 정치달이 죽고 과부가 되어서 홍인한과 정을 통하고 그가 시키는 대로 했다.

1732년(임자년) 윤 5월에 드디어 악의 손을 세자에게 뻗었다. 윤급의 집 하인인 나경언이 고발하기를,

『세자가 장사를 모아 대사를 도모하려 한다.』하였다. 왕이 그것이 노론들의 흉악한 계책인 줄 알 리가 없었다. 급히 성문을 닫으라 하고 영문 군총을 모아 궁성을 방어하게 한 다음 나경언을

불렀다. 어전에 이르러 미리 준비한 봉투의 글을 왕에게 올리니 왕의 놀라움과 노여움은 더욱 더하였다. 거기에는 빈틈없이 날조된 세자 역모의 사실이 하나하나 적혀있었다. 왕은 곧 글을 홍봉한에게 주어 조목조목 물어보라고 명했다.

이때 세자는 창덕궁에 있었는데, 대변이 일어나서 부왕께 친히 국문한다는 소문은 들었지만 무슨 일에서인지 까마득히 모르고 있었다. 다만 궁금하게 여기고 있었는데 좌상 홍봉한이 와서 청천에 날벼락도 유분수지 생떼 같은 질문을 하기 시작했다. 세자는 기가 막혀 말도 나오지 않았다. 대관절 왕의 아들인 그가 어떻게 대궐로 쳐들어간다는 말인가? 세자는 기가 막혀 눈물만 흘렸다. 그래도 간신히 정신을 수습해서 좌상을 따라 입궐하여 부복은 했지만 왕은 본 척도 하지 않았다.

노한 기색으로 고발을 한 나경언을 목 베라는 처분을 내릴 뿐이었다. 왕으로 말하면 경언이 고발한 정보가 어디서 나왔는가 알아보는 것이 당연한 것이었지만 그렇지 못했다. 판서 한익모의 고변을 근거로 알아보심이 옳은 줄로 아뢰었지만 듣지 않았다. 경언이 드디어 목이 베어질 때, 그는 안 죽겠다고 발버둥 치며 말했다.

『내가 고발하기는 우리 댁 영감이…』 그러나 말을 못 맺고 그의 목이 떨어졌다.

그 이튿날도 세자는 입직한 춘계방을 데리고 대궐 홍마목 월대 紅馬木月臺에 대죄하였다. 드나드는 관원 하나하나를 붙들고 어떻게 잘 말해달라고 애원하기도 했다. 그러나 아무도 세자를 위해주는 사람이 없더니 승지 이유수가 힘써 장전帳前에 입시入侍하라는 명령이 내렸다. 때는 거의 한밤이었다. 세자는 들어갔으나 억울한 꾸지람만 내렸다. 그리고 밝은 때에야 비로소 퇴궐하였는데 돌아오다가 금천교에서 다시 두어 시간을 부복하고 있었다. 그러나 세자의 이 정성도 그 빛을 얻지 못하였다. 왕은 세자를 폐하여 서인으로 삼고, 세자빈과 세손, 왕손들을 모두 좌상 홍봉한의 집으로 쫓아내라는 전교를 내렸다.

도승지 이이초, 사관 임덕제, 윤숙 등과 춘방 변득양, 임성, 승지 이익원 등이 눈물로 간하였으나 어의를 돌이킬 수는 없었다. 이날 저녁때에는 지진이 크게 일어났다.

세자는 서인으로 내쳐졌다. 그러나 벼슬아치들의 음해는 끝나지 않았다. 그들의 최후 목적은 세자를 없애려는 것이었다. 세자는 홍봉한의 집으로 내쳐진지 얼마 안 되어 조정에서 기우제를 지낸다고 창덕궁에 모여서 왕을 모시고 무슨 의논을 했는지 갑자기 도성이 발칵 뒤집혀졌다. 천아성(天鵝聲 : 군사를 부르는 나팔 소리)을 종일토록 불어서 군사를 모으고 큰길에 진을 펴게 하는 한편, 성문을 모두 닫게 하여 금방 무슨 난리가 나는 것 같았다. 왕은 날이 시퍼런 보검을 손에 쥐고 평상에 걸터앉았고, 그 앞뒤를 여러 신하들과 군관들이 모두 칼을 빼어들고 서 있었다. 그리고 다른 사람이 아닌 세자를 잡아들이라는 것이었다. 세자가 들어가서 엎드리니 왕과 세자 사이에 장사 별군직別軍職 두 사람이 칼을 빼어

들고 서서 무엇을 경계하는 듯하였고, 뜰 아래 군사들도 모두 무기를 단속하고 서서 마치 큰 적을 맞이하는 것 같았다.

왕은 무서운 눈으로 살기등등하게 세자를 노려보고 있었다.

『이놈, 네가 나를 죽이고 네가 왕위에 오르려 하였다지?』

세자가 무슨 말을 할 수 있었으랴. 만약 하늘과 땅이 새까맣게 보일 뿐이었다. 세자는 일어나서 쓴 관과 입은 옷을 벗었다. 하도 답답했기 때문이었다.

『무슨 말씀이십니까?』

눈물이 비 오듯 했다.

『전에도 신이 자칫했으면 칼머리의 영혼이 될 뻔했는데, 구차하게 모면하게 되더니, 또 이렇게 죽어라 하시다니요. 신은 무슨 죄를 지은 지는 모르겠사오나 죽어라 하시니 죽겠나이다.』하고는,

세자가 강사포絳沙袍 자락을 찢어 목을 매려고 했다. 그걸 본 궁관 윤면헌과 한건이 달려들어 만류하였다.

세자가 연전에 칼머리의 혼이 될 뻔했다는 것은 뜻이 있었다. 왕이 아직 경희궁으로 이거 하기 전이었는데 밤중에 대전께서 창문에 다다라서,

『있느냐?』하는 소리가 들렸다. 그리고 누구인지『있습니다.』하는 소리가 났으므로 세자는 잠옷 바람으로 밖에 나가 보았다. 그러나 밖에는 아무도 없었다. 춘방春坊을 불러 그런 이야기를 하

고 매우 의아해하면서 침전에 들어가 보니 베던 베개가 칼을 맞아 두 동강이가 나 있었던 것이다.

그러는 동안에도 노한 왕의 입에서는 차마 듣지 못할 꾸지람을 쉴 새 없이 내렸다. 너무나 억울하여 궁관들이 소리 내어 울자,

『동궁의 궁관들을 모두 내몰라!』하는 명령이 내렸다. 궁관들이 군사들에게 쫓기어 모두 나갔다. 세자는 하도 답답하기로 그들을 따라 잠깐 전문 밖에 나가지 않을 수가 없었다.

『어떻게 하면 좋겠소?』

울면서 옆에서 모시던 한건의 손을 잡고 울었다. 한건도 따라 울었다.

『신도 폐하의 말은 차마 들을 수가 없습니다. 그러나 끝까지 부복하여 계시지요. 더욱 공경하심을 일으키고 효성을 다 하시어 폐하의 마음이 움직이도록 하셔야 합니다. 여기 이렇게 나오심도 이롭지 않사옵니다. 곧 도로 들어가시어 사죄하옵소서.』

『참, 그렇겠소.』

세자가 돌아서 들어가려 할 때였다. 선전관이 나와서 전교를 올리고 세자를 에워 쌌다. 그리고 큰 뒤주 하나를 갖다 놓았다. 포장 구선복이 칼을 집고 서서 군관을 지휘하고 왕이 차비문差備門 밖에 나와서 빨리 세자를 그 안에 잡아넣으라고 호령하였다. 세자는 뒤주의 모퉁이를 붙잡고 목매어 울부짖었다.

『아버님, 아버님, 나 하나뿐인 자식을 어찌 차마 죽이려 하십니까. 살려 주시와 잘못한 허물을 고치게 하옵소서!』 그러나 왕

은 조금도 살기가 풀리지 않았다. 눈을 흘기며 칼을 들어,

『종사 대계를 위함이다.』라고 하며 머뭇거리는 군관을 독촉하였다.

세자는 드디어 뒤주 속에 들어갔다. 왕은 손수 큰 자물쇠를 덜컥 잠갔다.

전하는 말에 의하면, 세자를 죽이는데 뒤주를 사용하게 한 것은 화완옹주의 계책이라 한다. 왕이 그에게 세자 죽일 일을 의논하자 옹주는,

『약과 올가미는 보기에 너무 참혹하오니 큰 뒤주를 짜서 그 안에 넣어 죽이심이 가하옵나이다.』라고 했다는 것이다. 본래 세자가 잠깐 밖으로 나온 것이 커다란 실수였다. 세자로서는 하도 송구함에서였지만 그것은 왕의 좌우에 있는 간사한 사람들에게 절호의 기회를 제공하는 것이 되었다.

변이 있던 날 조정의 신하들은 모두 '선유한다.' 일컫고는 성문 밖으로 나가버렸고 계희啓禧, 상노尙魯 등 노론의 간신들만 남았다. 소위 재상과 대신들도 가까이 있다가는 무슨 말을 아니 할 수 없으니 그것이 싫어서 피한 것이다.

뒤주는 선인문 안에 놓여졌다. 왕은 옥당 홍락순과 포장 구복선으로 하여금 그것을 지키게 하였는데, 구복선은 무엄한 놈이어서 세자가 그를 꾸짖자 음식을 낭자하게 먹으면서 군사를 시켜,

『떡을 자시고 싶으면 떡을 좀 드리리까? 술을 자시고 싶다면 술을 좀 드리리까?』하고 조롱까지 하였다. 때는 오월이었으므로

찌는 듯한 더위가 여간이 아니었다. 홍계희는 뒤주 전후에 풀을 쌓게 하여 더욱더 더운 기운이 일게 하여 세자를 괴롭혔다. 빨리 죽게 하자는 것밖에 아무것도 아니었던 것이다.

왕은 뒤주를 아흐레 동안 지켜라 명하고 이튿날 경희궁으로 돌아왔다. 돌아가는 군사들은 싸움에 나가서 적을 무찌르고 돌아오는 때처럼 개선가를 불렀다 한다. 세자는 그래도 끝까지 희망을 버리지 않았다. 뒤주 속에서 혼자,

『아버님께서 잠깐 참소를 들으시고 이러는 것이지만 얼마 안 있어 천륜지정으로 내어 주시겠지. 죽기 전에 내어주시겠지.』라고 했다. 그러나 끝까지 그 뒤주 문은 열리지 않았다. 세자는 그 안에서 아흐레를 신음하다가 죽었다.

스무 하루째 되는 날 뒤주 문을 여니 세자의 눈은 여전히 뜨고 있었다. 한 다리는 굽혀 비스듬히 누어서 운명하였는데 여름 더울 때 십여 일이 지난 터였지만 시체는 조금도 썩지 않았다. 누가 넣어준 것인지 약과 하나를 반쯤 베어 먹었고 구부린 다리는 아무리 펴려 하여도 펴지지 않았다. 시체를 염습한 뒤 석 달 만에 장사를 지냈다. 죽은 뒤 왕도 마음이 풀렸든지 장사를 성대하게 하였고 몸소 나아가 친필로 제주(:신주에 글자를 씀)하였다.

『내가 할 일은 다 하였으니 너는 슬퍼하지 말라.』

그리고 시호를 사도思悼라 하고 세자빈과 세손을 도로 대궐 안으로 불러들였다.

13

뒤주 속에서 죽은 사도세자思悼世子 ❷

세자는 음해와 참소 속에 가버렸다. 그는 어려서부터 글을 좋아해서 불과 열 살 때,

朝日淸明可讀書하니 千金不貴讀書貴라.
조 일 청 명 가 독 서   천 금 불 귀 독 서 귀

아침 해 맑으니 가히 글을 읽을지라
천금이 귀하지 않고 독서가 귀하나니.

그가 홍봉한의 집에 내쫓기기 며칠 전의 일이다. 동궁에 당번을 들었던 계방 하나가 밤에 감문을 지키기 위해서 동룡문銅龍門 밖 쌍송정에 이르러보니 팔인교 한 채가 지나갔다. 그리고 세자가 평복을 하고 따라 나오며 그 가마 문을 붙들고 슬피 울었다.

팔인교가 금위신영禁衛新營을 지나자 그 울음소리는 아주 대성통곡으로 변하더니 소나무 밑에 선 계방이 보였든지 그만 눈물을 닦고 들어갔다. 계방은 그걸 보고 매우 의아해하면서 숙직실에 돌아가 같이 숙직하는 춘방에게 이야기하였는데, 아침에 세자가 불렀다.

　들어가 보니 세자는 아직 기침도 하지 않았고 누워있는 채로 이불에 눈물이 가득하였다.

　『신하들은 누워서 보는 것이 예가 아니요만 내 몸이 불편하니 용서하오. 내가 그대들을 불렀음은 다름이 아니고 어제저녁 일을 말하고자 함이요. 십여 일 전에 영빈께서 궁중에 들어와 머무시더니 어제 대죄의 명이 내려 나아갔소. 그래 이것이 모자의 영원한 이별 같아서 자연 마음이 비통해서 울었던 것이오. 그걸 그대들 눈에 들켰으니 부끄럽소만, 나는 아마 이 세상에 오래지 않을 것 같소.』 그리고 춘방이 무

홍봉한(洪鳳漢) 초상
명현화상(名賢畵像) 중에서, 국립중앙박물관 소장

슨 곡절로 그런 불길한 말씀을 하시는지 가르쳐 달라 하였으나, 그것은 말할 수 없는 성질의 것이라고 끝내 가르쳐주지 않았다 한다. 생각하건대, 그는 이미 간신과 옹주의 중상모략을 헤아리고 그의 운명을 짐작했던 모양이다. 〈*춘방春坊이나 계방桂坊은 세자를 모시는 동궁 관원의 명칭이다.〉

세자가 뒤주에 갇혔을 때 사직한 한건은 그 옆에 가서 기침하여 슬피 울었다. 세자는 그가 한건임을 알고 오지 말라고 했는데 그는 나중에 거기 자주 간 죄로 귀양을 갔다. 또 문학 조유진은 조재호를 찾아갔던 죄로 역시 귀양을 갔다.

세자가 처음 참소를 입고 할 바를 몰라 할 때 춘방 이창임의 권고로 그를 조재호에게 보낸 것이다. 조재호는 당시 원님 대신으로 춘천에 있었고, 본래 소론이었다가 노론이 되고자 하였으나 실패한 사람이었다. 세자는 혹 그가 와서 말한다면 임금님의 뜻을 돌이킬 수 있을까 부른 것인데, 그는 대신으로서 경솔히 행동할 수 없다는 핑계를 대고 올라오지 않다가 나중에 세자가 화를 당하자 그의 신변이 위험하게 될까 두려워 상경하여 눈치만 살피며 얼른거리다 돌아갔다. 그러나 결국 그는 북도로 귀양 갔다가 그 다음에 사약을 받고 죽었다.

14

오천 이종성李宗城, 그는 누구인가?

　이종성의 본관은 경주요, 자는 자고이고, 호가 오천梧川이었
다. 영조 때 정승으로 덕과 행동이 한 나라에 떨친 사람이다.

　그가 처음 벼슬할 때의 이야기다. 영조께서 과거령을 내리고
팔도에 선비를 뽑는 마당에 어떤 놈이 괴상한 글로,

　『오늘 소론이 참여하면 큰 변고가 나리라.』고 협박문을 던졌
다. 왕은 그것을 보고 눈물을 글썽거리며 소론은 오늘 공적인 일
에 참여치 말라고 하였다. 그러나 이종성은 의연히 어전에 나아
가 아뢰었다.

　『소론이기로서니 어찌 사람마다 그렇겠습니까. 벼슬이란 한
나라의 준재를 뽑는 것인즉, 협박에 못 이겨 치우친 과거를 치른
다 함은 대단히 불가하오이다. 신에게 그 흉서凶書를 뵈시옵소

서.』했다.

　왕이 그 흉서를 내려주니 오천이 받아든 다음 『신이 그 범인을 잡아 바치오리다.』라고 하고는 통화문 안에 자리를 놓고 앉아서 과거 보러 온 선비들을 하나씩 살피기 시작했다. 오천은 그들을 차례로 유심히 살펴보더니 제일 마지막 빈자리에 과구科具를 싸서 마주 들고 나가려는 자를 멈추게 하였다.

　『그 거적을 풀어보아라!』하니,

　하인이 그것을 푸니 그것은 과거 보러 오는 도구가 아니고 사람이 그 속에 숨어 나가려는 것이었다. 그는 곧 흉서를 던진 놈으로 이종성이 의인이란 말을 듣고 미리 겁을 내고는 그렇게 숨어 나가려다가 붙잡힌 것이다.

　뒤에 오천이 벼슬을 내어놓았으니, 조정에서는 가득한 간신에 후궁 문씨의 간계가 날로 점점 더해 가고 있었다. 장원세자를 모함하여 없애려는 한편, 후궁 문씨가 거짓으로 잉태하였노라 하고는 솜을 복부에 붙여서 불룩하게 하였다고 한다. 이런 상황에서 그는 벼슬을 그만두고 물러 나왔다. 그러나 오천은 누구에게 그 기밀을 얻어듣고도 시골로 내려가지 않고 장안에 머물러 있었다.

　그는 날마다 용산 강가에 나가서 무심한 듯 강물만 바라보고 낚시하는 것으로 일을 삼았다. 하루는 시골 사람 하나가 서울로 들어오는 도중 이공이 낚시질함을 보고 아픈 다리를 쉬어 가려 그 옆에 앉았다.

　『아까부터 보아도 통 고기가 물리지 않습니다그려!』하니,

그러나 공은 들은 척도 않고 한참을 있었다. 시골 사람은 보기 드물게 우람하게 생겨서 기운께나 쓸 듯 보였다.

『댁은 어디에서 오셨소.』

『경상도입니다.』

『어디 가는 길이요?』

『무과를 본 지 십 년에도 벼슬하지 못하였기로 벼슬이나 한자리 얻으려고 상경하는 길이요.』

공은 또 한참 말이 없었다. 막 해가 지려는데,

『아무 연줄도 없이 벼슬하기가 쉽겠소? 내 들으니 저동에 사는 이 영부사는 일을 공평하게 하고 사람을 적재적소에 잘 쓸 줄 안다 하니 문안에 들어가거든 그리로 한 번 가시오. 그 집 청지기에게 가서 용산 강가에 낚시질하는 늙은이가 가르쳐주더라고 하면 필연 잘 대접하고 벼슬할 기회도 있을 것이오.』 하고는,

눈은 여전히 강 건너를 바라보면서 이공은 그렇게 말했다.

그 시골 사람은 그가 가르쳐준 대로 장안에 들어가자 곧 영부사댁을 찾았다. 그는 청지기가 지시해주는 방에 들어 상다리가 휘도록 차려주는 저녁을 먹고 피로한 다리를 쉬노라, 길게 누어 한참 자고 있을 때야 주인이 돌아왔다. 청지기가 와서 부른다기에 사랑으로 나가니 그는 다른 사람 아닌 저녁때 낚시터에서 본 그 노인이었다. 그제야 그 덥수룩한 늙은이가 상공이었음을 알고 황공함을 아뢰었다.

『그럴 것이 없느니─』

그리고 오천은 그 시골 사람에게 좀 더 다가앉으라는 시늉을 했다. 한참 동안 무어라 말하는 당대의 원님인 대신의 말을 시골 사람은 그냥 고개를 끄덕이며 듣고 있었다.

『일이 이러하거늘, 국가 대사를 맡기니 내 자네를 믿네.』

『예, 목숨을 내걸고 하오리다.』

이런 대화가 있은 지 며칠 뒤에 그 시골 사람은 통화문 앞에 칼을 집고 서 있었다. 오천이 병판에 소개하여 수문장이 된 것이었다.

아직도 대궐 안은 죽은 듯 고요한 첫 새벽이었다. 그는 누구를 기다리는 듯 긴장한 얼굴로 한 번 옆에 선 위병을 돌아보았다. 그러자 저쪽 담 모퉁이에 함지박을 이고 오는 여인의 그림자가 나타났다. 『들어오면 안 돼요!』 나직이 명령하면서 그는 뒤로 물러섰다. 여인은 아무렇지도 않은 듯 다가왔다.

『못 들어간다.』 하고 위병이 몽둥이로 그를 막았다.

『이거 왜이랴, 내가 누구라고. 이래 봐도 나인이야.』 여인은 부르르 떨며 몽둥이를 밀치고 들어가려 했다.

『못 들어가!』

『죽지 못해서 이러냐? 문지기가 뭐라고!』

그러자 수문장이 썩 나섰다.

『그 함지박을 내려라!』

순간 여인의 얼굴이 새파랗게 질렸다.

『못 내릴 텐가?』

부르짖음과 동시에 들었던 칼이 번쩍 내리쳐진 것은 거의 같은 때였다. 함지박이 갈라지면서 갓난아기 하나가 반 동강이 되어 떨어졌다. 아침 신선한 공기 속에 피비린내가 퍼져갔다. 배지도 않은 아이를 배었다고 했다가 만삭이 되자 가까운 종을 시켜 민간의 갓난아기를 몰래 얻어 드려다가 그가 낳은 양하려던 후궁 문씨의 간악한 계획이 보기 좋게 분쇄된 것이었다.

곧 문씨는 목이 달아났고, 그 공모자 문가 일족도 모두 정배되어 귀양을 가게 되었다. 뒤에 오천이 돌아가자 영조는 그 제문에,

垂釣江上所須何人고 五月江上爲誰遲遲요.
수 조 강 상 소 수 하 인　　오 월 강 상 위 수 지 지

라 적었다. 그것은 곧,

　　강물에 낚시 드리운 늙은이는 누구인고
　　오월의 강가에서 누굴 위하여 오래 기다렸는고?

라고 했다.

오천이 시골 오천에 은퇴한 뒤의 일이다.

하루는 집안사람에게,

『오늘 유척기가 올 터이니 뜰과 안마루를 잘 쓸라!』라고 했다.

유척기는 당시 대신이었으나 오천과는 함께 벼슬할 때 사이가 벌

어져 원수 같은 사이였으므로 그의 아들과 식구들은 의아했다.

『그가 우리 집에 올 리가 있습니까?』

『공적인 일에 사감을 마음에 두지 않는 까닭이니라.』

얼마 안 있어 동구 밖에 말 발자국 소리가 들려왔다. 오천은 유정승을 맞으러 방 안에 병풍을 쳤다. 병풍을 사이에 두고 말을 주고받자는 것이었다. 서로 얼굴을 안 보고 앉은 다음 오천이 먼저,

『어찌 오셨소?』

그러자 유척기가 매우 걱정스러운 목소리로 대답했다.

『어제 천보단天報壇의 사실을 트집 잡아 청나라에서 문책이 왔구려. 그래, 내가 변명사로 가게 되었는데 아무리 생각해도 어떻게 말을 해야 할지 생각이 안 나기로 왔소.』한다.

'천보단' 이란 무엇이냐 하면, 우리나라에서 임진왜란 때 명나라가 구원해준 것을 감사하게 여겨 대궐 안에 단을 모아 명나라 신종과 숭정황제崇禎皇帝의 위패를 모시고 사시로 제사 지낸 것을 말한다. 그것을 청나라에서 알고 아직도 명나라를 못 잊어하는 것은 곧 청나라를 배반하는 것이 아니냐고 문책하는 것이다. 오천은 유정승의 말을 듣더니 대답은 않고 딴 이야기를 시작했다.

『내가 본래 식성이 편벽되어 제삿밥 먹기를 좋아하렷다. 그런데 이웃집 제삿밥이 특히 맛이 좋아, 그 집에서 제사를 지내는 날이면 초저녁부터 안 자고 기다리는데, 그 어떻게 되었는지 기다리는 새벽이 되어도 제삿밥은 오지 않고 싸우는 소리가 들리네. 그날은 아마 훗살이 온 여자가 전 남편의 제사를 지냈던 모양이

야.』 남편 되는 이가 전 남편 제사를 그렇게 정성껏 지내 무엇 하느냐고 고래고래 소리를 지르자, 여자가 말하는데 『당신의 생각이 틀렸다고-. 당신이 만약 불행하여 세상을 버리고 내가 생활이 곤란하여 다시 개가하게 되면 당신 제사도 이렇게 정성껏 지낼 터인데 왜 그러냐?』고-. 그러자 그도 아무 말이 없데. 그리고 이야기를 끝내자 사람을 시켜 금관조복 한 벌을 내어다가 유 정승에게 주라 일렀다.

『내가 마침 새로 만든 조복이 한 벌 있었기로 공에게 드리오. 조심해서 다녀오시오.』 했다.

그리고 유척기는 아무런 말도 없이 물러갔다.

그는 곧 떠나서 연경(:지금의 북경)에 들어갔는데 건륭황제 앞에 나아갈 때는 오천이 준 금관조복을 입었다. 금관조복은 조선시대 제정한 것이고 명나라 제도를 본떠서 만든 것이었다. 청나라 황제는 그것을 보고 노기가 등등하였다.

『네 나라가 기왕에 나에게 예속되었는 바에 아직도 '천보단'을 모으고 명나라 황제의 위패를 받든다니 어찌 된 일이냐? 이 공복도 아직 명나라 것을 쓴다더구나!』

그러자 유척기는 서슴지 않고 오천이 가르쳐준 재가녀再嫁女의 이야기를 하였다.

『옛 은혜를 저버리지 못하는 자가 어찌 조변석개할 줄 아오리까. 우리나라에서는 아직 명나라 제도를 쓰는 것이 많기로 복장도 그대로 입고 왔습니다.』

그 말에 청나라 황제도 노여움을 풀었다.

그리고

『네 나라는 과연 예의지국이요, 신의의 나라구나!』 하면서 천리 노새 한 마리를 내려 주었다.

그 유 정승이 돌아오던 날에 오천은 하인을 불렀다.

『동구 밖에 나가서 기다려라. 오시午時쯤 되면 연경 사신 행차가 길가의 나무에 노새 한 마리를 매어 놓고 갈 것이니 그 노새를 우리 집으로 끌고 들어오도록 해라.』 하기에 하인이 나가 기다리니 과연 그렇게 하므로 노새를 집에 몰아들였다.

유척기는 오천의 뜻을 고맙게 여겨 그 집 앞을 지나면서 그가 청나라에게서 받은 노새를 주고자 하였으나 혐의스러운 일도 있어 들어갈 수는 없고 해서 오천의 집 앞에 매어 놓고 간 것이었다.

15

영조, 돌아가시다

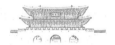

영조는 52년을 왕위에 있었고 춘추 83세에 돌아가셨다. 왕은 호협, 검소하고 법을 세우고 지킬 줄 안 영주였으나 다만 커다란 잘못을 하나 범하였으니 그것은 사도세자의 일이다.

왕도 만년에는 그 일을 매우 후회하였다. 이는 붕당으로 간신들에 의하여 부대껴 한 일이었고 스스로의 뜻은 아니었던 것이다.

한 번은 남병사 윤구연을 금주법으로 잡아 올려 죽이려 하였던 바 조정 대신들이 간하기를,

『그만한 죄로 사사하심은 너무 과하십니다.』

그러자 왕은 대노하여,

『내 아들 죽일 때는 아무 말도 없더니 윤구연은 무엇이기에 이

처럼 야단이냐?』 하고 목을 베었다 한다. 늙었을 때이니 노망도 섞여 있었겠지만 어지간히 그 아들 죽인 것이 한이 되었던 모양이다. 왕은 글로 나라를 다스리는 데 힘써 많은 책을 남겼다.

원릉(元陵, 영조와 정순왕후의 묘)
구리 동구릉(九里 東九陵), 사적 제193호, 경기 구리시 인창동에 위치, 문화재청 소유

16

정조의 등극과 그 효심

【 정조의 약사 】

제22대 정조는 영조의 둘째 아들 사도세자와 경의왕후(혜빈 홍씨)
사이의 둘째 아들로 태어났다. 이름은 산, 자는 형운이다. 영조 38년
에 장헌세자가 죽자 어려서 죽은 영조의 맏아들 효장세자의 아들로
입적되었다. 정조는 1800년 6월에 48세를 일기로 승하하고, 묘호는 정
조, 능호는 건릉으로 사도세자가 묻힌 융릉 서쪽에 있다. 1752~1800.

정조는 사도세자의 둘째 아드님이다. 영조의 뒤를 이어 왕위
에 올랐다. 그로서는 사도세자를 추존하여 세우고 싶었겠지만 어
전 회의에서 부결되어 영조의 맏아들만 경의군으로 세워진 것이
다. 이 분이 진종인 것이다. 이때의 재론을 시벽時僻 쟁론이라 한
다. 사도세자를 추존하자는 데 대하여 비명으로 죽은 분을 추존

함은 불가하다고 하였으며, 시편이 약하여 사도세자가 추존되지 못한 것이다. 이 시벽쟁론에는 노론, 소론이 서로 섞여 혼전을 하였다. 사도세자가 장종으로 추존되기는 고종 때였다. 정조는 그 아버님 사도세자를 닮아 매우 영명하였다. 천하에 있는 여덟 곳간 글 중에서 네 곳간 글을 모아 사고문장四庫文章이란 칭송을 들었다. 별호가 홍재弘齋인데, 지금도 홍재집弘齋集이라는 책이 전해온다.

그는 아버님 사도세자가 모해로 억울하게 죽음을 깊은 유한으로 생각하여 등극하는 대로 곧 당시의 간신들을 목을 베었다. 구선복은 그 벽두에 목이 달아났다. 그리고 홍인한을 비롯한 그 외가 일족을 모조리 사약을 내렸다. 그때 어머님 홍대비가 병풍 너머에서 울며,

『폐하, 폐하, 우리 아버님 제사 받들 사람 하나만 남겨 주소서!』하고 애걸하였으므로 낙임樂任만을 살려 두었다. 그리고 홍봉한은 외조부가 되는 터이었으므로 또한 죽이지 못하겠노라고 사약을 내리지 않았다. 그러나 외할아버님이라 일컫지는 않고 홍봉조하洪奉朝賀라 불렀다. 그밖에 화완옹주는 서인으로 만들어 내쳐졌다. 그는 갈 곳이 없어 그 할머니 최씨 산소인 소녕원에 가서 밥을 얻어먹다가 거기서 죽었다. 정조는 다시 당시 예조판서로 있었던 정홍순을 불렀다. 그 생각에 아마 그때 온통 온 조정이 아버님을 우습게 여기고 수의범절을 박탈하게 하였으리라 생각하여 그 책임을 불러 죄를 묻고자 하는 것이었다. 그러나 정홍순은 미리 이날이 있을 줄 짐작하고 세자의 시체를 염습 입관할 때

에 비단도 극상품으로 택하여 수의를 만들었다. 그리고 그 필마다 조금씩 베어서 예조에 간수해 두었다. 왕이 부르자 그 비단 조각들이 든 궤짝을 소매에 넣고 나갔다.

왕이 과연 그를 보고 수의 절차를 묻자, 그는 소매에서 그 궤를 열어 보이니 비단이 모두 극상품이었으므로 임금의 얼굴에 주르륵 눈물이 흐르며,

『경은 참 충신이로다! 하고 그 자리에서 정승을 시켰다. 또 부채를 넣은 사람과 약과를 넣은 사람도 찾아 상급을 하였다.

왕은 양주에 있던 아버님의 묘를 옮겨 수원에 묻고 석물을 역대 어느 왕보다 낫게 만들어 세웠고 달마다 묘소에 거동하였다. 또한 경모궁을 세워 세자의 위패를 모시고 한 달에도 몇 번씩 거동하였다. 월근문은 바로 왕이 경모궁에 드나드는 기념의 문이다. 왕의 베개는 항상 눈물로 젖어 있었다 하니 참으로 효자라 하겠다. 뒤에 세자 묘는 현륭원이라 부르게 되었는데, 왕이 한강을 건너 그 원소에 갈 때 갑갑한 마음에 사뭇 길이 더딘 것 같았으니 지금의 지지대遲遲臺는 그런 연유에서 지어졌다. 그 고개에 소나무 하나를 바라보고 반갑게 여기는 뜻으로 벼슬을 준 일도 있다. 한 번은 원소에 송충이가 발생하여 소나무 잎을 갉아먹으니 왕은 송충이 몇 마리를 잡아서 삼켰다.

『네가 아무리 버러지기로서니 나의 아버님 묻힌 산의 솔잎을 갉어먹을 수 있나? 차라리 내 오장을 갉아 먹어라!』했다.

좌우 여러 신하들은 대경실색하였으나 아무 일이 없었고, 그 날부터 솔개와 까마귀가 무수히 모여들어 송충이를 모두 잡아먹었다고 한다.

화성능행도(華城陵幸圖, 정조의 현륭원 행차)
정조가 혜경궁 홍씨를 모시고 사도세자(思悼世子, 1735~1762)의 원소 현륭원(顯隆園)에 행차한 뒤 성대한 연회를 베풀었던 일을 그린 그림, 국립중앙박물관 소장

점쟁이 덕으로 목숨 건진
현륭원顯隆園 참봉

그때에 귀신들이 곡할 만치 점을 잘 치는 사람이 있었다. 현륭원 참봉 왕성王成이 한 번은 신수점을 쳐 달라고 그 점쟁이를 찾아갔다. 점쟁이는 점괘를 벌려보더니 갑자기 놀라며 말이 없었다.

『무슨 곡절이 있소?』

왕성이 두어 번 묻자, 그는 입맛을 다시며 대답했다.

『너무나 흉한 괘가 나타났소. 아무 날 밤이면 당신은 모가지가 부러져 죽을 괘요.』

그 말을 들으니 왕성도 자못 놀라웠다.

『죽을 줄 알면 살릴 도리도 있을 터이니 다시 한번 괘를 벌여 살길을 가르쳐 주시오.』 한다. 점쟁이는 마지못하여 다시 한 괘를

현륭원(顯隆園, 사도 세자의 묘)
사적 제206호, 경기도 화성시에 위치

벌려보는 것이었다. 한참 놓고 보더니 참 다행이라는 표정으로,

『그날 저녁에 비가 크게 올 터이니 당신은 초저녁부터 관복을 갖추고 원소에 올라가시오. 비를 맞으면서 상석 앞에 엎드려 살려 주십시오 하고 축원하여 축시丑時까지만 넘기면 혹 화를 면할지도 모르겠소.』하고 일러 주었다.

참봉은 참일지 거짓일지 간에 그대로 해 보기나 하려고 날마다 손을 꼽고 있었는데 그때 마침 그날 상감께서 원소에 거동하였다가 돌아갔다. 그리고 낮에는 맑던 날이 흐려지더니 저녁에 비가 내렸다. 왕성은 점쟁이 말이 틀림없음을 보고 곧 관복을 입고 원소로 올라갔다.

한편 정조는 그날 원소를 찾아보고 환궁하는 길에 비를 만나 수원부 내에 머물게 되었는데 구슬피 내리는 밤빗소리에 잠을 이루지 못하였다. 아버님께서는 천둥과 번개가 이렇게 요란한 밤, 산속에 혼자 누워 계시려니 하고 그렇게 생각하게 되었다. 그러자 또 아버님께서는 이렇게 비를 맞는데 원소를 지키는 참봉 놈은 필연 따뜻한 방에 편히 누워 잘 것이 아닌가? 하는 생각이 일어났다. 왕은 생각이 거기에까지 미치자 가만히 있을 수가 없었다.

『여봐라-!』

곧 선전관을 불러 환도 한 자루를 주고는 밤이 밝기 전에 원소로 가보아라 하였다. 『원소 참봉이 만약 옷을 벗고 편히 자거든 불문곡직하고 목을 잘라오고, 혹 자지 않고 불을 켠 채 앉았거든 그냥 와서 아뢰어라.』 한다.

선전관은 칼을 가지고 말에 올라 바람처럼 원소로 향하였다. 그리하여 단숨에 참봉의 처소에 이르러보니 참봉은 방에 없었다.

재지기에게 물으니,『원소에 올라갔습니다.』했다.

선전관이 원소에 올라가 보니 참봉은 관복을 입은 채로 상석 앞에 엎드려 있었다. 불을 켜고 앉았거든 죽이지 말라 하였는데 비를 맞고 밤을 새우는 사람을 더욱 죽일 까닭이 없었다. 선전관은 돌아가 왕에게 사실대로 아뢰고 증거물로 가져간 관복을 올렸다.

왕이 보니 관복은 함빡 비에 젖어 있었다. 크게 기특하게 여겨 의복과 재물을 많이 하사하고 이조판서에게 분부하여 참봉 왕성王成으로 하여금 현령을 제수하게 되었다.

18

홍국영洪國榮과 정조 대왕

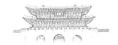

홍국영은 정조 때 사람으로 벼슬은 비록 참판에 지나지 않았으나 왕의 은총을 입어 굉장한 세도를 부린 사람이었다. 어떻게 그가 그런 세도를 부릴 수 있었느냐 하면 왕이 아직 세손 때 몇 번이고 노론의 모해에 걸려 목숨이 위태로운 것을 살려 주었기 때문이다. 사도세자를 죽인 노론들은 세손이 승통承統할까 두려워 여러 가지로 영조께 악계를 베푸는 한편, 세손의 심안이 뜨이지 못하도록 어둡게 하기에 골몰하였다. 될 수 있으면 음탕한 놀이에 마음이 쏠리도록 하는가 하면 선을 권장하는 책은 못 보게 했다.

어느 때의 일이다. 노론들이 시전 요아편蓼莪篇을 영조께 여쭈어 세손이 읽지 못하게 하였는바, 세손은 거기에 무엇이 쓰였기에 할아버지께서 못 보게 하시는지 알고 싶어 몰래 펼쳐 보았다.

[父兮生我(부혜생아)하시고 母兮鞠我(모혜국아)하시니, 哀哀父母(애애부모)여 生我劬勞(생아구로)로다. 欲報深恩(욕보심은)인데 昊天罔極(호천망극)이로다.]

즉, 〈아버지가 나를 낳으시고 어머니가 나를 길렀으니 가엾은 부모님이시여! 나를 낳으시기에 애쓰시고 수고하셨다. 깊은 은혜를 갚고자 하니 푸른 하늘같이 다함이 없구나.〉

하는 대문으로 되어 있었다. 부모를 잃은 아들이 그 구절을 읽을 적에는 눈물을 흘리지 않을 수 없었다.

세손이 그 대목을 보는 걸 불행히도 어느 간악한 이가 보고 왕에게 외워 바쳤다. 영조는 크게 노하여 세손을 불렀다. 세손은 책을 치울 겨를도 없이 어전에 끌려 나갔다. 왕은 노기를 띤 얼굴로

『너는 요즈음 무엇을 읽었느냐?』하고 엄하게 물었다.

『시전을 읽었습니다.』

『읽지 말라는 책을 왜 읽는고?』

왕은 내시에게 명하여 책을 가져오게 하였다. 한편 세손이 왕의 부름을 받아 어전으로 나갈 때에 홍국영이 동궁에 있었다. 당황해하는 세손의 걸음걸이를 보고 일이 심상치 않은 줄을 느끼며 세손의 처소에 들어가 보니 아니나 다르랴 시전이 펼쳐져 있었는데 요아편 책장이 보였다. 곧 그는 옷고름에 찼던 은장도를 빼어

서 그 대문을 베어내 버렸다.

그런 줄을 알 리가 없는 내시는 그 시전을 왕에게 가져가 바쳤다. 세손은 금방이라도 무슨 야단이 날 것 같아서 사시나무 떨듯 떨고 있는데 왕은 그 책을 들어 펼쳤다. 그러나 책은 요아편蓼莪篇이 있는 책임에도 그 장은 베어져 없었다.

왕은

『이 책에는 요아편이 있었는데 어찌하여 오려내었느냐?』하고 물었다.

바늘방석에 앉은 듯한 초조하던 세자는 그제야 한숨이 내쉬어졌다. 하늘이 도우심인가, 그 대문이 없어지다니 생각하면서 서슴지 않고 대답하였다.

『그편은 읽지 말라 하신 분부였으므로 그렇게 하였습니다.』

『참 나의 손자로다!』

그리하여 일은 무사히 끝나게 되었다. 그러면 어떻게 된 일일까 하고 스스로 의아해하며 동궁으로 돌아간 세손을 홍국영이 웃는 얼굴로 맞았다.

『여기 있습니다.』하며,

소매 속에서 요아편蓼莪篇 책장을 꺼내어 놓았으니 세손이 얼마나 고마워하였으랴. 이 밖에 여러 번 세손이 위태로울 때 국영이의 기지로 살아났으므로 세손은 국영에게 죽을죄 세 번을 용서하겠노라 하는 증서를 써 주었고, 뒤에 세손이 등극하자 한 나라의 권력을 한 손에 쥐게 된 것이었다.

이렇게 국영이 세도를 차지하자 그것을 시기하는 조정 신하들의 총공격을 받았다. 대관들의 사주를 받은 대신들이 날마다 어전에 나와서 대계를 일으키고 그를 몰아내라고 야단들이었다. 왕은 성가시게 여겨 대간大諫을 바꾸었으나 새로 들어온 대간 역시 그 모양이었다.·

왕도 하는 수 없이 국영을 시흥으로 귀양 보내겠노라 하였다. 물론 본의는 아니었으나 하는 수가 없었다. 국영도 왕의 명령이매 하는 수 없이 시흥으로 가게 되었다. 그가 남문 밖으로 나갈 때 평시에는 아부 아첨하던 자도 많았건만 실세失勢한 듯 보이니까 한 사람도 나와 보는 사람이 없었다. 다만 남촌에 사는 그의 아장亞將 하나가 청지기에게 등불을 들게 하고 국영을 보러 나왔다.

국영은 그 신의가 매우 고마워, 곧 왕에게 글을 올려 그 장수에게 대장을 명해 주옵소서 하고 부탁하였다.

『아장亞將 아무개를 대장으로 명하셔서야만 신이 마음 놓고 귀양길을 떠나겠습니다. 만약 그렇지 못 하올 것 같으면 신은 남문 밖에 머물러 움직이지 않겠습니다.』 했으니, 왕이 그 글을 떼어보고는 매우 난감하지 않을 수가 없었다. 국영이 떠나지 않으면 대간에 부대끼어 견딜 수 없을 것이었음에다. 그래서 하는 수 없이 신임 어영대장을 도총관으로 좌천시키고 그 아장을 어영대장에 임명했다. 국영은 그제야 길을 떠났는데, 그가 시흥에 이르렀다고 글을 왕께 올리자 왕은 곧 그를 귀양에서 풀어주고 도로 불러 올렸다고 한다. 그러니 그는 엄청난 세도였다고 하겠다.

홍국영洪國榮과 최선기崔善基의 바둑 내기

국영은 또 매사에 재주가 있어 못하는 것이 없었다. 특히 바둑을 잘 두어 혹 대국하는 자가 있어도 그를 당할 자가 없을 정도였다. 그래서 노상 스스로 국수라고 자랑하였다. 그때 평안도 개천价川에 사는 최선기라는 사람이 있었는데, 가세가 매우 구차함에도 일을 하지 않고 있었으나 그는 한 가지 재주가 있으니 바둑이 매우 능숙하였다. 그는 세도가 홍국영이 바둑을 잘 둔다는 소문을 듣고 마음에 무슨 꾀를 내었는지 밭 한 뙈기 있는 것을 팔았다. 그리하여 그 돈 아홉 양으로 연경에 사신 가는 사람에게 부탁하여 수정 갓끈 하나를 사 달라 하여 가지고는 서울로 올라왔다. 어떤 여관에 외상 밥을 먹으면서 있다가 어떻게 홍국영의 집에 드나들게 되었다. 그러나 당대의 세도가인 참판 홍국영인지라 날마다 빈객이 많아서 좀처럼 수작조차 해볼 수가 없었다. 날마다 그저 윗목에 가서 앉았다가 돌아오는 수밖에 없었다. 그러자 하루는 폭우가 쏟아져 내렸다. 최선기는 속으로 되었다고 좋아하면서 그 비를 무릅쓰고 여전히 매일 가는 시간에 홍 참판 댁 사랑에 갔었다. 여느 날 같으면 방이 비좁도록 사람들이 있을 것이었지만 그날은 아무도 없고 홍국영이 혼자 무료하게 앉아있다가 그가 옴을 보고 반갑다는 듯이,

『자네가 개천 사는 최선기라 했지? 이런 우중에 잘도 왔네.』
했다.

최선기는 코가 땅에 닿도록 절을 하고 황공한 듯 앉았다. 그래 이럭저럭 말이 오가다가 국영이,『자네 바둑 좀 둘 줄 아는가?』 하고 물었다. 그렇지 않아도 기다리던 판이라 어련히 좋아했으랴.

그러나 최선기는,

『시골 무식꾼이 뭐 변변하겠습니까만, 두어 점 놓을 줄은 압니다.』 했다.

국영은 다행이라는 듯이,

『그럼 한 판 두어 보세!』하고 청지기에게 바둑판을 가져 오라 하였다. 최선기는 마음먹은 바가 있는 터이었으므로 내기 바둑을 두자고 했다.

『소인은 내기가 아니면 바둑을 안 두는 성질이옵니다.』

『허, 무슨 내기를 하겠는가?』

홍국영이 그 말을 우습게 여기고 묻자, 그는 소매 속에서 수정 갓끈을 내놓았다.

『소인은 이것을 내놓겠습니다. 삼판양승으로 두어서 소인이 지거든 갓끈을 드리기로 하고, 그 대신 영감께서 지시오면 소인이 청하는 대로 해 주옵소서.』

홍국영은 바둑을 두나 마나 자기가 이길 것은 의심할 여지가 없었고, 또 무엇을 청하나 못할 것 없었으므로 『그렇게 하세!』하고 바둑을 두었다.

국영이 바둑을 두어보니 최선기의 바둑이 여태껏 다른 사람과 두는 것과는 딴판이었다. 바짝 정신을 차리고 두다가 끝내기를 해보니 겨우 그가 다섯 집을 이겼다. 『허, 자네 바둑 잘 두네!』했다.

최선기는 또 사양하면서 다시 한 판 두기로 했다. 그는 무척 애를 쓰는 듯 두어서 그 판에는 두어 집을 이겼다.

『삼판양승 보기로 했으니 한 번 더 두세.』

그리하여 또 한판을 두었는데 그 판에는 또 짐짓 대여섯 집 졌다.

『졌으니 약속대로 드리겠습니다.』

『바둑 두어본 중에서 자네처럼 잘 두는 사람 처음 보았네. 하여튼 내기라 했으니 나에게도 없는 것은 아니지만 받아두네.』

최선기는 점심을 얻어먹은 다음 물러왔다.

그런 일이 있은 후 며칠 뒤에 또 비가 왔다. 최선기는 또 우비를 빌려 입고 홍 참판 댁으로 갔다.

『이런 우중에도 오다니. 자네 또 바둑 두려는가?』

『예, 그러하오나 소인은 말씀드린 바와 같이 내기 바둑이 아니면 안 두는 고집이 있사옵니다.』 했다.

국영은 적수를 만났기에 아무려나 두어보자고 하였다. 그래 최선기가 만약 그가 이기거든 그의 청하는 대로 해 달라 하고 두었는데, 한 번은 그가 지고 두 번은 선기가 이겼다.

『자네 국수로세. 내가 선수를 하여도 당할 길이 없겠네. 자네의 청은 무엇인고?』

홍국영이 바둑을 쓸어 넣으면서 말했다. 최선기는 황공한 듯 몸을 굽히며,

『소인의 바둑 수가 어찌 영감 수를 당하오리까. 소인에게 길운이 터져 그런 것이지요!』 했다. 그리고 소매 속에서 편지지 마흔 장을 내놓았다.

『소인의 청은 다름이 아니옵고 영감께서 평안도 41주 수령마다 편지 한 장씩, 영감께서 신임하는 사람이라고 써 주시오면 소인이 영감님 덕택으로 가난을 면하겠습니다.』 했다.

국영이 별로 어려운 일이 아니었으니 청하는 대로 그 간지에다가 『이 사람은 내가 특별히 신임하는 사람이다.』라는 뜻의 신임장 마흔 장을 써 주었다.

최선기는 그걸 가지고 평안도에 내려가 고을마다 찾아다니니, 수령들은 그가 '하늘에 지나가는 해도 멈추게 한다.' 는 홍 참판

이 신임하는 사람이라고 하니, 홀대하는 수가 없이 모두 돈 3, 4백 냥씩을 내놓았다. 그리하여 최선기는 불과 두어 달 안에 수만 냥의 돈을 가진 거부가 되었다. 이 이야기는 간접적으로 그 당시 홍국영의 권세가 얼마나 컸던지를 단적으로 말하는 것이 되겠다.

20

화도화花桃花 이야기

정조는 또 중국에서 주문하여 여러 기문벽서를 보고는 그 박학
다식을 자랑했다. 한 번은 좀처럼 보기 어려운 불경에 [花桃花]란
말이 보였다. '화도화'란 꽃 피고 복숭아가 열리고 또 꽃이 핀다
는 뜻으로, 세상에 흔히 '목화'를 말하는 것이었다. 왕은 나라 안
에서 그걸 아는 사람이 혼자일 것 같아서 매우 으쓱하였다. 그래
서 과거의 글제로 출제하고자 하였으나 다만 정승 채제공蔡濟恭
이 거리끼었다. 그는 인품도 걸출하거니와 글이 또한 천하의 문
장이어서 아무리 어려운 글이라도 못 푸는 것이 없었다. 왕은 채
제공이 사는 동안은 덮어두었다가 그가 세상을 뜨고 과거 령을
내리고는 글제를 내걸었다.

그때 남도의 유생 하나가 과거 보러 상경하다가 채 정승의 산

소 근처에서 묵게 되었다. 그런데 꿈에 채 정승이 나타나서 [나는 고 영의정 채제공이다. 이번 과장에 필연 글제가 '화도화'란 것이 날 터이니, 그러면 그것이 목화인 줄 알고 글을 지어 바쳐라.] 하고 일러 주었다. 유생이 명심해 두었다가 과장에 들어가 보니 과연 글제로 [花桃花]가 나왔다. 만장에 선비들이 제목의 뜻을 몰라 못 쓰고 있을 때 그 유생 혼자 한 수를 지어 올렸다.

開而結而發而하니　黃兮綠兮白兮도다.
개 이 결 이 발 이　　황 혜 록 혜 백 혜

열리고 맺고 피어나니, 누르고 푸르며 희도다.

아무도 모르리라 하고 왕이 글을 받아 보니 만장이 모두 백지인데, 단 한 사람이 글 뜻을 바르게 알고 지었다. 그래서 과거를 시키고 나서 하도 이상하여 불러 물었다.

『네가 요번 그 글제를 어떻게 알았느냐?』

천은을 감히 기만할 수 없어서 사실대로 꿈속에 채 정승이 일러주었음을 아뢰었다. 그 말을 듣고 왕은 한숨을 지으며 『죽은 후에도 당할 수가 없구나!』라고 했다 한다.

21

사람이 까치소리를 내다

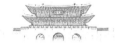

이것은 '화도화' 와 비슷한 과거 이야기다.

하루는 왕이 미행으로 밤에 남산골에 올라갔다. 사면이 죽은
듯 고요한데 어느 집 앞을 지나다가 보니 그 집 뜰 느티나무에 사
람이 올라가서 [깍, 깍, 깍] 하고 까치소리를 내고 있었다. 왕은 이
상히 여겨 그 집 주인을 찾았다. 까치소리를 내던 사람이 내려와
서,

『누구이기에 밤중에 주인을 찾는가요?』라고 했다. 하하, 이 사
람이 주인이었구나. 왕은 그렇게 생각하면서 '지나가다 등불이
꺼져서 들어왔노라' 하고 방에 들어가서 인사를 한 다음,

『무슨 연유로 밤중에 까치소리를 냈소?』

그러자 그 사람은 얼굴을 붉히면서 말했다.

『손님이 들으시면 부끄러운 말이요 마는 이 사람은 글을 읽어온 지가 수십 년에 초시 하나도 못하였소. 속설에 거처하는 사랑방 남쪽 나뭇가지에 까치가 집을 지으면 과거한다는 말을 듣고 기다려 보았으나 아무리 기다려도 까치는 오지 않았소. 그래서 하도 갑갑한 나머지 내가 까치집을 짓기 위해 나뭇개비를 올려 둥우리를 만들어 효험이 있기를 바라며 까치소리를 내보았는데, 몰래한 것이 이렇게 들켰으니 글 줄이나 읽는 위인이 미신을 믿는 것이 드러나 부끄럽습니다.』했다.

왕은 그러냐? 하면서 이것저것 글 이야기를 해보고 사집私集도 들추어보니 그 집 주인은 글을 매우 잘하고 문장도 보통이 아니었다. 그리고 일간 과거령이 내릴 듯하니, 성심껏 해보라 하고는 환궁하여 곧 과거령을 내렸다. 그리고 글제에 〈人鵲造巢南枝: 사람이 남쪽 가지에 까치집을 만들다.〉라고 내걸었다. 온 장내가 그 수수께끼 같은 제목이 무엇인지 아는 이는 없었다. 그러나 까치를 흉내 내던 그 유생은 자기가 한 일이니까 곧 해제하여 글을 지어 바쳐 과거에 올랐다.

22

임금이 대신 꾼 용꿈

옛날에는 과거에 관한 열망이란 이루 말할 수가 없었다. 밥도 못 먹고 굶으면서 찬방에 앉아 두문불출, 한평생 글을 읽어도 초시 하나 못하는 선비가 수두룩하였다. 사서삼경을 글자 한 자 틀리지 않게 내려 외우고 시와 부를 귀신이 곡할 정도로 잘 지어도 낙방하는 사람은 언제나 낙방이었다. 그래서 과거에 급제한다는 것을 어느 정도 운수로 돌려서 그것을 그들은 용꿈을 얻으면 과거하는 것이라 믿었다. 얼마나 많은 가난한 선비들이 용꿈을 기다려 마지않았던 것인가!

그런데 정조께서는 과거에 관한 용꿈을 꾸어준 일이 있었다. 과거령을 내린 어느 날 밤에 꿈을 꾸니 남대문 밑에 용 한 마리가 서려 있었다. 왕은 꿈을 깨자, 곧 무감을 불러 남대문에 가서 기다리다가 문이 열리거든 첫머리에 들어오는 사람을 붙잡아 집에 묵게 하라 분부했다. 명을 받들고 무감이 나아가 기다리니 새벽이 되어 문이 크게 열리면서 처음 들어오는 사람은 숯장수였다. 흰옷이 검은 옷 같이 시꺼먼 그 사람을 무감은 자기 집에 데려다 두고 그대로 왕에게 보고하였다. 용꿈은 과거 꿈인데 그런 무식꾼이 어찌 과거를 볼까? 왕은 매우 의아해했지만 결과를 두고 보리라고 무감에게 그 사람 행동을 잘 감시하도록 특명을 내렸다.

한편 그 숯장사는 무슨 영문인지 모르게 어느 집에 끌려가서는 좋은 반찬에 밥을 얻어먹으나 '웬걸! 미안하고 너무 오래다' 싶어서 다시 숯 짐을 지고 거리에 나가는 것이었다.

『숯 팔 것 있소. 숯이요!』하고 외친다.

그때는 과거령이 내려 넓은 장안에 구름같이 선비들이 모여들었다. 그에게 그런 것이 아랑곳할 것이 아니었다. 외치고 거리를 지나갈 뿐이었다. 그러자 어느 노인 하나가 그를 보더니 손을 잡고,

『광주廣州 궁마을에 이 아무개가 아니냐?』하며 눈물을 흘리며 반가워했다.

『나는 너의 선친과 죽마고우인 용인 사는 김 아무개다. 너의 선친이 나와 동향의 선비로서 초시 하나 못하고 돌아갈 때 너를 나에게 부탁했건만 내 또한 구차하여 돌아보지 못하고 소식조차 몰라 궁금하더니 여기서 이렇게 만나다니. 내가 지금 과장에 들어가는 길이니 너도 함께 가자. 네 부친이 세상 떠날 때 사집을

맡겨 두고 간 것을 가져왔으니 다행히 글제가 거기서 나거든 네 이름으로써 올려보아라. 너의 부친이 음덕이 없겠느냐?』

숯장수는 짐을 여관에 맡기고 노인을 따라 과거장에 들어갔는데, 신기하게도 글제가 그 부친의 사집私集에 있는 것이 나왔다. 그래서 그는 그것을 베껴서 바쳤다.

왕의 명령을 받은 무감은 시종 숯장수의 뒤를 따라다니며 그의 행동을 다 보고 그대로 왕에게 알려 바쳤다. 왕은 무감의 이야기를 듣고 결과가 어떻게 되는가 볼 생각으로 아무 말을 않고 그냥 두었다.

그러자 시관이 선택한 글에는 숯장수의 것이 뽑혔다. 왕이 그 글을 떼어 보니 종반 이씨로 광평대군 자손이라 하였으므로 더욱 희한하게 생각하여 짐짓 물어보았다.

『요번 과거본 글이 너의 자필이냐?』하고 물으니,

숯장수는 신분을 감히 속일 수 없음에 전후사실을 모두 말하는 것이었다.

『이는 모두 운수소관이다.』

왕은 그렇게 말하고 그를 벼슬을 시켰으며, 노인 김 아무개에게도 참봉 한자리를 주었다. 숯장수로 과거 한 사람은 비록 글을 알지는 못하였으나 인품이 매우 진실하여 참판까지 지냈다고 한다.

23

말을 조련하는 김만일

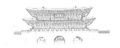

사복사司僕寺는 나라의 말을 기르는 벼슬을 말하는 것이며, 다른 말로는 양마養馬라고도 한다. 정조 때 김만일이라는 사람이 있었다. 한 번은 왕이 말 조련장에 거동하여 사복마 조련하는 것을 보니 김만일이 왕의 가마를 타고 앉아서 좌우 전후에 시위를 세우고 있었다. 왕은 그 건방진 꼴을 보고 그를 불러 물었다.

『너는 귀하고도 천한 것이 무엇인지 아느냐?』 만일은 서슴없이 대답했다.

『암행어사 출두이옵니다.』

『그럼 천하고 귀한 것은?』

『양마 조련사이옵니다.』

직책은 비록 양마이었지만 왕은 그를 매우 사랑하였다.

어느 때 여주 목사가 그에게 와서 큰일 났으니 왕에게 잘 말하여 무사하도록 해 달라 했다. 사건 내용인즉, 그가 술을 먹고 여주 청심루의 현판을 깨뜨려 버렸다는 것이었다. 청심루清心樓의 현판은 송우암의 친필인바 그는 소론이었으므로 현판까지가 아니꼬워 취기에 쳐다보다가 큰 막대로,

『심술이 부정하니까 마음[心] 자가 삐뚤어졌지!』하고 두드렸는데 원체 오래된 것이라 삭은 못이 부러지면서 현판이 떨어져 산산이 부서져 버렸다. 때는 노론의 전성시대로 우암에게 욕 한 마디 해도 귀양을 간다, 주살이다, 하는 판이었으므로 일은 큰일이었다. 그래서 그는 평소 정분이 두터운 만일을 찾아 부탁하는 것이었다.

김만일은 그 말을 처음엔 냉소하고, 『양반들의 당파 싸움이란 화림원華林園 개구리 울음소리 같습디다.』라고 박찼다가 다시 생각하매, 모른다 할 수도 없는 사이이므로 『힘써 보겠다.』하고 그를 돌려보냈다.

그 이튿날이었다.

정조가 양마를 시켜 말을 몰게 하고 후원에 꽃구경을 가는데 만일이 별안간 걸음을 멈추고 눈물이 비 오듯 했다. 왕이 의아해서 그에게 물었다.

『갑자기 무슨 까닭이냐?』

그러자 만일은 머리를 조아리며 아뢰었다.

『여주 목사 신 아무개가 양반이오나 소신과는 막역한 사이로

소이다. 그가 지팡이 끝으로 청심루 현판을 건드렸더니 워낙 오래된 것이어서 그만 떨어져 파괴되었다 하옵니다. 그 현판은 우암 선생의 글씨인바 우암을 받드는 선비들이 필연 일어나서 그의 목숨이 보존키 어렵겠기에 소신은 그걸 생각하고 애석 비통해하다가 발길이 더디었사오니 죽어 마땅하오이다.』 했다.

　왕은 그럴 것 없다고 말을 몰래 하고 가만히 생각하니 필연 그것은 소론인 여주 목사가 파당 관계로 깨뜨린 줄 짐작이 갔다. 그러나 만약 대간들이 논쟁을 시작한다면 심히 귀찮은 존재이고 또 어의로도 구하기 힘들 것이었으므로 그 이튿날 곧 노론대간 몇 사람을 불렀다. 그러고는 『들으니, 여주에 있는 청심루 현판을 목사가 깨뜨렸다 하는데, 그 현판은 송우암이 쓴 글씨가 아니냐? 너희들이 공론도 없고 말도 하지 않으니 어찌 된 일이냐?』 하고 물었다. 그들은 미처 알지 못한 일이라 분한 일이지만 왕이 미리 책망하는데 어찌 대꾸를 하며 또 논쟁을 벌이랴. 그리하여 일은 무사히 해결되었다고 한다.

24

문벌과 지역차별의 정서

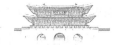

　동서양을 막론하고 우리나라만큼 문벌을 심하게 찾는 나라도 없었으니, 그중에도 조선시대에 이르러 만큼 적서의 차별을 했던 적도 없었다. 이것이 정조 시대에 와서 제일 심했다고 할 수 있으니, 그것은 왕의 성품이 단정 고아하여 벼슬아치를 뽑는데 철두철미한 명문가의 자제들만 뽑았기 때문이다.

　지역적 차별을 보는 것도 허다하여 서북 '송도인'이니, '양사문관'이니, '제수옥당'이니, '돌무突武'니, '개다리출신'이니 하는 것이 있는가 하면 윗대 할아버지가 무엇을 했다, 공신의 몇 세손이다, 라고 했으며, 심지어 충청도다, 경상도다, 하는 출생지까지 양반조건에 들어갔었다.

　어떤 재상가에서는 형제가 싸우다가 아우가 형에게 『양반으로 말한다면 내가 더 양반이다. 형님이 났을 때는 아버지가 아직 진사였지만 내가 날 때에는 참판이었으니까-.』라고 했다 한다. 반상의 구별도 심하였지만 적서의 차별도 그에 못지않았다. 첩의 자식이 아비를 아비라 부르지 못하고, 형을 형이라 부를 수가 없었다. 그리고 벼슬에 있어서도 정실 자손과 첩의 자손은 천거하는 것이어서 높낮이의 차가 있었다.

한 번은 부천에 사는 어떤 사람이 벼슬에 올라 공고公故를 치르는데, 왕이 『누구의 아들인고?』 하고 물으니, 『소의 아들이올시다.』라고 했다 한다. 송아지는 어미를 불러도 아비는 부르지 못함을 빗대어서 말한 것이다.

부천은 아무리 잘나도 문반에는 참판, 무관에서는 병사 이상을 하지 못했다. 선친이 부천에 대하여 혼인을 안 하는 것은 물론이요 벗으로도 사귀지도 않았다. 어떤 부천 사람은 당시에 독보할 만한 재주가 있음에도 세상이 알아주지 않음을 억울하게 여기는 나머지 하루는 친구를 모아 크게 잔치하고 양화나루에 배를 띄워 술을 한없이 마신 다음 물에 빠져 죽었다고 한다.

또 문무의 차별이 이만저만한 것이 아니었다. 원래 양반이란 문무의 동반과 서반에서 온 것이었지만, 문관이 무관 대하기를 마치 수하를 대하는 것과 다름없이 하였다 하여도 문반의 자제가 무과에 오르면 사당에 참배를 못하게 할 정도였다 한다.

25

장난꾸러기 이문원

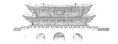

　이문원李文源은 호방하기 그지없는 사람이었다. 어려서 정승 이천보에게 양자를 갔는데, 그 아버지는 당대의 명재상이요 대대로 벼슬 높은 집안이었지만 아들인 그는 장난만을 좋아했다. 서당에서 공부할 때 선생이 [하늘 천]하면 건성으로 [하는 천]하고 두어 자 읽다가는 어디론지 달아나 버렸다. 그래서 그의 부친 천보가 매우 성을 내어 생가로 도로 데려가라 하였다. 그러자 문원은 조금도 서성대는 빛이 없이 태연하게 나섰다. 업고 가는 청지기가 좀 딱하게 생각하고 『도련님 지각이 그렇게 없으십니까? 글만 잘 읽으면 그 집에 가득한 재산이 모두 도련님 차지가 될 터이요, 이다음에 벼슬도 잘할 터인데 그 생각을 못하고 장난만 하다가 쫓겨나면 그게 무슨 꼴입니까?』했다.

『이 사람아 누가 지각이 없는가? 내가 글자를 잘 몰라서 안 읽는 줄 아나? 만약에 글을 정신 들여 읽으면 그 서고에 쌓인 글을 모두 읽어라 할 게 아닌가. 그렇게만 되면 글 읽는 동안에 머리가 뚫어져 버리게? 또 재물과 벼슬은 스스로 타고 난 자기 복에 있는 것인데 윗대의 찌꺼기를 바란다 말인가?』

청지기가 그를 데려다주고 돌아가자 천보가 문원이 혹시 무슨 말을 않더냐? 물었으므로 그 이야기를 하니 듣고는 『사람이란 의기가 첫째요 학문은 둘째인데, 그놈의 말이 그만하면 쓸 만하니 아주 쫓을 수는 없다.』하고 도로 데려다 길렀다. 문원은 또 고집이 대단하여 한 번 하고자 하는 일이면 요절을 낼 때까지 굽히지 않았다.

하루는 이천보가 조회에 갔다가 물러 나와 보니 사랑의 장판 바닥이 한 군데도 성한 곳이 없었다. 송곳으로 여러 구멍이 뚫려져 있었다. 필연 그 아들의 짓이려니 하고 청지기를 불러 묻는데, 문원이가 어디 있다가 들어 왔다.

『장판은 누가 이렇게 했나?』

그러자 아들은 방구석에 있는 송곳을 주워 들었다.

『벼룩 놈을 송곳으로 잡으려고 했는데 잘 되지 않아서 제가 그랬습니다.』송곳 끝에는 벼룩이 한 마리가 꿰어 있었다. 또 어느 때는 천보가 공고로 입궐하면서 장난을 못하게 할 생각으로 팥한 말을 아들에게 주고는,

『이 팥이 몇만 개나 되는지 내가 돌아올 때까지 세어놓아라!』

하고 나갔다. 그러나 문원은 팥을 만져보려고도 않고 장난에만
몰두하였다.

『여보, 도련님. 팥을 세지 않고 놀기만 하니 대감님이 돌아오
시면 어떻게 하렵니까?』

청지기들이 모두 애가 타서 말을 해도 문원은 어디 개가 짖나
하고 귀담아 들으려 하지도 않았다. 도리어,

『꾸중을 들어도 내가 들을 터인데 너희들이 무슨 상관이냐?』
하고 집안이 들먹이도록 돌아다니기만 했다.

저녁때가 되어 그 부친이 돌아올 시간이 되자 그제야 그는 청
지기들을 불러 모았다. 팥 한 말을 그들 앞에 놓고, 한 오금씩 주
면서 『내가 팥을 세어놓지 않아 꾸중을 들을 듯하니 너희들은 이
것만 틀림없이 세어다오.』하여 센 것을 모아놓고는 약저울을 가
져왔다. 그 무게대로 팥을 달아서는 순식간에 팥이 모두 얼마인
지 계산해 놓은 것이다. 그리고 또 어디로 나갔는데 이천보가 돌
아와 보니 팥 말은 여전히 아침에 둔 그 자리에 있고 아들은 그림
자도 안보였다. 옳지 이놈을 길 좀 잡을 구실이 생겼구나 하고 천
보는 아들을 불렀다. 문원은 쿵쿵 거리며 들어왔다.

『팥이 몇 개더냐?』

필연 대답을 못할 것이라 생각하며 대뜸 물었다. 그런데 문원
은 곧 몇만, 몇천, 몇백 개라고 대답했다.

『네가 어느 틈에 그 수효를 다 세었느냐?』

그러자 그 아들은 당치 않는 소리 마십시오 하는 태도를 보이

면서,

『그걸 어떻게 다 셉니까? 아버지께서는 정승 노릇하는데, 매 한 대 때릴 죄인까지 친히 다루십니까? 그러다가는 진지 잡수실 틈도 없고 일은 일대로 안되겠습니다.』 하고는 그가 팔 한 개 손에 안 대고 계산해 내는 방법을 자랑삼아 말씀드렸다 한다. 한 나라를 뒤흔드는 재상도 그 아들에게는 대답할 말이 생각나지 않았다.

문원은 천자문 한 권 변변히 떼지 못하였지만 재상의 자제였으므로 과거하여 한림직각을 했다. 재상의 자제는 남의 글을 빌려서 과거를 하였으니 그것을 통과거라 한다. 그는 그렇게 벼슬하여 당대의 선비들과 사귀어도 뜻이 바다 같이 넓어 조금도 무식함이 나타나지 않았다. 그러나 그 친구들은 그가 글 모름을 아는 터이므로 평소에는 교유하여도 혹 시모임 같은 것은 저희들끼리만 했다.

어느 봄에 또 그 친구와 여러 선비들이 탕춘대蕩春臺에서 시회詩會를 한다는 소문을 듣고 문원은 서슴없이 그 좌석으로 갔다. 이 무식꾼이 왔구나 하고 좀 싫어하는 눈치도 보였지만 그런 것에는 무관하다는 듯 술을 실컷 얻어먹었다. 그리고 모두 운자를 써 놓은 시축詩軸을 놓고 한 수 만들겠다고 머리를 기웃거리고 앉은 걸 옆 눈으로 본 다음 그도 종이 한 장을 달라 하였다.

『남의 시 짓는 자리에 와서 술만 먹어서야 예의가 아니겠기에 육두풍월肉頭風月이지만 나도 한 수 짓자.』

그리고는 운자를 따라 단숨에 내리쏟았다.

李花桃花杏花開하고　判書參判參議來라.
이 화 도 화 행 화 개　　판 서 참 판 참 의 래

湯春臺上春正好하니　一杯一杯復一杯라.
탕 춘 대 상 춘 정 호　　일 배 일 배 부 일 배

오얏꽃 복사꽃에 살구꽃도 피고,

판서 참판에 참의까지 왔네.

봄빛 무르익는 탕춘대 위에서

한 잔 한 잔 또 한 잔 하세.

염도 되지 않았고 음률에도 조예가 없는 시였지만, 눈에 보이
는 대로 느낀 대로 정과 경을 다 그린 것이었다. 좌석에 모여 앉
아 글 깨나 한다는 선비들이 그만 기가 딱 질렸다.

또 어느 해 동지사冬至使가 청나라에 들어갈 때였다. 만조백관
이 모두 모화관에 들어가 전송하며 다 각각 별장別章을 지었다.
모두 종이를 들고 앉아 시상을 가다듬기에 애를 쓰고 있을 때, 문
원은 별로 생각하지도 않고,

冬上月慕華館에　上副使書狀官이라.
동 상 월 모 화 관　　상 부 사 서 장 관

燕京路三千里를　去平安來平安하라.
연 경 로 삼 천 리　　거 평 안 내 평 안

겨울도 상달 모화관에는

상사에 부사와 서장관까지
연경 삼천리 머나먼 길을
갈 때도 편안히 올 때도 편안히.

라고 내려쓰니 그 글을 보고 다른 사람들은 모두 붓을 던져버렸다. 그런 사람이었으므로 항상 글 읽었다고 고리타분하게 행동하는 선비들을 우습게 생각했다. 또 지역이나 인맥으로 사람을 쓰는 것을 심히 싫어했다. 언제는 영조께서 문원의 아들로 직각을 시키려 하여,

『경의 아들 삼 형제 중 직각에 누가 가장 합당하겠소?』하고 문원에게 물었다.

그는 『신의 맏자식은 단정 제일주의의 인품으로 월등한 식견이 없사옵고, 둘째 자식은 문학에 뛰어났으나 출중한 행동이 없사오니 셋째 자식이 합당한가 하옵니다. 그는 규모도 없사옵고 글도 신통치 않사오나 의복과 관대를 선명히 하옵고 날마다 술과 계집으로 세월을 보내니 그가 직각 감이 되겠사옵니다.』라고 했다. 기왕에 사람을 쓸 터이면 낫고 못한 것은 가려 무엇 하느냐? 하는 것이었다.

왕은 말없이 있다가 문원이 나간 뒤에,

『저 늙은이에게 몇 번이나 욕을 먹었는지 모르겠다.』라고 했다 한다.

문원은 술을 잘하는 중에도 탁주를 특히 좋아하였다. 대궐 문

밖에 탁주 집 하나를 단골로 정해놓고 대궐 내에 드나들 때마다 으레 몇 잔씩 먹는 것이었는데, 한 잔에 엽전 한 푼씩 하는 술이 었지만 계산하여 치부하면 그 액수가 적지 않는 돈이었다. 그래 누구에게 바가지를 씌워 빚을 갚고 앞으로 몇 해를 더 먹을 밑천도 장만해야겠다고 좋은 기회 있기를 기다렸는데, 누가 평안감사로 판명되어 하직하고 나아가는 길에 대궐문 밖 직방에 들어왔다. 그는 그렇지 않아도 기다리던 판이라 감사에게 좋은 벼슬하였다고 무수히 치하하고는,

『대감은 좋은 강산누대江山樓臺에서 잘 놀겠습니다. 그러나 이 문원이는 잡다한 장안에서 매일 바빠서 좋아하는 술도 실컷 먹지 못합니다. 대감이 만약 나를 생각하실 양이면 넉넉지 못한 처지를 동정하여 술값이나 좀 주십시오.』하였다. 감사는 젊지 않은 재상이 그렇게 말하니 못한다고 할 수는 없었다.

『말씀대로 실행하오리다.』

그리고 방지기에게 지필묵을 가지고 오라 하여 돈 백 냥의 증서를 썼다. 술값으로 백 냥은 실로 많은 돈이었다. 그러나 문원은 그 증서를 받아 보더니 섭섭한 표정을 보이며 꾸겨서는 휴지통에 넣어버렸다.

『대감의 처지로 기왕 쓸 바에 단돈 백냥으로 미봉하시는 겁니까?』

감사는 얼굴이 붉어질 수밖에 없었다. 미안하다고 사과하며 삼백 냥으로 다시 써서 주었다. 그제야 문원은 얼굴에 기쁜 빛을

띄우고 받아서 휴지통에 구겨 넣었던 백 냥 증서를 함께 술집 주인을 불러 주었다.

『이 증서 두 장을 가지고 평안감영저리平安監營邸吏에게 가서 술값으로 받아라.』했다.

감사는 도합 사백 냥을 한 자리에서 술값으로 떼인 것이었다.

문원은 항상 탁주만 먹으니까 그 아들이 약주나 소주를 잡수소서! 하고 아뢰었다. 그 말에 그는 아무 말도 안하고 소 쓸개 세 개를 사 오라 하였다. 그리고 그 쓸게 즙을 비운 다음 그 속에다 하나는 소주, 하나에는 약주, 하나에는 탁주를 채워서 매달아 두었다. 수일이 지난 뒤 그 아들을 불렀다. 그리고 그 쓸개들을 내려 보이니 소주 담은 쓸개는 거의 뚫어지게 되었고, 약주 담은 쓸개도 얼마쯤 엷어졌지만 탁주를 담은 쓸개는 도리어 두꺼워져 있었다.

『자 보아라. 너는 이 중에서 어느 술을 먹으라 했느냐?』

아들이 몸 둘 곳을 몰라 했다.

이 비위 좋고 사통팔달의 구애를 모르는 문원이 한 번은 좀 얼굴이 화끈한 변이 있었다. 문원의 세 아들이 모두 벼슬길에 올랐으니 맏이는 참판, 둘째는 승지, 셋째는 시교에 다닐 때였다. 하루는 셋째가 청에 당번을 들었다가 집으로 돌아오지 않고 남문 밖에 나가 적바림(:간단히 글로 적음)을 하여 왔다.

『경상도 어사로 명을 받아서 바로 성문 밖에 나와서 아버님께서 잠깐 이곳에 행차하셔야만 인사를 드리고 떠나겠습니다.』

문원은 편지를 본 다음 소매에 넣고 곧 세보교를 얻어 오라고 하인에게 명했다. 옆에 있던 그 부인이 왜 하필 세교보를 부를까 의아하게 생각하고 물었다.

『왜 소헌軺軒이나 사인교를 두시고 세보교(貰步轎 : 돈을 내고 빌려서 타는 가마)를 부르십니까?』어사는 비록 비밀아문이나 모자간까지 숨기지 않아도 될 터인데 하고 생각하며, 문원은『셋째 아이가 경상도 어사로 발령되어 나를 보자고 적바림을 보내 왔구려. 그래서 내가 나가 볼 터인데 왁자지껄하게 화려한 탈것을 부려서 남들이 알겠기로 세보교를 타고 가려오.』라고 했다.

그 말에 부인은 얼굴에 웃음을 띠며

『우리 아들도 어사를 하였어요? 하도 신기해하니 나도 보아야겠네.』하며 좋아 어쩔 줄을 모르는 눈치였다. 그것을 본 맏아들이 어사를 가지고 무얼 그러냐는 눈치였다.

『어머님, 이상도 하십니다. 나는 좋은 벼슬을 퍽 많이 하였으나 어머님이 별로 기뻐하는 하시는 기색이 없더니 오늘 아우가 어사를 하였다니 어찌 그리 좋아하십니까? 어사란 실직도 아니요, 잠시 명을 받드는 사신이 온대…』

부인은 그 말에 웃으며 대답했다.

『너는 어사를 우습게 알아도 나는 어사처럼 좋은 벼슬은 없는 줄 안다. 들어보아라, 너의 아버지가 전라감사 때 이야기다. 하룻밤에는 너의 아버지께서 안에 들어와 주무시는데 밤중에 예방비장禮房神將이 들어와 아비를 시켜 좀 일어나 달라고 하더구나. 그래 너의 부친은 자리에 누우신 채로 곡절을 물었다. 그러나 비장의 말이 지금 어사가 영내에 들어왔는데 혹시 이 밤에 출두하실지도 모르오니 사또께서 선화당宣化堂에 정좌하셔야만 아랫것들의 소동이 없겠습니다 하자, 그 말을 들으시고 너희 부친께서는 평소에 신중하시던 체모로서 어찌 그처럼 놀라시든지 황황히 일어나 옷을 입으신다는 것이, 글쎄 바지를 바꾸어 내가 벗어놓은 내의를 입었구나. 대님과 허리띠를 매려 하실 때 바지 길이가 짧음을 보고 비로소 알았지. 너의 부친의 황급해 하시는 체모로 말하자면 상감이 오신다면 모르나 영의정이 온다 하여도 그렇지는 않았을 것 아니냐? 어사란 말 한마디에 그처럼 허둥지둥하셨으니 어사보다 더 좋은 벼슬이 어디 있느냐?』

문원이 부인을 보고, 『자식 듣는데 아비의 결점을 말해도 되는 거요?』하면서도 붉어지는 얼굴을 어쩔 줄을 몰랐다.

26

남인의 거장 번암 채제공

화도화花桃花 이야기에서도 잠시 비추었거니와 채제공은 호방한 문장가요 이름난 재상이었다. 때는 붕당의 싸움이 절정에 오른 정조 때라 왕이 온 힘을 다하여 쓰던 탕평책도 아무런 빛을 보지 못하고, 조정에서는 그때가 노론 일색이었다. 그들은 저마다 요직에 앉아서 반대당을 얼씬도 못하게 하였다. 걸핏하면 귀양이요 걸핏하면 죽여 버렸다. 그래도 같은 근본인 소론에게는 약간의 사정이 없는 것도 아니었지만 남인에 대해서는 조그만 잘못도 지나쳐보지 않았다. 남인은 그에 앞서 노론의 영수인 송 우암을 귀양 보내어 사약까지 내려 죽게 했기 때문이었다. 그래서 조정에 남인은 얼씬도 못할 때였지만 채제공은 남인으로서 영상의 높은 자리에 있어 빗발치는 모해와 독설에도 끄떡하지 않았다.

한편, 그때 노론의 거두는 김종수였다. 사색당파의 다른 당에 있어서 서로 달랐으므로 채제공과는 매사에 의견 충돌을 일으켰지만, 또한 그는 대인을 몰라보는 소소 장부는 아니었다.

한 번은 채제공이 소를 보고 우암을 생각한다는 말을 누구에게 해서 노론들 귀에 들어갔다. 그렇지 않아도 구실을 찾지 못했던 노론들이

채제공(蔡濟恭) 초상
보물 제1477-1호, 수원화성박물관 소장,
출처 : 문화재청

들고일어났음은 물론이었다. 조정이 발칵 뒤집혔다. 그러나 김종수는 떠드는 그들을 점잖게 만류했다.

『우암께서 거미를 보고 주자를 생각하였으니 채정승의 말도 거기에 의거한 말이라, 그걸 공격하다가는 도로 역습을 받으리라.』

또 어느 때는 김종수가 무슨 생각이 났는지 채제공을 보고,

『들으니 남인 소년들이 우암을 비방한다 하니 참말인가요?』라고 물어보았다. 채제공은 웃으며 대답했다.

『남인 소년 중에 그런 인물이 있으면 작히나 좋으리까만 그렇지 못하니 답답한 일이외다.』했다.

우암의 영정을 봉헌한 여주 대로사大老祠에 큰 구렁이 한 마리

가 나타나 사당 영정 앞에 서리고 있었던 일이 일어났을 때다. 아무래도 불미한 일이니까 노론 편에서 자기네들끼리만 숙덕거렸다. 채제공이 그 말을 듣고는,

『사람마다 죽어서 용이 되기는 쉽지 않은 일인걸!』하고 만장한 노론이 듣는 데서 크게 웃었다. 속으로는 크게 분했겠지만 아무리 기세등등한 노론들이기로서니 우암이 용이 되었다고 하는 바에야 생트집을 잡을 수는 없는 것이었다. 멋진 욕이었다.

그는 또 시를 잘했다.

望海
망 해

包含盡地能成大요 轉運隨天不見望이라.
포 함 진 지 능 성 대　　　 전 운 수 천 불 견 망

물이 다한 곳, 휩싸 안고 능히 큼을 이룸이여
하늘 섭리 따라 도는 것 능히 보진 못하네.

秋日
추 일

大地成功黃稻熱하고 晴天無事白雲流라.
대 지 성 공 황 도 열　　　 청 천 무 사 백 운 유

땅에는 이룬 보람, 누렇게 익은 벼
푸른 하늘에는 한가한 흰 구름 오락가락.

그의 호는 번암樊巖이었다.

27

이주국李柱國의 살생, 그리고 은혜와 원수

이주국은 호방하기 그지없는 장수였다. 그가 평안 병사로 있을 때의 이야기다. 옥향이란 기생은 미색이 뛰어나 수청을 들라고 한 적이 있었는데, 기생은 못하겠노라 하며 듣지 않았다.

『소녀는 이미 서울 사람 성 진사에게 몸을 허락하였사오니 한 몸으로 두 지아비를 섬길 수 없어서 사또 분부를 받들지 못하겠나이다.』한다.

이주국은 속으로야 좀 야속하지만 겉으로는 그러냐? 하며 웃고 그만두었다. 그런데 그 기생은 무슨 생각에서인지 날마다 문안하더니 어느 하룻밤에는 들어와서 자청해서 시침하겠노라 하였다.

『소녀가 사또 기상을 뵈오니 참으로 호걸남자이시기에 한 번 모시고자 합니다.』병사 이주국은 또 한 번 웃고 원대로 해주었다. 그러자 이 병사가 벼슬이 바뀌어 다른 데로 가게 되었는데 그날 기생 옥향이가 말했다.

『사또를 위하여 수절하겠습니다.』이 병사는 그 말에 껄껄 웃으며,

『네가 또 성 진사에게 수절하듯 하려나?』하자,

그 기생은 노한 기색으로 그를 쳐다보다가 말없이 물러갔다.

그러나 또 인연이 있어 그 후 나라의 경사 때마다 그 옥향이 이주국에게 와서 문안하였다. 주국은 그에게 다시 시침하라고 하였으나 듣지 않았다. 생각하면 그를 위하여 수절하겠노라 한 것을 거절당하였음에 다시는 남자를 가까이하지 않겠다는 것인 것 같

이주국(李柱國) 장군 고택(古宅)
문화재자료 제96호, 경기도 용인시 처인구에 위치, 출처 : 문화재청

았다. 그 뒤 옥향은 고향에 내려가서 한마음으로 수절을 지켰고 뒤에 이주국이 죽자 소복하고 그 묘소에 가서 일장통곡한 다음 그 자리에서 자살하였다고 한다. 이 이야기만으로도 이주국이 얼마나 걸걸한 기상이 흘러넘쳤는가 하는 것을 짐작할 수 있었다.

이주국이 원융元戎으로 있을 때 군대 교련장에서 군인 하나를 죽인 일이 있었다. 그로서는 조금도 그럴 생각 없이 다만 그 군인이 정한 시각보다 늦게 왔기로 군율에 의하여 곤장 두어 대로 벌을 준 것인데 그만 그렇게 된 것이다. 훈련 진을 파하고 돌아가는 길에 보니 그 군인의 처자가 죽은 시체에 엎드려 통곡하고 있었다. 아들은 여남은 살 정도밖엔 안 되어 보였다. 『아, 가엾어라 본의는 아니었지만…』

가엾은 생각이 나서 이주국은 그 울고 있는 모자에게로 갔다. 그러자 발자취 소리에 고개를 들고 쳐다보는 그 아들의 눈에 살기가 가득하였다. 이 원융은 찬물을 끼얹은 듯 등골이 오싹하였다.

『보아라. 내가 너희 아버지를 고의로 죽인 게 아니다. 군율을 위반했기로 할 수 없이 곤장 두어 대로 징계했더니 그만 그렇게 됐구나. 운수이니 너무 원망치 말라!』했다. 그리고 그는 모자에게 재물을 많이 주고 장례를 치르게 했으나 그 아들의 살기는 조금도 사라지지 않았다. 큰일이다. 주국은 이렇게 생각하고 은의恩義로 그를 감화시키고자 그 어머니에게 아들을 자기에게 달라고 해보았다. 『내가 보는바, 아직 너의 아들 나이가 어리니 내가 데려다 길러주겠다.』고 했다.

그 어머니가 좋다고 하기에 주국은 그를 데려다 친아들처럼 귀하게 길렀다. 늘 따뜻한 말을 해주고 장성하자 장가까지 들여주었다. 그러나 살기는 종시 풀리지 않은 듯 보였다. 그래서 주국은 항상 그를 살피기를 게을리하지 않았는데 하루는 보니 그 얼굴에 살기가 더욱 이글거렸다. 오늘 저녁이 위태롭겠는걸, 주국은 생각하고 밤이 깊어지자 잠자리에서 일어나 그 자리에 죽부인으로 덮어놓고 그는 방 모퉁이에 숨었다. 아니나 다를까 밤이 삼경은 되어 그 군인의 아들이 시퍼런 단도를 들고 슬그머니 들어왔다. 한참 방 안의 동정을 살피더니,

『소인, 사또의 은혜를 많이 입었사오나 자식이 되어 어찌 아버지의 원수를 잊으리까. 칼을 받으소서!』하는 말과 함께 이불을 내리쳤다. 그리고는 돌아서려는 순간 숨었던 주국이 뛰어나와 그의 팔을 꽉 잡았다.

『네가 그만하면 네 아비의 원수를 갚았겠다. 하필 나를 죽여야 속이 시원하겠느냐? 나는 너를 용서한다. 너도 나를 용서하여다오. 오늘부터 마음을 풀고 영영 내 집에 있어라.』

그는 죽은 줄 알았던 주국이 나타났음에 어리둥절하는 모양이더니 곧 눈물을 쏟으며 말했다. 『소인이 사또를 속였으니 어찌 다시 모시리까?』

주국이 간절히 붙들었지만 듣지 않고 아득히 어디론가 사라졌다.

그가 벼슬하기 전의 이야기다. 그는 재상의 자제들과 어울려

활 쏘고 말달리기에 여념이 없었는데 활쏘기 시합을 벌릴 때면 그들이 돌려가며 술과 음식을 마련했다. 하루는 활터에서 활쏘기를 하였는데 그날은 서유대徐有大의 집에서 음식을 차릴 때였다. 유대는 문가의 아들로서 무예에 뜻을 두고 벗들과 어울려 다녔으나 가세가 몹시 구차한 터였다. 그래서 그들은 국밥이라도 하여 먹여라 했는데 유대는 듣지 않고 그 부인과 의논하여 혼인 때 마련한 패물을 모두 팔아서 그럴듯한 식탁을 차린 것이다. 그날이 되어 여러 무사들은 힘껏 뛰다가 배가 출출하여 기다리는데 좀체로 음식상이 들어오지 않았다. 필연 대유가 구차해서 그러려니 생각하고 아무거나 빨리 드리라고 했다. 유대는 조금만 기다리면 음식이 들어온다고 두어 번 말을 했으나 들어오지 않기에 국밥이라도 우선 먹으라고 갖다 주었다. 여러 사람은 시장하던 차 전후 사정을 생각해 보지도 않고 막 퍼먹었다. 그러나 이주국, 조심태, 신대겸과 주인인 서유대, 네 사람은 배가 불편하다고 먹지 않았다. 그러자 조금 후에 큰 식탁에 진수성찬을 가득 놓아서 들어왔다. 국밥을 먹지 않은 네 사람은 좋아라고 그 좋은 음식을 실컷 많이 먹었다. 그들은 나중에 모두 대장이 되었다.

28

우복동牛腹洞 이야기

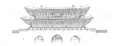

　우리말에 우복동이란 말이 있다. 살기 좋은 동리를 말한다. 그러나 사실은 피난하기 좋은 땅, 난을 피하여 살아가는 동네를 일컫기도 한다. 이 어원을 따지고 보면 정조 때부터 생긴 것이다. 정조가 사도세자의 산소 현륭원을 수원으로 옮겨 놓고는 그의 능침 자리까지 그 수원 영내로 정했다. 수원에 성을 쌓아서 서울과 같이 만든다고 했을 때, 그 경비가 막대하게 필요했다. 그래서 그 돈을 국고로는 쓸 수 없으니까 각도 관찰사와 장수들에게 돈 몇천 냥씩을 배당시키고 올 때에 소가죽으로 자루를 만들고 거기에 돈을 넣어 운반했다. 그때 그 돈을 소가죽에 넣은 돈을 이렇게 불렀는데, 그것이 와전되어 우복동牛腹洞이 된 것이다. 그렇게 돈을 모을 때의 이야기다.

선전관 이만식李晩植을 불러,

『너의 삼촌 이 통제사에게 내 말이라 하고 네가 편지하여 돈 3천 냥만 보내라.』는 분부였다. 만식은 매우 딱했다. 그의 삼촌 이 윤경이 과연 수군통제사로 전라도에 있기는 하였으나 곧기가 대쪽 같아서 그런 청을 들을 리가 만무하였기 때문이다. 그러나 왕명이라 하는 수 없이 기별을 하여 보았다. 이 통제사의 답은 기대했던 바와 같았다.

『신하가 임금에게 사사로이 돈 바치는 일은 없느니라. 너는 임금께서 설령 그런 말씀을 하신다 해도 '못 하십니다' 하고 간해야 옳겠는데, 어찌 긍정적으로 대답하고 이 숙부에게 이런 기별까지 하느냐? 너는 임금을 섬길 줄 모를 뿐 아니라 이래서야 어찌 숙부도 벼슬길을 다니겠느냐? 곧 소지를 올려 벼슬을 내어놓고 집에 들어앉아서 몸이나 닦도록 해라.』했다.

만식은 답장을 받고 나니 어떻게 할 수도 없는 처지라 병이라 일컫고는 집에 들어앉았다. 그러자 공적인 일이 있는 날이 닥쳐왔는데 왕이 선전관을 찾아보아도 그 이만식은 눈에 뜨이지 않았다.

『이만식은 어디 갔는고?』

왕은 행수선전관에게 물었다.

『신병으로 고통 중이옵니다.』

그렇게 대답했으나 왕은 듣지 않았다.

『젊은 사람이 설령 몸이 좀 불편하기로서니 어찌 공고 불참하는고? 지금 곧 가서 몸을 묶어서라도 대령시켜라!』그래서 만식은 하는 수 없이 어전에 나아가 대령하였다.

왕은 그를 보자,

『너는 무슨 병이 있어서 공적인 일에 참여치 않느냐? 너의 병은 필연 너의 삼촌 답서의 빌미 때문이지? 내가 그 답서를 좀 볼 테니 지금 곧 가져와서 올려라!』하고 아주 사람의 속을 손바닥 보는듯하면서 분부했다. 이만식은 하는 수 없이 그 숙부의 편지를 임금에게 드렸다. 왕은 그 편지를 다 읽고 조금도 성을 내는 기색이 없이 이만식에게,

『임금 섬기는 도리는 너의 숙부 말이 옳은 것이니라. 모두 나의 실수이니 조금도 송구해 하지 말고 벼슬길에 나아가라.』하였다.

그리고 이윤경을 크게 칭찬하고 난 다음, 그 편지를 여러 대신들에게 돌려가며 읽어보게 하였다.

29

부채와 백성들

　통영은 지금에 한갓 바닷가의 지명으로 '통영갓' 으로도 유명
하고 그런 이름으로만 남아있지만 옛날에는 삼도 수군을 통할하
는 영문이었다. 충무공 이순신 장군이 왜적을 막기 위해 한산도
에 통영을 설치한 것이 그 지명의 출발이었다. 당초에는 그 영문
에 소속한 군사들이 40만 명이었다. 그러나 그 뒤 차츰 세월이 태
평함과 국정이 그릇됨으로 그 수는 줄어지고 이름만 올려놓고 수
군의 숫자가 얼마인지 알 수도 없을 정도였다. 그러나 통영에서
는 그 군사가 얼마든 간에 한 사람 앞에 매년 운영비를 한 냥씩
받아들였다. 매년 수군 본예산이라고 불리어 통영에 들어가는 돈
은 실로 40만 냥이 되는 셈이었다. 그중에서 절연節筵 대금 2만 5
천 냥이라고 부채를 만들어 나라에 진상하는 것과 지방에 봉급으

로 나가는 몇만 냥을 공제하고 그 나머지는 50만 냥이 모두 통제사의 차지였다. 그래서 통제사 원문轅門만 바라보고 와도 삼대가 먹고 살만하다는 속담까지 생겨나게 되었다. 그런데 왜 말 많은 조정의 벼슬아치들이 그런 돈 자리에 올라앉는 사람을 모략중상 하지 않았나 하면 거기는 다 뒷구멍이 있었다. 충무공 이후 별로 특별하지 못한 역대 통제사들은 아주 그 막대한 수입의 얼마를 조정의 말썽 부리는 벼슬아치에게 들이밀 줄 알았고, 또 벼슬아치들은 으레 나누어 먹는 것인 줄 알았다.

이윤경이 통제사로 있을 때 일이다.

왕이 삼천 냥 보내라는 것도 응하지 않는 그가 못된 벼슬아치들에게 뇌물을 올릴 리가 없었다. 그는 그 돈으로 백성을 위하는 사업을 하는데 모두 썼다. 어느 해는 삼남에 기근이 들어 굶주리고 쓰러지는 백성들이 무수하였는데, 이윤경은 원문밖에 가마솥 몇백 대를 걸어놓고 구름같이 모여드는 백성들을 연명하게 했다. 그러나 워낙 수가 많아서 비용은 여간이 아니었다. 그래서 절연節筵 대금으로 둔 2만 5천 냥까지 모두 꺼내어 빈민구제에 충당했다.

그리고 나라에는,

『부채는 한여름 소용이오니 없어도 큰 낭패는 아니 되옵고, 그 돈을 쓰면 백성 몇만 명이 구제되겠기에 진상進上을 폐지하옵고 백성의 목숨을 구제할까 하옵니다.』라고 임금님께 보고했다.

조정이 벌집을 건드린 듯 들고 일어났다. 아무것도 얻어먹지 못한 썩은 벼슬아치들이 그렇지 않아도 때를 노리던 판에 흉계를 일으키기 시작했다.

『통제사 이윤경은 빈민구제를 빌미로 막중한 진상進上을 폐지하고 자기 배만을 채웠사오니 엄중히 처벌하시기 바랍니다.』하였다. 그러나 당장 빈민을 구제하고 있는 그를 죄줄 수 없어 그냥 두었다가 나중에 다시 들고 일어나 기어코 이윤경을 흑산도로 귀양을 보냈다. 말인즉, 막중한 진상이다. 그러나 만백성과 썩어빠진 정신을 가진 그들 벼슬아치 몇 명과 어느 것이 더 중요하냐? 그것은 두말할 것도 없이 허기진 백성을 살리는 것이 더 중요하다. 뒤에 이윤경은 통제사 자리에서 벼슬을 놓고 돌아오던 날의 저녁에 죽을 쑤어 먹을 만큼 청백리淸白吏였다.

30

용주사와 조심태趙心泰

　용주사는 현륭원 구역 안에 있는 절이었다. 정조가 특별히 그의 아버지 사도세자에게 분향하기 위한 목적으로 지은 것인 만큼 거기에 대한 관심과 보호는 대단했다. 그러나 그 절의 중은 저희들이 크게 잘나서 그런 모양으로 뽐내고 다니며 행패까지 부렸으니 그 피해가 적지 않았다.

　한 번은 용주사 중놈이 민간에 나갔다가 어느 집에 과부가 살고 있는 것을 알고는, 그 과부가 마침 뜰에서 무슨 일을 하고 있는 것을 보고 일부러 울타리 틈으로 드러내놓고 오줌을 누면서 온갖 희롱을 다 하는 것이었다. 과부는 젊은 나이로 남편을 잃고 구차한 살림에서도 어린 아들을 바라보며 살아가고 있는데 그런 욕을 당하니 몹시 통분하였다. 주먹은 가깝고 법은 멀어 방에 뛰

어들어가 한참 울다가 서당에 간 그 아들이 돌아오자,

『이렇게 법이 없어서야 고단한 사람이 어떻게 살겠느냐?』하니,

그 말을 듣고 아들은 비록 나이는 어렸지만 몹시 분개하고, 곧 수원부 중에 들어가 부사에게 그런 연유를 명백히 알려 중놈을 처리해 달라고 했다. 그때의 부사가 조심태였다. 그는 매우 엄정한 사람으로 중화부사中和府使로 있을 때 이미 이태중이 포제(褒題 : 왕에게 표창을 상주하는 글)에 쓰기를, [威如猛虎(위여맹호), 如泰山(여태산)]이라고 하는 사람이다.

그는 곧 관속에게 엄밀하게 사실을 조사하게 하는 한편 그 중놈을 잡게 하였다. 그런데 그동안에 서인이 걸려 중놈은 이미 대궐에 연통하여버렸다. 잡아 옥에 가두자 왕의 전교가 내려져 있었다.

『그 중은 죄상이 중하지 않으니 징계로 곤장 한 번만 쳐서 놓아 주라!』했다.

부사는 그놈을 때려죽일 생각이었던 것이 왕명을 받고 보니 마음이 딱했다. 그러나 살려줄 생각은 조금도 없었다. 어떻게 하면 왕명을 어기지 않고 저놈을 요절낼 방법이 없을까? 생각했으나 좋은 방안이 없었으므로 옥 사령들을 모두 불렀다.

『너희들 중에 아까 잡아온 중놈을 때려죽이는 사람이 있으면 큰상을 내릴 텐데 누가 할 수 없겠느냐?』모두 묵묵부답인데 맨 끝에 섰던 조그만 한 사령이 나섰다.

『만약 죽이지 못했다가는 네가 벌을 받으리라.』

『예.』

사령이 서슴지 않고 대답하기에 그에게 맡겨보았다. 사령은 중놈을 잡아들여 엎어놓고 발가벗긴 다음 큰 곤장을 들었다. 모두가 어떻게 한 번에 사람을 때려죽이는가 보려고 부사 이하 여러 관속들이 기회를 엿보고 서서 바라보고 있었다. 그는 어깨를 벗어젖히고 곤장을 높이 쳐들며 벽력같이 소리치며 달려들어 그중을 때릴 것 같더니 때리지 않고 물러섰다. 그리고 다시 대여섯 걸음 물러서더니 바람같이 달려들었다가 때리지 않고는 다시 물러섰다. 그렇게 십여 차례 하더니 한 번 달려들어 볼기짝을 치받쳐 때리니 중놈이 별안간 일어서서 싱글싱글 웃고 달아나더니 몇 걸음 가지 못해 죽었다. 사령이 몇 번이고 때릴듯하다가 물러서니 중놈은 아주 안 때릴 줄 알고, 마음으로 똥구멍을 열어 놓았던 것인데, 그걸 치받쳐 때려 곤장 바람이 간경肝經에 들어갔기 때문에 싱글싱글 웃다가 죽은 것이다. 부사 조심태는 매우 만족하여 그 사령에게 많은 상금을 주고는 임금께 보고하기를,

『곤장 한 대를 때렸더니 죄인이 바로 죽어버리게 되었습니다.』

했다.

왕이 알아보니, 사실 곤장 한 대에 죽은 사실이 틀림없으므로 아무 꾸지람도 내릴 수가 없었다.

조심태는 나중에 성역城役이란 책임자를 맡아 일을 하다가 수원유수水原留守로 벼슬이 높아졌다가 다시 훈련대장까지 하였다.

그가 수원성을 축조할 때의 이야기다.

성을 싼 언저리로 돌아가며 줄을 쳐서 사람들의 출입을 금지시키고 사방으로 문을 내어 그리로만 다니도록 하였다. 그리고 그 문마다 예쁜 젊은 여자를 앉혀놓고 술을 팔게 했다. 성 쌓는 일을 하는 일들은 모두 기운이 펄펄 나는 청년들이었으므로 일을 마치고 집으로 돌아갈 때 배가 출출한 것이었다. 그런데 예쁜 색시들이 술잔을 들고 한 잔 자시고 가라니 안 들이킬 수가 있으랴. 모두 한 잔, 한 잔 하다가 두 잔, 석 잔을 거듭하고는 종일토록 일하고 번 돈 엽전 열 닢을 모두 털어 주었다. 조심태는 뒤에 앉아서 그 돈을 도로 거두어들이니 매일 주어야 그 돈이 그 돈이었다. 그리하여 8천 냥 돈으로 성첩과 정각을 모두 준공하고도 얼마가 남았다고 한다. 백성의 노력을 공으로 빼앗은 것이다. 당시 민간에는 [心泰(심태)가 太甚(태심)하니 水原(수원)이 冤讐(원수)로다!!]고 하는 동요가 생겨날 정도였다. 정조는 아버님 사도세자를 위하여 그렇게 수원성까지 아름답게 꾸미고 거기에 백성들도 각별히 아껴 남쪽에 제일가는 도시로 만들었다.

31

정조 임금의 죽음

정조는 글로써 나라를 다스린 임금이었다. 춘추 49세로 승하할 때까지 지나치게 문치文治에 치우쳐 문약한 폐를 남기지 않은 것도 아니었으나, 실로 많은 문화재를 가꾸고 북돋우었다. 대전통편大典通編은 조선 국법, 다시 말하자면 헌법의 집대성 같은 것이었다.

그는 경신년(庚申; 1800년) 6월에 돌아가시니, 24년을 왕위에 있었던 것이다.

제 10 편 순조에서 철종까지

제23대 순조의 가계도

[부] 정조
[모] 수빈 박씨—23대 순조(재위 기간 : 34년 4개월, 부인 : 2명, 자녀 : 1남 5녀)

제24대 헌종의 가계도

[부] 익종(효명세자)
[모] 신정왕후 조씨—24대 헌종(재위 기간 : 14년 7개월, 부인 : 3명, 자녀 : 1녀)

제25대 철종의 가계도

[부] 전계대원군
[모] 용성부대부인—25대 철종(재위 기간 : 14년 6개월, 부인 : 8명, 자녀 : 1녀)

순조純祖가 왕위에 오르다

〚순조의 약사〛

제23대 순조 임금은 정조와 수빈 박씨 사이에 태어난 둘째 아들이다. 이름은 공, 자는 공보, 호는 순재이다. 정조 14년에 태어나 정조 24년에 왕세자로 책봉되었다. 정조가 죽자 11세의 나이로 즉위했다. 나이가 어려 대왕대비 정순왕후(영조의 계비)가 수렴청정했다. 순조 2년에 영안부원군 김조순의 딸을 왕비로 맞았다. 순조는 1834년 11월에 45세로 승하하니, 묘호는 순조, 능호는 인릉으로, 인조의 왕릉 경내에 조성했으나 철종 7년에 서초구 내곡동 헌인릉 경내로 이장했다. 1790~1834.

순조는 정조의 둘째 아드님이다. 형님인 문효세자가 일찍 죽었으므로 둘째가 그 왕위를 이은 것이다. 그때의 나이가 열 한 살이었으므로 영조의 왕비 정순왕후 김씨가 수렴청정으로 보좌하고, 김조순이 정조의 유명遺命을 받들어 왕을 도왔다. 순조의 왕비는 영안부원군永安府院君 김조순의 따님이다.

일찍 정조가 종묘에 거동할 때의 일이다. 어떤 계집 하인이 어린아이를 업고 행차를 구경하고 있었는데, 그 업힌 계집아이 얼굴이 매우 예뻐 보였다.

그래서 왕은 가까이 오라 하여, 『네가 업은 아이는 뉘네 집 아이냐?』 하고 물었다.

『대묘골에 사시는 김승지댁 아기랍니다.』

계집 하인은 그렇게 대답했다. 김조순이 그때 승지를 하고 있었던 것이다. 그러자 업힌 아이가 등에서 계집 하인을 나무랐다.

『김승지 댁의 아이가 무엇이냐? 승지이신 김조순의 딸이올시다. 라고 아뢰는 법이지!』했다. 그 말이 매우 똑똑하고 낭랑함에 왕은 귀엽게 여기고 그의 이름, 나이, 부모의 연령을 물으니 조금도 틀림없이 대답하였다. 정조는 그 영리함이 아주 마음에 들어 간택 여부없이 아주 며느님 감으로 정해 두었다가 뒤에 가례를 행하였다. 그리하여 김조순은 부원군으로서 고명 받은 대신이 되었고, 커다란 권리를 차지하게 되어 이로부터 외척 김씨의 세도가 시작되었다.

2

천주교와 실학사상이 들어옴

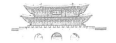

　순조 초년에 하느님을 믿음으로 하는 천주교가 처음 들어왔다. 이 새로운 종교는 곧 일부 백성들 간에 퍼졌지만 군신유의를 철칙으로 믿고, 부모 조상에게 제사를 지내는 것을 효도의 근본으로 생각하는 완고한 유학자들의 맹렬한 미움의 공격을 받게 되었다.

　유일신, 하느님을 아버지라 하고 천명을 받들어 나라를 다스리는 왕의 정사를 부인하며, 사람이 죽으면 하느님 곁으로 돌아가는 것이니 죽음을 슬프게 여기는 것은 잘못이라는 그 교리는 그들에게 크나큰 괴변으로 들렸다.

　그리하여 곧 금지령을 내리는 한편, 천주교를 믿는 자를 닥치는 대로 잡아들였다. 그중에는 단순한 신도로서 만족하지 않은 정약종, 이승훈, 이가환 등 신진 학자들도 많았다. 그들은 서학을 통하여 선진 서양문물을 받아들이기를 꾀했던 것이다. 많은 교도들과 함께 그들 또한 「혹세惑世의 학문」을 공부했다는 죄목으로 목이 달아나게 되었으니 근세 이 나라의 여명을 위해 목숨 바친 선구자라 하겠다.

이승훈(李承薰) 초상
출처 : 국립중앙도서관

3

다산 정약용의 시와 일화

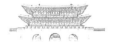

　정약용은 이미 말한 정약종의 아우였다. 다산茶山은 그의 호다. 그는 그의 의사가 섬세하고 풍부한 문장가로 시부詩賦 경서에서 천문, 지리, 의학, 복술에 이르기까지 통하지 않는 것이 없었다.

　다산은 정조 때 형조참의로 왕이 학문을 좋아했으므로 크게 신임을 받았다. 그러나 그는 남인이었으므로 항상 노론들의 탄핵의 대상이 되었는데, 정조가 죽고 순조가 등극한 뒤에 일어난 '서학의 탄압'이란 바람에 그도 같이 휩쓸려 들어갔다. 약종이 서학을 했으니 그도 했으리라는 모해를 입은 것이었다.

　그가 형 정약종과 같이 잡히어 형의 죄상유무를 문초당하자,

　[臣不可以欺君(신불가이감군), 弟不可以證兄(제불가이증형).]

　즉, [형이 죄를 지었는데 아니라고 하면 임금을 속이는 것이요,

바로 말하면 죄를 당할 것이니 어찌 하리요.]라고 했다.

형 약종은 끝내 죽고, 그도 또한 강진으로 귀양 가게 되어서 금
부를 떠나려 하던 날에,

[罪名白地無中出(죄명백지무중출), 心事靑天在上知(심사청천재상
지)]

〈죄명은 백지白地에서 무에서도 나지만, 마음은 푸른 하늘 상
제가 아노라〉 했다.

그는 거기서 오랜 세월을 보냈다. 좋아하는 책도 얻어볼 수가
없는 몸이었다. 그보다도 언제 목숨이 끊어질지 모르는 처지였
다. 그래서 항상 마음이 불안했다.

綠色粧身小小蛙, 一生端正坐梅査.
녹 색 장 신 소 소 와　　일 생 단 정 좌 매 사

非渠敢有居高願, 恐被鷄服活見理.
비 거 감 유 거 고 원　　공 피 계 복 활 견 리

말할 것도 없이 그의 몸을 작은 청개구리에 비하여 잡아먹힐까
항상 겁낸다는 뜻이다. 그러자 그보다 앞서 그 고을에 귀양 왔던
재상이 풀려 간다고 했다. 다산은 오리정五里亭까지 나아가 그를
작별하면서 그의 부채에다 소회를 읊은 시 한 수를 적어 주었다.

騷亭秋雨送人遲하니 別後論心更有誰오?
소 정 추 우 송 인 지　　　별 후 논 심 갱 유 수

瀛海登仙安可望이랴? 李陵歸漢遂無期라.
영 해 등 선 안 가 망　　　이 릉 귀 한 수 무 기

그 재상은 상경하여 부채를 들고 당시 세도가인 영안부원군 김조순의 집을 찾았다. 그리고 짐짓 그 부채를 펴서 주인이 보도록 부쳤다. 김조순은 부채에 글 쓰인 것을 보고, '누구의 글이요?' 하고 물었다.

『다산이 지은 글이요. 그와 헤어질 때 그가 써준 것이요.』 김조순은 몇 번 읊어보고 매우 잘 지었다고 칭찬했다. 재상은 때를 놓칠세라 곧 입을 열었다.

『대체 정약용이 무슨 죄가 있기에 귀양을 보낸 채 풀어주지 않습니까? 대감께서도 그 일에 대해서는 공평치 못한 허물이 없지 않으십니다.』 했다.

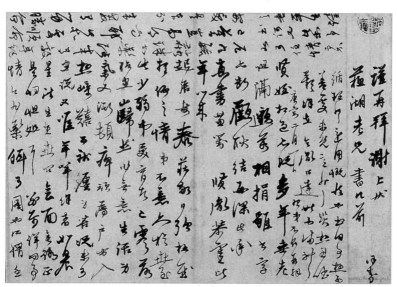

다산 정약용필(丁若鏞筆) 서간(書簡)

크기 : 세로 33.0cm, 가로 47.0cm, 국립중앙박물관 소장

그 말을 듣고 김조순이 생각해 보아도 사실 다산이 무죄한 사람이기에 잘못하였노라 하였다. 곧 다산은 놓여나왔다. 다산의 시작품은 퍽 많았다.

得得蛙爭曜, 垂垂鷺不飛. — 久雨詩
득 득 와 쟁 요　수 수 노 불 비　구 우 시

小鳥輕飛何大率, 老年堅臥若商量. — 林泉徜徉詩
소 조 경 비 하 대 솔　노 년 견 와 약 상 량　　임 천 상 양 시

또 어느 때는 친구가 시를 지어달라 하자

[吾家大事出(오가대사출), 今日夕不爲(금일석불위).]

라고 불렀다. ‘우리 집에 큰일이 나서 오늘 저녁을 못하는 것’을 말하는 것이었다. 다산은 또 의술이 신통의 경지에 가까워 아무리 중한 병이라도 한 첩약으로 고쳤다.

그가 광주廣州 오현午峴이란 시골에 내려가 있을 때의 일인데, 같은 동리에 사는 농가의 새 각시가 밭을 매다가 기절한 일이 있었다. 그 시어머니 되는 여자가 숨을 헐떡이며 와서,

『지금 저의 새 며느리가 들에 나가서 여러 남녀 농군들과 밭에 김을 매다가 별안간 가물어 쳐 죽었으니 제발 좀 와보시고 살려줍쇼.』라고 했다. 그래서 다산은 나가서 맥을 짚어보고 나서,

『죽지 않았소!』

그는 힘 있게 말한 다음, 부녀 넷을 불러 숨이 멈춘 색시의 사지를 각각 하나씩 잡게 하고 흔들면서 가래질을 시켰다. 그러자 죽었던 색시는 오줌을 내갈기며 살아났다. 소변이 마려운 것을

새로 시집온 색시라 여럿이 있는데 소변 보기 부끄러워 억지로 참은 나머지 오줌통이 막혀서 숨이 통하지 않았던 것을 들고 흔 들었으므로 오줌을 싸고 살아난 것이다.

또 점술에도 조예가 깊었다.

어느 해 성균관에서 대사성이 승보陞補라는 초시를 보았는데 거기에 응시한 생질이 과장에 글을 써서 바치고 나와서 청탁 편 지를 써 달라고 다산에게 왔다.

『아무래도 자신이 없으니 대사성께 청탁 편지를 좀 써 주십시오.』

다산은 우선 될지 안 될지 알아나 보자고 하고 초시를 보았던 글을 외우라 했다. 그리고 그 글로 점을 쳐보더니,

『청할 것 없이 참방은 하겠으니 그냥 기다려라!』하며 빙그레 웃었다. 그러나 생질은 필연 외삼촌께서 편지를 쓰기 싫어서 저 런 핑계를 하려니 하며 풀이 죽어 돌아갔는데, 이튿날 과거 발표 의 과방科榜을 그가 가보니 참말로 그의 이름이 붙어있었다.

다산이 곡산부사로 있을 때 이야기다. 관사에 불이 나서 동헌 이 전소한 일이 있었다. 다산은 감영에 보고하여 건축비 얼마를 청구한 다음, 다시 동헌을 짓는데 처음부터 얼마가 들것이라고 예산을 세워 재목과 흙, 기왓장 등을 준비하게 하여 공사를 마친 후 보니 마루판 하나 모자라지도 남지도 않았고 심지어 기와 한 장까지 남지 않았다. 더욱이 그 석재는 곡산읍谷山邑 앞의 큰 들 판에 파묻힌 옛 절터의 것을 파내어 썼는데도 그것마저 꼭 맞았 다고 한다.

4

이서구李書九의 사람됨

이서구는 호를 강산薑山이라 하는 사람이다. 순조 때 정승으로 덕과 행실로 이름이 높았다. 특히 그의 문장은 고아하여 높이 평가되고 있었다. 또한 연암 박지원을 스승으로 숭배했고 그의 영향을 받아 실사구시 운동에 힘썼으며, 이덕무, 박제가, 유득공 등 한문 4대가의 한 분이기도 했다.

이서구가 과거하기 전의 이야기다.

시골집에서 과거 때문에 상경하여 과장에 들어가기 전에 그 내종사촌을 찾아갔다.

한편 그 내종사촌은 몹시 구차하여 끼니도 이어갈 형편이 못되었다. 그러나 그 전날 내일 과거보는 날이라고 그 아내가 어디에 가서 쌀을 한 사발을 꾸어 두었는데, 꿈에 그 쌀이 알알이 용

이 되어 하늘로 올라갔
다. 그때 매우 좋아하면
서 밥을 지었는데 강산이
식전에 찾아 들어갔다.
내종사촌이 밥을 내오라
고 하자 그 아내는 간밤에
꾼 꿈을 생각하고 한 그릇
밖에 없다고 하였다. 그
러나 둘은 한 그릇 밥을
나누어 먹었다. 그리고

이서구(李書九) 초상
국립중앙박물관 소장

들어가 둘 다 등과登科하였다.

그렇게 등과하여 주서注書로 입시하였을 때 그의 기록이 매우
밝고 똑똑해서 대신의 재목이라 일컬어졌다.

등과하여 몇 해 뒤의 일이다.

어느 친구 하나가 찾아왔다. 서로 앉아 대화를 주고받노라니
별안간 대문간 행랑방이 와자지껄하며,

『이서구가 뭐냐? 개아들이요? 내 아들이다! 개자식이다!』하
는 욕이 들려왔다.

강산은 인상을 조금 찌푸리더니 하인을 불러들였다.

『아무개 놈이 또 술주정을 하는 모양이구나. 그놈을 두 번이나
용서해 두었더니 조금도 그 버릇을 버리지 않네? 이번은 용서할
수 없으니 때려죽인 다음 나에게 보고해라.』했다.

그리고는 바둑판을 벌이고 친구와 함께 마주 앉는 것이 아닌가. 얼마 안 있어 하인이 들어왔고

『분부대로 거행했습니다.』하니,

『그놈의 죄는 중하나 우리 집에 오래있던 놈이니 잘 묻어 주어라.』하고는 그뿐, 여전히 바둑을 두었다.

하인들이 『예.』하고 나가더니 다시 돌아왔다.

『문 밖에 형조서리刑曹書吏가 와서 뵈옵기를 청합니다.』

하인들의 말이었다. 강산이 그를 들어오라고 하여 물으니, 그는 좀 나무라는 어조로 말했다.

『판당判堂 대감께서 지금 일어나시어 들은즉, 수구문水口門 밖에 시체 하나가 있다고 합니다. 전신에 피를 흘리고 타살 혐의가 분명한데 탐문하니 진사 댁 종의 시체라 하는 바, 설령 죄가 좀 있기로서니 관청에서 알아 할 일인데 어찌 알리지도 않고 사사로이 죽였는지 곡절을 물어 오라는 판당대감의 분부입니다.』그때 형판은 채제공이었다.

강산은 조금도 움직이는 빛이 없이 나직한 목소리로

『그놈은 나의 집의 종이라 죽을죄를 세 번이나 짓는바 관에 알리기도 부끄러운 일이고 그냥 둘 수도 없어 그리했다. 대감께 그렇게 아뢰어라.』고 했다.

지금 생각하면 실로 천만 부당한 소리지만 그 당시에는 종이란 개돼지처럼 다루던 판이었다. 그러던 당시에 주인에게 욕을 한 종놈을 두 번이나 용서해 주었다는 것은 강산薑山이 여간 넓은 도

량이 아닌 터이었다.

친구는 강산의 도량에 크게 감동했다 한다. 뒤에 전라감사로 가서는 선치善治를 베풀고 밝은 정치를 하여 한 지방을 편안케 하였다. 그가 벼슬을 마치고 돌아올 때의 일인데, 호적고문서戶籍庫文書를 꺼내어서 각 아문에 나누어주고 전부 다시 베끼게 하였다. 그리하여 그것은 다른 곳간에 쌓아두고 떠났다. 그 후 불과 몇 달만에 불이 일어나 원고 호적문서가 모두 탔지만 새로 베껴 만든 것이 있었으므로 조금도 낭패가 없었다고 한다.

또 전라감사 재임 시에 하루는 정강성正罡星이란 별이 나주지방에 떨어지는 것을 보고 장교 하나를 불렀다.

『지금 곧 나주 아무 곳에 있는 아무개의 집에 가 보아라. 그 집주인의 처가 해산을 했을 터이니 만약 남자를 낳았거든 불문곡직 당장에 죽여버려라. 그러나 혹시 계집아이가 낳거든 죽일 필요까지는 없다.』

장교가 달려가 보니 과연 한 시간 전에 해산하였는데 계집아이였다. 돌아와 강산에게 그렇게 고하자 그는 길게 한숨을 지으며 말하였다.

『남자이었더라면 필연 국가를 어지럽힐 인물이 되겠지만 여자아이니 무슨 일이 있으랴. 그러나 응당 권세 있는 집안의 첩이 되어 세력이 한 나라를 흔들리라.』 뒤에 과연 그 여자는 하옥대감 김좌근의 첩이 되어 권세가 삼천리를 뒤흔들었다. 하옥대신 김좌근은 순원왕후 김씨의 오라버니였다.

5

헌종憲宗 임금의 등극

〚 헌종의 약사 〛

제24대 헌종은 이름은 환, 자는 문응, 호는 원헌이다. 순조의 손자이
며 익종(효명세자)의 아들이다. 어머니는 신정왕후 조씨이니 풍은부
원군 조만영의 딸이다. 순조 30년에 세자였던 아버지 익종이 죽자
왕세손으로 책봉되었다. 1834년 8세의 나이로 즉위, 대왕대비 순원
왕후가 수렴청정했다. 헌종은 1849년 창덕궁에서 23세에 후사 없이
죽었다. 묘호는 헌종이며, 능호는 경릉으로 구리시 인창동 동구릉이
다. 1827~1849.

순조가 춘추 45세로 붕어하자 그 뒤를 이은 분이 헌종 임금이
다. 왕은 이미 말한 바와 같이 세자로 일찍 죽은 익종의 아드님이
다. 익종의 비 풍은부원군豊恩府院君 조만영趙萬永의 따님 조씨의

소생으로 왕위에 올랐을 때 춘추가 불과 여덟 살이었다. 어머니인 왕대비와 조모인 순원왕후가 이 어린 왕을 보좌했다. 더구나 순원왕후는 6년 동안이나 수렴청정을 하였다 한다. 따라서 어머니 쪽 조씨趙氏들과 조모님 쪽 김씨들이 정권에 손을 뻗치는 것을 어찌할 수가 없었다.

그들은 전교동과 박동에 살면서 굉장한 세도를 부렸으므로 당시 전교동 세도라 하면 김씨네들 세도를 말하는 것으로 알았고, 박동세도라 하면 조씨네들 세도를 가리키는 것으로 알게 되었다.

그런 중에도 김씨 세력은 한결 더하였다. 김조순의 뒤를 이은 김좌근이 얼마나 세력을 부렸는지 헌종이 크게 노하여,

『당신의 목에는 칼이 들어가지 않는가요?』라고 면박한 적도 있었다. 김좌근도 왕의 진노에는 황공하여 몸 둘 바를 몰라 얼굴을 들지 못하고 머리를 조아리며 죄를 청할 수밖에 없었다.

그런 왕이었으므로 외척이고, 근시近侍고 조금도 가차 없이 그릇된 일을 하면 법으로 다스렸다. 내관과 궁녀가 혹시 어전에서 어긋난 일을 하게 되면 죄의 경중에 따라 곤장으로 다스리거나 궁궐 밖으로 내쫓았고 심하면 귀양도 보냈다. 그러나 그렇다고 눈물을 모르는 왕도 아니었다. 어느 때의 일이다. 내관 하나가 죄과가 있어서 연부군직蓮府軍職을 시켜 잡아 엎어 놓고 볼기를 때리라 하였다. 그때는 의례 상감 앞에서 볼기를 때리는 법이었는데, 어전에서 임금 앞에 차마 볼기를 깔 수는 없어 여름이면 겉옷만 걷고 겨울이면 바지를 걷어 속의 것만을 입히고 볼기를 치는

법이었는데, 그 내관은 얼마나 가세가 구차하였던지 속옷을 해 입지 못했다. 그래서 군졸들은 바지 겉을 뜯고 안에 한 겹만을 만든 다음에 때릴 양으로 바느질 한 실을 뜯었는데 그 안에서는 때 묻고 낡아빠진 걸레 같은 솜들이 나왔다. 임금이 그 모양을 보자 볼기를 때리지 말라고 명했다. 그리고는 무명 10필과 솜 스무 근을 하사하였다.

헌종(憲宗)
선원보감(璿源寶鑑)에 실린 그림, 출처 : 위키백과

6

깨끗한 빗과 더러운 빗

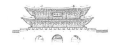

　성균관에는 진사 2백 명을 교육시켜 나라에 그 인재를 뽑아 쓰는 교육기관이었다. 그런데 그들 선비는 한결같이 시골 출신이 많아 글만을 읽고 그 내용을 논하기에 바빠서 자기 몸과 외부의 머리털이나 손발을 깨끗이 치장하는 사람이 드물었다.

　헌종은 그런 유생들의 생활을 알고 하루는 무슨 생각을 하였던지 별안간 진사들이 머리 빗는 빗을 모두 거둬들이라고 명령했다. 그리하여 2백 개의 빗이 왕의 앞에 놓여졌다. 왕이 그것을 일일이 검사하여보니 모두 빗살에 때가 새카맣게 끼어있었다. 그중 단 하나가 깨끗이 살의 때를 뺀 빗을 손에 주워들었다.

　『보아라, 모두가 자기 머리를 빗는 빗살에 더러운 때가 가득한데 이 빗의 진소眞梳에만은 때 하나 볼 수 없지 않으냐? 수신제가 한 뒤에야 치국과 평천하가 있는 것이거든 제가 가진 조그만 일용품 하나도 변변히 간수하지 못하는 자가 어찌 인의예지엔들 무엇 신통하겠느냐? 나는 이 빗의 주인인 유생을 크게 칭찬한다.』했다.

왕은 그때를 뺀 빗의 선비에게 '일엽청一葉靑'이란 칭호와 함께 많은 상품을 내렸다. 그런 일이 있은 후 몇 개월이 지났다. 임금은 다시 성균관에 거동하여 진사들의 빗을 거두어오라 했다. 앞서 왕의 말이 있었으므로 이번에는 깨끗이 씻어 임금님께 갖다 바쳤다. 그런데 때를 빼지 않은 채 때 묻은 빗 한 개가 임금의 손에 들려졌다.

『그전에는 조사할 때는 모두 더럽더니 오늘 다시 보니 모두 깨끗한 빗으로 바뀌었는데, 이것은 마음에 우러나서 그러는 게 아니라 나에게 아첨하고자 함이 아닌가? 교언영색은 군자가 드물다고 했으니(논어), 군자로서 말을 남의 뜻에 맞도록 하려고 애쓰고 형용을 아름답게 꾸미려 함은 크게 경계해야 할 일이 아닐 수 없다.』하고, 왕은 빗에 때를 빼지 않고 그대로 내보인 주인공인 유생에게 상을 내렸다고 한다.

7

도둑을 회개시킨 홍기섭

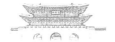

홍기섭은 익풍부원군益豊府院君 홍재룡의 부친이고, 헌종비 홍씨의 외조부가 되는 터이다. 처음 헌종비는 영흥부원군 김조근金祖根의 따님 김씨였는데, 16세의 어린 나이로 죽고 홍씨를 왕비로 다시 맞이하게 되었다.

홍기섭이 젊은 때의 이야기다. 그가 참봉으로 사관史官하다가 부모의 상으로 휴직되고 향리에서 한가하게 지낼 때인데 가세가 심히 구차하였다. 아침저녁 끼니 걱정을 하는, 그야말로 밥 먹기를 부자 굶듯 하였다.

하루는 그 집에 도둑이 들었다. 그러나 집안 샅샅이 뒤져보아도 훔쳐 갈 만한 것이 없었다. 훔치는 것이 직업인 도둑은 그 본분을 잊어버리고 도리어 다른 집에서 훔친 엽전 다섯 냥을 그 집의 유일한 집기인 옹달솥 안에 넣어두고 가버렸다. 그 이튿날 아침이었다. 홍씨의 부인이 아침을 지으려고 부엌으로 내려가 보니 솥 안에 난데없는 돈이 들어 있었다. 홍씨 부인은 그걸 들고 남편에게 보였다.

『우리 집이 하도 가난하기에 하느님이 돌보심인가 합니다. 우선 쌀과 찬거리나 삽시다.』하였다.

그러나 홍기섭은 당치 않는 소리라고 못하게 하였다.

『부당하게 재물을 취하겠다니 말이나 되오?』그리고는 『누가 돈을 잃은 자가 있거든 찾아가라.』는 방을 써 붙였다.

한편 도둑은 일이 어떻게 되었나 하고 홍씨 집을 기웃거려 보았더니 울타리에 무슨 종이쪽지가 붙어있었다. 무언가 하고 읽어 보니 자기가 넣어준 돈을 임자가 와서 찾아가라는 방이 아닌가? 그는 순간 쇠뭉치로 뒤통수를 얻어맞은 것 같은 느낌이었다. 누구는 주인 없는 돈을 얻어도 광고까지 하여 찾아가라는데, 나는 왜 남의 것을 훔쳐내는가! 곧 주인을 찾아서 그에게 엎드렸다. 그리고 전후사를 모두 이야기하고 그 돈을 받아 달라고 사정하다시피 하였으나 홍씨는 준열한 책망만 할 뿐 손가락 하나 내밀려 하지 않았다.

크게 반성한 도둑은 그날부터 개과천선하여 새사람이 되었다. 본래 그의 집은 풍부한 터였으므로 그 뒤 자주 홍씨 문하에 드나들며 돈과 쌀을 가져다 보태어 주었고, 나중에 홍기섭이 감사까지 되자 그도 벼슬에 올랐다. 지금도 익풍부원군의 자손들과 유

씨 자손들은 대대로 우의가 두텁고, 부원군 자손들이 유씨 자손
에게 도둑놈의 후손이라고 놀리기도 한다고 했다.

8

부원군의 중매로 소실 얻은 홍기섭

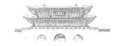

순원왕후의 아버지 영안부원군 김조순은 사람 관상 보는 법이
놀라웠다. 순원왕후가 아직 어릴 때 상을 보고는 더 없이 귀한 골
격이라 그 부인에게 꾸지람이나 매질을 함부로 하지 못하게 타일
렀고, 그 아들 김좌근의 상을 보고는 벼슬은 정승에 오를 터이고
세도를 누리겠으나 계집에 홀리겠다고 하더니 과연 나중에 요망
한 첩 나합羅閤에게 빠져 그의 폐가 적지 않았다. 그가 한참 세도
를 부릴 당시 아직 가난한 선비였던 홍기섭이 그 문하에 출입하
였다. 그는 기섭의 상을 보고 후에 귀하게 될 줄 알았다. 그때 대
우를 각별히 하였는데 그 집에 침모 하나가 있었다. 나이 아직 30
미만에 사주팔자가 그랬던지 남편을 여의고 일점혈육도 두지 못
하여 남의집살이를 하는 터였다.

김조순이 그 상을 보니 역시 부귀를 누릴 사람이었고 자녀도 있을 듯하였기에 홍기섭과 짝을 지어 주고자 하여 조용히 물어보았다.

『내가 그대 상을 보니 외로이 늙을 사람이 아닐세. 꼭 그대와 맞는 자리가 있는데 내 중신하려 하네. 생각이 어떤고?』

그 여인은 본래 부유한 집안의 사람으로 논밭전지와 세간들이 넉넉했으므로 남의집살이를 하는 것이 생활고 때문만이 아니었다. 가까운 친척도 없고 여자 혼자서 살다가 무슨 욕을 당할지 몰라 침모로 사는 터이었고 점잖은 사람만 있다면 개가하겠다는 생각도 품고 있었다.

차마 가겠노라고 말은 하지 않았으나 고개를 숙이고 부끄러워하는 가운데도 수긍하는 빛을 본 김조순은 곧 그 침모를 그의 집으로 나가서 기다리게 하였다. 그리고는 종놈 하나를 불러 무어라 이른 다음, 서산나귀에 수놓은 화려한 안장을 마련하여 대문 밖에서 기다리게 하였다. 한편 영안부원군이 밤새 무슨 일을 꾸몄는지 알 일없는 홍기섭은 여느 때와 같이 조반을 마치자 곧 김조순 댁으로 향했다. 그가 대문을 지나려 하니 자주 보는 종놈 아이가 나섰다.

『대감님께서 문 밖에 있는 정자로 나가시며 나리를 모시고 오라고 했어요. 이 나귀에 오르시지요.』 한다.

전에도 영안부원군이 그를 문 밖으로 청한 일이 있었으므로 홍기섭은 아무 의심 없이 평생 처음 타 보는 좋은 나귀 등에 올랐다. 종놈은 고삐를 몰아 동소문을 지나고 성북동으로 한참 가더니 어느 집 앞에 나귀를 멈추었다.

『들어가 보세요.』했다.

영안부원군이 여기서 기다리는가 보구나, 짐작하며 홍기섭이 대문을 열고 들어가 보니 인기척 없는 뜰 안에 꽃이 아름답고 집 안은 매우 깨끗하게 보였다.

대감은 어디 나가기라도 했는가 생각하며 그는 마루에 올라가 서슴없이 꽃방석에 앉았다. 그러자 뜻밖에도 안에서 아름다운 여인 하나가 나왔다.

흰 얼굴에 나직하게 숙인 고개, 나이는 삼십쯤 되었을까, 사뿐사뿐 걸음을 옮겨 걸어 나오더니 머리를 숙여 인사를 하는 것이 아닌가. 홍기섭은 어리둥절하여 일어나려 하였다. 남녀가 칠 세면 부동석이라 했거늘, 내 이렇게 처음 보는 아름다운 여인에게 영접을 받을 수 있을까? 그는 마음이 뛰기 시작했다. 그래서 일어나서 나가려 하는데, 여인이 만류를 했다.

『귀한 분이 행차하였음에 여자의 몸으로 맞는 실례를 용서하시고 잠시 기다려 주십시오. 구구한 소회를 아뢰고자 합니다.』

그 말에 홍기섭은 다시 앉았다. 여인의 부드러운 얼굴이 그의 마음을 흔들어 놓았음이다. 여인은 기섭이 다시 앉자 곧 심부름하는 아이를 불러 음식상을 가져 오라 하였다. 상다리가 휘어지도록 차린 상에는 모두가 보기 좋고 먹기 좋은 음식으로 가득했다. 여인은 고운 손으로 잔에 술을 부어 기섭에게 올리려 했다.

그는 더욱 이상하게 여겼다. 낯선 남녀가 한자리에 앉는 것도 잘못이거든 술까지 권하다니, 그는 외면을 하고 혼잣말처럼 중얼거렸다.

『남녀가 유별한데 안면도 없이 이처럼 하는 것은 실례가 아닌지요?』 그러자 여인이 곱게 웃었다.

『남녀가 유별하다는 것은 부부를 두고 이른 말씀이 아니지요. 안다는 것이 따로 있나요. 서로 인사하면 아는 것이지요. 가족이 아닌 바에 본래부터 안면 있는 사람이 어디 있으세요.』

낭랑한 말에 홍기섭의 마음도 솔깃해졌다. 대체 이 여인은 누구일까. 하도 궁금한 나머지 물었다.

『주인댁은 누구시기에 나를 이처럼 대접해 주시는가요?』

여인은 곧 대답하지 않고 눈으로 술을 먼저 드시라고 말하면서 잔 든 손을 내밀었다. 홍기섭은 한 잔, 두 잔 주는 대로 거듭 마셨다. 살짝 취하니 자연 흥취가 나서 말도 쉽게 술술 나왔다.

『문 밖에 나귀를 몰고 온 아이도 음식을 좀 먹였으면 좋겠소.』

그러자 여인은 소리 내어 웃으면서,

『그 아이는 벌써 부원군 댁으로 돌아갔어요.』

그리고는 그가 부원군 댁 침모이며 부원군의 지시로 오늘 이런 일이 있음을 모두 이야기하는 것이었다. 들어보니 홍기섭의 외골수 마음이 매우 난감한 일이 아닐 수 없었다. 가세가 몹시 구차할 뿐 아니라 처자를 구비하고 손녀까지 본 터에 첩을 두다니 말이 안 될 것 같았다. 그의 집 형편을 말하고,

『나는 평생 첩을 두겠다는 마음은 꿈에도 생각해보지 못한걸 요?』하고 사양했다.

그러나 여인은 돈과 재물은 걱정을 말라고 하였다.

『저의 사람됨이 못나서 당신께서 저를 취하지 못하겠다면 그 는 하는 수 없는 일이오나, 다만 의식의 비용을 감당치 못하여 그 러하겠다니 그 무슨 말씀이오니까? 첩에게는 몇 식구 정도는 먹 일 돈과 그것을 감당할 만한 재물은 있사오니 그 점 염려는 마옵 소서.』한다. 홍기섭도 사람인 바에야 어찌 끝내 그 아름다운 여 인을 마다할 수 있었으랴. 드디어 허락하고 화촉의 밤에 깊은 정 을 함께 하게 되었다.

그 이튿날 부원군 댁 종놈이 다시 나귀를 몰고 왔기로 홍기섭 이 돌아가서 인사를 드리니 영안부원군은 넌지시 웃으며 물었다.

『장가를 잘 들었는가요? 신부를 잘 대접하여 중매한 이 사람 이 무안치 않게 하여주오.』홍기섭은 좀 붉어지는 얼굴을 어찌하 지 못하면서, 『대감 수단이 대단하십니다.』라고만 했다.

후에 홍기섭은 그 소실의 재물로 구차함을 면하였고, 그 소실 로 아들과 딸을 낳아 평생 부귀를 누리면서 지낼 수 있었다.

거상 임치종林致宗의 일생

헌종 때 의주 땅에 사는 임치종이라는 사람이 있었다. 뜻이 활달하고 호방하여 빈주먹으로 몸을 일으켜서 큰 부자가 된 사람이었다.

그는 어려서 집이 가난하여 어느 상가에서 사환이 되었는데 5년 동안을 진실하게 근무하고는 문상門商이 되었다. 문상이란 중국 청나라 상인들이 교역하는 우리나라 사람들을 말하는 것으로서 두 나라 사람들이 평소에는 내왕하지 못하다가 사신이 드나들 때면 서로 책문(柵門:국경지역)에서 만나 물건을 교역하므로 그런 이름이 생긴 것이다. 의주의 풍속이 본래 5년 동안 상점에 고용된 사람에게는 자본을 대어 주어 문상을 시키는 것이었다. 그는 장사에 수완이 있어 곧 많은 돈을 모았는데 한 번은 북경에 들어

가서 청루에서 만냥萬兩의 패를 내걸었음을 보고 그 돈을 모두 털어 그 여자에게 주고는 상관도 않고 돌아와 버렸다. 그로서는 중국 본토의 부호의 자제도 생각지 못하는 여색을 건드려 동방의 남아의 의기를 보일 생각이었지만, 오랫동안 힘써 모은 돈을 모두 털어 버리고 돌아왔으니 아무도 사람대접을 하려 하지 않았다. 그러나 그는 아무 다른 생각 없이 세월을 보냈다. 한편 만 냥의 패를 내건 여인은 몸도 요구하지 않고 만 냥을 던져준 임치종에게 깊이 감사하고 그의 주소와 성명을 물어 두었는데, 그 후 북경에서 제일가는 부상의 아내가 되었다. 여인은 그 남편에게 말하여 그가 받은 은혜를 갚음에 오만 냥을 치종에게 주었고, 두루 주선하여 중국의 부상들과 교역할 수 있도록 해 주었다. 그리하여 그 후 곽산군수까지 지냈다.

그는 조금도 세속의 부자들같이 인색하지 않아 어려운 사람을 구제하는 데는 금고를 따로 정해놓고는 누구든지 일을 경영하겠다고 자본을 청하기만 하면 그 사람의 역량에 알맞은 돈을 주었다.

한 번은 세 사람이 함께 와서 각기 장사 밑천을 청하여 왔었다. 치종은 그들 수완을 보려고 짐짓 엽전 한 푼씩을 주어 이익을 남겨 오라 했다. 한 사람은 그것으로 짚을 사서 짚신 다섯 켤레에 한 푼씩 받아 5푼을 가져왔다. 다른 한 사람은 창호지와 대나무를 사서 종이 연을 네 개를 만들어 한 개에 두 푼씩 받았다고 하여 8푼을 가져왔다. 또 한 사람은 백지 한 장을 사서 의주부윤께 글을 올려서 산사에서 글을 읽을 터이니 돈을 좀 구하게 하고 쌀을 사게 해 달라 하여 10냥을 얻어왔다.

치종은 그들을 보고 짚신 만든 사람은 낭패 없는 성미나 규모가 적다 하여 1백 냥을 주고, 지연紙鳶을 만든 사람에게는 힘 안 드리고 돈을 얻었으나 때를 맞추어 해야 하는 약점이 있다 하여 2백 냥을 주었다. 그러나 소지를 올린 사람에게는 허황한 일이지만 뜻이 커서 좋다고 하여 1천 냥을 주었다. 그리고 다시 일 년 후에 돌아와 이윤을 알리게 하고 보고하게 하였다.

일 년이 지난 다음, 두 사람은 수삼 백의 이익을 남겨 가지고 돌아왔으나 천 냥을 가져간 사람은 그 돈으로 평양기생에 반해 다니다가 모두 없애버리고 무일푼으로 돌아왔다. 그러나 치종은 조금도 책망하지 않고 그가 요구하는 대로 2천 냥을 또 주었다. 그 사람은 그 돈으로 여전히 진탕 놀더니 돈을 거의 다 쓰고 백 냥을 남겼다. 그는 그것으로 개성에 가서 인삼 씨를 구하더니 깊은 산중에 뿌려 두고는 5, 6년을 한가하게 노는 것이었다. 그러자 인삼이 쓸 만한 때가 되었는지 치종에게 와서 일꾼과 우마牛馬를 달라고 했다. 치종이 두말 않고 주니 그는 수만 근 인삼을 거두어 왔다. 치종은 그 인삼을 쪄서 중국 상인에게 팔아 수십 만금을 얻어서는 3분의 2는 그 사람에게 주고 나머지는 자기 것으로 크게 덕을 보았다.

임치종은 또 어느 해에 창고에 가득한 마제은을 뜰에 꺼내어 햇빛을 보일 때 이웃에 가난한 사람이 그 산더미 같은 은에 입을 벌려 놀라는 것을 보고 은 두 덩이를 집어주었다. 『그가 무슨 공이 있다고 적지 않는 재물을 줍니까?』

옆에 사람이 의아하게 생각하여 물었다. 그러자 치종은 대답했다.

『나도 그전에는 이 정도의 은을 보고 놀란 적이 있었기로 동정을 표하였소.』 했다.

어느 날 솔개가 그 집 병아리 한 마리를 채어 갔다. 그것을 보자 치종은 곧 크게 잔치를 벌이고 풍악을 울려 여러 사람을 모으고 진탕 먹고 마시게 하였다. 그리고는 그들을 향하여 말하였다.

『내가 재물을 모으기 시작한 후로 반 푼의 손실이라고도 없었는데 이제 내 물건인 병아리 한 마리를 저 솔개가 채어 갔다. 이는 나의 운명이 다하였음을 말하는 것이니, 왔다가 가는 것은 인생에서 항상 있는 일이요 서글픔은 없겠다. 오늘 모두 유쾌하게 놀아나 다오!』 했다.

사람들은 그게 무슨 말이냐고 나무랐지만, 과연 그 후 한 달 안에 치종은 죽고 말았다고 한다.

10

이원조李源祚의 신선 꿈

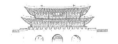

경상도 성주 땅에 이원조라는 사람이 살았다. 과거 보러 서울로 올라가는 도중에 청주 '까치네' 주막에서 묵게 되었는데 밤에 꿈을 꾸었다.

화려한 옥루 난간에 그림이 그려진 기둥이 어렴풋이 보이는 가운데 선관仙官 셋이 구름 같은 관을 쓰고 날개옷을 입고 앉아서 이야기를 주고받고 있었다.

『금번 과거에 성주유생 이원조가 등과할 터이지?』

첫 번째 선관의 말이었다.

『글쎄 살기만 하면 과거는 하겠지만 오늘밤 호환을 면할 수 있을까?』

둘째 선관이 이렇게 말하자 셋째 선관이 나무라듯,

『그러면 그 범을 없애주어야 하지 않겠나?』라고 말했다.

이원조는 크게 놀라 살려달라고 달려들어 그냥 빌었다.

선관은 고개를 끄덕이더니 동자를 불러 아무개를 데려 오라 하였다. 동자가 사라지더니 곧 포수 하나를 데리고 왔다. 선관들은 그 포수에게,

『너는 곧 '까치네' 주막에 가서 총에 탄환을 넣고 있다가 범이 오거든 쏘아 죽이고 성주유생 이원조를 구해 주어라!』명령한 다음, 이원조를 보고는,

『이 방에서 꼼짝하지 말고 기다리면 무사하리라.』하였다.

그러자 문 밖에서 요란한 총소리가 났다. 깜짝 놀라 깨어보니 꿈이었다. 그는 오히려 어리둥절하여 생사를 분별하지 못하고 있는데 문 밖에서 찾는 소리가 났다.

『이 주막에 성주 사는 이원조라는 분이 계십니까?』

원조는 두려운 마음이 미처 가시지 않아 덜덜 떨다가 몇 번이고 묻기에 이불을 뒤집어쓰고는 기어들어 가는 소리로,

『여기 있소.』하였다.

그러자 문 밖에서 사람이 들어와 공손히 인사하는 것이었다.
『당신이 이원조이십니까? 나는 저 건넛마을에 사는 김 포수이옵니다. 밤에 꿈을 꾸니 신선이 부르시어 주막에 가서 범을 잡고 성주 유생 이원조를 구하라 하기에 와서 범을 잡았습니다.』

원조는 포수의 꿈이 그의 꿈과 꼭 같은 것이 매우 신기하여 자세히 그를 보니 바로 꿈속에 나타난 그 포수였다. 살려준 은혜를

만귀정(晩歸亭)

이원조(李源祚)가 귀향하여 독서와 자연을 벗 삼으며 여생을 보낸 곳, 문화재자료 제462호, 경북 성주군 가천면에 위치, 출처 : 문화재청

무수히 감사하고 그와 나가보니 바로 방문 밖에 큰 범 한 마리가 목에 총알을 맞고 쓰러져 있었다.

이원조는 그 길로 서울로 올라가서 과거에 응시하여 등과를 하게 되었다.

한편 그 범이 죽던 전날 경상도 고성 땅에 사는 선비 백구용白九容이 제자들과 글을 의논하는 자리에 용모가 매우 흉한 중 하나가 찾아왔다. 그 중은 백구용에게 문안하더니 어디를 가겠노라 하였다. 구용은 가지 말라고 만류하였다.

『네가 내 말을 듣지 않고 갔다가는 목숨을 잃으리라.』했다.

그러나 중은 기어코 가겠노라 하면서 물러갔다. 제자들이 의아하게 생각하고 어떤 중인데 그러느냐고 묻자,

『그 중은 사람이 아니라 범이 변신한 것이니라.』라고 구용이 대답했다. '까치네'에서 죽은 범이 바로 그 범이었던 것이다.

11

헌종憲宗의 죽음과 철종哲宗의 등극

【 철종의 약사 】

제25대 철종은 전계대원군 광의 셋째 아들로 정조의 이복동생인 은
언군의 손자다. 이름은 변, 초명은 원범이고, 자는 도승이며 호는 대
용재이다. 어머니는 용성부대부인 염씨였는데, 순원왕후가 양자로
삼아 순조의 뒤를 잇게 했다. 철종은 1863년 12월 8일 33세의 나이
로 승하했다. 묘호는 철종, 능호는 예릉으로 고양시 서삼릉에 묻혔
다. 1831~1863.

헌종은 그 아버님을 닮아 매우 영특한 임금이어서 내시들의 작
폐를 금하고 당시 세력이 굉장한 장위영壯衛營의 전횡을 금하는
등 국정에 힘을 썼지만, 지나치게 여색을 좋아하여 후궁 나인을
가까이하지 않는 날이 없었으므로 자연히 병을 얻어 식은땀을 흘

리고 피 가래를 토했다. 좋다는 인삼 녹용을 많이 썼지만 효험을 보지 못하였다. 재위 15년에 승하하니, 때에 춘추 23세였다.

헌종이 젊은 나이로 승하함에 왕실에서는 대를 이을 세자가 없었다. 왕대비인 순정왕후는 크게 걱정하고 대신들을 불러놓고 왕위를 누구에게 물려줘야 하느냐를 물었다. 좌의정 권돈인權敦仁이 덕흥대원군의 봉사손奉祀孫인 이하전李夏銓을 세우고자 하는 반면에, 영의정 정원용은 전계군의 제3자를 세워야 한다고 주장하였다. 언제나 의견 통일을 모르는 조정이 서로 옳다는 고집이었다. 순원왕후는 그걸 보자 모두 물러가라 명한 다음 영상의 의견으로 쫓아 전계군의 제3자를 왕위 승계자로 지명하였다. 그가 곧 철종이다.

일찍이 사도세자가 비명으로 죽을 때 정궁正宮에 두 아드님과 빈궁에 아드님 세 분을 두었다. 그 빈궁 소생인 3형제 중 맏이가 은언군, 둘째가 은신군, 셋째가 은전군이다. 맏이인 은언군은 뒤에 오흥부원군 김한구金漢耉의 아들 김구주金龜柱의 모함을 입어 사약을 받았다. 후에 이 사실이 밝혀져 김구주는 목이 베어졌지만 언제 생벼락이 내릴지 모르는 것이 당시의 왕족이었다. 그래서 은언군의 아들 전계군은 바다 한가운데에 있는 외로운 섬 강화도에 숨어 살았다. 그의 아들 삼 형제 중 셋째 분이 곧 철종인 것이다.

영의정 정원용이 정순왕후의 명을 받들어 액정소속을 거느리고 임금을 맞으러 강화도로 향했을 때 전계군은 이미 죽은 뒤였

*掖庭所屬[액정소속 : 액례(掖隷). 조선 시대에 액정서(掖庭署)에 속하여 있던 이원(吏員)과 하례(下隷).]

다. 난데없는 군졸들이 들이닥치니 삼 형제는 아버님 전계군의 경계를 입이 닳도록 들었기에 겁을 먹고 모두 달아나 버렸다. 난감한 것은 대신 정원용이었다. 오막살이 전계군 댁을 찾기는 하였으나 집안에는 개미 하나 얼씬하지 않았다. 무진 애를 쓰고 이웃에 사는 노인 하나를 붙들어서 부드러운 말로 달래어 전계군 댁 사람을 찾아오라 하였다. 한참 만에 위로 두 형제와 그 부인들은 왔으나 셋째는 산으로 갔다 하며 좀체 돌아오지 않았다. 그가 오기를 기다리며 옥교 가교와 별군직, 선전관, 승사각신, 내시배종, 외영군총이 그대로 위엄을 갖추고 늘어섰다.

그러자 나뭇짐을 진 뿔뚝 총각이 산으로부터 내려왔다. 삼엄하게 늘어선 군사들을 보자 불안한 눈으로 나무 짐을 벗어 놓고는 두 형님 옆에 와 앉는 것이 비할 데 없는 농군이었다. 정원용이 그에게 『모시러 왔습니다.』하는 말을 올리자, 잡으러 온 줄 안 그 총각 도령은 살려달라고 애원을 했다. 그렇지 않다고 정원용은 정성 들여 해명 납득시키지 않으면 안 되었다.

『지금 국상이 났는바 후사가 없으시매 왕대비전의 명을 받자와 임금으로 모시고자 이렇게 맞이하러 나왔습니다. 아무 염려 마시고 행차하옵소서. 만약 흉한 일 같으면 금부나 형조에서 관원과 하인이 와서 우락부락할 것이 아니 옵니까? 대신인 신이 내려와서 이처럼 하는 것을 믿으십시오.』한다.

정성스런 정원용의 말에 보람이 있어 드디어 의심을 풀고 더벅머리 총각 강화도령은 눈부신 옥교에 올라앉았다. 놀란 것은 동네 사람들이었다. 평소에 아무 댁 총각이라 하고, 너니 내니 하던 사람들의 눈이 휘둥그레져서 좀처럼 제자리로 돌아올 줄 모를 정도였다. 왕이 옥교를 타고 강화나루로 나가니 근처 '목양장'에서 기르는 수백 마리 양이 일제히 무릎을 꿇고 머리를 숙여 절을 하는 형상을 했다.

왕을 모신 일행이 서울에 도착하자 순원왕후는 곧 그를 별궁으로 자리를 정하게 하는 한편 덕원군으로 봉했다. 강화도를 떠날 때 준비하였던 의복은 입혔으나 미처 관례를 행할 겨를이 없어 복건만 씌웠던 것을 대신과 예관禮官들이 모여 관례를 시키고 복장을 갖추어 순원왕후 앞으로 나가 서게 하였다.

순원왕후는 그를 보고,

『나의 아들이로다.』하였다. 왕은 헌종의 아저씨뻘로 익종과 같은 항렬이 되므로 그렇게 말한 것이다. 이어 즉위식을 거행하고 왕위에 오르니, 이가 곧 철종이다.

영은부원군 김문근金汶根에게 가례를 지내고 아버지 전계군을 전계부원군으로 추증하는 한편 두 형님도 모두 군君으로 봉하여졌다. 왕은 배운 것 없이 자라 왕실 규모에 어두웠으므로 한 나라의 권리는 왕비인 철인왕후의 생가인 안동 김씨가 세도를 가진 바되었고, 국법이 해이해지고 규율과 강령이 흩어지기 시작하였다.

벼슬아치들은 아무 실권 없이 허위만 차지했을 뿐 아니라 내외 요직을 김씨가 모두 차지하여 김문근이 부원군으로 큰 세도를 차지하고 그 조카 병학炳學은 대제학, 병국은 훈련대장, 병익은 좌찬성이 되어 정사를 좌우했으므로 국정이 김씨 집안의 살림 같은 느낌이 없지 않았다.

글이라고는 한 구절도 외우지 못하는 무식한 사람들이 재물을 주어 벼슬을 사는가 하면, 공맹의 도를 논하고 수신에 힘써야 할 서원에서는 흑패자黑牌子로 악질적 행위를 일삼고, 무가武家집 자제들은 활을 쥘 줄도 몰랐고, 그래서 문벌로 벼슬길에 올랐다. 또한 미신이 크게 유행하여 정감록이니, 계룡산이니 하는 소리가 궁중에까지 시끄러웠다.

얼마나 국가가 문란했든지 한 번은 정승 정원용이 탑전榻前에 나가 일을 아뢰는데 옆에 시복時服을 입은 관원이 서 있기로 아뢰는 말을 받아쓰라고 [승지]를 불렀다. 그러나 그자는 『소인은 사알司謁이올시다.』했다 한다.

본래 붉은 관복인 시복時服은 일품 관원에서 정2품 관원까지 입는 관복이니 그걸 임금의 심부름꾼에 지나지 않는 관속이 입었다는 것은 있을 수 없는 일이었다. 이 한 가지로 미루어 보아도 당시 법도의 문란했음을 가히 짐작할 수 있었다.

12

정승 정원용

정승 정원용은 오조五朝에 걸쳐 벼슬하고 이름이 높았던 분이었다. 그가 아직 어릴 때의 일이다. 집이 몹시 가난하여 떨어진의복에 맨발로 여러 아이들과 더불어 노는 것을 판서 김계락이보고는 그의 사윗감으로 택했다. 김계락은 관상 보는 법이 비범하여 지나는 결에 그를 보고는 귀하게 될 줄 알고 곧 그의 부친을찾아가 그의 딸과 혼사를 성립시킨 것이다.

그러나 원용은 몸이 몹시 연약하였다. 20세가 된 후에 비로소성혼하였는데 그전에 김판서는 자주 그 딸 듣는 데서 남녀가 교합할 때 기질이 약한 사람은 혹 죽는 수도 있으니 그때는 놀라지말고 침이나 바늘 끝으로 불알 줄기 밑을 찔러야 한다고 일러주었다.

부인이 그런 말을 듣고는 자식 듣는데 별소리를 다 한다고 핀잔을 주는 것이었지만, 그로서는 무슨 생각함이 있었던 것이다. 그러자 혼인날이 닥쳐왔는데 김 판서는 첫날밤에 바늘을 그 딸의 옷자락에 꽂아주도록 그 부인에게 명했다. 혼례식이 끝나고 밤이 되어 신랑신부가 자게 되었는데 과연 김 판서의 기우가 헛되지 않아 원용이 복상사가 되었다. 그러나 신부는 부친에게 익히 들은 일이므로 조금도 당황하지 않고 옷자락의 바늘로 살아나게 되었다.

신랑인 원용은 크게 고맙게 여기고 그 이튿날 장모에게 그가 후일 귀하게 되더라도 첩을 두지 않겠노라 하였다. 그리고 그것을 굳게 지켜 평생 아내 이외에는 여색을 가까이하지 않았다. 또 부인은 원용에게 육미탕 천첩을 먹여야만 무병하리라는 말을 듣고는 결혼 때 패물까지 팔아서 약을 지어 석 달 열흘을 하루도 빠짐없이 손수 약을 달여먹게 하였다. 그리하여 회갑 때에는 부귀가 겸하여 있고 자손이 번창하였다. 그리고 회혼례를 지낼 때에는 이 땅의 고유한 풍속에 따라 늙은 부부가 신랑신부의 복장을 하고 초례식과 신방식을 하였다. 어린 손녀가 족두리를 쓴 할머니 옷자락에 매달려,

『어여쁘기는 하다만 주름치가 너무 많아서 수선스럽다!』하며 웃었다.

그는 90여 세까지 수를 누렸으며 가례에 복수(伏受 : 윗사람이 주는 것을 공손히 받음)로 뽑히기를 고종 때까지 무릇 다섯 번이었다 한다.

그렇기 때문에 백성들의 칭송이 자자하였고 죽을 때는 병 없이 하루 만에 운명했다. 그는 어느 때 터무니없는 말이 어떻게 퍼지는지를 캐어보고자 가만히 부인 귀에 대고 말했다.

『내가 뒷간에 가서 변을 보는데 파랑새 한 마리가 내 항문에서 나와 날아갔으니 이상한 일이옵니다.』 그 말을 들은 부인은 아무래도 믿을 수 없는 말 같았으나 평일에 헛말이 없는 남편이라 거짓말을 할 것 같지도 않아 늙은 여종을 보고 그 말을 하였다. 그 늙은 종은 매우 신기하게 여겨 밖에 나가 그 말을 했다. 그리하여 한 입 두 입 건너는 말이 며칠 뒤에 온 장안에 퍼졌다.

하루는 정원용이 대궐에 들어가 공무를 아뢰고 나오려 하는데 왕이 불렀다.

『듣건대, 경이 변을 볼 때 파랑새 세 마리가 항문에서 나와 날아갔다 하니 사실인가요?』

원용은 과연 떠도는 말의 종잡을 수 없음을 알고 사실을 아뢴 다음,

『와언訛言은 믿을 수 없음이 이러하오니, 폐하께옵서는 잘 통촉하시어 앞으로 이런 일을 잘 처리하시기 바랍니다.』라고 했다.

그러나 그렇다고 원용이 한갓 무사를 제일주의로 하고 얌전하게만 앉아 있는 남산골샌님은 아니었다. 정승으로 있을 때 일이다.

헌종이 순화궁을 총애하는 나머지 왕비 홍씨를 박대했으므로 경상도 어느 유생이 격렬한 상소를 올려 요녀에게 빠져 정궁을

홀대함은 크게 잘못이라고 간하여 왔다. 왕은 크게 노하여 친히 국문할 뜻을 품고 정 정승을 불러 그 유생의 죄가 가히 죽일만한 것이라고 말했다.

정원용은 왕에게 『그 상소문을 좀 보여주소서..』하여 만조백관들 앞에 크게 소리 내어 읽고는 도로 올려드리고 다음과 같이 말했다.

『나라에 이처럼 곧은 유생이 있사오니 가히 진하를 받으실 만합니다.』

으레 별말 없이 시행되려니 믿었던 것이 그렇게 뒤집혀버리자 왕은 노기가 등등하였다.

『정승이 저러고서야 나라가 망하지 않을 수 있나!』

내뱉듯 하는 말이었다. 그리고는 일어나 내전으로 들어가려 하였다. 영의정 정원용이 앞으로 기어가 왕의 용포 옷자락을 붙잡고 정색으로 칼날같이 부르짖었다.

『임금이 이러하시고는 나라가 망하지 않을 수 없습니다.』 했다.

자칫했으면 목이 달아날 뻔한 그때였다.

명필 김추사秋史

　김정희는 호를 추사秋史라 했으니 동방에 이름 높은 명필이었다. 그가 여섯 살 때 입춘서를 써서 대문에 붙였는데 채제공이 그걸 보고 그 부친 김로경金魯敬을 찾았다. 그때 추사의 부친은 판서였고 채제공은 정승으로 다 같이 조정에 벼슬하는 터수였으나 파당이 달라 심히 사이가 좋지 못했다. 그러므로 김 판서는 채제공이 찾아온 것이 매우 의아해서,

　『대감께서 무슨 연고로 소인의 집을 찾으셨습니까?』

하고 물었다. 그러나 채제공은 다른 말 없이,

　『대문에 쓴 글씨 누가 쓴 것이오?』 했다.

　『소인의 자식 6세 된 아이가 쓴 것이올시다.』

　노경이 대답하자 채제공은 조용한 말씨로,

『그 글씨는 명필의 바탕이요만, 만약 글씨로 이름을 떨쳤다가는 명도命途가 궁할 것이요, 글만 읽히도록 하시오!』

하고는 몸을 일으켜 나갔다. 그러나 김로경은 그의 말을 대수롭게 여기지 않아 아들이 정성을 다하여 글씨 공부하는 것을 버려두었다. 추사의 글씨는 일취월장하여 한 나라에 그 이름이 높았으나 역시 채제공의 예언은 헛되지 않았다.

노경이 평안감사로 있을 때 익종이 조엄趙儼의 손녀와 가례를 지낼 것을 반대하는 상소문을 올렸는데, 그걸 추사의 드는 붓이 썼다. 그 내용이 장리(臟吏 : 뇌물의 죄를 범한 관리)의 손녀를 한 나라의 어머니로 맞아들임은 불가하오이다 하는 것이었음에 크게 왕의 노여움을 사서 글씨를 쓴 것이 죄가 되어 제주도로 위리 안치되었다. 그리하여 십 년이란 세월을 허송해 버리고 나중에 풀려 나오기는 하였지만 벼슬이 참판 밖에 이르지 못했다. 추사의 글씨는 얼마나 명필이었던지 용龍자를 쓰니 파도가 넘실거렸다 한다.

김정희(金正喜) 초상,
김정희 종가 유물(金正喜 宗家 遺物),
보물 제547-1호, 출처 : 문화재청

14

철종이 승하하다

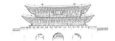

철종은 재위 14년 동안은 대내적으로나 대외적으로 실로 중요한 시기였다. 이미 그 11년에 영·불 연합군이 북경을 공격하여 황제를 열하熱河로 쫓아버린 일까지 있었고, 바다 건너 일본에서는 통상을 요구하는 군함들이 섬나라 산성을 향해 포탄을 퍼부을 때였다. 팽창하는 서양 강대국의 세력은 자꾸 이 나라에 가까이 다가오고 있었던 것이다. 그리고 안으로 최재우의 동학이 압박을 받으면서 한숨에 젖은 백성들 속으로 점점 퍼져가고 있었는데, 그때에 만약 지혜로운 임금이 있었고 시대를 볼 줄 아는 신하가 있었더라면 세계의 움직임에 관심을 가지고 좀 더 나라를 단속해나갈 수 있었을 것이다. 그러나 위로는 임금이 날마다 여색에 빠져 있었고, 아래로는 외척이 마음대로 나라를 흔들어서 정치는

어지러울 대로 어지러워지고 있었다. 세계의 움직임이, 그것이
미치는 영향에 우리나라가 어떻게 대처해야 하는지에 대해서는
조금도 생각하지 않고 있었다. 백성의 뜻과 나라의 발전을 조정
에서는 알 바가 아니었다. 그저 백성들은 누르면 되는 것인 줄로
만 알았고 세도만 부리
면 그만인 것으로만 알
았다. 허수아비 같은
왕은 세도정치를 하는
문무백관들과 대신들
의 장단대로 춤을 추고
있었다.

철종은 나이 34세로
어지러운 나라를 그냥
두고 승하하였다.

철종어진(哲宗御眞)
작가 : 이한철(李漢喆, 1808~?), 조중묵(趙重默),
제작년도 : 1861년, 보물 제1492호, 국립고궁박
물관 소장

15

홍경래의 난 ❶

홍경래는 평안도 용강현 사람이었다. 어려서부터 비상한 재주와 담력이 뛰어났고 또 그 어깨에는 날개가 달려 있었다고들 한다.

그도 처음에는 청운의 큰 뜻이 있어 과거하여 벼슬하는 것에만 마음을 두었다. 그의 놀랄만한 재주는 일취월장 늘어나고 있었다. 이만하면 내가 과거장에서 독보하리라. 과거령을 듣고는 모든 준비를 하여 산을 넘고 물을 건너 천 리 길 서울로 올라왔다. 그러나 출방出榜의 날엔 그보다 훨씬 못한 남도 선비들은 당당하게 참방參榜을 하여도 그의 이름은 찾아볼 길이 없었다. 공부가 모자랐음인가? 다시 상투를 매고 발을 송곳으로 찌르기 몇몇 해, 과거령을 듣고 응시하였으나 역시 낙방이었다. 지역차별의 정서였다. 서북 사람은 써주지 않는 것이었다. 그러나 그는 낙심하지 않고 당시 세도가의 집 대문을 두드렸다.

[일 초시—初試라도 하고 싶습니다.]

그러나 아무도 그의 불타는 열원熱願에 귀를 기울여주는 사람은 없었다. 때때로 참을 수 없는 모욕과 홀대만 당했다. 십 년이 아니라 백 년을 공부한다 하더라도 평안도 사람인 나는 벼슬하지 못한다. 또 설사 천에 하나 요행으로 참방한다 하여도 문반에 지평持平, 무반에 첨사僉使를 넘지 못했다. 어떻게 할 것인가.

그는 불평불만으로 세월을 보냈다. 그러는 동안에 곽산 사람 우군칙禹君則, 혹은 우근칙禹勤勅을 알게 되었다. 그도 넘치는 재주와 힘을 가지고 있었으나 세상이 그를 써주지 않아 불운한 나날을 보내고 있는 사람이었다. 경래는 지기를 만나 불평을 토로해 보았다. 그러자 군칙은 『대장부가 세상에 나서 어찌 큰 뜻을 펴지 못하고 죽으리까. 우리 한번 일어나 겨루어 봅시다.』했다.

경래는 귀가 번쩍 뜨였다. 당파와 지역차별, 뇌물만을 아는 썩은 조정을 뒤엎고 한번 크게 외쳐보자는 말이었다.

좋다. 옳은 말이다. 그도 정작 그런 생각이 없는바 아니었으므로 곧 모의를 추진했다. 우선 사람이 있어야 했고 그러자면 돈이 필요했다. 경래는 상경하여 영상 김재찬金載瓚을 찾았다. 그는 과거에 경래의 인격이 표표함을 보고 각별히 알아주던 사람이었다. 경래는 그에게 가서 기왕 벼슬은 할 수 없으니 장사나 해보겠노라 하고 돈을 좀 구해달라 하였다. 그리하여 영상이 써주는 편지를 가지고 평안감영에 내려가서 공납전公納錢 2천 냥을 받아내었다.

 우군칙과 그는 주야로 동지를 모으고 군비를 쌓기에 힘썼다. 서북에 태어났다는 단 하나의 이유로 짐승 취급을 받고 설움을 받는 사람들 사이로 몰래몰래 그들의 힘은 퍼져나갔다. 가산 사람 이의제, 황주 사람 김사룡, 개천 사람 이제초 등은 그중에서도 돈도 있고 꿋꿋한 사람들로 그의 막하가 되었다. 깊은 산중에서 군량을 쌓고 병기를 두드려 만들었다. 하나둘 군졸의 수도 늘어갔다. 그래서 또 순조 신미辛未(1811)년에 대 기근이 있어서 서북 지방에도 굉장한 흉년이 들었다. 집을 버리고 굶주리고 헐벗은 채 떠돌아다니는 백성들이 부지기수였다. 경래 등은 그 기회를 이용하여 태산, 운산 등지에 금광을 신설한다고 거짓 광고를 하고 광부를 모집하였다. 많은 백성들이 품팔이꾼으로 몰려들었다. 그리하여 모은 장정은 수천 명이었다. 경래는 그들에게 전의戰意를 설명하고 그 뜻을 불어넣고는 저마다 무기를 주어 조련시켰다.

 『관서의 남녀노소들이여, 일어나라. 이 나라는 다 같은 백성의 나라이면서도 이조 개국 4백 년, 그동안에 우리는 차별을 받아 왔다. 죄 없이 벼슬 하나 얻어 할 수가 없다. 흉년을 당하여 부모처자가 흩어지는 경우에도, 쌀이 썩어가도 나라의 곳간들은 열리지 않는다. 무위도식하는 관원들만이 풍류세월을 일삼고 세월 가는 줄 모르고, 우리는 굶주리고 헐벗고 있다. 일어나라. 마음을 하나로 모아 썩은 벼슬아치들과 겨루어보자!』하고 외쳤다.

어느 때가 되니, 경래는 스스로 평서 대원수라 일컫고 김사룡을 부원수, 이제조를 전군장군, 이의제를 후군장군, 우군칙을 모사로 삼고, 또 홍홍각이란 자를 선봉장으로 하여 가산읍을 침범하였다.

그때 가산군수는 정기鄭耆라는 사람이었다. 그는 무관 출신으로 곧기가 대쪽 같고 힘써 백성을 보살펴 정사에 밝았다. 그날 낮에 도적들이 떼 지어 하산한다는 말을 듣고 밤에 촛불을 밝히고 감영에 올리는 보장報狀을 수령하는데 문 밖에 어지러운 군마 소리가 들려왔다. 그는 놀라 동헌 밖에 나가『누구냐?』고 소리쳤다. 도적의 한 떼가 이미 그 앞에 들이닥쳤다. 그는 그제야 일이 심상치 않음을 알고 관인을 보존하고자 도로 방으로 들어갔다. 그러자 도적들은 그의 목덜미를 잡았다. 그는 무지막지한 도적들에 잡혀 동헌에 끌려나갔다. 거기에는 경래가 높이 앉아 있다가 항복하라고 마루가 쩡 울리도록 호령을 한다.

『네가 누구기에 나더러 항복하라고 하느냐?』

정기는 조금도 겁내지 않고 묻자, 경래는 우렁찬 목소리로 대답했다.

『평서 대원수 홍경래다. 조정에 가득한 간사한 무리들을 쓸어버릴 각오로 의병을 일으켜 나아가는 길에 너부터 항복을 받으려 한다.』하니, 정기鄭耆가 마주 받아 꾸짖었다. 『이 청명淸明한 세상에 네가 감히 도당을 모아 나라를 어지럽히느냐? 네가 하루 만에 대가리 없는 귀신이 될 줄 모르느냐?』

경래는 그 말을 듣고 대노하여 그의 손에 든 인신印信을 빼앗으라고 졸도들에게 명령하였다. 정기가 그들을 뿌리치고 내놓지 않으니 다시 호령을 했다.

『그 손을 끊어라!』하고 고함을 지르니,

정기의 오른쪽 손이 땅에 떨어졌다. 그러나 그는 왼쪽 손에 인신印信을 고쳐 쥐었다. 그리고 왼쪽 손마저 떨어져 나가자 입에 인신을 물었다. 온몸에 핏빛이 낭자하였다.

『목을 베어라.』경래의 호령이 떨어지기도 전에 그의 목은 떨어져 마루턱에 굴렀다. 옆방에서 잠자던 그의 부친 정로鄭魯가 일어나 나오다가 이 광경을 보고 또 소리쳤다.

『어느 도적놈들이 이런 행악을 하느냐?』

도적들의 칼이 말도 끝나기 전에 그의 목을 쳤다. 그 작은 아들도 아버님을 구하려 하다가 칼을 맞았다. 그러나 그는 목숨이 아주 끊어지지 않아 뒤에 수청 기생 옥낭玉娘의 간호를 받아 소생하였다.

적당을 좌수로 하여 그 고을 군수로 임명하고 난 다음 다시 박천博川을 빼앗고 안주병영安州兵營을 점령하였다. 그리고 그 후군은 태산, 곽산을 습격하여 약탈하였다. 다시 주력은 선천부宣川府를 에워 쌓다. 그들은 먼저 격문을 뿌리고 선천부사에게 항복할 것을 권고하였다.

『항복하지 않으면 당장에 성을 쳐부수고 사로잡아 군문에 효시梟示 하리라.』 하니, 선천부사 김익순金益淳은 크게 두려워하여 인신印信, 병부兵符를 들고 경래의 후문 진에 항복해버렸다. 그리하여 그는 적군의 좌영장左營將이 되었다가 난리가 평정되자 베어지고 그 일족이 폐문되었다.

뒤에 그의 손자 김립金笠, 김병연이 유명한 문장으로 익순이 그의 조부인 줄을 모르고 정기의 충성을 문장으로 찬양하고, 김익순金益淳의 부역을 욕하는 글을 지었다가 어머니에게 그 사실을 듣고는 하늘을 보지 못하는 죄인으로 자처하여 삿갓을 쓰고 방랑하면서 이르는 곳마다 시와 노래를 지어 불렀다. 그가 곧 세상에서 말하는 방랑 시인 김삿갓이다.

去年九月過九月터니 今年九月過九月이라.
거 년 구 월 과 구 월   금 년 구 월 과 구 월

年年九月過九月하니 九月山色長九月이라.
년 년 구 월 과 구 월   구 월 산 색 장 구 월

지난해 구월에 구월산을 지났는데
금년 구월에도 구월산을 지나왔네.
해마다 구월에 구월산을 지나가니
구월산색은 언제나 구월이었네.

― 김삿갓

그의 많은 시詩 중에 그가 구월산九月山을 지나면서 읊은 한 수다.

한편 경래는 그의 전군을 남하시켜 평안병사 이해우가 지키는 평양성을 무찌르려 하였다. 때는 11월 그믐, 적병은 박천 송림에 집결하여 청천강 얼음을 타고 밤에 병영을 엄습하려 하였다. 평시에 무기의 단속이 없고 태평에 젖어 무관들이 허둥대는 가운데 평양성은 실로 바람 앞에 등불과 같았다. 병영이 빼앗기고 그까짓 방비 없는 성은 일격에 무너지고 말았던 것이다.

그러나 국운이 다하지 않았음인지 그 전날까지 사람이 건너다니던 강물이 하룻밤 사이에 풀려 파도가 산더미같이 일어났다.

김재찬(金載瓚) 영정
명현화상(名賢畵像) 중에서, 국립중앙박물관 소장

강을 건너는 배가 없어 적군들은 그만 청천강 전선을 넘지 못했다.

조정에는 영의정 김재찬金載瓚이 있었다. 그는 썩어빠진 벼슬아치 중에서 그래도 도량이 있는 사람이었다. 그는 홍경래 반란의 급보를 듣자, 곧 신임하는 사람을 시켜 평양감영에 가서 그전에 그가 홍경래가 장사에 쓰도록 돈을 융자해주라는 편지를 찾아 없애버렸다. 말 많은 대간들이 그를 적과 내통한 혐의로 몰까 봐 두려워하였던 것이었다. 그리고 감사 이만수에게 시켜 그 백씨 이시수에게 편지를 하는데, '舍弟 晩秀'라 쓸 것을 '舍弟 晩晩秀'라고 쓰게 하여서는 정신없는 사람이라 왕에게 아뢰고 감사를 교체시키고 그 대신 정만석鄭晩錫을 임명했다.

그동안에 병사 이해우, 안주목사 조종영, 안주우후 이해승, 함종부사 윤욱렬, 순천부사 오치수, 곽산군수 이우식이 각각 감영의 군대를 이끌고 나아가 소규모의 접전을 하고 적을 견제하였다. 그리하여 적은 더 남하하지 못한 채 정주성을 근거지로 하고 청북 일대에 창궐하였다.

16

홍경래의 난 ❷
─ 정만석鄭晩錫과 의인義人 김 진사

　홍경래가 난을 일으켰다는 평안도 관찰사와 절도사의 장계를 받은 조정은 크게 당황하였다. 순조는 곧 비변사(備邊司 : 국군의 사무를 맡아보던 관아)의 여러 신하를 불러 적군 소멸의 계책을 물었으나 당파나 논하고 사리사욕에만 급급한 벼슬아치들에게 무슨 신통한 계책이 있을 리 없었다.

　오랫동안 묵묵히 있다가 그중 하나가,

　『훈련대장 이득제를 내려보내시어 도성의 군사를 모으고 이들 군사들로 하여금 빨리 소탕케 하심이 가하옵니다.』 했다.

　그것은 상식이었다. 사직 존망이 눈앞에 있는데 싱겁기까지 한 말이었다. 난리가 났으니 훈련대장을 보내야 한다. 그것이 무슨 계책일 수 있으랴. 왕이 쓴맛을 다실 때 영의정 김재찬이 입을 열어 의견을 말하였다.

『불가하옵니다. 서울은 중요 지역이오니 조그만 도적을 막기를 위하여 어찌 도성의 방비를 소홀히 하고 그 군사력을 변방으로 보내리까. 지방의 관군도 적지 않을 터이오니 그들을 통솔하여 통합 지휘하도록 다른 장수를 보내어 독전하게 하소서.』

왕은 영상의 말을 들어 이요헌李堯憲을 도순무사로 하고, 박기풍朴基豐을 순무중군에 임명하여 경군 몇 초硝를 거느리고 관군의 영營을 엄히 하라 하였다. 그들을 보낼 때 왕은 상방검尙方劍을 내렸다.

『이 칼로 관찰사 이하 임전臨戰하여 후퇴하는 자가 있거든 모두 베라!』

이요헌은 명을 받들고 평양에 머무르면서 그 군대를 안주병영安州兵營으로 내려보내 각 읍 군대를 독려하였다. 모였다가 흩어지고 별로 싸우지도 못하고 지키는 고을을 내어놓기 일쑤였던 관군의 기세가 그제야 비로소 크게 떨쳤다. 그러나 적도 잘 싸웠다. 각 곳에서 혈전이 벌어졌다. 칠의사七義士가 장렬하게 죽음을 택한 것도 이즈음이었다. 관군은 여러 곳에서 적을 쳐부수고 차츰 그들을 포위하여 정주성중으로 몰아넣었다. 그리고 단숨에 성을 빼앗으려 하였으나 워낙 성이 굳은 데다가 적병들이 또한 선전했으므로 뜻을 이루지 못하였다. 다만 식량의 길을 끊고 자연 붕괴를 기다리면서 5, 6개월을 서로 버티고 있었다. 그러나 성은 좀처럼 무너질 것 같지가 않았다. 국력을 기울인 동원 때문에 백성들은 더욱 도탄에 빠졌다.

하루바삐 성을 빼앗고 난리를 평정해야 한다. 그러나 어떻게 빼앗는단 말인가. 성 위에서는 적군의 포수가 기다리고 있었다. 관군이 조금이라도 가까이 가면 탄환이 빗발치듯 쏟아졌다. 이때에 감사 정만석은 아무도 생각지 못한 전술을 써서 화약으로 성을 폭파시켰다.

정만석鄭晚錫이 암행어사 시절 이야기다. 찢어진 옷과 갓을 쓰고 전라도 여러 읍을 돌아다닐 적에 하루는 어느 마을 정자나무 밑에서 농부들이 모여 무슨 이야기를 주고받으며 수군거리고 있었다. 무슨 이야기들일까 궁금하여 그는 몰래 그들 틈에 끼어서 한 사람이 하는 말을 엿들었다.

『우리 동네 김 진사는 아무래도 수상해. 그가 어디서 왔는지, 근본이 무엇인지 도무지 알 수 없으며, 거기에다 벼슬도 농사도 아니 하면서 호의호식 만석꾼이 부럽지 않거든 출입할 때 보면 대감 부럽잖게 하인을 느려 세우곤 하였으며, 그 집은 마치 신선당 같았다. 그리고 더욱 알 수 없는 것은 며칠 만에 어디를 갔다 오는데, 그때마다 수백 냥 돈을 가져온다네.』했다.

어사 정만석은 부쩍 의심이 났다. 그 혹 김 진사라는 사람이 도적놈이나 아닌가. 연신 그의 말을 하는 농부의 이야기를 잘 들어 집을 안 다음 찾아가 보았다.

형편을 살펴보니 으리으리하도록 큰집에 드나드는 종만도 무수한데 김 진사라는 주인은 풍채가 참으로 호걸 기상이었다. 조금도 마음에 거리낌 없이 설왕설래하면서 무엇이고 모르는 것이 없었다. 정만석은 며칠을 묵으며 그의 정체를 잡으려 해보았으나 도무지 짐작이 가지 않았다.

그러자 하루는 주인 김 진사가 정만석을 보고 볼 일이 있어 며칠 나갔다 올 테니 기다리라고 하며 여장(여행갈 채비)을 차렸다. 어사 정만석은 혹시 그를 놓칠세라,

『어, 나도 볼 일이 있으니 떠나겠소!』하고 일어서 멀찌감치 그의 뒤를 밟았다.

김 진사는 하루 종일 길을 걷더니 저녁때에 어느 여관에 들어갔다. 정만석은 짐짓 모르는 척하고 그도 여관에 들어가니 김 진사가 매우 반가워했다.

『우리는 참 인연이 좋소. 헤어졌다가 이렇게 또 만나다니.』

좋은 술과 안주를 장만하여 밤이 깊도록 놀고 날이 밝았다. 하인이 와서 술값을 청구하자, 진사는 떠날 때 준다고 하였다. 그리고는 무엇을 생각했든지 일찍 일어나서 길가로 향한 창문을 열었다.

조금 있다가 한 여인이 머리에 조그만 보퉁이를 이고 숨을 헐떡거리며 오더니 김 진사를 보고 길을 물었다.

진사는,

『그대가 쫓기는 바라. 여자의 느린 걸음으로 잡히기가 쉬우니 저편 산골길로 가야만 무사하리라!』라고 영문 모를 말을 했다.

그러자 여인은 고맙다고 하면서,

『머리에 무거운 것을 이고 산골 길을 갈 수도 없을 터인즉, 이 물건은 당신에게 드리겠습니다.』하고, 머리에 인 보퉁이를 진사 앞에 밀어 놓은 다음 뒤도 돌아보지 않고 가버렸다.

여인의 그림자가 산속으로 사라지자 곧 수십 명 남자들이 손에 몽둥이를 들고 달려왔다. 진사는 그들을 보자『아까 어떤 여인 하나가 저쪽 대로로 갑디다.』하였다. 그자들은 그러냐고 하면서 바람같이 그쪽으로 달려갔다. 그들의 그림자 또한 사라지자 진사는 만석에게 그 보자기를 펴 보라 하였다.

그 안에는 돈 삼십 냥과 비단 두 필이 들어 있었다. 진사는 그 것으로 술값을 치르고는 일어나 만석에게 동행하자고 하였다. 만석은 그 모든 행동거지가 수상하여 응하고는 길을 함께 했는데, 진사는 또 어느 주막에 머물더니 음식을 풍부하게 시켜 먹고는 문을 열고 앉아 있었다. 그러자 주막 앞을 굉장히 잘 차린 상여행렬이 지나갔다. 인부가 수백 명에 명정, 조기가 하늘을 덮었다. 진사는 그걸 보더니 정만석에게 장사지내는 구경을 가보자고 하였다. 어사가 그의 뒤를 따라가서는 장지에 이르러 상주를 찾았다. 그리고 상주를 보자,

『이 산소 광중(壙中 : 시체를 묻는 구덩이)은 대단히 흉하니 장례를 지내지 마시오!』하였다.

『무슨 말이오?』옆에 사람들이 나무라는 어조로 말하였다. 그는 대답하지 않고 지팡이로 광중 속 바닥을 조금 두드렸다.

『보시오!』

지팡이 자국에 구멍이 생기면서 그 속에 끝없이 깊은 동굴이 나타났다.

상주가 대경실색하며, 진사를 붙들고 길지吉地를 알거든 잡아 달라고 하자, 진사는 3천 냥을 요구한 다음, 다른 한 군데를 잡아 주고 그 막대한 돈을 받아 말에 실었다.

어사 정만석은 점점 더 그가 수상하게 생각되었다. 이제 집으로 돌아가자는 진사의 말에 못이기는 체하고 다시 따라갔다. 진사는 집에 이르러 진수성찬을 차리게 하여 함께 먹으면서 입을 열었다.

『당신이 어사인 줄은 처음부터 알았소. 당신은 나를 도적 괴수나 아닌가 하고 의심을 품었으리라. 그러나 그런 것이 아니외다. 요 며칠 동안 보았겠지만 나의 생계는 이러하오. 처음 들었던 주점에서 삼십 냥 돈과 비단 두 필을 얻은 것은, 그것을 주던 여인이 사나운 본 남편을 버리고 정부에게로 도망치는 것이었으니, 내 그를 위하여 달아날 길을 지시하고는 사례로 받은 것이었소. 또한 장지에서 3천 냥을 받은 것은 그 산에 원체 그런 혈이 있는 것을 모르고 묻으려고 하는 바, 내가 가르쳐주고 돈 많은 부자의 상주에게 얼마를 융통하여 쓴 것이요. 당신은 나를 의심하지 마십시오!』한다.

어사 정만석은 그제야 그가 의인임을 알고 주역의 이치를 논하여보니 그는 평생 들어보지도 못한 말이 마구 쏟아져 나왔다. 그래서 크게 존경하고 조정에 나아가 벼슬하기를 권했으나 그는 크게 웃을 뿐이었다.

『나는 몇 해 전에 우연히 과거장에 나가서 진사에 참방은 하였소만 벼슬길에 뜻은 조금도 없소. 대개 벼슬은 세상을 건지자는 것이 목적인데, 한 나라가 이렇게 평안한데, 내 나가서 무엇을 하겠소?』

그리고는 그는 행장을 차리면서, 『지금부터 30년 후에 내 관서에서 당신을 찾겠소.』 한 마디 던지고는 훠이훠이 가버렸다. 그 뒤 정만석은 차례로 벼슬이 높아졌고, 때때로 그 김 진사 생각이 났으나 차츰 세월과 함께 잊어가고 있었다.

20년 세월이 흘렀다. 홍경래 난이 일어났고 정만석은 이만수의 대신으로 평안감사가 되어 반란군 소탕에 여념이 없었다. 어쩌면 정주성을 처 깨뜨릴까. 관군은 여러 번 돌격했지만 견고한 성벽에 의하여 반격하는 적병에게 번번이 패하여 피해를 입고 물러서지 않으면 안 되었다. 정주성을 빼앗지 않고 평안도의 평화는 바랄 수가 없었다. 뿐만 아니라 4백 년 사직이 흔들거리는 것이었다.

근심스러운 나날을 보내는 감사 정만석에게 하루는 운유자雲遊子라는 사람이 배알하기를 청해왔다. 정만석이 하인을 시켜 들이라 하자, 관을 쓰고 도포를 입은 한 도사가 들어와 길게 읍을 하면서 『존형尊兄은 나를 몰라보시는가요?』라고 했다. 정만석은 그 도사를 자세히 보니 이십 년 전 운봉에서 만났던 김 진사였다.

크게 반겨 손을 잡고 조용한 자리로 갔다.

『지금 도적의 형세가 창궐하여 임금께서는 잠자리가 불안하고 아래 백성들이 고통을 맛보니 어쩌면 좋으리까?』 정성을 다해 묻는 만석의 물음이었다. 김 진사는 길게 한숨을 내쉬며,

『역도들은 무지막지하여 감히 하늘을 겨루려 하니 백성이 도탄에 빠졌소.』라고 하며 정주성을 빼앗을 계책을 말하였다.

『정주성은 워낙 단단한 성이므로 무턱대고 공격하다가는 아군만 상할 것이오. 그 성의 북쪽 장대 밑을 멀리서 파고 들어가 화약 수천 근을 달아 폭파시키면 성이 무너지고 오랜 포위에 지친 적병들이 능히 막아내지 못할 것이니 그 틈을 타서 어지럽게 쳐들어가서 그 성을 함락시키도록 하시오.』

그리고 다시 그는 성중에 많은 백성들이 한때의 세력에 밀려 있는 터인즉 그들을 다 죽임은 도리가 아니니, 방을 붙이고 나오는 자는 살려주도록 하라고 말을 마친 다음 그는 일어섰다. 정만석이 그를 붙들며 벼슬을 하라고 다시 권하였으나 떨치고 일어나 표연히 사라져버렸다 한다.

정만석은 곧 김 진사의 전술을 사용하였다. 우선 군장 유효원 柳孝源을 시켜서 항복하는 자는 모두 살려주리라 하는 방을 써 붙이게 하는 한편 땅을 파서 화약을 북쪽 성터 밑에 묻고 도화선을 달았다. 한편 성중에서는 오랜 관군의 포위에 양식이 떨어져 지칠 대로 지쳐 있었다. 그래도 병졸들은 용감히 잘 싸웠지만, 부녀자들은 크게 고통을 겪게 되었다. 그러자 성을 나오는 자는 죽이

지 않겠노라는 광고문이 붙었다. 그러기에 잘 되었다고 홍경래는 그들을 모두 내놓았다. 나가는 그들을 관군이 죽인다 하여도 막무가내였다. 성중 한편으로는 도저히 그들을 머물게 할 수 없었던 것이다.

문틈으로 사닥다리를 타고 그들은 나갔고, 성첩 위에서는 적도들이 눈물어린 눈으로 그들의 뒷모습을 지켜보고 있었다. 그들 중에는 사랑하는 아내나 귀여운 아들딸을 떨치는 자도 있었던 것이다. 사나운 관군이 거짓 광고로 불러내어서 죽이지나 않을까? 그러나 관군은 그들에게 말 한마디 묻지 않고 그냥 내버려 두는 것이었다.

『아, 정말로 죽이지 않는구나.』 반란군들의 말이었다.

그들은 살고 싶었다. 가슴에 새겨 잘 살기를 기약했던 맹세는 어디로 사라져 버렸는지? 그동안에 말 못할 학대가 있었다. —그래도 잊어버릴 수 없는 것은 따뜻한 자기 집이었다. 보글보글 끓는 된장찌개, 밝은 불빛이 흐르는 자기네 초가집 – 잘 살게 해주마 하기에 반란군의 칼을 잡아 보았다. 울리는 북소리에 마음은 한껏 부풀었다. 처음에는 모두가 용감무쌍했다. 깃발도 펄럭였다. 그러나 지금은, 그들 반란군에게는 꿈은 없었다. 벌써 며칠을 굶었는가.

『아, 살고 싶다.』

그들은 우우 모여서 홍경래 앞에 나아갔다.

『성 밖에 내어보내 주십시오.』 한다.

홍경래는 그들을 또 한 번 선동했다.

『백성들을 살려준다고 우리들마저 그냥 둘 듯싶으냐? 짐짓 백성들을 놓아주고는 우리를 꾀어내려는 전술인 것을 왜 모르느냐. 그것보다 내가 청나라에 지원병을 청해 놓았으니 그때까지 힘써 막고 청나라에서 지원병이 이르거든 도리어 관군을 포위하여 죽인 다음 각각 벼슬과 돈을 나누어 고향으로 돌아가도록 하자!』 했다.

물에 빠진 자는 지푸라기라도 잡는다. 청나라 지원병이라는 홍경래의 거짓말은 그들에게 다시 희망이 되었다. 고픈 배를 움켜쥐면서 다시 말에 높이 올라 둥둥둥 북을 울리며 승리하여 돌아갈 날을 생각하고 모두 그들이 지키던 자리로 되돌아갔다.

성 밖에서는 나올 사람들이 다 나오자 화약에 이은 도화선에 불을 붙였다. 화약 기운이 미치지 않을 만한 곳에는 물샐틈없는 관군이 복병해 있었다. 도화선의 불은 점점 타들어 갔다. 그러나 지치고 굶주린 적도들은 그런 것도 모르고 각각 장대 밑에 쓰러져 낮잠을 자고 있었다.

『하나, 둘, 셋』

하늘과 구름과 아무도 모르는 그들의 운명, 죽음의 함성이 기다리는 시각이 다가오고 있었다. 그러나 오히려 고요한 정주성. 그리고 성안에 있는 사람들―.

『꽝, 쾅』하늘과 땅이 진동하면서 화약이 폭발한 것이었다. 북장대 성첩은 조각조각 부서져 높이 공중에 솟았다가 사방으로 흩어졌다. 성중의 민가 백여 호가 달아났다. 장대를 지키던 이희재는 시신도 찾을 길이 없었다.

떨어진 손과 발, 귀가 사방에 흩어졌다. 모두 정신이 아득하여 어리둥절하였다. 다음 순간에는 어지러이 도망치기 시작했다. 그러나 관군이 그들을 놓칠 리 없었다. 이제초가 총에 맞아 쓰러지고 김사룡이 사로잡혔다. 사복을 입고 달아나는 자는 그래도 놓아주었지만 군복을 입은 자는 영락없이 쓰러지고 사로잡혔다. 홍경래와 그 측근들은 혼란 가운데 상복을 얻어 입고 빠져나가고자 하였다. 그러나 유포한 그 복장이 도리어 좋은 목표물이 되어 관군의 일제사격을 받고는 나무 등걸처럼 넘겨졌다. 그들의 목은 베어져 팔도에 흩어져 효시되었고, 반역의 꿈은 허무하게 공중에 사라졌다. 이리하여 토호의 작폐와 양반들의 포악, 지역차별만으로 사람을 쓰고 다스리는 조정에 항거하여 일어난 관서 사람들의 반항거사는 피와 통곡 위에 부서지고 말았다.

홍경래 난이 평정되자 순조는 난을 평정한 공신들에게 벼슬과 상금을 내리고 난리를 겪은 백성들은 특별히 안무케 하는 한편 토역과(討逆科 : 역적을 토벌한 것을 기념하는 과거)를 설치하여 유생과 무사를 뽑아 조정에 등용하였다.

17

방랑 시인 김삿갓〔金笠〕

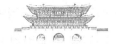

위에서 홍경래 난 때 잠시 김삿갓 이야기가 나왔다. 거기서 '구월산'을 이미 소개한 바 있다.

김삿갓은 조선 후기 방랑 시인으로 널리 알려진 사람이다. 본 관은 안동, 경기도 양주 출생으로 조부 김익순이 홍경래 난 때 적 에게 항복한 죄로 집안이 멸족되어 황해도로 도망가서 살다가 그 다음에 집안이 멸족에서 폐족으로 사면되면서 강원도 영월로 옮 겨 와서 살게 되었다.

그는 과거에 응시하여 장원은 하였으나 할아버지 김익순을 욕 하는 글이 장원됨으로써 조상에 대한 죄를 지었다고 생각하고 머 나먼 방랑의 길을 떠나게 되었다. 이것이 김삿갓이 방랑 시인이 된 이유였다. 그는 57세 때 전라남도 화순군 동복면에서 객사하게 되어 유해를 모셔다가 영월 땅에 장사지냈다.

그의 한시는 풍자와 해학, 그리고 위트와 비유로 많은 사람들의 사랑을 받았고, 지금도 그의 시가 수많은 사람들의 입에 회자膾炙되고 있다.

그의 시는 해학과 풍자로 사람들에게 사랑을 받아왔다. 그 가운데도 그가 과객으로 떠돌면서 받은 천대와 멸시를 욕설로 지은 시가 세상을 깨우치는 중요한 작품으로 평가받고 있다. 이런 종류에 해당하는 작품들이 '二十樹下' '辱說, 某書堂' '辱, 孔氏家' '嘲, 僧儒' '辱, 祭家' 등이 그것이다. 그는 방랑생활을 하면서 남의 집에 문전걸식을 하면서도 그의 자존심만은 꺾이지 않았다. 조금이라도 그의 자존심을 건드리는 일이 있으면 여지없이 시를 써서 붙이고 지나갔었다.

한 번은 어느 서당을 찾아갔는데 그 서당에서 김삿갓을 푸대접을 했던 모양이었다. 그래서 그는 거침없이 욕으로 시를 써서 붙여두고 지나갔다.

書堂乃早知요 房中皆尊物이라
서 당 내 조 지　　방 중 개 존 물

生徒諸未十이요 先生乃不謁이라.
생 도 제 미 십　　선 생 내 불 알

이 시에서 끝에 3자는 모두 욕설이다. 글하는 사람이 서당을 지날 때는 가장 존경을 받아야 하는데, 여기 이 서당은 그렇지가 못했던 것 같다. 욕설을 퍼붓고 앞으로는 잘하라는 경고성의 메시지가 담겨있다고 할 수 있다.

僧首團團汗馬閬이요 儒頭尖尖坐狗腎이라.
　승 수 단 단 한 마 랑　　　유 두 첨 첨 좌 구 신

聲令銅鈴零銅鼎하고 目若黑椒落白粥이라.
　성 령 동 령 영 동 정　　　목 약 흑 초 낙 백 죽

　이는 선비와 스님을 신랄하게 욕설을 퍼붓는 김삿갓이야말로 당시 어지러운 현실을 험한 욕설로 비판했으니 그것이 '嘲, 僧儒'란 시다.

　/ 중놈의 대갈통은 둥글둥글 땀난 말 부랄 같고 / 선비의 머리통은 상투가 뾰족하여 앉은 개 좆같구나. / 목소리는 구리 솥에 방울 굴리듯 하고 / 눈깔은 흰죽에 후추 씨 떨어진 듯하구나. / 하고 호되게 욕설을 퍼부었다.

　김삿갓의 이런 시편들은 그 당시 어지럽던 사회를 신랄하게 비평함으로써 새로운 정의사회를 바랐던 것으로도 생각된다.

　김삿갓은 삿갓으로 하늘을 가리고 이 세상을 살았지만 그에게는 하나같이 삶의 철학이 있었던 것으로 생각된다. 그는 남만큼 배울 것 다 배워서 당시로 보아서는 지성을 갖춘 선비였었다. 단순히 세상을 욕만 하고 돌아다닌 것은 아니고 세상의 인심을 개탄하여 당시의 백성들께 그가 시를 통한 경세의 의도가 있었던 것으로도 생각된다. 그의 '난고평생시'를 본다던가. '옥구 김 진 사' '시시비비' 같은 작품은 우리에게 뭔가 하나의 이념을 제시 하고 있다.

또 김삿갓이 전라도 옥구에 들려서 자기 자신을 크게 반성하는 시가 있다. '옥구 김 진사'란 시다.

沃溝金進士가　與我二分錢이라.
옥 구 김 진 사　여 아 이 푼 전

一死都無事하되　平生恨有身이라.
일 사 도 무 사　평 생 한 유 신

날이 저물어 옥구 김 진사 댁을 찾았다. 물론 하룻밤을 자고 가 게 해 달라고 간청하니, 김 진사는 김삿갓에게 돈 두 푼을 던져 주고는 내쫓았다. 매우 자존심 상하는 일이었다. 여기에서 세상 인심을 크게 반성하고 자신을 한 번 돌아보게 되었다.

／ 옥구 김 진사가 ／ 나에게 돈 두 푼을 주었네. ／ 한 번 죽으면 모든 것이 끝나는 일이지만 ／ 평생에 깊은 원한으로 남았다네. ／ 하고 크게 마음 아파한다. 여기서 세상인심을 다시 한번 되돌아 보게 된다.

是是非非非是是하고　是非非是非非是니라.
시 시 비 비 비 시 시　시 비 비 시 비 비 시

是非非是是非非하니　是是非非是是非니라.
시 비 비 시 시 비 비　시 시 비 비 시 시 비

이 시도 세상을 한 번 돌아보게 하는 시다. 김삿갓이 어느 시장 구석으로 가는데 그곳에서 사람들이 서로 어울려 싸우면서 시비가 붙었다. 들어보니 별로 싸울 일도 아닌데 열을 올리고 싸우는 것이 가소롭기까지 했다. 이 사람 말을 들어보면 이 사람 말이 옳은 것 같고, 저 사람 말을 들어보면 저 사람 말이 옳은 것 같았다. 세상일은 마음먹기에 달렸다고 생각했다.

옳은 것 옳다 하고, 그른 것 그르다 함이, 꼭 옳진 않고
그른 것 옳다 하고, 옳은 것 그르다 해도, 옳지 않은 건 아니다.
그른 것 옳다 하고, 옳은 것 그르다 해도, 이것이 그른 것은 아니니
옳은 것 옳다 하고, 그른 것 그르다 하니, 이것이 시비일세.

이 시를 읽어보면, 김삿갓 말이 진짜 옳은 것 같았다. 옳든 그르든, 그렇고 그렇게 살아가는 것이 인생이라면 이것이야말로 세상 사는 법이 아닐까 하는 생각이 든다.

18

순조 임금의 죽음

순조는 등극한 지 27년 만에 세자로 하여금 정사를 대리케 하였다가 불행히 그 세자가 나이 22세로 죽자, 다시금 몸소 국사를 보살피던 중에 그의 재위 34년 만에 붕어하였다. 그때 춘추 45세였다.

왕은 홍경래의 난을 빚어낸 원인이 무엇인가를 아프게 느끼고 두루 인재를 쓸려고 힘썼으며, 벼슬아치들이 백성을 학대하지 못하도록 각별히 단속했다. 그러나 왕의 이런 의도도 뜻을 받드는 신하들이 적어서 큰 효과를 거둘 수가 없었다.

어느 때의 일이었다. 왕의 가까운 내시 하나가 평안도 용강에 있는 자기 생가에 근친하러 내려갔던바 각 읍 수령들이 모두 환영하고 대접이 융숭하였다. 왕은 그 가까운 신하의 지나친 권리 행사를 매양 엄정히 단속하기는 하였지만 그들은 대궐문을 나서면 '내가 왔노라!' 하고 뽐내기가 일쑤였던 것이다.

그런데 유독 강동 현령만이 그 내시를 홀대하여 조석으로 끼니 대접도 없었다. 내시는 그걸 매우 분하게 여겨 꼭 분풀이를 하리라 마음먹었다. 그리하여 돌아온 그를 보고 왕이 물었다. 『네가 다녀오는 중에 누가 잘 대접하더냐?』라고 묻자, 못된 꾀를 써서 왕에게 아뢰었다.

『각 고을 수령들이 모두 심상하게 과객 대접을 하는 가운데 유독 강동 현령만이 크게 환대하고 성대히 잔치까지 베풀어줍디다.』했다.

왕은 그 말을 듣고 강동 현령을 파직시켜버렸다. 억울한 것은 강동 현령이었다. 아무 잘못도 없이 그렇게 된 것이었다. 그러다가 그의 나이 70이 되어 참지參知로 공고(公故 : 벼슬아치가 궁중의 행사에 참여함)에 참여하였다. 조정의 신하가 나이 70이 되면 의례 가자(加資 : 정3품 통정대부 이상의 품계)를 주고 참지를 실직으로 주는 법이었다. 왕은 공고 참여시에 한 번도 보지 못한 늙은 관리가 있었으므로 성명을 묻고,

『어찌 근 수십 년 동안 벼슬을 하지 못하였느냐?』했다. 그래서 그 강동 현령은 수십 년 전에 내시 홀대의 사건을 아뢰고 그로하여 폐서인이 되어 있었노라고 아뢰었다.

왕은 곧 그 내시를 옥에 넣으라고 시사했다. 이 한 가지 이야기에서도 알 수 있는 바와 같이 왕의 거룩한 뜻을 받들어야 할 근시近侍들이 왕의 기대를 저버림이 너무나 많았다.

제11편 고종(高宗)에서 순종(純宗)까지

제26대 고종의 가계도

[부] 흥선대원군

[모] 여흥부대부인 민씨—제26대 고종(재위 기간 : 43년 7개월, 부인 : 7명, 자녀 :
6남 1녀)

제27대 순종의 가계도

[부] 고종

[모] 명성황후 민씨—제27대 순종(재위기간 : 3년 1개월, 부인 : 2명, 자녀 : 없음)

고종황제의 등극

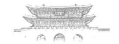

〖 고종의 약사 〗

제26대 고종은 1852년 7월 25일 한성에서 흥선군 이하응의 둘째 아들로 태어났다. 1866년 9월 여성부원군 민치록의 딸과 혼인했다. 고종은 12세의 어린 나이에 등극하여 조대비가 수렴청정했다. 그 후에 흥선대원군이 정권을 잡아 안동 김씨의 세도정치를 타파하고 왕권을 확립했다. 고종은 1919년 정월에 덕수궁에서 68세의 나이로 승하했다. 국장으로 3월 1일에 3·1운동이 일어났다. 역사상 처음으로 황제란 존호를 받았으며, 능은 남양주 금곡동 홍릉에 있다. 1852~1919.

철종이 승하해버리자 왕실에서는 다시 후사를 구하지 않으면 안 되었다.

익종의 왕비 조 대비는 흥선군興宣君의 아드님을 세우고자 여러 대신과 의논하였으나 영부사 김좌근, 영돈녕 김흥근을 비롯한 김씨 일파의 반대가 있었다. 자고로 생존한 대원군이 없었는데 이제 만약 흥선군의 아들을 맞아들일 것 같으면 그가 「권력을 쥐게 되지 않을까?」 하는 것이 그 이유였다. 그러나 조 대비의 뜻 또한 굳었으므로 김씨들은 새로운 왕으로 철종의 계통을 잇게 하여 왕후 김씨 아래 두기로 하고 반대 의논을 거두었다. 이리하여 운현궁 뒤뜰에 연날리기에만 골몰하던 흥선군의 아들이 왕위에 올랐으니, 그가 곧 고종이다. 왕은 태조 이성계의 19세손으로 뒤주에 갇히어 죽은 왕조의 아들 사도세자의 현손이었다. 따라서 은신군의 증손이요 남연군의 손자였다. 왕이 등극하기 전에 그 부친 흥선군은 몰래 조두순을 시켜 조 대비와 통하고는 김씨들의 계획을 뒤엎어버렸다.

즉, 대비가 발을 드리우고 앉아서 고종을 맞아들이는 자리에서 뜻밖에도 『새로운 임금으로 익종의 대통을 잇게 하노라.』라고 삼정승들에게 선포해버린 것이다. 깜짝 놀란 것은 김씨 일파였다. 그러나 한번 명이 내려진 이상 거역하는 자는 역적이 되는 것이었다. 그들은 꼼짝 못하고 열두 살밖에 안 되는 왕이지만 배후에서 실권을 쥐게 된 흥선군의 밑으로 들어가지 않으면 안 되게 되었다.

고종이 운현궁에서 조 대비의 부름을 받아 정원용 이하 여러 신하들이 옹위하는 가운데 옥연玉輦을 타고 운현궁에서 나와 대궐로 들어가는 도중에서의 이야기다.

연로에 백성들이 그 광경을 구경하고자 구름같이 모여들어 행차가 방해되었다. 호위하는 군졸들이『물러서라!』,『물러서라!』하며 채찍을 휘둘러 여러 남녀들이 엎어지며 자빠지며 야단이었다. 그걸 보고 새 임금은 조용히 옆에 정원용을 보고 물었다.

『노 재상께서 이제 나를 데려가시려 함은 무슨 뜻에서입니까?』

『임금으로 모시려함이외다.』

정 대신이 대답하자, 왕은 정색을 하며 말했다.

『그럴 양이면 백성을 사랑하고 보호할 자리에 앉을 나를 보고자 모여드는 저자들을 어찌 저렇게 매질하여 쫓는 것이요? 지금 왕위에 오르려 나가는 터에 그들로 하여금 보게 하오.』했다.

이 말을 전해들은 백성들은 모두가 태평성군을 만났다고 두 손 들어 만세를 불렀다 한다.

고종은 즉위하자 익종의 비 조 대비를 대왕대비로 높이고 헌종의 비 홍씨를 왕대비로, 철종의 비 김씨를 대비로 봉했다. 조 대비와 김 대비는 동항이요, 홍 대비는 조 대비의 며느님이었으니, 고종이 익종의 양자 아드님으로 들어간 바에는 조 대비가 대왕대비로 될 수 없을 듯 여겨지나 워낙 종실에서는 세대 차례를 따지는 것이었으므로 그렇게 된 것이다.

2

대원군의 개혁과 경복궁 중건

　기발한 책략으로 외척 김씨 일파를 내몰고는 어린 고종의 아버님으로 대원군이 된 흥선군은 다시 조 대비로 하여금 고종이 어리고 국가가 어려움이 많으니 대원군이 왕을 도와 정권을 협찬케 하라는 전교를 내리게 하여 대소 정권을 한 손아귀에 넣게 되었다. 그는 본래 가난한 집안에 나서 음모와 주구誅求에 가득 찬 당신의 호신책으로 항상 유리걸식하며 떠돌아다니는 생활을 하였다. 작은 키에 눈만이 유난히 빛났지만 아무도 그를 허울 좋은 왕족으로 보지 않고 장안의 오입쟁이로 밖에는 보지 않았다. 그러나 그는 남들의 업신여김 속에서 밖으로 기생방에나 출입하고 투전이나 할 줄 아는 인물로 보이면서도 몰래 조 대비와 통하고 훗날 세도김씨 일파를 쓸어버릴 발판을 만들기에 여념이 없었다.

우선 그가 착수한 것은 외척 김씨 일파를 누른 것임은 두말할 것도 없다. 오랫동안 조정에 군림했던 소론을 몰아내고 남인 북인을 불러들여 부리는 한편, 지방 인민을 괴롭히는 서원과 향현사鄕賢祠를 모조리 철폐하고 문묘에 배향된 선현의 본향 서원과 이충무공과 김충무공의 충렬사에 남겨두었다.

이 서원 철폐령은 처음엔 맹렬한 유생들의 반대에 부닥쳤다. 각처 유생들이 통영갓에 백포를 쓰고 올라와 대궐문 밖에 엎드려 서원 철폐령을 도로 걷으라고 부복 상소하였다. 그러나 서원의 폐단을 익히 알고 느낀 대원군은 눈을 부릅뜨고 호령, 호령하였다.

『서원에서 선현을 존중한다고? 흑패자黑牌子나 내어서 민생을 못살게 하는 것이 선현으로 이르는 길이냐? 거기서 무슨 선비의 기운이 북돋우어지고 국가 융성이 도모되느냐? 내 이제 국가를 좀먹고 민생을 헤치는 자들의 소굴을 뽑는 것이니, 만약 반대하고 싶은 자 있으면 우선 국법을 받아라.』하고 강력히 나섰다.

형조나 한성부에 명하여 모여든 유생들을 모두 쫓아버렸다. 그는 다시 관제를 개혁하여 실권이 없던 의정부를 부활시키고 비변사를 폐하고 삼군부를 신설하였다. 강화를 진무영으로 고쳐 강화유수를 진무사로 삼았고 함경도 북방에 무산, 후주 등 4읍을 개척하기도 했다. 또 대전통회大典通會를 편찬했는가 하면 삼반예식, 오례편고 등 법전을 편수하였고, 관인과 사족은 백색 상의를 입지 못하게 하였다.

그리하여 사치 폐단이 없어졌고 나라 안이 제법 질서가 잡히는 듯하였다. 그러나 세계에 눈이 어두운 그는 굳게 쇄국의 문을 닫아걸고 밀려들어오는 서구의 힘을 완고히 거절했다. 우물 안 개구리 격으로 세계의 움직임에 눈이 어두운 채 스스로 천하 영웅으로 보이고자 대궐을 높이 지어 왕자의 위엄을 보이고자 경복궁 중건을 계획 실천한 것도 그다운 발상이었다. 경복궁은 건국 초기 태조 때에 창건된 것인데 임진왜란 때 병화를 입고 타버렸던 것이다. 일찍 헌종이 그 중수를 기도하여 내폐전內幣錢 백만 냥을 마련해 둔 일이 있었다.

대원군은 그의 뜻을 이루기 위하여 백성들에게 부역을 명하고 무리하게 돈을 거둬들였다. 서울 근방 산에서 나는 아름드리나무를 베어내고 우마차를 동원하여 석재를 운반하는 것이 마치 큰 전쟁을 치르는 것과 같았다. 목재를 깎고 석재를 다듬느라 정을 치는 소리가 장안을 뒤흔들었는가 하면 주추가 놓여진다, 기둥이 세워진다 하여 영건도감 이경하李景夏의 지휘 아래 실로 팔백만 냥의 공사비를 넣고는 고종 4년 11월에 그 완공을 보았다.

대원군이 이 역사를 얼마나 중요하게 보았는가 하면 몸소 날마다 일터에 나와서 역사하는 것을 감독하였고, 역군들이 담배 피는 시간에는 일에 지장이 있다고 그대로 물고 일하라 했을 정도였다.

이 국력을 기울인 대궐 중건에 백성들이 당한 가렴주구는 여간한 것이 아니었다. 결두전結頭錢, 원납전願納錢 등 세금만 하여도 그 수를 헤아릴 수 없을 정도였다.

공사 도중인 고종 3년에는 아주 국고가 텅 비어버렸다. 그리하여 당백전이란 새 화폐를 내어 한 푼 돈을 백 문文으로 쓰게 하였으니 나라 재정의 혼란을 가히 알만하다. 그러나 대원군은 모든 애로를 무릅쓰고 새 궁궐을 덩그렇게 지었고, 육조아문六曹衙門과 각 관사를 높다랗게 지어 백성들은 그 처음 보는 굉장한 궁궐을 모두가 입을 벌리고 바라보았다고 한다.

대원군이 정권을 잡은 지 얼마 안 되었을 때의 이야기다.

하루는 세도 김씨 집안에 김병익이 생일이라고 하여 그를 초청하였다. 그렇지 않아도 그들을 몰아내 버릴 궁리를 하던 대원군은 좋아라고 그 잔치에 참석했다. 주인은 그를 주빈으로 앉히고 음식상을 들여왔다. 대원군은 그 음식을 몇 숟가락 떠먹다가 별안간 상이 시뻘게지며 먹은 것을 토해냈다.

『이놈, 너희가 음식 속에 독을 넣어 나를 죽이려 하는구나!』

곧 자리를 박차고 일어서려 하였다. 큰일이었다. 그러나 김병익은 조금도 당황해하지 않은 채 대원군의 옷소매를 꽉 잡아 붙들어 앉혔다.

『독이 없음을 이렇게 하면 아실 것입니다.』 하고,

그는 대원군이 토해놓은 음식을 모두 먹어버렸다. 그 자리를 물러 나와서 대원군은, 『과연 병익이가 큰놈은 큰놈이야!』라고 누구에게 말했다 한다.

3

천주교 박해와 대학살

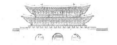

이 땅에 천주교가 들어오기는 정조 때였다. 이 종교는 이미 말한 바와 같이 당시 지배계급인 유교사회의 반대에 봉착했고, 여러 교우들이 학살됨으로써 표면상 자취를 감추었다. 그러나 그렇다고 아주 이 땅에서 천주교가 사라진 것은 아니었다. 오히려 지하에 숨어들어 날로 그것을 믿는 신자가 늘어만 갔다. 그들은 연경燕京에 왕래하는 사람을 통하여 몰래 그 서적을 입수하였고 그곳의 교회와 연락을 취하였다. 이미 앞서 외국 선교사로서 주문모周文謨가 참살당한 터였지만 뒤에도 프랑스 선교사들이 또 들어왔다. 그때는 헌종 초로 그들은 의주에 머무르면서 선교에 힘썼고 차츰 신도가 늘어가고 그 활동이 활발해져 갔다. 그들 선교사는 발각되어 목이 베어졌으나 앞서 그들의 주선으로 중국 마카

오에 유학한 세 소년 중 최모 라는 사람은 국문으로 된 성서를 가지고 돌아왔고, 그로부터 신자의 수는 급격히 증가하여 철종 때에 이르러서는 그 수가 2만을 헤아렸다.

대원군이 집권하게 되자 기강을 세우기에 급급한 그의 눈에 이요사 망측한 서양 종교가 마음에 들지 않는 것은 당연한 일이었다. 거기다 당시 유행하는 비기秘記에 『만인을 살殺하라.』는 문구가 있었으므로 천주교도 박해는 피할 수 없는 것처럼 여겨졌다.

고종 3년 병인丙寅(1866)년 정월에 대원군은 천주교도 학살의 명령을 내렸다. 먼저 남종삼과 프랑스 선교사 아홉 명이 죽고, 팔도에 교도들이 눈에 뜨이는 대로 목숨이 달아났다. 장안에서는 교인이 발견되면 사지를 동여매고 얼굴에 백지 한 장을 덮은 다음 냉수를 뿜어서 숨을 못 쉬게 하여 연신 죽여서는 수구문 밖에 내다 버렸다.

본래 이 종교는 비밀리에 전교되었으므로 대원군이 쉽게 누가 교도인지 알 수 없었을 것이다. 승지 남종삼, 홍봉주, 이신달, 그리고 궁내 유모 박씨 등 그의 가장 측근자가 교인이라는 것을 대원군도 능히 짐작이 가지 않았던 것이다. 때는 러시아 군함 하나가 원산항에 들어와서 통상을 요구하였다. 몰래 프랑스 선교사 장경일을 그의 집에 숨겨놓고 선교에 힘쓰는 남종삼은 그 기회를 이용하여 장경일을 내세우고자,

『러시아를 막자면 영불英佛과 통하여야겠는데 그것은 내가 할 수 있으니 맡겨주십시오.』라고 청했다.

흥선대원군(興宣大院君, 이하응)
출처 : 위키백과

　그로서는 그런 빌미로 장경일을 대원군에게 소개하고 합법적
인 지위를 획득하고자 함이었겠지만 의심 많은 대원군은 곧 종삼
의 눈치가 다름을 알아차렸다. 겉으로는 그렇게 하라고 허락하고
비밀리에 사람을 시켜 그 뒤를 따르게 해 보았더니 과연 종삼의
집에는 외국인이 있다고 보고되었다. 그리하여 남종삼과 장경일
이 먼저 잡히고 삼천리가 천주교도의 피로 붉게 물들어졌던 것이

다. 대원군은 교도들을 잡아놓고 혹 종교를 버리는 자가 있으면 살려주리라 했으나 한 사람도 없었다.

다만 남산동에 사는 선비 하나가 좀 색다른 대답을 했다. 대원군이 '몸소 천주학을 버리겠다고' 말하라 하고 다그치자, 그 선비가,

『생이 그 글을 익혔사오나 믿지는 않았습니다. 생이 글자를 아는 까닭으로 이웃 사람들이 책을 가지고 와서 가르쳐 달라기에 그 뜻을 가르친 것도 죄가 된다 하여 잡혀 왔으니, 죽으라면 죽겠습니다만 당초부터 믿은 적이 없기로 믿지 않겠다는 말은 못하겠습니다.』라고 했다. 대원군이 그 말을 듣고 글 배웠다는 사람에게 물어보니 과연 사실이었다. 죄 없는 선비를 욕 뵈었다 해서 풀어주고 벼슬을 시켜주었다 한다.

선교사 장경일을 죽인 다음, 그의 집을 뒤져 서적들을 몰수하고 처음 보는 금붙이 기구와 집기들이 많이 나왔다. 그걸 욕심 많은 우포장右捕長 이방현이 모두 차지하여 큰 부자가 되었다. 그러나 좌포장左捕長 신명순은 그 많은 보물을 한 점도 가져간 적이 없었고, 더구나 그의 어린 손자가 예쁜 부채 하나 가진 것도 꾸짖고 빼앗았다고 한다. 그는 또 새 절의 중놈들이 음탕하여 부녀들을 유린하는 폐단이 있음을 보고는 그 절의 불상을 오나五拿로 묶거나 깨뜨려 부수고 음탕한 중놈을 모두 잡아갔다.

*포도청에서 사용하는 홍사紅絲를 오나五拿라고 하는데, 그 뜻은 오형대벽의 죄인을 나포할 때 쓰는 것이기 때문이다. 즉 오랏줄을 말함.

4

대원군의 야유, 농담, 그 인간성

　한창 세도를 부리던 당시의 대원군의 위세란 굉장하였다. 그의 분부라면 왕의 전교보다 더 엄하였으니 스스로 말하기를 '천하에 나를 대적할 자가 없으리라' 했다 한다. 그리하여 사람을 대하면 희롱하는 상스런 말과 야유로 일관하여 점잖은 척 빼는 선비로 하여금 욕을 보이지 않는 자가 없었다.

　한 번은 처지가 아주 좋은 시골 선비 하나가 그를 찾아뵈었는데 대원군은 그에게 처가가 어디냐고 물었다. 선비는 가장 유식한 채로 '황문黃門에 취처娶妻하였습니다' 했다. 그 말을 들은 대원군은 입을 비쭉거리며, 『똥구녕에 장가들었군!』이라고 했다 한다.

　또 대원군은 말 잘하는 북도 사람 하나를 문객으로 두고는 문

안에 들어오는 조관朝官마다 인사를 시키는데, 『에그, 내 아들이야!』라고 하여 욕설을 하게 하였다. 그리하여 사람마다 욕을 보았지만 대원군 앞이라 감히 질책하지 못하였는데 한번은 이봉의가 들어갔다. 대원군은 역시 그에게도 문객과 인사를 시키려 하였다. 그러나 이봉의는 그걸 앞질러서 직언을 했다.

『듣자오니, 대감께서는 저 사람을 시켜 빈객에게 욕을 보인다니 참말인가요? 대감께서 예와 법을 아는 바에 어찌 그리 무한 짓을 하십니까? 또 저 사람으로 말하자면 지식도 있고 체모도 좋은 터에 어찌 한갓 조관朝官들에게 욕설하는 소임을 맡기셨습니까? 이 같은 일은 인재를 막는 것이니 버리시기 바랍니다.』했다.

비위 좋고 호탕한 대원군도 이때만은 무안의 빛을 감출 수가 없었다 한다. 그리고 봉의가 용무를 마치고 물러 나오자 그 문객은 문 밖까지 따라 나와 허리를 굽혀 인사를 하고,

『제가 영감님 덕분으로 오늘부터 사람이 되었습니다.』하고 깊이 사례했다 한다.

김규식은 김세호의 아들인데 과거에 합격한 후에 대원군에게 인사하러 갔었다. 그의 얼굴이 마마에 걸려 몹시 얽었음을 본 대원군은 인사도 받지 않고 물끄러미 보더니,

『세상에 저런 얼굴도 있나?』하고 비웃었다. 다른 사람 같으면 부끄러워 얼굴이 붉어질 것이었으나 세호는 조금도 그런 빛이 없었다.

『있다 뿐입니까? 소인이 세수를 하고 망건을 쓸 적에 거울을

대하면 그 속에 소인 같은 얼굴이 있고요, 대감 앉으신 뒤의 경대 속에도 소인 같은 얼굴이 또 있습니다.』했다. 그 말을 듣고 대원군은 기개 있는 남자라 하고는 세호를 칭찬하고는 곧 직각直閣을 시켰다. 조 대비의 친족인 조영하는 키가 매우 컸다. 그는 나중에 대원군과 부자의 의를 맺었다는 말까지 있는 사람인데, 어느 날 안부를 묻고 돌아 나올 때 영창을 열고 내다보는 대원군이,

『아따. 그놈의 키가 크기도 하다. 모가지를 빼내고서도 넉넉히 행세하겠네.』했다.

그러자 조영하는 돌아서며,

『목을 빼내다니요. 그럼 어깻바람으로 행세하란 말씀이요?』 하고 껄껄 웃었다. 대원군은 그 말에 또 잘난 사람이라 하여 칭찬하였다.

대원군이 얼마나 실없으면 오입쟁이 같은 사람이라는 소리를 들었는가를 넉넉히 알 수 있겠다. 그러므로 그의 그런 면을 노려서 벼슬을 얻어 하는 사람도 많았다. 남촌에 사는 황영이라는 사람이 있었다. 그의 고향은 충청도 내포였고 참봉 초사初仕는 했으나 그 이상의 벼슬에는 올라가지 못했다. 그래서 그는 처남과 짜고 수개월 동안 대원군께 걸음을 끊었다. 처남을 먼저 보내 문후케 하였다. 대원군은 전에 그가 자주 온 것을 아는 터였으므로,

『수개월이나 만나지 못하였으니 어디를 갔었던가?』했다.

그 무변은 시치미를 떼고 『소인의 매부 황영의 집에 들어갔다가 다른 곳에 가느라고 그렇게 되었습니다.』라고 대답했다. 그러

자 바라는 대로 대원군이 황영을 기억하고 있었다.

『황영이 자네 매부였던가? 그 집에 가보고 왔다니 형편이 어떻던고?』

무변은 건성으로 웃으며,

『형편이야 여부가 있겠습니까? 소인이 그 집에 가서 글 한 수를 지은 것이 있사오니 그걸 들으시면 대강 아실 것입니다.』하고 글을 짓게 된 이야기를 하였다.

『소인이 매부의 집에 가서 본즉 방이 아래 윗간뿐인데, 황영은 소인의 누이와 아래 칸에서 자옵고 소인이 위 칸에서 자게 되었습니다. 그런데 황영은 그중에서도 무슨 생각이 났든지 소인의 누이에게 덤빈 모양입니다. 그 광경이 하도 가소로워서 지었사온데 그것은 완전한 소인의 작품이 아니라 옛적 오언소시五言小詩에서 한 귀에 한 짝씩 고친 것입니다.』 대원군은 아주 흥미가 나는 모양으로 가는 눈을 반짝이며 그 글을 외어 보라 하였다.

『타기황영아(打起黃英兒)하야 막교침상제(莫敎枕上啼)하라. 제시(啼時)에 경객몽(驚客夢)이면 부득이(不得已) 돌아서지!』라고 지었습니다. 그 말에 대원군은 깔깔 웃으면서,

『 '돌아서지' 라는 한 마디가 가히 문장이로고. 그런데 그만하면 황영의 형편을 알겠네 하고 황영을 외임外任을 시켰으며 무변武弁도 글을 잘 지었다고 수령을 시켰다.

또 백천白川군수 자리가 비어 있을 때의 이야기다. 조영하의 친족인 어떤 사람이 수령 한 자리를 시켜달라고 졸라서 대원군을

뵙겠다고 하여 들어오라 하였다. 그는 그 말을 듣고 들어갈 때 가장 점잖은 채 운현궁 마당을 느릿한 걸음으로 걸었고, 방에 들어가서 인사를 하고는 노상 트림을 해서 체신을 세우려 했다. 그게 대원군의 마음에 들 리가 없었다. 아무런 말 없이 곁눈질만을 했다. 그는 기다리다 못해 입을 열었다.

『들자오니, 백천 군수 자리가 비어 있다 하오니 소인을 시켜주었으면 황감하겠나이다.』했다. 원래 '백천'은 '배천'이라 부르는 것이 보통이었는데, 그는 유독 '백천'이라는 말에 힘을 주었다. 그전 정조 때도 여러 고을 원들이 새로 제수되어 하직하고 탑전에 배알 할 때 왕이 백천 군수를 보고『너는 어느 고을 원이냐?』하고 묻는데,『백천군수 아무개입니다.』하여 왕의 역정을 샀다.

『사람마다 '백천白川'을 '배천'이라 하는데, 너는 유독 '백천'이라 하니 언행이 이어중(異於衆 : 다른 사람과 다름)하여 원 노릇을 못하겠구나!』하여 그 원을 물시勿施해 버렸던 것이었다. 대원군은 더욱 마음이 불쾌하여 이마를 찌푸렸다. 그때 바로 옆에 앉았던 무변 하나가 방귀를 뿡 하고 뀌었다. 그러고도 배짱 좋게 옆 조씨에게 덮어 씌웠다.

『어느 앞이라고 무례하게 방귀를 뀐단 말이요?』

점잔 피우던 체신에 그런 말로 덮어씌우니 조씨는 그만 참말로 그가 방귀를 뀌기라도 했듯 얼굴이 붉어졌다. 그러자 음식상이 들어왔다. 운현궁에 누구의 생일인지 국수 상에 과일과 안주가 가득 차려져 내어 온다. 조씨는 모양을 내느라고 젓가락으로 국수 한 번 먹고 과일 한 개 집고는 그만 놓았는데, 무변은 거침없이 그의 상을 다 먹어버렸다. 그리고 대원군을 보고『소인의 가세가 구차하와 이렇게 좋은 음식은 별로 먹어보지 못하였습니다. 지금 먹은 음식이 양은 적지 않사오나 소인의 양에 차지 않사오니 저 손님이 물려 내놓은 남은 음식을 먹겠습니다.』하고 조씨의 음식상을 잡아당겼다. 대원군은 그의 비위가 좋음을 기쁘게 생각하여,

『그러면 또 한 상 더 내어 오라고 해서 먹을 것이지!』했으나 무변은 듣지 않았다.

『앞에 있는 음식을 제쳐놓고 다시 내어 오라 해서 무얼 합니까. 저 손님이 건드리지도 않은 음식을 먹지 못할 까닭이 없으니 먹겠습니다.』

대원군이『그거 좋은 말이군, 아무렇게나 하지!』하니 대번에 상을 비워 버렸다. 그뿐 아니라 대원군이 하는 말이 더욱 조씨를 어렵게 만들었다.

『소인이 노모를 모시고 사는데 가세가 구차하여 끼니를 이를 길이 없습니다. 듣자온즉, 배천 군수 자리가 있다 하오니 대감께서 힘쓰셔 저로 하여금 수령 한자리하게 해 주시옵소서.』

그걸 또 대원군은 서슴없이『그리 하여보세.』하고 허락해 버렸다. 조씨는 가슴이 답답하여,

『백천 군수는 소인에게 처분하실 줄 알고 있었는데요.』하고

말했다. 대원군은 입을 실룩하였다.

『남이 뀐 방귀를 내가 뀐 양으로 맡아 가고, 내가 먹은 음식을 남에게 주워 먹으며, 걸음은 무슨 걸음이 그렇게 느리며, 트림은 무슨 트림을 그렇게 자주하며, 사람마다 배천이라 하는 것을 혼자 똑똑한 채 백천이란 무엇인고? 트림을 자주 하는 걸 보니 배천 군수를 하지 않아도 배가 고프지 않을듯하니 좀 더 굶으라니…』했다.

유후조는 영남 사람이었던바 사투리가 특별하였다. 대원군이 기생 하나를 그에게 안겨주고 억지로 관계하게 하여 놓고는 그 이튿날 여러 조관들이 모인 가운데 기생을 불러 들어오라 해서 밤에 유 정승이 했던 사투리를 다시 하게 하였다. 여러 사람들이 듣고 손뼉을 치며 웃었으니 유후조는 정승의 몸으로 무안하기가 오죽하였으랴. 대원군이 너무 지나친 장난을 한 것이 아닌가 한다.

대원군은 또 경복궁 중건과 양이洋夷를 막기 위해 포대 구축 등 돈을 한없이 많이 써서 나라의 재정이 고갈되었다. 그 타계 책으로 청나라에 자문하여 송파에 있는 비각을 수리한다 하고 수백만 냥을 내어다 쓴 것도 그 다운 일이었다.

5

민비와 대원군의 암투

고종의 왕비는 여성부원군 민치록의 따님으로 민씨가 바로 명성황후다.

본래 대원군이 그로 하여금 중궁으로 간택한 것은 특별한 이유가 있었다. 끝내 권력을 손에 쥐고 싶었던 그였으므로 민치록이 이미 죽고 없었고 그 양자 아들인 민승호는 대원군 부인의 친족이었기로 안심하고 맞아들인 것이었다. 조선 5백 년 동안 부원군 없이 중궁을 맞아들이기는 처음인 동시에 또한 이러한 이유 때문이었다. 그만큼 대원군은 수지 계산에 밝았던 것이다. 병인년丙寅年(1866년) 3월 21일에 가례를 지냈으니, 그때 고종의 나이 15세였고 중전은 16세였다.

민씨는 큰 키에 얼굴이 좀 검은 편이었다. 아마 미인은 못된 듯

했다. 그러나 그는 책을 많이 읽어 그 수단이 또한 비상하여 능히 십 년 세도의 대원군을 밀어내고 왕이 앉은 병풍 뒤에서 정사를 지휘하여 한 나라의 살림을 한 손에 다루었다.

처음 민씨가 중전의 자리에 올랐을 때 고종은 그를 매우 소홀히 대했다. 지나치게 활달한 그의 성품을 경계하여 대원군이 그렇게 만든 것이었다. 그는 몇 년 동안 대궐 책방에서 글만 읽었다. 그동안에 고종은 궁녀 이씨를 총애하고 그의 몸에서 왕자를 낳았다. 그보다 앞서 경오년庚午年(1870)에 민씨가 왕자를 낳았으니 대변불통으로 사흘 만에 죽어버렸고, 대원군은 새로 난 왕자 완화군完和君을 극히 사랑하여 그를 세자로 봉하려 하였다. 이에 민씨는 시아버님 되는 대원군을 쫓아내고자 오라버니 민승호와 짜고 맹렬한 활동을 시작했다.

계유년癸酉年(1873년)에 그의 사주를 받은 이유원, 최익현 등이 상소를 올렸다. 대원군의 실정을 말하고 또 왕께서 이미 춘추 22세가 되었으니 대원군은 물러가라는 것이었다. 토목 역사와 원납, 횡침(橫侵 : 무법하게 침노함)에 시달린 백성들의 소리가 이에 합쳐졌다. 가는 해도 멈추게 할 듯 당당하던 권세의 대원군도 하는 수 없이 정사에서 손을 떼고 북문 밖으로 물러 나갔다.

이로부터 민 중전의 천하가 되었다. 조정 요직에는 그의 친척으로 점령되었고 그의 미움을 받고는 살아가는 수가 없었다. 대원군이 세자로 세우고자 하여 귀해 하던 완화군도 열한 살에 죽어버렸다. 풍설에는 독살이라고도 한다. 한 번 물러난 대원군은 틈만 있으면 다시 국권을 휘 잡아 보려고 노리고 있었다. 어느 날 민중전의 오라버니 민승호에게 누가 이상한 궤짝 하나를 올렸다. 그 궤짝은 색칠이 영롱하고 금으로 자물쇠가 만들어 잠겨있었다. 민승호는 필연 귀한 보물이 들었으려니 하고 친히 궤짝을 열었다. 고막을 찢는 듯한 폭음과 함께 그는 당장에 직사해 버렸다. 교묘히 장치한 폭탄이었던 것이다.

그리하여 며느님과 시아버님의 정권을 노리는 암투와 음모는 쉴 새가 없었다. 민 중전은 대원군을 미워한 나머지 왕이 한 해 한 번씩 하는 본 궁궐의 거동도 못하게 했다. 또 대원군의 서자 이재선이가 역모를 한다는 밀고를 듣고는 곧 잡아 죽였다. 대원군과 가까운 사람이면 모조리 목이 달아나거나 귀양이었다. 운현궁에는 사람의 발자취가 끊어졌다. 그러면서 어느 자를 시켜 운현궁에 누가 출입하는지를 운현궁 내의 일을 일일이 염탐케 하였다.

그 기미를 안 대원군은 어느 날 그자를 잡아 뒤의 별당에 가두었다. 그러나 도망하지 못하게 숙직 하인으로 지키게 할 뿐 날마다 좋은 음식을 먹였다. 그리고 한마디 말도 하지 않고 두었다가 한 달 만에 놓아주었다. 중전이 그가 잡혔다는 소식을 듣고 사람을 보내어 염탐케 하였더니 대접을 융숭히 받고 있다고 하므로 매우 이상히 여겼는데, 그가 놓여나왔기에 반가이 맞아 물어보았다.

『운현대감이 무슨 말을 하시더냐?』

그는 사실대로 아무 말도 듣지 못했을 뿐 아니라 대원군의 얼굴도 못 보았노라 했다. 그러나 민씨는 그 말을 의심하였다. 저놈이 필경 대접을 잘 받고 마음이 변한 것이구나. 곧 포도청에 내쳐서 목을 베어버렸다.

그가 정권을 잡은 후로 기강은 한층 더 어지러워져 갔다. 아첨 잘하는 자면 자꾸 벼슬이 올랐고 무당 점쟁이들이 대궐 내에 출입하여 밤낮으로 귀신 부르는 촛불이 휘황찬란했다.

갑술년甲戌年(1874년)에 왕자를 낳자 그 이듬해에 세자로 책봉해놓고 그의 장수와 복을 빌기 위하여 명산대천마다 무당을 파견하여 기도를 올렸다. 금강산 일만 이천 봉우리마다 쌀 한 섬씩과 돈 한 꾸러미가 놓여졌다. 국고가 탕진되고, 그것을 충당하기 위하여 백성들의 재물이 명목도 없이 빼앗겼다. 거리의 백성들이 원성으로 가득했다. 그러나 구중궁궐 깊숙이 앉은 왕이 그런 걸 알 리는 없었다. 간사한 좌우 신하들은 무턱대고 태평성대라고만 아뢰었고, 대신과 재상들은 왕의 성덕聖德만을 찬양하였다. 다시 영의정으로 있던 심순택은 왕의 말끝마다 『지당하옵니다.』라고 했으므로 세상에서 그를 '지당대신至當大臣'이라 불렀다.

6

궁중의 해괴망측한 이야기

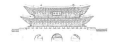

　몇몇 애국 인사와 새로운 사상에 눈뜬 선각자들의 피나는 노력이 있기는 하였으나 난신들이 가득 찬 조정의 정사는 고쳐지지가 않았다.

　무당 판수들은 떼 지어 대궐에 드나들고, 벼슬을 팔아먹는 매관매직은 공공연하게 행하여졌다. 왕은 궁중에 드나드는 무당들에게 상급으로 감역도사첩지監役都事帖紙를 무수히 주었다. 그러면 무당들은 이름도 안 쓰인 그 첩지를 팔아서 돈으로 썼다. 하루에도 수백 장씩 첩지가 나갔고 그만큼 백성들은 돈을 빼앗겼다. 당시 어떤 부유한 집 과부는 강제로 맡기는 벼슬 첩지를 마지못하여 사면서,

　『나는 여자라서 벼슬할 수가 없고 우리 집 발발이나 시켜야

고종(高宗)

1884년의 고종. 퍼시벌 로웰이 촬영한 고종 최초의 사진, 출처 : 위키백과

지.』 했다 한다.

또 어떤 시골 부자는 벼슬을 시켜줄 테니까 돈 십만 냥만 내라는 바람에 귀가 솔깃하여 돈을 갖다 주었다. 그러나 정승은 돈만 받아먹고 그 자리에는 자기 백씨를 들어 앉혀버렸다.

부자는 기다리다 못하여 그에게 가서 책망을 하자 돈이 모자라서 왕이 들어주지 않으니 십만 냥만 더 내라고 했다. 그때 부자가 십만 냥을 더 갖다 주었다. 그러자 정승은 부자에게 자기도 먹어야 하니 오만 냥만 더 내어놓으라고 하여 이십만 냥을 받아먹고는 벼슬자리 하나를 내주었다 한다.

어느 여자는 요술을 할 줄 알아 고종의 극진한 대우를 받았다. 더욱이 민 중전은 그의 말이면 콩이 팥이라 해도 옳다고 했다. 그리하여 그는 여자이면서도 망건에 금관자를 붙이고 궁궐 안에 마음 놓고 드나들었고 수령 감사가 모두 그의 손에서 났다. 왕족도 아니면서 진령군이란 칭호까지 사용했다.

이렇게 국정이 문란하여 살지 못하는 백성들 중 화적이나 좀도둑이 되어 산속으로 들어가서 재물을 강취하는 도적 떼가 무수히 들끓었다. 어느 지방 산속에 인적이 그치면 도둑의 소굴로 사용되어 출입하기조차 어려워졌다. 한 번은 사람이 도적을 만났는데 그들은 그가 가진 돈만 빼앗고는 아주 공손하게 말하며 놓아주었다.

『당신이 우리들에게 물건을 빼앗겼다고 우리만 원망하지 마오. 우리는 사모관대를 한 큰 도둑놈들에게 가진 것을 다 빼앗기고 죽지 못해 이런 짓을 하오.』했다.

이것을 보더라도 가히 그 당시의 상황을 짐작하여 알 수 있을 것이다.

7

민초들이 일으킨 동학란

　인내할 줄 아는 이 나라 백성들에게도 나라의 정사는 너무나 어지러웠다. 나라는 나라대로, 수령은 수령대로, 양반과 토호는 또 그들대로 쉴 새 없이 백성들을 못살게 학대하였다. 백성들은 매 맞고 굶기보다 차라리 죽었으면 좋겠다고 했다. 죽어서 모든 것을 잊고 싶었던 것이다. 그런 그들에게 하나의 빛 같은 것이 던져졌다. 상놈이거나 가난하거나 누구든지 믿으면 이 세상에서 영화로워지고 저 세상에까지 복을 받는다는 것이었다. 아무것도 그들 편이 되어주는 것이 없는 세상에서 그것은 커다란 희망이요 매력이었다.

　[至氣今至, 願爲大降, 侍天主, 造化永世, 定不忘萬事知.]

　스물한 자의 주문과 함께 동학이란 종교는 설움 받는 백성들 사이로 불길처럼 번져나갔다.

본래 이 종교는 경주 사람 최제우가 유儒·불佛·선仙의 3교의 교리를 종합하여 만든 것이었다. '인내천(人乃天 : 사람이 곧 하늘)' 사상으로 그를 따르는 백성들이 나날이 많아져 가자 조정에서는 그를 잡아 대구부大邱府에서 처형하였다. 그러나 그것으로 종교마저 꺾어지지는 않았다. 역시 경주 사람 최시형이 그의 뒤를 잇자 교도들은 더욱 불었다. 팔도 어디를 막론하고 동학도가 없는 곳이 없을 정도였다.

전라도 고부군에 전봉준이라는 사람이 있었다. 그는 몸집이 작고 담대하여 사람들로부터 '녹두'라는 별명을 듣고 있었다. 일찍이 최시형으로부터 동학의 교리를 배우고 그 지방의 접주接主가 되었다. 당시 그 고을에는 조병갑이란 자가 수령으로 있어 토색질, 가렴주구가 형언할 수가 없었다.

고부 군에는 넓은 들판이 있었고 그 수천 정보가 모두 논이었다. 그들을 위하여 만석보라는 훌륭한 보洑가 있었음에도 조병갑은 보를 만들었고, 노역의 비용은 한 푼도 주지 않았다. 그 보의 물을 사용하는 세금이라 하여 가혹한 방법으로 한두 두락에 얼마씩을 바쳐라 하였다. 그것은 한 해 농사를 다 주어도 모자라는 비싼 세금이었다. 백성들은 생각다 못해 청원이나 해보기로 했다. 전봉준이 말마디나 하는 사람 사십여 명을 거느리고 관아에 들어가 사정을 했다. 그러나 병갑은 듣지 않고 오히려 호된 매질을 하여 내쫓았다.

이에 백성들의 울분은 터졌다. 전봉준은 정익서, 김도삼과 호응하는 군중 3천여 명을 이끌고 보를 허물어버리는 한편 관아를 들이쳤다. 조병갑은 버선발로 달아나고 각처 동학당의 호응을 입은 그들은 더욱 기세등등하여 전라감사의 군대를 고부 백산에서 맞아 깨뜨렸다. 그리고 북상하여 정읍, 태인, 김구 등을 차례로 빼앗고 홍계훈이 지키는 전주성을 함락시키니 조정에서는 그들을 막을 길이 없었다. 동학당은 다음과 같은 노래를 지어 불렀다고 한다. "가보세, 가보세, 을미적, 을미적하다가 병신년엔 못 간다." [甲午, 乙未, 丙申]

동학군이 일어난 해가 갑오년甲午年(1894년)이었기 때문에 그래서 동학군의 노래가 〈가보세 가보세 을미적 을미적 병신년에 못 간다.〉라고 했다. 고종은 썩은 조정의 벼슬아치들과 의논하여 청나라에 구원병을 요청하였다.

그리하여 엽지초葉志超가 이홍장의 명령으로 대군을 이끌고 나왔다. 원래 동학당들은 오합지졸이었으므로 이 신식 훈련을 받은 청나라의 대군에는 당할 길이 없어 도처에서 참패했고, 전봉준이 공주 우금치牛金峙 고개에서 전사하자 모두 붕괴해 버렸다. 이리하여 고종 31년, 갑오년甲午年(1894년) 정월달에 일어나 6개월을 끈 난리는 막을 내렸으나 내란에 외국 군대를 끌어들인 결과는 청일전쟁을 도발시킨 것이 되었고, 그 싸움이 끝나자 승전한 일본의 손아귀에 차츰 우리의 주권이 잠식되어 가고 있었다.

8

을미사변과 민비의 학살

　동학란이 도화선이 된 청일전쟁에서 일본은 온 나라의 국력을 기울여 싸워 이겼다. 그들은 이제야 우리나라를 마음대로 요리할 때가 왔다고 좋아했다. 그러나 뜻밖에 또 하나의 강적은 러시아라는 나라가 우리나라에 손을 뻗었다.

　일본이 피로써 확보한 여러 가지 이권이 차츰 그들의 손아귀로 넘어갔다. 이때 이노우에가오루[井上馨]를 대신해서 온 일본공사 미우라[三浦]는 본래 무인 기질을 가진 자로서 분개하여 친로파(親露派 : 러시아파)인 민씨 일파를 없애버리려고 하였다. 그는 반 민씨 파인 개혁당을 충동하여 공덕동에 퇴거하고 있는 대원군을 받들게 하고 고종 32년, 을미 8월 20일 깊은 밤에 대궐로 쳐들어갔다. 궁중의 상하는 발칵 뒤집혔다.

이날 밤 민비는 신임하는 정모와 앞으로 그들의 계획을 이야기하는 정적 대원군에게 욕을 퍼붓는 중이었는데, 별안간 총소리가 나더니 군사 한 떼가 건청궁으로 달려들어 왔다. 크게 놀라 도망치고자 하였으나 이미 사방은 포위된 뒤였다. 하는 수 없이 궤짝을 쌓아둔 틈에 숨어 있었는데 평상시 특별히 총애하던 이학균이 붙잡혀서는 민비가 숨은 곳을 가르쳐 주어버렸다. 칼을 든 군사들은 숨은 민비를 발길로 걷어찼다. 머리가 흩어지고 옷이 쭉 찢어져 나갔다.

을미사변(명성황후 살해) 당시 침투한 일본인들
구마모토신문박물관 소장, 출처 : 위키백과

그가 옷매무새를 고치며 일어서자 다시 사나운 주먹이 날아왔다. 약한 어깨를 맞고는 그만 툭 엎어지려는데 군인들은 그를 옥호루玉壺樓 마당에 꺼내어 등을 쿡 찔렀다. 붉은 피가 튀었다. 다시 석유가 그 시체 위에 뿌려지고 한 사람이 든 관솔불이 그 머리에 닿았다.

[확] 하는 불빛과 함께 지글지글~ 살이 탔다. 민비의 시체는 두어 번 꿈틀거리더니 아주 길게 뻗어버렸다. 군사들은 그걸 보다가 말없이 가버렸고 얼마 뒤에는 불도 꺼졌다. 고요한 밤에 하늘에는 유성이 긴 꼬리를 물고 멀리멀리 사라져 가고 있었다.

9

명성황후와 조선왕조의 끝남

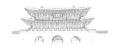

좋았던 나빴던 민비는 여걸이었다. 일찍 외척 김씨를 몰아내고 천하 영웅으로 자처하던 대원군을 적으로 하여 수십 년 동안을 그의 행동을 봉쇄해 왔다.

그가 아직 처녀 적에 언어 행동에는 조금도 구애가 없었다. 그 쾌활한 모습을 보고 일가 오라버니 항렬 되는 사람이 『저 계집애는 누구를 망쳐놓으려고 저렇게 쾌활한고?』 하였을 때 그는 웃으며 『기왕 망쳐놓을 테면 큼직한 집 하나를 망쳐놓고 말걸?』 하고 대답했다고 한다. 그는 간택되기 전에 이미 혼인을 정한 곳이 있었다. 그걸 대원군이 파혼시키고 중전으로 맞아들인 것인데, 한 번은 첫 번째 혼인 말이 난 사람이 벼슬하여 사은하러 들어왔다. 민비는 그를 주렴 사이로 내다보면서 「저까짓 것을 서방이라고 맞을 뻔했던가?」 하고 픽 웃었다 한다. 처음에는 그도 일반적으로 말하는 시속의 효부에 모자람이 없었다. 정성껏 대원군 부처를 받들었다. 그러나 넘치는 그의 정권욕이 언제까지고 그를 내전에 가두어두지는 않았다. 어느덧 고종을 충동질하게 되었고 자연히 대원군과 부딪히게 되었다. 몇 번이고 시아버지를 없앨 계획을 꾸몄다. 그러나 차마 유교적 환경 속에서 자라난 그의 윤리관이 그걸 허락하지 않았다. 그러다가 끝내는 그가 대원군에 의해 쓰러지게 되었다.

을미사변과 함께 정사는 개혁파의 손으로 넘어갔다.

김홍집을 수반으로 한 내각은 세계의 사조에 발을 맞추어 착착 새롭게 개혁을 단행하였다. 그러나 이 나라의 백성들은 어디까지나 우매했다. 맹렬한 반대 운동으로 이 신문화운동을 뒤엎어버렸다. 그러자 오랫동안 다투어오던 러시아와 일본의 두 나라가 싸움을 일으켰다. 작은 섬나라 일본은 잘 싸웠다. 세계의 예상을 뒤엎고 러시아로 하여금 손을 들게 했다.

거센 그들의 손은 이 나라를 혼자 다루게 되었고 아무도 방해하는 자가 없었다. 을사보호조약, 통감부의 설치, 그리고 해아밀사사건을 핑계로 고종의 강제 퇴위, 차츰 국권을 좀 먹어 들어갔다.

광무 11년 정미칠조약과 함께 군대도 해산되었다. 각처에서는 의병이 일어났고 피 흘려 항거한 의사도 많았지만 기울여져 가는 국운을 바로잡을 수는 없었다. 1910년 8월 29일(庚戌;융희 4년),

육군대신 데라우치[寺內]의 협박 아래 어전 내각회의는 열려졌고, 한 손엔 권총을 들고 내밀어진 한일합방에 7대신이 서명함으로써 27대 519년으로 조선왕조는 끝을 맺었다.

데라우치 마사타케
일본국립국회도서관 소장, 출처 : 위키백과

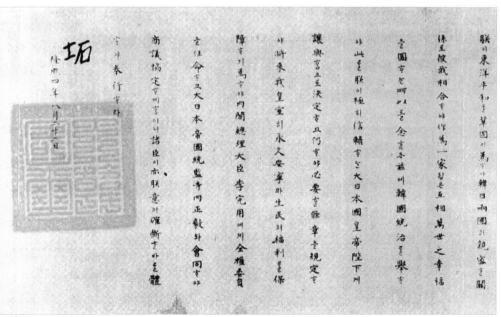

한일합병조약(韓日倂合條約)
서울대학교 규장각한국학연구원 소장

| 수정판 |
야사로 엮어가는
조선왕조, 그 역사 이야기

초 판 발행 2017년 9월 11일
수정판 인쇄 2018년 12월 10일
수정판 발행 2018년 12월 15일

엮은이 | 정민호
발행자 | 김동구
디자인 | 이명숙 · 양철민
발행처 | 명문당(1923. 10. 1 창립)
주 소 | 서울시 종로구 윤보선길 61(안국동)
　　　　우체국 010579-01-000682
전 화 | 02)733-3039, 734-4798(영), 733-4748(편)
팩 스 | 02)734-9209
Homepage | www.myungmundang.net
E-mail | mmdbook1@hanmail.net
등 록 | 1977. 11. 19. 제1~148호

ISBN 979-11-88020-84-3 (03900)
18,000원